Gerhard Schweizer

DIE TÜRKEI – Zerreißprobe zwischen Islam und Nationalismus

Klett-Cotta

Für Brigitte

Klett-Cotta
www.klett-cotta.de

Printed in Germany
Schutzumschlag: malsyteufel, willich
unter Verwendung eines Fotos von © Thomas Meyer & Gülsah Edis
Farbtafeln 1–14: Gerhard Schweizer, 15–16: Herbert Schiefer
Gesetzt aus der Erhardt von TypoDesign, Würzburg
Auf säure- und holzfreiem Werkdruckpapier gedruckt
und gebunden von Clausen & Bosse, Leck
ISBN 978-3-608-94112-8

Bibliographische Information der Deutschen Nationalbibliothek
Die Deutsche Nationalbibliothek verzeichnet diese Publikation in der
Deutschen Nationalbibliographie; detaillierte bibliographische
Daten sind im Internet über <http://dnb.d-nb.de> abrufbar.

Inhalt

WIE FERN IST UNS DIE TÜRKEI?
Probleme und Mißverständnisse

»AUF NACH EUROPA!«
Die verordnete Revolution und ihre Widersprüche

ANHANG

WIE FERN IST UNS DIE TÜRKEI?

Probleme und Mißverständnisse

Der Türke in unseren Köpfen – und die Wirklichkeit

Islam und Verwestlichung

»Ich bin in Europa angekommen!« Der türkischstämmige Diskussionsteilnehmer sagte es mit Nachdruck. Er antwortete auf die Behauptung eines Deutschen, die Türken könnten geistig niemals in Europa ankommen; ihre andersartigen Traditionen machten es ihnen grundsätzlich unmöglich.

Das Wortgefecht entzündete sich auf einer Islam-Tagung in Deutschland. Der Ort ist austauschbar; derartige Konfrontationen sind exemplarisch besonders für Städte, in denen muslimische Zuwanderer ganze Wohnviertel prägen.

Der türkischstämmige Mann, etwa 30 Jahre alt, erklärte, er sei in Köln geboren und habe dort Abitur gemacht, sei deutscher Staatsbürger und kenne Deutschland besser als die Türkei. Auch seine Eltern, die vor 40 Jahren aus Istanbul zugewandert seien, hätten keine Schwierigkeiten gehabt, in Europa anzukommen. Warum auch? Bereits Atatürk habe der Türkei den Weg nach Europa gewiesen, die Scharia abgeschafft und durch eine Gesetzgebung nach westlichem Vorbild ersetzt, dies wollten viele Deutsche noch immer nicht wahrhaben.

Aber der Islam? Der Islam als Religion, widersprach ihm heftig einer der deutschen Diskussionsteilnehmer, sei doch eine zutiefst fremde Religion, die sich niemals mit europäischen Werten vereinbaren lasse. Da möge von türkischen Politikern noch so sehr betont werden, ihr Land sei unterwegs nach Europa. Der Islam selbst verhindere geistig jede Integration in Europa, das zeige doch gerade die aktuelle Entwicklung in der Türkei.

Im Publikum entstand Unruhe. Es war ein gemischtes Publikum, überwiegend Deutsche, aber auch einige Deutschtürken, Vertreter einer integrierten Mittelschicht, deren Familien schon seit einer oder zwei Generationen in der neuen Heimat leben. Bei der erwähnten Islam-Tagung hatte ich über die geistige Verwandtschaft von Islam und Christentum referiert und nur bei einem Teil des Publikums mit meiner These Zustimmung gefunden, nicht der Islam sei das eigentliche Problem, sondern die mangelnde Information über die fremde Kultur.

Solche Diskussionen werden auf Islam-Tagungen besonders prononciert geführt. Aber Auseinandersetzungen über die »Fremdheit« der islamischen Kultur werden in europäischen Medien bekanntlich oft noch viel emotionaler geführt und gewinnen dann Breitenwirkung mit Folgen für die Beziehungen zwischen westlichen und muslimischen Völkern. In Deutschland spielt naturgemäß der Bezug auf den türkischen Islam sowie die politisch unruhige Entwicklung in der Türkei eine herausragende Rolle. Denn von den rund vier Millionen Muslimen, die hierzulande leben, sind knapp über drei Millionen Türken. Und diese Türken haben »alle«, so die weitverbreitete Meinung, ein »Stück Türkei« mitgebracht und halten daran selbst noch Generationen später unverrückbar fest. Wenn sich also Deutsche von einer »islamischen Parallelgesellschaft« im eigenen Land bedroht fühlen, ist zuallererst von den Türken die Rede.

»Ich bin in Europa angekommen!« Dieses Bekenntnis eines Deutschtürken wird oft in seiner ganzen Tragweite gar nicht verstanden. Der junge Mann meint ein säkularisiertes Europa, in dem es keine Staatsreligionen mehr gibt, sondern ein Nebeneinander unterschiedlicher Glaubensbekenntnisse und Weltanschauungen mit gleichen Entfaltungsmöglichkeiten – weshalb wir den Begriff »christliches Abendland« nur noch historisch verstehen können. Liberale Deutschtürken betonen häufig, daß sie in ihrer Wahlheimat Europa der eigenen Religion zwar treu blieben, aber »säkulare«, »laizistische« Muslime seien und den anderen Konfessionen und Weltanschauungen den notwendigen Respekt entgegenbrächten. Ich habe mehrfach erlebt, daß solche Muslime ihre Mitbürger mit ironischem Unterton daran erinnern, wie unverzichtbar die Errungenschaften einer säkularen Aufklärung seien. Aber wie repräsentativ sind sie?

Realität sind eben auch die zahlreichen Informationen über das

Entstehen von »islamischen Parallelgesellschaften« mitten in Europa: daß sich muslimische Zuwanderer in Großfamilien mit ihrer patriarchalischen Struktur gegen eine nicht verstandene »westliche« Gesellschaft abschotten. Diese Muslime halten meist unverändert an den Traditionen ihrer dörflichen oder kleinstädtischen Heimat fest, etwa der strikten Unterordnung der Frauen oder der Zwangsehe. Der Bildungsstand solcher Menschen ist oft niedrig, weshalb sie meist gar nicht wissen, was wirklich im Koran steht, und daher oft jede überkommene Tradition unreflektiert als Glaubensgebot erachten. Entsprechend orientiert sich ihre Religiosität an einer diffusen konservativen Form von Islam.

Westliche Kritiker, die sich auf diesen »Islam« beziehen, haben insofern recht, als daß hier tatsächlich ein schwerwiegendes Integrationsproblem entsteht. Aber *den* Islam gibt es nicht, stattdessen sehr viele unterschiedliche Ausprägungen. Beträchtlich ist die Zahl jener türkischen Muslime, die zwischen einer traditionsgeleiteten Religiosität und einer notwendigen Anpassung an moderne Lebensformen eine vermittelnde Position einnehmen. Ihr Typus verdient besondere Aufmerksamkeit, weil gerade sie bei den aktuellen politischen, sozialen und kulturellen Umbrüchen der Türkei eine wichtige Rolle spielen.

Im Folgenden konzentriere ich mich vor allem auf die Vielfalt des Islam in der Türkei selbst. Denn nicht die knapp über drei Millionen Menschen türkischer Abstammung in Deutschland, sondern die rund 70 Millionen Bürger der Republik Türkei bedeuten die eigentliche Herausforderung. Wenn nämlich mit der EU-Mitgliedschaft die politischen Grenzen noch um vieles durchlässiger werden, gewinnt die Türkei mit der Masse ihrer muslimischen Bevölkerung erheblich mehr Einfluß in Europa und besonders in Deutschland – schließlich bestehen zwischen Deutschtürken und »türkischen« Türken ohnehin intensive Kontakte. Erst vor dem Hintergrund dieser Zukunftsperspektive bekommt jene eingangs formulierte Befürchtung genauere Konturen: Ein dann verstärkt importierter Islam könnte die Probleme erheblich verschärfen, weil eben diese fremde Religion nicht zu Europa passe, das sehe man doch an der aktuellen Entwicklung in der Türkei.

Wie gestaltet sich die Entwicklung in der Türkei tatsächlich?

Die Türkei hat ganz andere religiöse, politische und kulturelle Rahmenbedingungen als etwa arabische Staaten oder der Iran. Atatürks Reformwerk schuf schon in den zwanziger Jahren strukturelle Veränderungen, die mit einer derartigen Konsequenz in der islamischen Welt beispiellos waren und sind. Und so schien die Türkei bisher Vorbildcharakter als ein islamisch geprägter Staat zu haben, in dem ein religiös-politischer Fundamentalismus keine Chance hat. Inzwischen gewinnen jedoch islamisch orientierte Parteien mit deutlicher Kritik an der Verwestlichung immer mehr an Einfluß. Somit stellt sich die Frage, ob diese Entwicklung letzten Endes in einen radikalen antiwestlichen Islamismus münden könnte, ähnlich dem in einigen arabischen Staaten und im Iran.

Für westliche Beobachter ist die Situation immer schwieriger zu beurteilen. Bei genauerem Hinsehen stellen wir nämlich fest, daß die Begriffe »Säkularisierung«, »Laizismus«, »Demokratie«, die zu Leitprinzipien der modernen Türkei geworden sind, bei weitem nicht deckungsgleich mit unseren Vorstellungen sind. Wenn also ein liberaler Deutschtürke von sich sagt, er sei in Europa angekommen, so kann er sich hier nur sehr eingeschränkt auf das Reformwerk Atatürks mit seinem Motto »Auf nach Europa!« berufen. Er muß vielmehr, um diese Aussage voll und ganz einzulösen, noch einmal einen Transformationsprozeß durchlaufen haben und wird dann erst ein wirklich »europäischer Muslim« sein. Wir müssen uns daher auf die Frage konzentrieren, worin denn die grundsätzlichen Unterschiede zwischen einer »türkischen Moderne« im Sinne Atatürks und einer europäischen, westlichen Moderne bestehen.

Diese Frage drängt sich vor dem Hintergrund der immer deutlicher werdenden Modernitätskrise in der Türkei auf. Inzwischen plädieren nicht etwa die strikt säkular an Atatürk orientierten Parteien am entschiedensten für eine Erweiterung der demokratischen Rechte. Nicht sie sind bereit, die Macht eines putschbereiten Militärs konsequent zu beschneiden. Nicht sie versuchen am ehesten, bedenkliche Fehlentwicklungen des türkischen Nationalismus zu korrigieren, etwa die Unterdrückung ethnischer Minderheiten der Kurden und Armenier. Vielmehr setzt sich heute ausgerechnet die islamisch orientierte Partei AKP unter Führung des Ministerpräsidenten Erdoğan am stärksten dafür ein, die türkischen Gesetze den EU-Normen anzugleichen und mit diesen Reformen der Republik Türkei den »Weg nach Europa« zu ebnen.

Die Diskussionen darüber, wie glaubwürdig die aktuellen Veränderungen in der Türkei sind, nehmen vor allem im deutschen Sprachraum an Schärfe zu. Das Mißtrauen sitzt tief, und eine rationale Debatte über die politischen und kulturellen Ursachen bleibt schwierig.

Um einen vorurteilsfreien Blick auf die Türkei zu gewinnen, müssen wir uns zunächst bewußt machen, mit wie vielen Vorurteilen wir selbst noch zu kämpfen haben. Das Thema Türkei ist für uns vor allem auch mit einem historischen Trauma belastet, das untergründig unser Urteil mitbestimmt.

Die »Türkengefahr« – das historische Trauma

Den Türken sei zweimal die Belagerung von Wien mißlungen. Nun aber brächten sie mit ihrer massenhaften Zuwanderung ganz friedlich zuwege, was ihnen durch Feuer und Schwert nicht möglich gewesen sei. Sie würden das Abendland schleichend islamisieren, und bei diesem Vorhaben profitierten sie auch noch von unserer Demokratie, unserer Religionsfreiheit …

Derart beziehungsreiche Anspielungen sind nicht nur in Wien selbst, sondern zur Genüge auch in deutschen Städten zu hören. Dabei beschränkt sich die »massenhafte Zuwanderung« in Deutschland auf bisher 3 Millionen Menschen türkischer Abstammung, dies sind bei einer Gesamtbevölkerung von 82 Millionen lediglich 3 bis 4 Prozent. In Österreich, einem Land mit 8 Millionen Einwohnern, leben rund 230 000 Menschen mit türkischem Migrationshintergrund.

Die Türken vor Wien 1529 und 1683 … Gerade weil diese zwei weit zurückliegenden Ereignisse unvergessen sind, können sie desto besser für die Gegenwart instrumentalisiert werden.

Über Jahrhunderte war für uns im deutschen Sprachraum

wie auch für Südosteuropäer die Furcht vor den Türken gleichbedeutend mit derjenigen vor dem Islam. Diese Furcht war nicht unbegründet. Schließlich hatte das Osmanische Reich vom 14. bis ins 17. Jahrhundert sein Herrschaftsgebiet immer weiter über den Vorderen Orient und Nordafrika bis weit hinein nach Europa ausgedehnt, zuletzt bis an die Grenzen Österreichs. Diese militärische Bedrohung war gepaart mit der Angst, daß die Muslime den Christen kulturell ebenbürtig, wenn nicht gar in mancher Hinsicht überlegen seien. Die Erinnerung an die Bedrohung durch die Türken wirkt bis heute nach. Vorrangig gilt das für den Großraum Wien. Als ich 1976 in die Donaumetropole übersiedelte, war einer meiner ersten diesbezüglichen Eindrücke eine Gedenktafel vor der gotischen St.-Othmar-Kirche in Mödling, einem beliebten Ausflugsziel der Wiener. Dort ist zu lesen:

> An dieser Stelle wurde im Juli 1683 fast die ganze Bevölkerung des Marktes Mödling von feindlichen Horden niedergemetzelt, als die Türken gegen Wien zogen.

Die Steintafel war im Juli 1933 an der Kirchenmauer angebracht worden, unmittelbar bevor in Wien der 250. Jahrestag des Sieges über die Türken begangen wurde. Entsprechende Mahntexte finden sich in anderen Orten der Umgebung Wiens, so in Hainburg, nahe der slowakischen Grenze. Dort ist an einem mittelalterlichen Stadttor, dem sogenannten Fischertor, zu lesen:

> Dem Andenken der am 12. Juli 1683 nach Erstürmung der Stadt von den Türken niedergemetzelten Einwohner Hainburgs.

Und in Perchtoldsdorf zeigt ein buntes Glasfenster der gotischen Pfarrkirche sehr drastisch, wie Soldaten in orientalischer Tracht Häuser anzünden und mit Krummsäbeln und Lanzen wehrlose Menschen töten. Solche erst aus dem 20. Jahrhundert stammende und somit recht junge Darstellungen könnten glauben machen, die Massaker von 1683 hätten erst vor ein bis zwei Generationen stattgefunden und seien deshalb in der Erinnerung ein noch nicht verarbeiteter Schock – und es seien die Greueltaten muslimischer Eroberer um vieles schlimmer für Österreichs Landbevölkerung gewesen als die von feindlichen Soldaten aus »christlichen« Staaten (was historisch eindeutig widerlegt werden kann).

Es hat eine tiefgehend symbolische Bedeutung, daß am 12. September 1983 – dem 300. Jahrestag des Sieges über die Türken vor den Toren Wiens – Papst Johannes Paul II. zu einem Gedenkgottesdienst nach Wien kam und bei einer Messe unter freiem Himmel mit hunderttausenden Menschen an den epochalen Triumph der Christenheit erinnerte. Es ist auch kein Zufall, daß Papst Benedikt XVI. im Jahr 2006 ausgerechnet am 12. September an der Universität Regensburg seine berühmt-berüchtigte Rede hielt, die die Überlegenheit des »vernunftbetonten« Christentums über den Islam herausstellte. Er knüpfte mit dem Datum seines Vortrages bewußt an die Niederlage der Türken vor Wien an.

Bei meinen Reisen zu den Moldauklöstern Rumäniens entdeckte ich auf den prächtigen Fresken der Außenmauern neben den Darstellungen biblischer Szenen immer wieder auch historische Motive, die die Bedrohung durch das Osmanische Reich zum Thema haben: die Belagerung von Konstantinopel 1453, das Sterben christlicher Märtyrer unter den Krummsäbeln beturbanter Gestalten und als markanter Höhepunkt der Darstellung Männer in Turban und Kaftan, die am Tag des Jüngsten Gerichts darauf warten, ins Höllenfeuer geworfen zu werden.

Zu Zeiten, als die Osmanen bis vor die Tore Wiens rückten, waren die Ängste durchaus nachvollziehbar, auf den Kirchtürmen Mitteleuropas würde bald der Halbmond aufgepflanzt und in den eroberten Gebieten Christen mit »Feuer und Schwert« zum Islam bekehrt. Eine religiös-politische Propaganda auf christlicher Seite hatte alles getan, um diese Furcht zu verstärken und damit den Widerstand zu mobilisieren. Aber zu denken geben sollte die Tatsache, daß auch zu Beginn des 21. Jahrhunderts viele Europäer eine derartige Propaganda für historisch korrekt halten. Dabei ist durch die Forschung das Gegenteil belegt. Wenn auch Christen unter der Herrschaft der Osmanen nicht die gleichen Rechte wie Muslime besaßen, so konnten sie doch relativ frei ihren Glauben leben, hatten Zugang zu vielen Berufen, sogar in der höheren Verwaltung, und genossen größere Rechtssicherheit, als dies umgekehrt muslimischen (und auch jüdischen) Minderheiten im christlichen Abendland vergönnt war. Massaker an Andersgläubigen hatten selten religiöse Gründe und waren eher politisch motiviert. Mit gleicher Härte gingen türkische Muslime auch gegen Glaubensbrüder vor, sobald sie sich mit ihnen um Macht und Privilegien stritten.

Erst seit dem 18. Jahrhundert findet sich bei uns in Westeuropa eine Toleranz, die über die islamische Duldung andersgläubiger Monotheisten hinausgeht und den Islam an Freizügigkeit übertrifft. Es ist die säkulare Toleranz, die nicht nur allen Religionen, sondern ebenso den nichtreligiösen Weltanschauungen wie auch dem Atheismus gleichermaßen Freiheit zubilligt. Dieser aus dem Geist der Aufklärung hervorgegangene Pluralismus mußte gegen den Widerstand der Kirchen, gegen den Absolutheitsanspruch christlicher Konfessionen durchgesetzt werden, dabei sind die Aufklärer selbst in vielen Bereichen ihres Denkens christlicher Ethik verbunden geblieben.

Wenn aber Christen unter der Herrschaft osmanischer Muslime ihren Glauben relativ frei leben konnten, wirkt es verstörend, daß 1915 mehr als eine Million armenische Christen von türkischen Soldaten aus Anatolien vertrieben oder getötet wurden und 1923 über eine Million griechischer Christen die Türkei verlassen mußten. Wo bleibt hier die vielgerühmte islamische Toleranz? Wenn wir mit Türken über diese Ereignisse sprechen, bekommen wir meist zu hören, diese Minderheiten seien nicht aus religiösen Gründen bekämpft worden, sondern weil sie in der Gründungsphase der Republik eine politische Bedrohung dargestellt hätten. Unter osmanischer Herrschaft hingegen hätten Armenier und Griechen viele Jahrhunderte lang wie alle anderen Christen die vom Koran vorgeschriebene Duldung als Angehörige einer »Buchreligion« genossen.

Fragen bleiben offen, vor allem, wenn wir den Blick auf die Gegenwart der Türkei richten.

»Aggressiver Islam« – alte Ängste, neue Vorurteile

»Christen die Kehle durchgeschnitten.« Eine Schlagzeile wie diese, die im April 2007 durch die westlichen Medien ging, scheint mit neuer Aktualität die Klischees einer »Türkengefahr« und eines aggressiven Islam zu bestätigen. Mitglieder einer radikal-islamischen Organisation hatten in der ostanatolischen Stadt Malatya ein christliches Verlagshaus besetzt und drei der Mitarbeiter getötet. Die Männer hätten an die türkischen Muslime Bibeln verteilt; es gelte den Islam vor christlicher Missionierung zu schützen. Mit ähnlichen Argumenten war ein Jahr zuvor in der nordtürkischen Stadt Trabzon ein katholischer Priester ermordet worden. Wie sind solche Ereignisse zu bewerten? Wächst nicht gerade in der Türkei ein besonders starkes Ressentiment gegen Christen und straft alles Lügen, was Muslime selbst – und auch viele Orientalisten – über die Toleranz des Islam sagen?

Es ist bedauerlich, daß derartige Ereignisse in den westlichen Medien die größte Aufmerksamkeit erregen. Die Häufung solcher Meldungen erweckt den Eindruck, als seien radikal-islamische Organisationen weit verbreitet und hätten erheblichen Rückhalt in der türkischen Bevölkerung. Mehr noch: Je stärker das Gewicht auf solcher Berichterstattung liegt, desto mehr sehen sich unzureichend informierte Leser und Hörer in der vorgefaßten Meinung bestätigt, der Islam sei ohnehin eine »radikale« Religion. Umgekehrt wird alledings in türkischen Medien jeder Brand- und Mordanschlag auf Türken in Deutschland ähnlich aufgebauscht, und diese Berichte erzeugen ein genauso einseitiges Bild, indem sie suggerieren, die meisten Deutschen, ja Europäer seien »rassistisch«.

Ich bereise die Türkei seit 1964. Zu meinen stärksten Eindrücken zählt, daß viele Türken den Ausländern nicht nur sehr wohlwollend und unvoreingenommen, sondern auch sehr gastfreundlich begegnen. Über Religion sprechen viele Türken jedoch kaum. Sie leben den Islam – unreflektiert – als eine Summe vielfältiger Traditionen und zeigen wenig Interesse, ihren Glauben demonstrativ zu bekunden oder sich gegen andere religiöse Überzeugungen abzugrenzen. Sofern sie sich von Ausländern respektiert fühlen, bringen sie ihrerseits den Fremden Respekt und Freundlichkeit entgegen. Eine solche Erfahrung können wir nicht nur in der Türkei, sondern auch in vielen anderen Ländern der islamischen Welt machen. Die Schwierigkeiten beginnen erst, sobald die Einheimischen Ablehnung spüren.

Im Gespräch mit gebildeten Türken rückt das Thema Religion allerdings immer wieder in den Mittelpunkt. Den meisten meiner Diskussionspartner war die geistige Verwandtschaft der drei großen monotheistischen Religionen Islam, Christentum und Judentum sehr vertraut und sie wussten darüber oft besser Bescheid als viele Christen. Manche betonten sogar, dieses Wissen über die Gemeinsamkeiten müßte einen nachhaltigen Dialog fördern. Bei längeren Gesprächen wurde dann zwar stets deutlich, daß die Muslime ihren Glauben für den einzig wahren halten, weil aus ihrer Sicht andere Religionen höchstens abgeschwächt über Teile der göttlichen Offenbarung verfügen. Aber mit solchen Argumenten ähneln sie jenen Christen, die trotz aller Bekenntnisse zur Toleranz letztlich von der Überlegenheit ihrer eigenen Religion überzeugt sind.

Auf politischer Ebene zeigen sich dagegen größere Widersprüche. Seit den siebziger Jahren sind in der Türkei die Priesterseminare sowohl der griechisch-orthodoxen als auch der armenischen Kirche geschlossen, außerdem ist der öffentlich-rechtliche Status der Kirchen stark eingeschränkt. Darüber hinaus dominiert der sunnitische Islam alle anderen Glaubensgemeinschaften, auch die der schiitisch geprägten Aleviten. Allein die Sunniten haben in der Praxis jene Entfaltungsfreiheit, die laut der laizistischen Staatsverfassung auch allen anderen Konfessionen zusteht. Auf diesbezügliche Fragen erhalten westliche Beobachter meist die Antwort, die rechtlichen Einschränkungen für Christen hätten nichts mit einer Aversion gegen deren Religion zu tun, sondern es handle sich um nationale Notwehr, da Griechen und Armenier ihren Widerstand gegen den türkischen Staat noch immer nicht ganz aufgegeben hätten. Solche Antworten sind nicht geeignet, das Mißtrauen der Europäer zu beseitigen.

Die Politiker, ob nun betont säkular oder islamisch orientiert, geben meist keine eindeutige Auskunft über ihre Haltung zu Andersgläubigen. Viele grenzen sich zwar mehr oder weniger deutlich gegen radikal-islamische Organisationen ab, die zu Gewalt gegen Andersgläubige neigen. Aber alle lassen sie bislang eine eindeutige Politik vermissen, mit der sie sich für eine Verbesserung in der Rechtssituation der Nichtmuslime engagieren.

Allerdings gibt es in der Türkei muslimische Reformtheologen, die unter anderem entschieden für eine weitreichende Toleranz gegenüber Andersgläubigen eintreten. Diese Reformer knüpfen einerseits an die Tradition kritischer Koranauslegung an, wie sie im Goldenen Zeitalter des Islam vom 9. bis zum 13. Jahrhundert weit verbreitet war, andererseits an westlich aufgeklärtes Denken. Hieraus entsteht ein Islam, der in seinen Intentionen jenem Christentum ähnelt, das durch die europäische Aufklärung hindurchgegangen ist. Dies wird im einzelnen zu zeigen sein.

Aber das Bild vom türkischen Islam wäre unvollständig, ohne auf den Sufismus einzugehen. Diese religiöse Strömung, die seit dem 9. Jahrhundert besteht und im türkischen Kulturraum zu besonderer Blüte gekommen ist, hat schon in der Epoche des klassischen Islam die Idee von der Gleichwertigkeit aller Religionen entwickelt. Wenn auch viele der Derwischbruderschaften im Verlauf der Jahrhunderte zu religiös-politischem Machtmißbrauch neigten und deshalb von Atatürk 1925 verboten wurden, so ist doch das geistige Erbe des Sufismus in der Türkei nach wie vor lebendig und bildet, wie ebenfalls zu zeigen sein wird, eine besonders interessante Alternative zu dogmatisch engstirnigem Verhalten.

Angesichts dieser Vielfalt ist es problematisch, den Blick vorrangig auf das schmale Segment des religiös-politischen Radikalismus zu richten. Wir vernachlässigen damit die zahlreichen Entwicklungen, die zwar weniger spektakulär, aber um so nachhaltiger die Zukunft der Türkei mitbestimmen.

Die Angst vor den sozialen Problemen eines »unterentwickelten« Landes

Bis in die achtziger Jahre haben wir noch von »Gastarbeitern« gesprochen. Das so freundlich klingende Wort sollte die Erinnerungen an den nationalsozialistischen Begriff »Fremdarbeiter« verdrängen und eine viel menschlichere Behandlung ausländischer Arbeitskräfte signalisieren. Aber tatsächlich haben viele von uns im »Gastarbeiter« herablassend einen nur geduldeten Bittsteller gesehen, der aus einem wirtschaftlich notleidenden Land kam und nach etlichen Jahren Arbeit in Westeuropa wieder in seine Heimat zurückkehrte. Genau diese Haltung brachten wir lange Zeit – oder bringen sie immer noch – den Türken entgegen.

Die ersten »Gastarbeiter« waren allerdings Italiener, Spanier, Griechen und Jugoslawen gewesen. Auch sie waren damals dem Vorurteil ausgesetzt, aus »primitiven« Dörfern zu stammen, in denen es noch keine religiöse Toleranz, kein Bewußtsein für Demokratie, keine Gleichberechtigung von Mann und Frau, keine Arbeitsmoral in unserem Sinne gebe. Und auch bei ihnen setzten wir voraus, daß sie nach wenigen Jahren wieder in ihre »unterentwickelte« Heimat zurückkehrten, denn ihre sozialen Verhaltensweisen seien ohnehin nicht mit unserer Gesellschaft kompatibel. Allerdings sind Italiener, Griechen und andere Zuwanderer aus dem »Süden« heute kaum mehr mit einem derartigen Stigma behaftet, weil sie inzwischen weitgehend integriert sind – und weil ihre Herkunftsländer beachtliche wirtschaftliche Fortschritte erzielt haben.

Anders die Türken. Im Zusammenleben mit ihnen haben wir den schwierigen Entwicklungsprozeß noch vor uns. Hier geht es nicht nur um die Angst, daß der Islam doch viel fremder ist als ein süd- oder osteuropäisches, »archaisch« geprägtes Christentum, sondern darum, daß auch die sozialen Probleme um vieles gravierender sind. Und das Unbehagen wächst, sobald diese »Gastarbeiter« die Staatsbürgerschaft ihres »Gastlandes« annehmen. Dann, so die Meinung, würden um so mehr wirtschaftliche Probleme aus ihrer Heimat importiert und gefährdeten unser sozial ausgeglichenes System, etwa indem slumähnliche Siedlungen entstünden, ähnlich wie es sie an den Rändern türkischer Städte gibt. Ein Stück Unterentwicklung aus einer armen Region würde sich damit in einem hochentwickelten Industriestaat etablieren. Mit letzter Konsequenz könnte das bedeuten: Falls die Türkei EU-Mitglied würde, könnte ganz Europa in den Sog von Problemen der sogenannten Dritten Welt gerissen werden. Und dies wäre auf einen Staat zurückzuführen, dessen Bevölkerung schon heute 70 Millionen zählt und in zwei bis drei Jahrzehnten möglicherweise die 100-Millionen-Grenze überschritten haben wird.

1923, im Gründungsjahr der Republik, waren noch nahezu 90 Prozent der Türken Analphabeten, zu Beginn des 21. Jahrhunderts sind es nur noch rund 17 Prozent. Mit dieser Quote liegt die Türkei zwar im Spitzenfeld der islamischen Länder, ist aber trotzdem noch weit entfernt vom westeuropäischen Standard. Ist die Türkei also noch immer unterentwickelt?

Mit Blick auf die aktuellen Wirtschaftsdaten läßt sich die Frage zunächst verneinen. Seit 2002 betragen die jährlichen Wachstumsraten zwischen 6 und 8 Prozent; sie sind somit um vieles höher als in den hochentwickelten Ländern Westeuropas und vergleichbar mit jenen von China und Indien. Entsprechend gilt die Türkei als »zukunftsträchtig« und müßte als »Schwellenland« bezeichnet werden. Aber das ist nur die eine Seite. Um das Jahr 2000 war die türkische Wirtschaft dem Zusammenbruch nahe, so daß nicht nur westliche, sondern auch türkische Beobachter den Staatsbankrott befürchteten. Damit wiederholte sich eine Situation, die man schon in den vergangenen Jahrzehnten hatte beobachten können: Kurze Phasen des wirtschaftlichen Booms wechselten sich periodisch mit teilweise tiefgehenden Wirtschaftskrisen ab.

Solche Wechsel sind jedoch für die türkische Wirtschaft nicht untypisch. Verantwortlich hierfür ist die ökonomische Rückständigkeit vieler Dörfer besonders im zentralen und östlichen Anatolien. Hinzu kommt das Elend in den Randgebieten vieler großer Städte, in denen vor allem Zuwanderer aus Notstandsgebieten leben. Wenn es nur auf einige Ballungsräume in der westlichen Türkei sowie die Touristenzentren an der türkischen Küste ankäme, die teilweise so modern und gepflegt wirken wie Städte und Dörfer in Norditalien, dann würde die Türkei nicht als der vielzitierte »Problemfall« gelten. Aber unterentwickelte Regionen Anatoliens drücken den Durchschnittswert der Statistik. Und so beträgt das Bruttosozialprodukt des Landes auch noch zu Beginn des 21. Jahrhunderts nur ein Zehntel desjenigen skandinavischer Länder oder Deutschlands.[1]

Im Jahr 2007 lag die Wirtschaftsleistung pro Kopf bei 30 Prozent des EU-Durchschnitts; das entspricht dem Niveau der jüngsten EU-Mitglieder Rumänien und Bulgarien, die als Europas »Armenhäuser« gelten.[2] Die Türkei zählt heute zu jenen Ländern mit den höchsten Einkommensunterschieden zwischen Reich und Arm. Jeder Besucher kann solche Gegensätze anschaulich erleben, sobald er die modernen Zentren großer Städte wie Istanbul, Izmir, Ankara und Antalya verläßt.

Es stellt sich die Frage, ob auf lange Sicht nicht die unsichere Wirtschaftslage der Türkei ein größeres Problem für die europäische Integration darstellt als der vielbeschworene Kulturkonflikt mit dem »fremden« Islam.

Eine gespaltene Türkei

Allgegenwärtiger Islam

Wer noch jenes Bild der Türkei aus den Tagen Atatürks im Kopf hat, aus einer Zeit, in der der Islam aus dem öffentlichen Leben weitgehend verdrängt war, erlebt bei einem ersten Besuch des Landes eine Reihe Überraschungen.

In allen türkischen Städten ertönt der Gebetsruf des Muezzins von unzähligen Minaretten, meist durch Mikrophone verstärkt und ohrenbetäubend laut. Tradition und Technik sind hier eine seltsame Symbiose eingegangen, für europäische Ohren Faszination und Nervenprobe zugleich. Dabei hatte Atatürk den öffentlichen Gebetsruf als unzulässige Propaganda für eine »private Weltanschauung« zunächst strikt verboten und ihn erst 1932 auf Druck der Bevölkerung in türkischer Sprache wieder erlaubt. Aber seit 1950 ist der Gesang vom Minarett wieder auf Arabisch, der Sprache des Korans, zu hören. Und da Mikrophone die Lautstärke erheblich steigern, ist die Öffentlichkeit des Gebetsrufs sogar um vieles eindringlicher, als sie in osmanischer Zeit hätte sein können.

Die Moscheen werden erheblich häufiger und zahlreicher besucht als bei uns die Kirchen. Und auch im Alltag ist Religion sehr präsent. Es findet sich kaum eine Teestube, in der nicht sakraler Wandschmuck angebracht ist, etwa Koransprüche in arabischen Schriftzeichen, das Bild der Kaaba von Mekka oder anderer Wallfahrtsstätten. Diesen Eindruck können wir vor allem in Städten gewinnen, deren historische Kerne mit einem Labyrinth verwinkelter Gassen, mit Moscheekuppeln und Minaretten ohnehin noch die Atmosphäre des osmanischen Zeitalters vermitteln. Aber selbst in westlich geprägten Neustadtvierteln, die sich mit ihrem Flair kaum von einer südeuropäischen Stadt unterscheiden, sehen wir häufig in Restaurants mit betont moderner Einrichtung sakralen Wandschmuck. Dies gilt sogar für manche Restaurants, in denen von morgens bis abends auf großen Bildschirmen Videoclips abgespielt werden mit Sequenzen, die in den historischen Zentren undenkbar wären: grell geschminkte Schlagersängerinnen mit langem, blond gefärbtem Haar und aufreizend kurzen Röcken, ihre Körper beim Singen lasziv verrenkend, mit männlichen Sängern in herausforderndem Blickkontakt – aus der Sicht eines traditionell denkenden Muslims »unislamische Dekadenz«. Doch gerade hier kann man erleben, daß der Kellner plötzlich das lautstarke Video abdreht, sobald von draußen der Gebetsruf des Muezzins ertönt.

Allgegenwärtig erscheint der Islam ebenso, wenn man mit Autobussen in Anatolien unterwegs ist. *Allah Korusun, Masaallah.* Diese beiden Aufschriften sind oft an der Frontscheibe von Autobussen angebracht, meist in grellen Farben. Die erste Aufschrift ist türkisch, die zweite arabisch, aber beide bedeuten dasselbe: »Gott beschütze uns.« Gemeint ist der Schutz vor Unfällen. Häufig ist über dem Fahrer ein Koranspruch zu lesen, oder es hängt dort ein Amulett, das vor Krankheiten und dem bösen Blick schützen soll. Bei Fahrten kreuz und quer durch die Türkei fällt die Vielzahl der neugebauten Moscheen auf, oft nüchterne Zweckbauten im Fertigbaustil mit silbrig glänzender Aluminiumkuppel. In einem Türkei-Reiseführer des Jahres 1998 lese ich, daß sich die Zahl der Moscheen seit 1988 fast verdoppelt hat und daß die Zahl der Mekkapilger im selben Zeitraum von Jahr zu Jahr gestiegen ist.[3] Aber am meisten muß die Auskunft verblüffen, daß der Religionsunterricht an türkischen Schulen Pflichtfach ist und keine Möglichkeit besteht, sich ihm zu entziehen. Dieses Gesetz widerspricht nicht nur unserem westlichen Modell eines säkularen und erst recht eines strikt laizistischen Staates, sondern auch den Intentionen Atatürks, der den Islam als »private Weltanschauung« betrachtete.

Der westliche Beobachter kann in der Republik Türkei allerdings auch ganz andere Eindrücke gewinnen – in Gesprächen mit erklärten Anhängern Atatürks.

»Ich bin nicht religiös«

Ich fahre mit dem Expreßbus von Istanbul, der ehemaligen Hauptstadt, nach Ankara, der jetzigen Hauptstadt. Es ist ein komfortabler Bus, in dem viele Geschäftsleute reisen. Neben mir sitzt ein älterer Türke mit Anzug und Krawatte, sein Habitus verrät ihn als Angehörigen der oberen Mittelschicht. Er spricht mich auf Deutsch an und erzählt, er habe längere Zeit in Frankfurt als Diplomingenieur gearbeitet und letztes Jahr mit seinen beiden Söhnen einen Betrieb in Ankara eröffnet.

Wir reden zunächst über ganz allgemeine Themen des türkischen wie des deutschen Alltags, bis das unverbindliche Gespräch eine Überraschung bringt. Ich will wissen, an welchem Tag der darauffolgenden Woche der Fastenmonat Ramadan beginne und ob die Fastengebote noch immer einen großen Einfluß auf den Alltag in der Türkei hätten. – Er habe keine Ahnung, wann der Ramadan nächste Woche beginne, antwortet er. – Wie? Er sei doch Muslim. – »Ich bin nicht religiös«, erklärt er. – Er halte sich also nicht an die Fastengebote des Ramadan? – Nein. – Ob es viele Türken gebe, die den Ramadan ignorierten? – Viele. Zumindest gelte das für Leute in den westlichen Provinzen. Anders sei das allerdings im Osten der Türkei. Dort sei die Bevölkerung noch sehr konservativ. Ohnehin gelte das für einen Großteil der Dörfer. – Das Fasten im Monat Ramadan sei immerhin vom Koran vorgeschrieben, wende ich ein. Was denn für ihn der Koran bedeute? – Der Koran? Er wiegt unschlüssig den Kopf. Was solle er da sagen? Im Leben seiner Eltern habe Religion keine Rolle gespielt, er könne sich nicht erinnern, daß sein Vater oder seine Mutter jemals in eine Moschee gegangen seien. Den Koran kenne er nur vom Hörensagen.

Nein, seine Eltern seien keine Atheisten, antwortet er auf meine diesbezügliche Frage. In der Türkei gebe es bis heute kaum einen Muslim, der sich dezidiert zum Atheismus bekenne. Aber es gebe viele Türken, die einen Großteil der koranischen Gebote für sehr rückständig hielten. All jene Gebote, die modernen wissenschaftlichen Erkenntnissen widersprächen, taugten nicht für die heutige Lebenspraxis. Sie behinderten nur den Fortschritt. – Das habe Atatürk genau so gesagt, kommentiere ich. – Ja, und Atatürk habe recht, antwortet er plötzlich sehr lebhaft. Aber ich dürfe ihn da nicht mißverstehen. Er habe nichts gegen Muslime, die ihren Glauben sehr intensiv lebten. Ein langjähriger Freund von ihm gehe jeden Freitag in die Mosche. – Ob er mit diesem Freund über Religion diskutiere? – Nein. Sie seien sich einig, daß Religion Privatsache sei und Imame sich nicht in politische Fragen einmischen sollten. Gerade weil es darüber keinen Streit gebe, könnten sie befreundet sein.

Soweit das Gespräch. Wie repräsentativ ist es?

Ich habe immer wieder mit Türken diskutiert, die eine ähnlich große Distanz zu religiösen Traditionen äußerten, dies vor allem in Istanbul, Izmir, Ankara und Antalya. In keinem anderen islamischen Land hat mir der Zufall so oft solche Begegnungen beschert. Zufall? Es ist kein Zufall. Daß in der Republik Türkei ein größerer Anteil Muslime als in jedem anderen Land der islamischen Welt derartige Anschauungen vertritt, konnte ich einer 1996 veröffentlichten Studie türkischer Sozialwissenschaftler der Bosporus-Universität Istanbul entnehmen, deren Ergebnisse heute kaum anders sind.

Besagter Untersuchung zufolge sind rund 30 Prozent der Türken noch nie in einer Moschee gewesen. Dies betrifft zwar in größerem Maße Frauen, denn ein Moscheebesuch ist vor allem Männersache, aber selbst dann bleibt noch ein für den islamischen Kulturraum ungewöhnlich hoher Anteil an »moscheefremden« Männern. Nur etwa 14 Prozent der türkischen Männer gehen einmal in der Woche zum Gebet in die Moschee und rund 21 Prozent nur freitags. Ungefähr 72 Prozent der Bevölkerung bekundeten, daß Gott für ihr Leben »irgendwie wichtig« sei. Aber auch dies ist für ein Land der islamischen Welt ein erstaunlich niedriger Prozentsatz. Die für die Sozialwissenschaftler wichtigste Aussage ist jedoch, daß nahezu 70 Prozent der Befragten keinen Zusammenhang zwischen Religion und den Regierungsgeschäften sehen. Rund 33 Prozent geben an, kein großes Vertrauen in die religiösen Institutionen zu haben. Und rund 24 Prozent bezeichnen sich sogar als »nicht religiös«. Allerdings, so interpretieren die Sozialwissenschaftler, dürfe diese Auskunft nicht dazu verleiten, solche Menschen für Atheisten zu halten. Zum Atheismus bekennt sich ausdrücklich nur rund 1 Prozent der türkischen Bevölkerung. Die übrigen »nicht religiösen« Türken distanzieren sich lediglich von allzu starren Dogmen und muslimischen Traditionen, betonen jedoch, »irgendwie« an Gott zu glauben.[4]

Passend zu dieser sozialwissenschaftlichen Untersuchung wie auch zu den Auskünften meines Gesprächspartners entdeckte ich eine entsprechende Charakterisierung eines »säkular« denkenden Türken in einem Roman von Orhan Pamuk, dem türkischen Literaturnobelpreisträger von 2006. Der Autor führt in dem 2002 veröffentlichten Roman *Schnee*, einem seiner bedeutendsten literarischen Werke, einen jungen Türken vor, der geistig zwischen allen Fronten steht – den Nationalisten und Laizisten einerseits, den »Religiösen«, den gemäßigten sowie radikalen Islamisten andererseits. Der junge Türke stammt aus einer »nicht religiösen« Familie des Istanbuler Bildungsbürgertums. Bis auf die Religionsstunden in der Grundschule habe er keinerlei islamische Erziehung genossen, erzählt der junge Türke, aufgewachsen sei er allein mit westlicher Literatur, nicht mit dem Koran.

> »In der Schule habe ich alle Gebete gründlich auswendig gelernt, damit der Religionslehrer mich mochte. Er hat uns die erste Koransure beigebracht, indem er uns ohrfeigte, uns am Haar zog und den Kopf auf das Religionsbuch stieß, das offen auf der hölzernen Schulbank lag. Ich habe alles gelernt, was einem in der Schule über den Islam beigebracht wird, aber ich habe vermutlich alles vergessen. Das einzige, was ich heute über den Islam weiß, weiß ich, glaube ich, aus dem Film »Mohammed, der Gesandte Gottes« mit Anthony Quinn in der Hauptrolle.«[5]

Daß diese Schilderung einen autobiographischen Hintergrund hat, erfährt man bei der Lektüre von Orhan Pamuks Buch *Istanbul, Erinnerungen an eine Stadt*. Dort schreibt der Autor über seine Jugend, er habe, abgesehen von einem kurzzeitigen Unterricht in der Schule, keine religiöse Erziehung genossen. Für ihn sei der Islam lediglich eine »Religion für Dienstmädchen« gewesen, die einen Gott brauchten, an den sie sich in ihrer abergläubischen

Hilflosigkeit wenden konnten. Niemand hatte sich in seiner Familie je an das Fastengebot des Ramadan gehalten, allerdings hatten sie, die westlich aufgeklärten Mitglieder des türkischen Großbürgertums, sich gerne am Zuckerfest, dem Fest des Fastenbrechens, beteiligt – wegen der fröhlichen Stimmung.[6]

Solche Angaben, ob von Orhan Pamuk, von türkischen Sozialwissenschaftlern oder meinem Gesprächspartner, stehen im Widerspruch zu den immer größeren Wahlerfolgen politischer Parteien mit »islamischem« Hintergrund. Es ist ein Widerspruch, der den Eindruck verstärkt, die Türkei sei weltanschaulich ein zutiefst gespaltenes Land. Aber die Ursachen für die daraus entstehenden Konflikte können wir nur verstehen, wenn wir uns näher mit zwei Jahrhunderten türkischer Geschichte beschäftigen: dem Zerfall des Osmanischen Reiches und der Revolution säkularer Nationalisten unter der Führung Atatürks.

»AUF NACH EUROPA!«

Die verordnete Revolution und ihre Widersprüche

Atatürk und die »Türkische Moderne«

Weshalb Atatürk zum Nationalhelden wurde

Mustafa Kemal Pascha ... Überall in der Türkei finden wir sein Standbild auf öffentlichen Plätzen, vor Regierungsgebäuden und Schulen, sein Porträt in Behörden, Banken, Restaurants, Teestuben und Basaren, sogar in Privatwohnungen. Kein Politiker wird in der Türkei so oft zitiert wie er, keiner ist so nachhaltig zur Leitfigur für »modernes« politisches Handeln geworden. Bei uns im Westen ist Mustafa Kemal Pascha allerdings mit seinem ehrenden Beinamen bekannt geworden, den er seit 1934 offiziell führte: Atatürk, »Vater der Türken«.

Atatürk regierte von 1923, dem Gründungsjahr der Republik, bis zu seinem Tod 1938. Diese 15 Jahre bildeten die entscheidende Zäsur, mit der, wie es Atatürk selbst formulierte, die »türkische Moderne« begann. Atatürk setzte jene sozial-religiöse Ordnung außer Kraft, die mehr als 600 Jahre lang das Osmanische Reich geprägt hatte und noch heute in vielen Staaten der islamischen Welt mehr oder weniger fest verankert ist: der Islam als Staatsreligion, die Scharia als die bestimmende Norm im politischen und sozialen Leben. Atatürk installierte statt dessen eine Gesellschaftsform strikt nach westeuropäischem Vorbild: radikale Trennung von Staat und Religion, völlige Entmachtung religiöser Institutionen. Derartige Reformen hatte es bis dahin in keinem islamischen Land gegeben. Weil Atatürks Reformpolitik jedoch eine Vielzahl religiöser, kultureller und politischer Spannungen auslöste, ist der Begründer der modernen Türkei auch zu einer sehr umstrittenen Persönlichkeit geworden.

Trotzdem hat sich nichts an der Ikone Atatürk geändert. Ob sich nun die Politiker im Sinne des Staatsgründers als strikt »säkular« und »laizistisch« definieren oder ob sie Korrekturen im Sinne einer »islamischen Rückbesinnung« wünschen – kaum einer zweifelt daran, daß es ohne Mustafa Kemal Pascha nach dem

Zusammenbruch des Osmanischen Reiches keine unabhängige Republik Türkei gegeben hätte, sondern nur einen schwachen Staat in kolonialer Abhängigkeit fremder Mächte.

Uns wird im folgenden zu beschäftigen haben, wie die »westlich« orientierten Reformen Atatürks im einzelnen gestaltet sind. Am Anfang aber steht die Frage, wie in einem islamisch geprägten Land ein derart radikaler Revolutionär einen nahezu unantastbaren Kultstatus erlangen konnte. In Atatürks Biographie und in den politischen Rahmenbedingungen seiner Zeit finden wir die Antwort.

Mustafa Kemal wurde 1881 in Saloniki geboren. Die nordgriechische Stadt, damals sowohl von Griechen als auch von Türken bewohnt, gehörte unter dem türkischen Namen Selanik zum Osmanischen Reich. Kirchen und Moscheen in unmittelbarer Nachbarschaft bestimmten zu jener Zeit das Stadtbild. Aber im Geburtsjahr Atatürks stand in Südosteuropa nur noch ein schmaler Streifen Land unter der Herrschaft der Sultane – mit Saloniki als der wichtigsten Stadt. Der junge Mustafa wuchs in dem Bewußtsein heran, daß auch diese Region bald durch Eroberungszüge der Nachbarstaaten dem Osmanischen Reich verlorengehen könnte.

Mustafa war der Sohn eines Zollbeamten und einer Bauerntochter. Der Vater zeigte sich an westlich ausgerichteter Bildung interessiert, wohingegen die Mutter im traditionellen Islam tief verwurzelt war. Sie wollte den Sohn in eine Koranschule schikken, wo er den Koran auf Arabisch hätte auswendig lernen müssen, doch der Vater setzte sich durch und ließ Mustafa in einer Schule unterrichten, in der nach westlichem Vorbild gelehrt wurde. Diese Kombination eines westlich denkenden Vaters und einer religiösen Mutter war charakteristisch für viele Beamtenfamilien in der Endphase des Osmanischen Reiches.

1893 wechselte der zwölfjährige Mustafa auf die Militärschule von Saloniki. Dort verlieh ihm einer der Lehrer einen Beinamen, um die vielen Schüler mit dem Namen Mustafa zu unterscheiden. Dies war in der islamischen Welt damals durchaus üblich (in der Regel besorgten dies die Eltern). Der Lehrer, der den begabten Schüler sehr schätzte, gab ihm den arabischen Beinamen

»Kemal«, was »Vollendung« bedeutet. Von nun an wurde Mustafa zusätzlich mit Kemal angeredet.

Später, als derselbe Mustafa, Begründer der modernen Türkei, es zum Gesetz machte, daß jeder Staatsbürger zum Vornamen einen Familiennamen haben müsse, wurde Kemal sein offizieller Nachname. Dieser Nachname hat Eingang auch in die politische Geschichte der Türkei gefunden, denn die Gefolgsleute des Generals und Staatsgründers Mustafa Kemal nannten sich später »Kemalisten« und sprachen von der »kemalistischen Revolution«.

Mustafa Kemal rückte 1899 in die Infanterieklasse der Kriegsschule in Istanbul ein, wo er seine Französischkenntnisse perfektionierte, denn Französisch war Pflichtfach für jeden Offiziersanwärter. Durch das Erlernen dieser Sprache stand ihm auch die Lektüre französischer Autoren offen. Aus Sicht der Sultane waren Fremdsprachen allerdings nur insoweit erwünscht, als die militärische Führungsschicht naturwissenschaftliche Literatur im Original lesen konnte – nicht aber philosophische und politische Schriften, die von einer »Revolution« gesellschaftlicher Verhältnisse handelten. Unerwünschte Bücher politischen Inhalts brachten osmanische Studenten allerdings aus Westeuropa mit. Der junge Offizier Mustafa Kemal las in seiner dienstfreien Zeit vor allem Werke über die Philosophie der Aufklärung, mehr noch über die positivistische Philosophie des 19. Jahrhunderts. Seine Vorliebe galt dem französischen Philosophen Auguste Comte, der jede Form von Metaphysik radikal ablehnte und eine Befreiung des menschlichen Geistes von religiösem »Ballast« und »Aberglauben« forderte.[1] Mustafa Kemal holte sich hier das geistige Rüstzeug, um später den »Aberglauben« islamischer Religiosität zu bekämpfen.

In Istanbul ließ sich der junge Offizier Mustafa Kemal allerdings auch auf andere Weise von den Lebensgewohnheiten einer »verwestlichten« Ober- und Mittelschicht anstecken: Er trank viel Schnaps und setzte sich damit ostentativ über das Alkoholverbot des Korans hinweg. Für ihn wurde der Genuß von türkischem Anisschnaps gar zu einem verhängnisvollen lebenslangen Laster. Regelmäßige Trinkgelage mit Offizieren und hohen Staatsbeamten ruinierten schließlich seine Gesundheit, weshalb er 1938 bereits im Alter von nur 57 Jahren an Leberzirrhose starb. Dieser Makel im Leben des Revolutionärs ist in der Türkei bis heute ein Tabu, gilt aber frommen Muslimen als Zeichen des »Unglaubens«, wenngleich auch sie über dieses Laster des »Vaters der Türken« nicht öffentlich sprechen.

Zurück ins Jahr 1899. Der Offizier Mustafa Kemal kam zunehmend in Kontakt mit der Bewegung der sogenannten Jungtürken, einer nationalistischen Bewegung, die sich gegen erstarrte »orientalische« Traditionen wandte und radikale Reformen nach »westlichem« Vorbild, ja eine radikale »Verwestlichung« forderte. Zu den Kernaussagen dieser Bewegung gehörten Sätze, wie sie später Atatürk als Präsident der Republik nahezu wörtlich wiederholte. Exemplarisch ist hier ein Gedanke aus einer jungtürkischen Broschüre von 1913:

> »Es gibt keine zweite Zivilisation; Zivilisation bedeutet europäische Zivilisation, und sie muß eingeführt werden – mit ihren Rosen und ihren Dornen!«[2]

Mustafa Kemal engagierte sich eine Zeitlang in der Bewegung der Jungtürken, die von der Polizei mißtrauisch beobachtet wurde. Einige Wochen verbrachte er sogar im Gefängnis, weil ihn der Geheimdienst revolutionärer Umtriebe verdächtigte. Dann versetzte ihn die militärische Führung als Hauptmann im Generalstab der 5. Armee nach Damaskus, der Hauptstadt der osmanischen Provinz Syrien. Diese Versetzung sollte als Warnung für einen jugendlichen Eiferer gelten, dem man das Bedürfnis nach »Revolution« noch als »Jugendsünde« auslegte. In Damaskus aber nahm Mustafa Kemal zu den dortigen Jungtürken Kontakt auf und war an der Gründung der Jungtürkischen Partei beteiligt. Er gehörte damit zu den vielen unzufriedenen Offizieren, die gegen das reaktionäre Regime des Sultans Abdul Hamid II. aufbegehrten. Drei Jahre später putschten die Offiziere der Jungtürken in Istanbul gegen den Sultan und zwangen ihn 1909 zur Abdankung. Dessen Nachfolger Mehmet V. konnte sein Amt nur noch als konstitutioneller Monarch ausüben, die eigentliche Macht lag nun bei den Jungtürken. Der Offizier Mustafa Kemal, nun im Rang eines Oberst, gehörte aber nicht zum innersten Zirkel der Macht, weil er sich von Anfang an politisch nicht mit dem übersteigerten Nationalismus der Jungtürken anfreunden konnte.

In den Rang eines Generals rückte Mustafa Kemal 1916 während des Ersten Weltkriegs auf und trug damit den Titel Pascha, der jedem Offizier ab dem Rang eines Generals zustand. Mustafa Kemal Pascha kämpfte im östlichen Anatolien gegen die vorrückenden Russen und in Palästina sowie an den Dardanellen gegen britische Truppen. Aber das strategische Geschick als Kommandeur einer Armee nützte nichts in einem Staat, der an der Korruption und Unfähigkeit seiner Regierung krankte. Der »kranke Mann am Bosporus«, wie die Europäer seit Mitte des 19. Jahrhunderts das dahinsiechende, von inneren Krisen gelähmte Osmanische Reich bezeichneten, lag nun endgültig im Sterben. Die Niederlage im Ersten Weltkrieg gegen die alliierten Truppen Großbritanniens, Frankreichs, Italiens, Rußlands und Griechenlands besiegelte den völligen Zusammenbruch des Osmanischen Reiches – vertrieb aber auch die Jungtürken von der Macht, deren inkompetente Führung erheblich zur Niederlage beigetragen hatte.

General Mustafa Kemal Pascha war bis dahin immer noch eine historische Randfigur. Seine große Stunde sollte erst kommen, nachdem die Situation für die besiegten Osmanen völlig aussichtslos geworden war. Das geschah zwei Jahre nach dem Ende des Ersten Weltkriegs.

Am 10. August 1920 wurde in dem Pariser Vorort Sèvres zwischen den alliierten Siegermächten und Sultan Mehmet VI., der seit 1917 regierte, ein Friedensvertrag unterzeichnet. Dessen Bedingungen waren viel härter als das Friedensdiktat von Versailles für das besiegte Deutsche Reich. Hätten sich die Türken in ihrer Mehrheit den Bedingungen des Abkommens gebeugt, dann wäre von dem einst mächtigen Osmanischen Reich nicht einmal das türkische Kernland in Anatolien übriggeblieben. Zur führenden Persönlichkeit, die sich dem Friedensvertrag von Sèvres widersetzte, stieg General Mustafa Kemal Pascha auf.

Wie sah der Friedensvertrag im einzelnen aus? Zwar war zu erwarten gewesen, daß die arabischen Gebiete Syrien, Jordanien und der Irak den Osmanen nach jahrhundertelanger Herrschaft verlorengingen, aber einen Schock bedeutete es für die Besiegten, daß sogar das türkische Kernland zerstückelt werden sollte. Die europäische Provinz Ostthrakien, die sich bis vor die Tore Istanbuls erstreckte, mußte an Griechenland abgetreten werden, ebenso die Stadt Izmir mit einem beträchtlichen Teil der kleinasiatischen Küstenprovinzen. Im Osten Anatoliens, der Region von Erzurum, sollte ein unabhängiger Staat Armenien entstehen. Ebenso sollte den Kurden im äußersten Südosten, östlich des Tigris, ein autonomes Gebiet mit dem Namen Kurdistan zugestanden werden. Nicht genug damit. Die Südküste westlich und östlich von Antalya und deren Hinterland bis Konya wurden zum italienischen Einflußgebiet erklärt, die Taurusregion zur französischen Zone. Somit blieb nur ein kleines, militärisch schwaches Gebiet in Anatolien, in dem die Türken ohne koloniale Bevormundung würden leben können.

Aber es sollte noch schlimmer kommen. Noch bevor der demütigende Vertrag von Sèvres unterzeichnet war, hatte Griechenland die Chance genutzt, seinen Traum von einem »Großgriechischen Reich« rigoros umzusetzen. Das hieß in der Diktion radikaler griechischer Nationalisten: Es müsse die historische Kränkung rückgängig gemacht werden, die die Herrschaft der Osmanen über das seit 2000 Jahren »griechische« Gebiet in Kleinasien gebracht habe. Am 15. Mai 1919 landeten griechische Truppen in Izmir und stießen bis zur zentralanatolischen Stadt Afyon vor, um noch vor der Unterzeichnung des Friedensvertrags vollendete Tatsachen zu schaffen. Die Griechen Kleinasiens, die bis dahin unter osmanischer Herrschaft gelebt hatten, jubelten den Truppen zu und begrüßten die Aufnahme in ein »Großgriechisches Reich«.

Sultan Mehmet VI. akzeptierte auch dies. Aber damals hatte sich General Mustafa Kemal Pascha bereits der Befehlsgewalt des Sultans entzogen und auf eigene Verantwortung die in Anatolien verbliebenen sechs Armeekorps für die Verteidigung gegen die vordringenden Griechen mobilisiert. Damit ernannte er sich selbst in einem revolutionären Akt zum Oberbefehlshaber der türkischen Armee. Er rief zum Ungehorsam gegen die »Lakaien-Regierung« des Sultans auf.

Nun wuchs General Mustafa Kemal Pascha in die historische Rolle hinein, die ihn zum »Vater der Türken«, dem Begründer der Republik Türkei, werden ließ. Ihm gelang das zunächst Unglaubliche, in einem äußerst blutigen, drei Jahre dauernden Krieg die griechischen Truppen aus Kleinasien zu vertreiben und ebenso den Widerstand der Armenier und Kurden zu brechen. Durch diese überragenden militärischen Siege konnte er neue Tatsachen schaffen und einen Friedensvertrag erzwingen, der die Beschlüsse von Sèvres 1920 annullierte. Am 24. Juli 1923 unterzeichneten die Türken in Lausanne einen Friedensvertrag, in welchem dem Staat mit dem Namen *Türkiye* die volle Souveränität zugestanden wurde. Dieser Staat, der mehrheitlich von Türken bewohnt war – und von türkischen Nationalisten als unteilbares »türkisches Kerngebiet« bezeichnet wurde –, reichte von der Provinz Ostthrakien im Westen bis an die Grenzen des Iran und Syriens im Osten. Den Armeniern und Kurden hatte man in dem neuen Vertrag von 1923 nicht mehr zugestanden, jeweils einen eigenen Staat auf anatolischem Boden zu errichten.

Dieser neue Staat Türkei wurde 1923 zur Republik. Schon im November 1922 hatte das in Ankara tagende Parlament den Sultan Mehmet VI. abgesetzt. Aber nach Unterzeichnung des Friedensvertrages von Lausanne rief das Parlament die Republik aus und wählte am 29. Oktober General Mustafa Kemal Pascha zum Staatspräsidenten. Neue Hauptstadt wurde Ankara, nicht Istanbul, denn in Ankara befand sich schon seit 1919, dem Beginn der Rebellion gegen den Sultan, das Hauptquartier der türkischen Armee.

Die Siege gegen die scheinbar übermächtige Armee der Griechen wie auch gegen die Armenier und Kurden in Ostanatolien hatten Mustafa Kemal Pascha nationale Autorität verschafft. Ohne diese militärischen Erfolge und eine starke Armee als Stütze seiner Macht wäre es ihm nicht möglich gewesen, seine radikalen Reformen durchzusetzen. Denn nun wagte sich Atatürk an die Umgestaltung des Staatswesens heran, die bis dahin ohne Beispiel im islamischen Kulturraum war. Er orientierte die neu gegründete Republik in gesellschaftlicher Hinsicht strikt am Vorbild Europas. Er tat dies, weil er zutiefst überzeugt war, daß die islamischen Traditionen des Osmanischen Reiches für den Niedergang verantwortlich und deshalb restlos zu beseitigen seien.

Staatspräsident Mustafa Kemal Atatürk trat ein schweres Erbe an. Bei der Gründung der Republik lebten nahezu 80 Prozent der Türken in Dörfern, und rund 90 Prozent waren Analphabeten. Die Mehrheit der damals rund 13,6 Millionen Einwohner hatte von Ideen wie Nationalismus und Modernisierung keinerlei Vorstellung, wichtig waren allein regionale, stammesmäßige und religiöse Zugehörigkeiten.[3] Atatürk konnte bei seinen Reformen zunächst nur auf die Unterstützung durch eine äußerst schmale städtische Bildungsschicht zählen sowie auf die der westlich gebildeten Offiziere. Diese spezifische Basis einer vorwiegend militärischen Elite gab der »Revolution von oben« ihren Charakter.

Gegen den »rückständigen Islam« – für die »moderne Zivilisation«

> »Der Politiker, der zur Regierung die Hilfe der Religion braucht, ist nichts als ein Schwachkopf.«[4]

Dieser Satz stammt von Atatürk. Er und mit ihm viele seiner Anhänger, die sogenannten Kemalisten, haben sich zur Genüge äußerst geringschätzend über den Islam geäußert und diese Religion als rückständig bezeichnet.

Von Atatürk stammt auch folgende Erklärung:

> »Seit mehr als fünfhundert Jahren haben die Regeln und Theorien eines alten Araber-Scheichs [damit meinte er Mohammed] und die abstrusesten Auslegungen von Generationen von schmutzigen und unwissenden Pfaffen in der Türkei sämtliche Zivil- und Strafgesetze festgelegt. Sie haben die Form der Verfassung, der geringsten Handlungen und Gesten eines Bürgers festgesetzt, seine Nahrung, die Stunden für Wachen und Schlafen, den Schnitt der Kleider, den Lehrstoff in der Schule, Sitten und Gewohnheiten und selbst die intimsten Gedanken. Der Islam [...] ist ein verwesender Kadaver, der unser Leben vergiftet.«[5]

Traditionsbewußte Muslime kanzelte Atatürk mit folgenden Worten ab:

»Es gibt verschiedene Länder, aber nur eine Zivilisation. Voraussetzung für den Fortschritt der Nation ist, an dieser einen Zivilisation teilzuhaben.«[6]

Atatürk ließ keinen Zweifel daran, daß er mit dieser »einen Zivilisation« die »westliche« meinte:

»Auf der Welt sind für alles, für das Materielle und Ideelle, für das Leben und den Erfolg die Wissenschaft und Technik die wahrsten geistigen und moralischen Führer. Einen solchen Führer außerhalb der Wissenschaft und Technik zu suchen ist gleichbedeutend mit Gedankenlosigkeit, Unwissenheit und Irrtum.«[7]

In diesem Sinne wies Atatürk auch die uns so vertraute Vorstellung zurück, daß man einen tiefen Gegensatz zwischen Orient und Okzident zu sehen habe:

»Es gibt keine Kontrastierung zwischen Orient und Okzident, sondern nur eine zwischen Rückständigkeit und Moderne.«[8]

Andere Aussprüche Atatürks vermitteln allerdings größeren Respekt gegenüber dem Islam:

»Wir sind der Meinung, daß Religion, die seit langem in der Politik als Werkzeug ausgenutzt wurde, von der Politik befreit und erhöht werden muß. Wir dürfen nicht unseren heiligen und hohen Glauben als ein Werkzeug der Politik mißbrauchen.«[9]

Es ist an dieser Stelle müßig, darüber zu urteilen, ob Atatürk diese betont respektvolle Äußerung nicht bloß aus taktischen Gründen tat, um gerade auch strenggläubige Muslime für seine Ziele zu gewinnen. Atatürk hat sich stets als Muslim bezeichnet, allerdings die Religion seit 1924 nicht mehr praktiziert.[10] Entscheidend ist aber ein anderer Sachverhalt: Ob nun Atatürk islamische Traditionen schroff als »dekadent« abkanzelte oder ihnen doch »Hochachtung« bekundete – er vollzog in jedem Fall eine grundlegende Abkehr vom traditionellen Glauben und Gesellschaftsverständnis des Islam.

Alarmiert mußten sich orthodoxe Muslime bereits 1924 fühlen, als Atatürk sämtliche Koranschulen schließen ließ und staatlichen Schulen das Ausbildungsmonopol einräumte. Da seine Beamten ausschließlich Lehrpläne nach westlichem Vorbild ausarbeiteten, war die traditionelle islamische Erziehung fortan erheblich eingeschränkt. 1925 schaffte Atatürk zudem die islamische Zeitrechnung ab, die mit der Hedschra, der Flucht Mohammeds von Mekka nach Medina, beginnt, und führte die Zählung nach dem Gregorianischen Kalender ein. Im selben Jahr ersetzte er den Freitag als den traditionellen Ruhetag der Muslime durch den christlich-abendländischen Sonntag. Beides tat er mit der Begründung, die Türkei müsse sich internationalen Normen anpassen, nur so könne sie wirtschaftlich erfolgreich sein.

Einen weiteren Anpassungsschritt in diese Richtung unternahm Atatürk 1928, indem er das lateinische Alphabet einführte (das er allerdings als »türkisches« Alphabet dem Volk präsentierte), denn das Türkische war bis dahin in arabischen Buchstaben geschrieben worden. 1929 ersetzte er an höheren Schulen den Pflichtunterricht in Arabisch, der Sprache des Korans, und Persisch, der Sprache bedeutender klassischer Islamliteratur, durch Unterricht in Französisch, Englisch und Deutsch als zukunftsweisende Fremdsprachen.

Den eigentlich wunden Punkt im Selbstverständnis orthodoxer Muslime aber berührte Atatürk 1924, als er daranging, die geistlichen Gerichte abzuschaffen und eine Rechtsprechung nach westlichem Muster ausarbeiten zu lassen. 1926 führte er ein Zivilrecht ein, das den muslimischen Bürgern unter anderem erlaubte zu konvertieren. Kein Bürger durfte mehr ins Gefängnis geworfen oder gar hingerichtet werden, weil er zum Christentum oder Judentum übergetreten war. Gebildete Muslime konnten für solche Neuerungen noch am ehesten Verständnis aufbringen. Der Kern der Reform konnte allerdings auch sie irritieren: Das Amt des *Scheich-ul-Islam*, der höchsten religiösen Institution, wurde abgeschafft. Fortan gab es keinen politisch einflußreichen Geistlichen mehr, der durch sein *Olmaz* (»Es darf nicht sein«) ein Gesetzesvorhaben blockieren konnte, weil es seiner Meinung nach nicht mit den Grundsätzen des Korans übereinstimmte. Religiöse und staatliche Institutionen mußten jetzt strikt getrennt sein. Religion war zur »Privatsache« geworden – ganz nach dem Muster westeuropäischer Verfassungen.

1928 schlug sich diese Veränderung in der neuen türkischen Verfassung nieder: Atatürk ließ die Formulierung, der Islam sei »Staatsreligion«, streichen. Vorbild war vor allem Frankreich. Atatürk orientierte sich am Prinzip der *laïcité*, des Laizismus, was in Frankreich »Verweltlichung« bedeutet – in radikaler Konsequenz aber die Freiheit von jeder religiösen Bindung im öffentlichen Leben meint. Entsprechend übernahmen die Türken auch das französische Wort und prägten es für die eigene Sprache um: *laiklik*. Die Schlagworte *laiklik* beziehungsweise *laik*, »laizistisch«, dominieren bis heute die Inhalte der Politik im Sinne des Staatsgründers. 1937, ein Jahr vor Atatürks Tod, wurde der Laizismus auch begrifflich in der Verfassung verankert. Daß die politische Umsetzung letzten Endes dann doch von der westlichen Prägung abweicht, werden wir in späteren Zusammenhängen sehen.

Erstmals aber hatte ein Politiker der islamischen Welt mit aller Entschiedenheit das bisher Undenkbare gewagt: die Einheit von Religion und Politik aufzulösen – und dies mit dem Argument, das religiös begründete Staatswesen sei verantwortlich für die »Rückständigkeit« gegenüber westlichen Industriestaaten. Atatürks säkulares Reformwerk löste von Nordafrika bis Ostasien stürmische Diskussionen aus und erntete lediglich in den schmalen Bildungsschichten Zustimmung. Die Ablehnung auf seiten breiter Bevölkerungsschichten ist verständlich, wenn wir uns vergegenwärtigen, in welchem Ausmaß sich Atatürk über die Mentalität einer überwiegend noch zutiefst traditionell orientierten Gesellschaft hinwegsetzte. Atatürk ging teilweise sogar weiter, als dies ein Reformer in westlichen Industriestaaten gutheißen könnte. So verbot er den Religionsunterricht an staatlichen Schulen – bei gleichzeitigem Verbot der Koranschulen – und führte an seiner Stelle ein Fach mit der Bezeichnung »Ethik« ein. Nicht genug damit. Er untersagte es den Muezzins, die Gläubigen vom Minarett aus zum Gebet zu rufen, denn dieser Brauch sei eine zu auffällige Propaganda für eine »private Weltanschauung«.

Einige dieser Verbote vor nahezu 80 Jahren muten aus heutiger Sicht seltsam fern und unwirklich an. So ist doch gerade heute der Gebetsruf vom Minarett aufgrund der Lautsprecher machtvoller und aufdringlicher als zu osmanischer Zeit. Auch Religionsunterricht ist längst wieder selbstverständlich geworden, ja an öffentlichen Schulen sogar Pflichtfach. Diese Andeutungen nehme ich vorweg, um darauf hinzuweisen, daß die Reformen Atatürks an ihre Grenzen stießen.

Einen radikalen Veränderungswillen demonstrierte Atatürk auch, indem er Ankara zur Hauptstadt machte. Istanbul kam für ihn trotz des Ranges als Kulturmetropole nicht in Frage, denn diese Stadt erinnerte ihn mit ihrer »Last der Geschichte« zu sehr an das Sultanat der Osmanen. Atatürk wünschte eine zentral gelegene Stadt und bevorzugte Ankara vor allem aus zwei Gründen. Zum einen war es seit 1893 an eine Eisenbahnlinie angeschlossen, die von Istanbul bis in die südöstlichen Landesteile führte. Zum anderen war diese Stadt ein wichtiges Zentrum des Widerstands gegen die Griechen und die Alliierten gewesen; auch befand sich hier eine wichtige Basis der Armee, Atatürks ehemaliges militärisches Hauptquartier, so daß die Abgeordneten eines neuen Parlaments unter dem Schutz der Soldaten ungehindert tagen konnten.

Aber ein drittes Motiv kam für Atatürk hinzu: Ankara war damals ein Provinznest mit nur 30 000 Einwohnern und bot die Möglichkeit, nach modernen städtebaulichen Gesichtspunkten zu einer Metropole umgestaltet und erweitert zu werden, die sich mit ihren Betonbauten und breiten Asphaltstraßen durch nichts von einer westeuropäischen Metropole unterscheiden würde. Zu diesem Zweck holte die Regierung Architekten vor allem aus Westeuropa. Und viele kamen aus dem deutschsprachigen Raum als Emigranten, die vor dem Regime der Nationalsozialisten flüchteten. So wirkten beispielsweise Bruno Taut, Clemens Holzmeister und Paul Bonatz beim Ausbau der neuen Hauptstadt mit und gaben ihr nach dem Wunsch der Auftraggeber ein »modernes Gesicht«, ohne an traditionelle osmanische Architektur anzuknüpfen. Auch Bildhauer wurden aus Westeuropa geholt. Das große bronzene Reiterstandbild Atatürks, das jedem Besucher Ankaras sofort ins Auge springt, wurde 1926 von dem Österreicher Heinrich Krippel entworfen. Das Mausoleum Atatürks allerdings, das mit seiner Nüchternheit ebenfalls an westlichen Vorbildern orientiert ist, wurde zwischen 1944 und 1953 von einem Türken, Emin Onat, geschaffen, der aber ein Schüler Paul Bonatz' war.

Verbleiben wir noch auf dem weitläufigen Gelände des Atatürk-Mausoleums, denn gerade dort finden sich auffällige Details, die die Neuorientierung der türkischen Reformer symbolisieren. Den Zugang zu dem monumentalen Mausoleum bietet eine 260 Meter lange und 30 Meter breite Ehrenstraße, die beiderseits von Löwenstatuen gesäumt ist. Diese Löwen aber sind den Tierplastiken der Hethiter nachgebildet. Damit haben die Planer der Anlage Bezug auf ein Volk genommen, das vor nahezu 3000 Jahren das erste Großreich auf anatolischem Boden errichtete. Zu osmanischer Zeit wäre ein derartiger Bezug auf ein nichtislamisches Volk an einer so zentralen Stätte undenkbar gewesen. Atatürk aber wünschte diesen Bezug ausdrücklich – und lehnte genauso strikt alle islamischen Bezüge ab. Er wollte damit das traditionelle Geschichtsverständnis sprengen, das nur muslimische Vorbilder zuließ und die Jahrhunderte vor dem Auftreten des Islam als »dunkel« und »barbarisch« abwertete.

Atatürk war es auch, der in den zwanziger Jahren anregte, in Ankara ein zentrales Museum für Anatolische Zivilisationen, das spätere sogenannte Hethitermuseum, zu bauen. Ebenso schlug Atatürk vor, das Stadtwappen von Ankara mit einem Sonnensymbol der Hethiter zu gestalten. Das Revolutionäre an diesem Vorgehen war, daß nun erstmals in einem islamisch geprägten Staat ein säkulares Geschichtsverständnis praktiziert wurde – mit Respekt auch für »heidnische« Völker. Zwar hatten schon im 19. Jahrhundert Archäologen nach hethitischen Heiligtümern gegraben und in der Westtürkei die griechischen und römischen Ruinen von Ephesus und Pergamon freigelegt, aber die Leistungen dieser Forscher quittierten die Muslime zunächst mit Kopfschütteln. Atatürk setzte nun ein Signal, indem er die Türken aufforderte, ihr Geschichtsverständnis zu »europäisieren« und so zu einem »modern denkenden« Volk zu werden.

Atatürk hat demnach versucht, alle nur denkbaren Bereiche zu revolutionieren, ob es sich nun um das Politische, Soziale, Religiöse oder Philosophische handelte. Aber in diesem Zusammenhang bleiben noch viele Fragen offen. Weshalb konnte Atatürk gegen den Widerstand muslimischer Traditionalisten den epochalen Bruch mit der bisher islamisch geprägten Staatsordnung durchsetzen? Es muß doch eine politisch einflußreiche gebildete Schicht gegeben haben, die ähnlich dachte wie Atatürk und ihn deshalb unterstützte. Und eine solche Schicht konnte nicht erst innerhalb weniger Jahre nach dem Zusammenbruch des Osmanenreiches entstanden sein.

Ein Blick auf die letzten 150 Jahre osmanischer Herrschaft zeigt, daß bereits in diesem Zeitraum unter den Gebildeten die Bereitschaft, einen Bruch mit der Tradition zu wagen, kontinuierlich wuchs.

Eine »westlich« orientierte Oberschicht schon unter den Osmanen

Der Dolmabahçe-Palast ist ein prunkvoller Gebäudekomplex, der nach westlichen Vorbildern erbaut wurde. Sultan Abdul Meçid hatte ihn Mitte des 19. Jahrhunderts errichten lassen. Seine historische Bedeutung erhielt der Palast dadurch, daß ihn der Sultan nach dessen Fertigstellung 1853 zur Residenz machte. Indem Abdul Meçid den traditionellen Herrschaftssitz im Topkapı-Serail nahe der Hagia Sophia, in dem berühmte Sultane wie Mehmet II., Selim I. und Süleyman der Prächtige gewohnt hatten, verließ, traf er eine äußerst symbolträchtige Entscheidung. Keiner seiner Nachfolger ist mehr in das Topkapı-Serail zurückgekehrt. Aber der Dolmabahçe-Palast ist noch aus einem weiteren Grund interessant: Atatürk hatte gegen Ende seines Lebens dort residiert und war auch dort gestorben. Sein Zimmer blieb unverändert und ist eine Art Nationalheiligtum. Atatürks Leichnam war im November 1938 für neun Tage und neun Nächte im Empfangssalon, einem domartigen Saal, aufgebahrt. Hunderttausende Türken zogen damals am Sarg vorbei.

Dieser Palast befindet sich nicht in unmittelbarer Nachbarschaft der großen Moscheen und historisch gewachsenen Basarviertel, sondern nahe dem neueren Stadtteil Beyoğlu, wo im

19. Jahrhundert vor allem Christen, Griechen wie Armenier, sowie europäische Ausländer wohnten – ein Viertel mit damals schon auffälligem westlichen Flair. Um so eindrucksvoller konnte der Dolmabahçe-Palast Mitte des 19. Jahrhunderts als architektonischer Beleg für den Reformwillen der Sultane gelten. Bezeichnend war es auch, daß Sultan Abdul Meçid nicht Muslime als Architekten für das Projekt heranzog, sondern armenische Christen, die der westlichen Kultur näher standen als die meisten Muslime. Zur damaligen Zeit gab es für die Machthaber noch kein »Armenier-Problem«.

In die neue Residenz Dolmabahçe zogen Hofbeamte ein, deren Erscheinungsbild schon eine Generation zuvor, um 1835, durch einen Erlaß von Mahmut II. revolutioniert worden war: Sie trugen anstelle von Kaftan und Pluderhose einen Anzug mit Krawatte. Hier war – zumindest für Mitglieder der Regierung – eine Anordnung Atatürks vorweggenommen. Allerdings mußten die Hofbeamten den Turban nicht durch eine europäische Kopfbedeckung ersetzen, sondern durch den roten Tarbusch (der auch Fes genannt wurde, weil die elegantesten Produkte aus der marokkanischen Stadt Fes kamen). Der Tarbusch, damals ein weiteres optisches Signal für »Erneuerung«, sollte dann jedoch von Atatürk strikt verboten werden – er galt hundert Jahre später als Symbol für die politische Erstarrung der Osmanen.

Vom Dolmabahçe-Palast aus genießt man einen prächtigen Blick auf den leuchtend blauen Bosporus mit seinen Schiffen. Aber die Fassaden strahlen keine Harmonie aus. Welchen Stil repräsentieren sie? Nach der Lektüre von Reiseführern ist man darauf vorbereitet, kein Merkmal osmanischer Architektur, beispielsweise Kuppeln oder ornamentierte Fenster, vorzufinden. Der Stil ist jedoch »westlich« in dem Sinne, daß die Fassade des wuchtigen, langgestreckten Baues einen Eklektizismus europäischer Stilepochen spiegelt. Anleihen wurden beim Schloß von Versailles, mehr aber noch beim Schloß Herrenchiemsee des bayerischen Königs Ludwig II. gemacht. Entsprechend überladen ist der Thronsaal mit Wandmalereien, vergoldeten Säulen, überdimensionierten Kronleuchtern. Der »Westen« ist hier in einer eigenartig unverarbeiteten Anhäufung imitiert.

Die Anhänger der Republik hatten in den dreißiger Jahren kritisiert, daß Atatürk gegen Ende seines Lebens ausgerechnet in einem ehemaligen Sultanspalast residierte, anstatt sich auch bei der Wahl seines Domizils entschieden von den Herrschaftssymbolen der »dekadenten« Dynastie zu distanzieren. Doch bei genauerem Hinsehen zeigt sich: Atatürk war auf mancherlei Art den Osmanen des 19. Jahrhunderts gar nicht so fern – nur war er in seinen Reformen um vieles konsequenter und erfolgreicher.

Weshalb haben die Sultane überhaupt das Bedürfnis verspürt, ihr Reich nach westlichem Vorbild umzugestalten? Der Drang nach Reformen war eine Folge der schweren Krise, die das Osmanische Reich seit dem ausgehenden 17. Jahrhundert erschütterte und die Mitte des 18. Jahrhunderts ins Bewußtsein der Herrschenden rückte. Mit der gescheiterten Belagerung Wiens 1683 hatte der Niedergang des Osmanenreiches eingesetzt. Seither eroberten europäische Staaten eine osmanische Provinz nach der anderen. Für die Sultane bedeutete es einen Schock, daß die einst militärisch wie kulturell unterlegenen Gegner nun das bessere Militär besaßen und auch kulturell überlegen waren. Es galt Reformen durchzuführen, um den Vormarsch europäischer Großmächte zu stoppen. Und hierbei erschien es zweckmäßig, Errungenschaften des siegreichen Gegners zu kopieren. Bei den Muslimen setzte nun ein Prozeß ein, den 500 Jahre zuvor die abendländischen Christen durchgemacht hatten: Damals sahen sich Europas Christen mit einer überlegenen islamischen Kultur konfrontiert und übernahmen viele ihrer Errungenschaften.

Selim III. war der erste muslimische Herrscher überhaupt, der sich zu Reformen nach europäischen Vorbild entschloß. Das geschah bereits 1793 – nach einem Jahrhundert militärischer Niederlagen gegen die auf dem Balkan vordringenden Heere der österreichischen Habsburger. Aber bezeichnenderweise unternahm dieser erste »Reform-Sultan« lediglich den Versuch, das Militär neu zu organisieren, in der Hoffnung, daß dies schon ausreiche, einen weiteren Niedergang seines Reiches aufzuhalten. Er scheiterte jedoch selbst mit der Reform des Militärs, weil er 1807 bei einem Aufstand der reformfeindlichen Elitetruppen der Janitscharen ermordet wurde.

Mahmut II. (1808–1839) war der erste, dem es gelang, nachhaltige Reformen einzuleiten. Allerdings setzte auch er bei einer Umstrukturierung des Militärs an, indem er parallel zur traditionellen und zutiefst korrumpierten Elitetruppe der Janitscharen eine Armee nach preußischem Vorbild aufbaute. 1826 ließ er die Janitscharen, rund 15 000 an der Zahl, von seinen modern ausgerüsteten Soldaten niedermetzeln und konnte nun ungehindert auch auf gesellschaftlicher Ebene Reformen durchsetzen.

Eine der ersten Maßnahmen Mahmuts II. im zivilen Bereich bestand darin, sämtliche Bewohner des Osmanischen Reiches, unabhängig von ihrer Religion, rechtlich gleichzustellen. Dieser Schritt war geradezu revolutionär und bis dahin in keinem anderen Land der islamischen Welt vorstellbar. Nahezu 90 Jahre vor Atatürk begann man also, die Privilegierung der Muslime zu relativieren. Denn nun waren die Muslime nicht mehr gegenüber den Christen und Juden bevorzugt; auch die Kopfsteuer für Nichtmuslime entfiel. Der Sultan hoffte, daß die Christen, die allein im türkischen Kerngebiet ein Drittel der Bevölkerung ausmachten, aufgrund dieses Zugeständnisses nicht in Versuchung kämen, mit den europäischen Großmächten zu paktieren. Einen wirklichen Zuwachs an Demokratie bedeutete eine solche Gleichstellung von Muslimen und Andersgläubigen allerdings nicht, denn weiterhin verstand sich der Sultan als absoluter Herrscher.

Mahmut II. begann als erster, ein Schulsystem aufzubauen, das nicht mehr religiöse und religiös-philosophische Lehrinhalte in den Vordergrund stellte, sondern naturwissenschaftlichen Fächern nach westlichem Vorbild beträchtliches Gewicht gab. Es war ein früher Versuch, den Koranschulen das Lehrmonopol zu entreißen. Unter der Regierung dieses Sultans wuchs die Zahl der Gebildeten beträchtlich. Und so ist es kein Zufall, daß in den dreißiger Jahren des 19. Jahrhunderts auch schon die ersten osmanischen Tageszeitungen entstanden. Was Mahmut II. begonnen hatte, sollten seine Nachfolger zwischen 1839 und 1876 zu einem umfangreichen Gesetzeswerk ausbauen, das unter dem Namen *Tanzimat-e hayriye*, »Wohlwollende Anordnung«, oder verkürzt als *Tanzimat*, »Anordnung«, bekannt wurde. Die sogenannte *Tanzimat*-Periode begann mit Abdul Meçid (1839–1861), dem ältesten Sohn Mahmuts II. Die Beamten, die die *Tanzimat* ausarbeiteten, kamen überwiegend aus dem von Mahmut II. nach westlichem Vorbild eingerichteten Schulen.

Die Sultane der *Tanzimat*-Epoche wagten auch erste Vorstöße, um den universalen Geltungsanspruch der Scharia einzuschränken. Sie ließen in Teilstücken bereits ein Strafgesetzbuch und ein Bürgerliches Gesetzbuch ausarbeiten, das sich am Vorbild des französischen *Code civil* orientierte. Gleichzeitig schränkten sie die Macht des *Scheich-ul-Islam*, des ranghöchsten Geistlichen, ein. Sie schmälerten seine Möglichkeiten, mit seinem Veto Gesetzesvorhaben zu blockieren, die seiner Meinung nach nicht mit dem Koran in Einklang standen.

Erfolgreich waren die *Tanzimat*-Reformer vor allem, weil es ihnen gelang, die Verwaltung und die Armee nach westlichem Vorbild umzustrukturieren. Zwiespältig dagegen blieb der Erfolg im Erziehungswesen. Die Reformer konnten zwar seit 1845 auf breiter Basis ein säkulares Schulsystem nach westlichem Vorbild ausbauen, aus dem die Beamten hervorgingen, die später grundlegende Veränderungen in allen Lebensbereichen vornahmen. Aber es gelang den *Tanzimat*-Reformern nicht, die Macht der Koranschulen und Medresen einzuschränken. Und gerade dies verhinderte ihren durchgreifenden Erfolg. Denn nun entstanden zwei unterschiedlich gebildete Schichten, die füreinander tiefe Abneigung empfanden. Darüber hinaus blieb das säkulare Erziehungssystem der *Tanzimat*-Epoche ausschließlich der herrschenden Klasse und einigen wenigen sozialen Aufsteigern vorbehalten. Und so konnte die ohnehin schon bestehende Kluft zwischen der Bildungselite und dem einfachen Volk nicht überbrückt werden. Im Gegenteil: Sie vertiefte sich sogar, denn die neue herrschende Klasse äußerte aufgrund ihrer westlich orientierten Bildung noch weniger Verständnis für die rückständigen Untertanen als die alte Feudalschicht.[11]

Als schwierig erwies sich überdies die Tatsache, daß die Sultane der *Tanzimat*-Epoche nicht in letzter Konsequenz verstanden, was es hieß, den Westen zum Vorbild zu nehmen. Im Kern ihrer Wertvorstellungen blieben sie den Denkmustern einer islamischen Feudalgesellschaft verhaftet. Sie bewunderten am Westen zwar den technischen und wissenschaftlichen Fortschritt, lehnten aber eine konsequente Säkularisierung, einen weltanschaulichen Pluralismus und eine Demokratisierung ab – jene Entwicklung also, durch die in Westeuropa erst die Voraussetzungen für politische, militärische und kulturelle Überlegenheit geschaffen wurden. Die Sultane glaubten, es genüge, europäische Techniken zu importieren, ohne konsequent westliches Denken zu übernehmen. Damit aber gerieten sie in Konflikt mit Angehörigen der türkischen Oberschicht, die an westeuropäischen Universitäten studiert hatten. Denn die jungen Männer brachten in den osmanischen Kulturkreis nicht nur die von den Machthabern gewünschten Kenntnisse in Naturwissenschaft und Technik mit, sondern sie waren auch fasziniert von westlicher Demokratie und den Ideen einer neuen Gesellschaftsordnung.

Die heimgekehrten Studenten, die nun einflußreiche Berufe anstrebten, stellten – angeregt durch das Vorbild westlicher Liberaler und Sozialisten – öffentlich die Frage, ob denn nicht gerade die osmanische Feudalgesellschaft mit ihren erstarrten religiösen Traditionen für die Rückständigkeit des einfachen Volkes verantwortlich sei. Den Sultanen ging eine solche Fragestellung zu weit. Sie unterdrückten all jene Reformkräfte, die auf eine grundsätzliche Veränderung des Obrigkeitsstaates und seiner strengen Hierarchien abzielten. Den Sultanen ging es letztlich nur darum, mit Hilfe einer eher technokratischen Modernisierung ihre Privilegien zu sichern.

Dieser Konflikt blieb ungelöst und schwächte im Verlauf der folgenden Jahrzehnte das Osmanische Reich noch um einiges mehr. Erst mit Atatürk kam ein Politiker, der, gestützt auf einen radikalen Flügel der »westlich« ausgerichteten Reformer, die traditionellen Strukturen des Osmanischen Reiches restlos beseitigen konnte.

Aber selbst durch den epochalen Umbruch unter Atatürk sind einige grundsätzliche Probleme bis heute bestehen geblieben. Denn die Radikalität des Umbruchs hat schon zu Lebzeiten Atatürks zu neuen unversöhnlichen Konfrontationen geführt, weil auch Atatürk nicht wirklich zwischen den gegensätzlichen weltanschaulichen und politischen Positionen zu vermitteln verstand.

In Frankfurt kam ich Mitte der achtziger Jahre mit einem älteren, aus Istanbul stammenden Türken ins Gespräch. Er, ein Industriekaufmann, erzählte mir aus seiner Jugend. Die Reformen Atatürks habe er sehr intensiv miterlebt und viele dieser Maßnahmen auch begrüßt. Aber bis heute halte er manches von dem, was Atatürk veranlaßt habe, für falsch.

Er könne zwar verstehen, daß Atatürk anstelle des Arabischen als erste Fremdsprache an Schulen westeuropäische Sprachen eingeführt habe. Auch sehe er kein Problem darin, daß die arabische Schrift durch die lateinische ersetzt worden sei. Aber nicht akzeptieren könne er die Radikalität, mit der Atatürk diese Reformen durchgeführt habe. Er selbst sei ohne Koran aufgewachsen. Jawohl, ohne Koran, bekräftigte er. Zwar hätten seine Großeltern einen Koran in arabisch besessen, aber er habe die Sprache nicht lesen können. Denn in der Schule sei weder Arabisch noch Religion unterrichtet worden, und einen Koran in türkischer Übersetzung habe es bis in die fünfziger Jahre nicht gegeben.

Mein Gesprächspartner beklagte etwas, das für mehrere Generationen zu einem großen Problem geworden war. Als Atatürk 1929 das Arabische als Fremdsprache an sämtlichen Schulen abschaffte, durchschnitt er ein kulturelles Band, das bis dahin alle Muslime, ob nun Araber, Türken, Perser, Inder, Schwarzafrikaner oder andere, geeinigt hatte. Nun waren türkische Muslime innerhalb der islamischen Glaubensgemeinschaft plötzlich als einzige nicht mehr in der Lage, den Koran in der Originalsprache zu lesen. Späteren türkischen Generationen war auch der Zugang zu klassischer religiöser und philosophischer Literatur verwehrt, sofern sie nicht aus dem Arabischen oder Persischen ins Türkische übersetzt wurde.

Besonders folgenreich war, daß die Heranwachsenden den Koran nicht mehr lesen konnten. Es dauerte Jahrzehnte, bis ein Koran in türkischer Übersetzung und lateinischer Schrift vorlag. Die Regierung unternahm zunächst nur wenig gegen diesen religiös-kulturellen Notstand, denn ihr erschien es wichtiger, die Jugend im Unterrichtsfach »Ethik« mit den Idealen eines türkischen Nationalismus und mit westlicher Zivilisation vertraut zu machen. Aber gerade diese rigorose Verschiebung der kulturellen Akzente – weg vom »arabischen« Kulturerbe hin zu gereinigter »türkischer« Kultur mit Blickrichtung »Europa« – stürzte viele türkische Muslime in eine Identitätskrise. Für gläubige Muslime war es mehr als befremdlich und nur schwer hinnehmbar, daß Jugendliche ohne nähere Kenntnis des Islam aufwuchsen.

Die Bevölkerung reagierte auf Atatürks Reformen zum Teil sehr heftig, zumal viele Türken jede Kritik am herkömmlichen Islam als Angriff auf die Religion werteten. Hinzu kam, daß Atatürk nicht den Dialog mit Korangelehrten suchte, weil diese in seinen Augen »reaktionär« und »unbelehrbar« waren. Aber gerade weil Atatürk die Reformen per Dekret verordnete, ohne sich um die Stimmung im Volk zu kümmern, mußte er mit wachsendem Widerstand, ja sogar mit Aufständen rechnen.

Der erste Aufstand brach im Februar 1925 aus. Der Zeitpunkt war kein Zufall. Ein knappes Jahr zuvor, im März 1924, hatte das Parlament in Ankara das Kalifat abgeschafft, die geistlichen Gerichte aufgehoben sowie die Schließung der Koranschulen angeordnet. Damit waren Institutionen beseitigt, die an vorderster Stelle für die innige Verklammerung von religiöser und weltlicher Macht gestanden hatten. In dieser emotional aufgeheizten Situation rebellierten im Südosten Anatoliens kurdische Stämme gegen die »gottlose Diktatur« Atatürks. Zum Vorkämpfer des Aufstands hatte sich Scheich Said, ein Oberhaupt der Naqshbandi-Derwischbruderschaft, gemacht. Er war selbst Kurde und kämpfte nicht nur für die kulturelle Autonomie seines Volkes, sondern verband den Wunsch nach kurdischer Selbstbestimmung mit der Ausrufung eines »Heiligen Krieges« gegen die säkulare Staatsordnung. Scheich Said verlangte nichts Geringeres, als das Sultanat und das Kalifat wieder einzuführen. Das bedeutete konkret: Die religiös-politische Gesellschaftsordnung der Scharia sollte erneut installiert werden.

Die leidenschaftlichen Predigten des Naqshbandi-Scheichs Said gegen den »Unglauben« moderner Reformer und den verderblichen Einfluß »westlicher« Kultur fanden Beifall weit über das südöstliche Anatolien hinaus: nicht nur bei den Kurden, die damals noch überwiegend ungebildete Nomaden und Bauern waren, sondern auch bei Türken in ländlichen Gebieten und Kleinstädten. Zahlreiche Türken schlossen sich dem Aufstand an, so daß sich die Revolte innerhalb kürzester Zeit zu einem Flächenbrand ausweitete, der die halbe Türkei erfaßte. Der Aufstand gefährdete das Überleben der Republik, weil die säkulare Staatsordnung ja erst im Entstehen war und sich bisher nur auf die Zustimmung einer sehr schmalen Bildungsschicht stützen konnte. Zur Verteidigung der noch nicht gefestigten Republik schickte Atatürk seine Truppen los und ließ die Bevölkerung ganzer Dörfer niedermetzeln. Scheich Said sowie 40 führende Derwische seiner Bruderschaft wurden öffentlich gehängt.

Im Jahr 1930 kam es zu einem zweiten Aufstand. Wieder gingen die Unruhen von kurdischen Stämmen aus, wieder standen Derwische der Naqshbandi-Bruderschaft an der Spitze; auch diesmal ließen sich Türken von der Revolte anstecken. Und wieder ließ Atatürk die Unruhen durch das Militär blutig unterdrücken.

Beide Aufstände führten sowohl bei den Rebellen als auch bei den Verteidigern der neuen Staatsordnung zu einem Trauma. In Erinnerung blieben die hohen Verluste an Menschenleben. Dies galt vor allem für die Revolte von 1925. Nach kurdischen Angaben war der Krieg gegen Scheich Said mit mehr Soldaten und mehr Kriegsgerät geführt worden als der türkische Befreiungskrieg gegen die Griechen und hatte auf beiden Seiten mehr Tote verursacht.[12]

Für die Anhänger Atatürks sind seither zwei Feindbilder dominierend: einerseits Kurden und andere ethnische Minderheiten mit ihrem Wunsch nach mehr Autonomie oder gar einem eigenen Staat, andererseits Islamisten, die die Errungenschaften des Laizismus grundsätzlich in Frage stellen. Die Angst vor einer »Islamisierung« war und ist bei Kemalisten deshalb so groß, weil eine solche Entwicklung sowohl bei der kurdischen Minderheit als auch bei der türkischen Mehrheit möglich erscheint. Hinzu kommt, daß hier wie dort die Derwischbruderschaft der Naqshbandiya trotz ihres strikten Verbots in Form von »Kulturvereinen«

weiter wirkt. Es sind unbewältigte Konflikte, die bis heute die Richtlinien der Sicherheitspolitik bestimmen. Angesichts einer derart schroffen Konfrontation zwischen revolutionär politischen und religiös beharrenden Geisteshaltungen konnte sich in den ersten Jahrzehnten der Republik noch kein Islam entfalten, der sich einem säkularen Verständnis von Religion ausreichend geöffnet hätte.

Reformbewegungen in Richtung einer strikten Trennung von Religion und Politik gab es bald auch außerhalb der Türkei. Viele der säkular oder laizistisch orientierten Intellektuellen, ob nun in Ägypten, Syrien, Iran und anderen Ländern der islamischen Welt, haben sich mehr oder weniger vom Vorbild Atatürks leiten lassen. Allerdings haben sie die religiösen und politischen Instanzen nicht mit der gleichen Entschiedenheit getrennt, sondern in der Gesetzgebung Elemente der Scharia beibehalten, vor allem im Bereich des Ehe- und Familienrechts. Dies galt sowohl für das Regime säkularer Nationalisten von Gamal Abd an-Nasser in Ägypten als auch für die Baath-Parteien in Syrien und im Irak, ebenso für die »Palästinensische Befreiungsorganisation« (PLO) unter Yassir Arafat oder die zwei Schahs der Pahlevi-Dynastie im Iran. Trotzdem war es auch unter diesen Regierungen zu heftigen Reaktionen »gläubiger« Muslime bis hin zu offener Gewalt und Aufständen gekommen, die bisweilen blutig niedergeschlagen wurden.

Schon zu Lebzeiten Atatürks gab es erste Signale, daß sich der Konflikt zwischen den Verfechtern einer Säkularisierung und den Verteidigern des »wahren Islam« nicht auf die Türkei beschränken würde. Es ist kein Zufall, daß in eben jenem Jahr 1928, als Atatürk sämtliche religiösen Formeln aus der Verfassung der Republik Türkei streichen ließ, in Kairo eine erste religiöse fundamentalistische Bewegung entstand. Der Volksschullehrer Hassan al-Banna begründete die Muslimbruderschaft, die bis heute, in vielerlei Fraktionen aufgespalten, die Politik Ägyptens maßgebend beeinflußt und darüber hinaus das organisatorische Vorbild für mehrere islamistische Gruppierungen in der gesamten Welt abgegeben hat. Ausdrücklich auf Atatürk bezogen sagte Hassan al-Banna: Jedes Reformwerk nach dem Beispiel der Türkei liefere muslimische Staaten dem »Westen« aus, und es müsse alles getan werden, um solche Entwicklungen in Ägypten zu verhindern, wo ein Teil der Bildungsschicht ebenfalls schon vom »verderblichen Einfluß Europas« erfaßt sei.

»Nur Gott weiß«, so beschrieb er später die Stimmung seiner Gefolgschaft im Jahr 1928, »wie viele Nächte wir die Situation unseres Landes diskutierten, das Siechtum analysierten und mögliche Heilmittel überlegten. Wir waren so verstört, daß wir zu weinen begannen.«[13]

Einer seiner Aufrufe, in dem auch die Bereitschaft zum bewaffneten Kampf anklang, lautete: »Jede Neuerung, die sich nicht auf Religion stützt, führt vom rechten Weg ab, ihr muß mit allen Mitteln Widerstand geleistet werden, sie ist mit allen Mitteln zu tilgen.«[14]

Beginnend mit dem Jahr 1928 bildeten sich somit Widerstandsbewegungen gegen »unislamische« Reformer, von den Maghreb-Staaten bis nach Südasien. Und die Folgen waren in mehreren islamischen Staaten, so in Algerien, Ägypten und im Iran, um vieles einschneidender als in der Türkei.[15]

Die Rolle des Militärs als »Hüter der Verfassung«

Demokratie? Mein Gesprächspartner spitzte ironisch die Lippen. Demokratie in der Türkei? Es gebe in der Türkei zwar freie Wahlen, erklärte er, das heiße, die Abgeordneten der Parlamente könnten vom Volk frei gewählt werden. Aber die Politiker selbst seien nicht frei in ihren Entscheidungen. Ihnen allen würde eine Pistole an die Schläfe gehalten, und den Finger am Abzug habe das Militär. Eigentlich regiere in der Türkei das Militär. Eine richtige Demokratie wie in Deutschland sei das nicht. Er habe lange genug in Deutschland gelebt, um die Unterschiede zwischen der deutschen und türkischen Demokratie zu kennen. Allerdings habe auch Deutschland lange gebraucht, um sich zu einem echten demokratischen Staat zu entwickeln.

Dieses Gespräch führte ich 2004 in Bursa, jener traditionsreichen westanatolischen Stadt, die im 14. Jahrhundert für einige Jahrzehnte die erste Residenzstadt der Osmanen war. Im Basar hatte mir ein Teppichhändler gewinkt, als ich vorbeiging. Wie so oft in einer solchen Situation hatte ich eine höflich abwehrende Handbewegung gemacht, woraufhin der Händler mir versicherte, ich müsse nichts bei ihm kaufen, er wolle nur die Gelegenheit nutzen, wieder ein bißchen Deutsch zu sprechen. Er bot mir im hinteren Winkel seines Ladens Tee an und schien dankbar für die Abwechslung zu sein, die ich ihm um die Mittagszeit in der wenig belebten Basargasse bot.

Ich dürfe ihn nicht mißverstehen, relativierte er im weiteren Verlauf des Gesprächs seinen sarkastischen Kommentar. Wenn er auch die Demokratie in der Türkei für unvollkommen halte, so wisse er sehr gut, wie fortschrittlich die Türkei trotzdem sei. Man brauche sich zum Vergleich nur die Nachbarstaaten anzuschauen: Syrien, Iran, Irak. Lediglich im Gegensatz zu den Staaten Westeuropas sei die Türkei eine halbe Demokratie.

Der Teppichhändler erwies sich als sehr redegewandt und historisch gebildet. Er erklärte mir, daß es ungerecht sei, wolle man von der Türkei eine schnelle Entwicklung hin zu einer perfekten Demokratie erwarten. Dafür fehlten die Voraussetzungen. Die osmanischen Sultane hätten sehr autoritär regiert, und Atatürk habe an diese Tradition angeknüpft. Atatürk habe zwar Großes für die Türkei geleistet, indem er energisch Reformen nach westlichem Vorbild durchsetzte, aber die Demokratie habe er nicht übernommen. Das hätten erst seine Nachfolger getan. Und wie das so sei, wenn man eine Errungenschaft aus einer fremden Kultur übernimmt: Es funktioniere nicht reibungslos. Oder besser gesagt: Es funktioniere nur halb und nur mit dem Militär als Stütze.

Wir konnten das Gespräch nicht zu Ende führen, weil ein Bekannter in den Laden kam und sich mit freundlichem Kopfnicken neben uns niederließ. Der Teppichhändler schwenkte rasch zu Belanglosigkeiten über. Seinem Gesichtsausdruck konnte ich entnehmen, daß er Gesprächsthemen wie jene, über die wir uns kurz zuvor unterhalten hatten, als heikel empfand und lieber ohne weitere Zuhörer ausführte.

Blicken wir nun zurück auf die Geschichte der Türkei. Dann läßt sich im Detail veranschaulichen, was der Teppichhändler mit seinen teils bissigen, teils auch relativierenden Bemerkungen angedeutet hat.

Atatürk, der kompromißlos einen laizistisch konzipierten Staat nach westlichem Vorbild durchsetzte, strebte als Konsequenz zunächst nicht eine demokratische Verfassung an. Er organisierte 1923 die Republik Türkei als Einparteienstaat und gründete die Republikanische Volkspartei. Ihr türkischer Name lautet *Cumhuriyet Halk Partisi* (CHP). Atatürk als Führer dieser einzigen erlaubten Partei war damit Diktator. Garant dieser Macht war das Militär, aus dessen Reihen Atatürk selbst hervorgegangen war. Die Generäle sollten die republikanische Verfassung gegen alle Widerstände aufrechterhalten. Von Anfang an waren der Staatspräsident und das Militär in einer engen, untrennbaren Allianz verbunden.

Zum einen rührte dies daher, daß ohne die Armee und ihren General Atatürk das türkische Kerngebiet nach der Niederlage des Osmanischen Reiches 1918 unter den siegreichen Gegnern in Mandatsgebiete aufgeteilt woden wäre und die Republik Türkei gar nicht hätte entstehen können. Zum anderen aber war die Armee unentbehrlich, um in den Anfangsjahren der Republik notfalls mit Waffengewalt gegen Aufständische vorzugehen.

Krisensymptome wie etwa der Aufstand von 1925, der blutig niedergeschlagen wurde, bestärkten Atatürk in seinem Entschluß, am System des Einparteienstaates – mit dem Militär als Stütze – vorerst festzuhalten. Er verkündete, Demokratie nach westlichem Vorbild sei unter den aktuellen Bedingungen nicht möglich. Für die unmittelbare Gegenwart propagierte er das Prinzip der Erziehungsdiktatur, indem er argumentierte: Ein unwissendes Volk in einem unterentwickelten Land wie der Türkei besitze mehrheitlich noch nicht das Bewußtsein für dringend notwendige Reformen, daher brauche das Volk eine revolutionäre Partei, die die Unwissenden führe. Nahezu 90 Prozent der Bevölkerung waren damals noch Analphabeten, rund 80 Prozent lebten in Dörfern. Es war also keine Übertreibung, wenn Atatürk vom »unwissenden Volk« sprach.

Atatürk knüpfte mit seiner Logik nur sehr eingeschränkt an das Denken der osmanischen Herrscher im 19. Jahrhundert an. Zwar setzten auch die Sultane ihre Reformen, die sogenannten *Tanzimat*-Reformen, per Regierungsdekret um. Aber die Sultane konnten oder wollten sich nicht vorstellen, daß als Konsequenz des Reformprozesses eine demokratische Entwicklung möglich sei. Atatürk ließ sich in seinen Überlegungen letzten Endes von Denkweisen leiten, die nicht der islamischen Welt entstammten, nämlich vom Herrschaftsmodell des kommunistischen Revolutionärs Lenin.

Wenn auch Atatürk nicht die marxistische Lehre übernahm, so beeindruckte ihn an Lenin das Prinzip der Erziehungsdiktatur. Lenin hatte deren Notwendigkeit für den Fall proklamiert, daß ein Volk, wie in Rußland, nicht reif für Demokratie sei. Demokratie als Fernziel hielt Lenin für wünschenswert, ja er sah die Entwicklung zur Demokratie sogar als zwangsläufig an, als einen weiteren Schritt zur endgültigen Emanzipation des Menschen (wobei er jedoch die »bürgerliche« Demokratie westeuropäischer Staaten als »Scheindemokratie« abtat). Aber in der Nachfolge Lenins blieben die Politiker kommunistischer Staaten bisher immer beim ersten Schritt, der Erziehungsdiktatur des Einparteiensystems, stehen, weil sie das Volk anscheinend nie reif für Demokratie hielten. Dasselbe gilt auch für die säkular-nationalistischen Regierungen des Nahen Ostens, die sich am Modell Atatürks orientierten, sei es nun das Regime Gamal Abd an-Nassers in Ägypten oder die Baath-Regime in Syrien und dem Irak. Dagegen hat in der Türkei tatsächlich ein Wandlungsprozeß in Richtung Demokratie stattgefunden.

Atatürk selbst zeigte sehr früh, daß er es mit seinen Demokratieversprechungen ernst meinte. Nachdem die Republik politisch relativ stabil erschien und das Reformwerk durch die Verfassung von 1928 einen klaren Rahmen bekommen hatte, setzte er 1930 zu einem entsprechenden Schritt an. Allerdings war dies wieder eine Verordnung: Er, der Erziehungsdiktator, befahl (!), eine Oppositionspartei zu gründen. Zu den Gründungsmitgliedern zählten ein treuer politischer Weggefährte Atatürks, Fethi Okyar, sowie Makbula, die Schwester Atatürks, und Adnan Menderes, der später noch eine herausragende Rolle spielen sollte. Atatürk ließ zu, daß die oppositionelle Liberal-Republikanische Partei die Regierungspartei kritisierte und für die wirtschaftlichen Probleme des Landes verantwortlich machte. Wenn politische Kultur auf westlichem Niveau in der Türkei Einzug halten sollte, so argumentierte er, brauche das Land letztlich ein Mehrparteiensystem, es brauche öffentliche Diskussionen, um politische Fehler korrigieren zu können.

Aber die Enttäuschung war groß: Bei der ersten dafür einberufenen Parlamentssitzung geriet die Debatte über politische Fehler der Regierung sehr rasch außer Kontrolle, es kam zu Prügeleien.[16] Dieser Vorfall ließ Atatürk sofort wieder daran zweifeln, daß die Türkei reif für eine Demokratie nach westlichem Vorbild sei. Aber den eigentlichen Anstoß, wieder zum Prinzip des Einparteienstaates zurückzukehren, bildete ein anderes Ereignis. Im selben Jahr 1930 brachen in vielen Teilen der Türkei massive Unruhen aus, die sich, wie bereits geschildert, zum zweiten Mal gegen die »gottlose« Republik Atatürks richteten. Diesmal hatten die Aufständischen die Tatsache, daß die Oppositionspartei die Regierung kritisieren durfte, als Schwäche des Regimes verstanden – und gerade deshalb sahen all jene, die die radikalen Reformen als »gottlos« und »unislamisch« ansahen, den Zeitpunkt für einen Umsturz gekommen. Atatürk ließ den Aufstand, wie schon 1925, brutal niederschlagen und verbot die Liberal-Republikanische Partei, von deren Mitgliedern etliche mit den Aufständischen sympathisiert hatten.

Wenn auch Atatürk wieder entschieden zum Prinzip der Erziehungsdiktatur zurückkehrte, stellte er weiterhin die Möglichkeit von Demokratie in Aussicht:

> »Für den Augenblick soll sich das Volk nicht mit Politik beschäftigen. […] Ich muß dieses Land noch zehn bis fünfzehn Jahre regieren. Dann erst werden wir sehen, ob es fähig ist, sich selbst zu regieren.«[17]

Atatürk regierte noch acht Jahre in seiner Eigenschaft als Diktator, der als strenger Erzieher seinem »noch nicht reifen Volk« Prinzipien des westlichen Fortschritts undiskutierbar verordnete. Wichtigste Stütze seiner Herrschaft blieb das Militär. In den Offizieren und erst recht in den Generälen fand Atatürk seine treuesten Anhänger. Noch gab es keine breite bürgerliche Schicht, die selbst tatkräftig genug die Idee einer Republik nach westlichem

Vorbild hätte unterstützen können. Daher stammte im ersten Kabinett der republikanischen Regierung ein Drittel der Mitglieder aus den Rängen der Armee. Das Militär konnte demnach anfangs völlig berechtigt mit dem Anspruch auftreten, in Krisenzeiten der einzige wirklich verläßliche Garant für Stabilität zu sein. Atatürk hatte dem Militär diese Rolle offiziell zugebilligt:

> »Wann immer die Nation einen Schritt nach vorne machen wollte, hat sie stets auf die Armee geblickt. Die türkische Nation betrachtet die Armee als Hüterin ihrer Ideale.«[18]

Atatürks Republikanische Volkspartei als die allein regierende Partei im Bündnis mit der Führungsschicht des Militärs – dies blieb zunächst ein politisches Modell ohne überzeugende Alternative und überdauerte den Tod des Staatsgründers.

Atatürk starb am 10. November 1938. Nachfolger im Amt des Staatspräsidenten wurde Mustafa Ismet Inönü, der bedeutendste politische Weggefährte Atatürks. 1884 in Izmir geboren und damit um drei Jahre jünger als der Begründer der Republik, war auch er General und kämpfte an der Seite Atatürks gegen die Griechen. 1921 warf er die in Westanatolien vordringende griechische Armee bei dem Ort Inönü in zwei kriegsentscheidenden Schlachten zurück. Der General, der bis dahin mit Ismet Pascha angeredet worden war, legte sich nach diesem großen Sieg den Nachnamen Inönü zu. 1922 wurde er zum Außenminister der (damals noch provisorischen) Regierung Atatürks ernannt und führte in dieser Eigenschaft die Verhandlungen beim Friedensvertrag von Lausanne 1923, der die Gründung der Republik Türkei mit ihren heutigen Grenzen statuierte. In den Jahren 1923 bis 1924 und 1925 bis 1937 war er Ministerpräsident.

Ismet Inönü regierte als Staatspräsident bis 1950. Unter seiner Amtszeit bahnten sich jene entscheidenden Veränderungen an, die Atatürk bereits hatte einleiten wollen. 1945 ebnete Ismet Inönü endgültig den Weg zu einem Mehrparteiensystem, indem er die Gründung von Oppositionsparteien zuließ. Er gab damit dem Drängen einer selbstbewußt gewordenen bürgerlichen Schicht nach, die nach Reformen vor allem der staatlich gelenkten Wirtschaft verlangte, aber auch dem Islam wieder mehr Raum in der

Öffentlichkeit gewähren wollte. 1946 gestattete Staatspräsident Inönü die Gründung der *Demokrat Partisi* (Demokratische Partei). Damit entstand die erste politisch folgenreiche Oppositionspartei. Zu den führenden Mitgliedern zählten Celâl Bayar und Adnan Menderes, die bis dahin zum rechten Flügel der Republikanischen Volkspartei gehört hatten. Menderes war außerdem schon 1930 als Gründungsmitglied der kurzlebigen Liberal-Republikanischen Partei aufgefallen. In den nächsten Jahren wurden noch 23 weitere Parteien gegründet. Sieben dieser Parteien traten für eine »Islamisierung« des öffentlichen Lebens ein, alle anderen bekannten sich zum strikten Laizismus in seiner bisherigen Form.

Zunächst hatte die neue politische Weichenstellung keine tiefgreifenden Folgen. Denn Atatürks Republikanische Volkspartei regierte in den folgenden Jahren weiter. Zwar brach nun in den öffentlichen Sitzungen des Parlaments heftiger Streit darüber aus, ob wichtige Zweige der Wirtschaft verstaatlicht bleiben oder privatisiert werden sollten. Und noch heftiger wurde darüber diskutiert, ob man den religiösen Traditionen wie auch religiös geprägten Ausbildungsstätten im öffentlichen Leben mehr Geltung verschaffen sollte. Aber bei aller Heftigkeit der Auseinandersetzungen blieb ein Thema ausgeklammert: Kein oppositioneller Politiker wagte es, das Prinzip der säkularen, laizistischen Staatsordnung in Frage zu stellen, und so schien es auch unvorstellbar, daß die Republikanische Volkspartei als wichtigste Verfechterin dieser Ideologie in ihrem Machtmonopol ernsthaft gefährdet sein könnte.

Für diese Scheu, die Grundprinzipien der Republik Türkei zu bezweifeln, gab es eine wesentliche Ursache: das Militär. Denn seit Staatspräsident Inönü das Mehrparteiensystem zugelassen hatte, war dem Militär verstärkt die Rolle zugefallen, »Hüter der Verfassung« zu sein. Eine Institution mit dem Namen »Nationaler Sicherheitsrat« war geschaffen worden, deren wichtigste Posten mit Generälen besetzt waren. Ein Gremium von Generälen und hohen Verwaltungsbeamten hatte darüber zu wachen, daß keine oppositionelle Partei jemals die strikte Trennung von Religion und Politik aufzuweichen versuchte. Dem Nationalen Sicherheitsrat stand es zu, entsprechende Parteien zu verbieten oder im äußersten Notfall gar das Militär gegen »Verfassungsfeinde« einzusetzen und eine Regierung zu stürzen. Anhänger Atatürks sprechen in diesem Fall gern von »gelenkter Demokratie«.

Eine erste Bewährungsprobe für den Nationalen Sicherheitsrat – und damit für das Militär – kam im Jahr 1950, als in der Türkei erstmals demokratische Parlamentswahlen stattfanden. Die Frage war, wie sich das Militär verhalten würde, wenn die bisher allein regierende Republikanische Volkspartei die Wählergunst verlor und damit auch den Anspruch auf die Regierung. Mußte sich dann schon das Militär veranlaßt sehen, einzugreifen und das »Erbe Atatürks« zu »retten«? Hier bahnte sich bereits jener für die nachfolgenden Jahrzehnte prägende Konflikt zwischen militärischer und politischer Führung an, den der Teppichhändler in Bursa sehr drastisch umschrieb: Die Politiker seien nicht frei in ihren Entscheidungen; ihnen allen würde eine Pistole an die Schläfe gehalten, und den Finger am Abzug habe das Militär.

Macht und Machtmißbrauch des Militärs

Die politische Entwicklung nach Atatürks Tod 1938 zeigte, daß sich eine konsequent säkulare beziehungsweise strikt laizistische Gesellschaftsordnung im Sinne des Kemalismus nicht mehr aufrechterhalten ließ. Denn nach wie vor war ein beträchtlicher Teil der Bevölkerung stark durch islamische Traditionen geprägt. Entsprechend blieben die folgenden Jahrzehnte durch den Gegensatz »laizistisch« und »islamisch« orientierter Parteien bestimmt – ein Gegensatz, der bekanntlich bis heute zu Spannungen führt.

Erstmals rückte dieser Gegensatz der Weltöffentlichkeit im Jahr 1950 ins Bewußtsein. Bei den Parlamentswahlen am 14. Mai 1950 gab es für die Anhänger der Republikanischen Volkspartei eine böse Überraschung. Die bisher durch ihr Machtmonopol verwöhnte Partei erlitt eine vernichtende Niederlage: Sie erhielt nur noch 69 der insgesamt 487 Mandate. Staatspräsident Inönü trat zurück und war für die nächsten zehn Jahre Oppositionsführer, bevor er in den sechziger Jahren als Ministerpräsident kurz an die Macht zurückkehrte. Er blieb bis 1972 Parteivorsitzender und starb 1973 im Alter von 89 Jahren. Damit überlebte er Atatürk um 35 Jahre.

Eine überwältigende Mehrheit der Stimmen erhielt bei diesen ersten freien Wahlen 1950 die Demokratische Partei, die vier Jahre zuvor gegründet worden war und in mancher Hinsicht eine völlig andere Vorstellung vom Wesen einer Republik hatte. Neuer Staatspräsident wurde Celâl Bayar. Erstmals kam damit ein Zivilist an die Macht (seine Nachfolger bis ins Jahr 1989 sollten allerdings wieder ausschließlich Generäle sein). Ministerpräsident wurde Adnan Menderes. Eines der zentralen Wahlversprechen dieser beiden führenden Politiker lautete: Der Islam sollte wieder einen angemessenen Platz im öffentlichen Leben erhalten. Die unter Atatürk erlassenen Verbote würden demnach schrittweise aufgehoben. Und weil die bisherige Oppositionspartei die absolute Mehrheit errungen hatte, war sie nun auch in der Lage, ihre Reformversprechen demokratisch umzusetzen. Aus der Sicht der strikt laizistisch orientierten Anhänger Atatürks wie auch des Militärs drohte damit »Gefahr für die Republik«.

Tatsächlich vollzog sich in der Religionspolitik ein auffallender Wandel. Menderes, der sich demonstrativ dazu bekannte, praktizierender Muslim zu sein, setzte durch, daß der Gebetsruf des Muezzins wieder fünfmal am Tag von den Minaretten erschallen durfte, und zwar in arabischer Sprache. Außerdem erreichte er, daß Koranlesungen und Predigten über Rundfunk verbreitet werden durften und daß religiös geprägte Schulen neben den betont säkular ausgerichteten wieder zugelassen wurden. Ich kann in diesem Zusammenhang nicht näher auf die Regierung Menderes eingehen. Ihre Bedeutung, die darin bestand, als erste Regierung den Anstoß zu einer »Islamisierung« der Türkei wie auch zu wirtschaftspolitischen Neuerungen gegeben zu haben, werde ich später erörtern.

Das Militär putschte zunächst nicht. Der Generalstab hielt sich zurück, und zwar aus der Einsicht heraus, daß die Regierung Reformen umsetzte, die dem Willen einer breiten Bevölkerungsmehrheit entsprachen. Eine gewaltsame Unterdrückung hätte zu landesweiten Unruhen führen können.

Erst zehn Jahre später kam es zum Putsch, nämlich als die Türkei in eine schwere wirtschaftliche Krise schlitterte und Ministerpräsident Menderes massiv an Popularität verloren hatte. Bezeichnend war der Anlaß für den Eingriff. Im Frühjahr 1960 hatte Menderes einen politischen Sündenfall begangen, den die militärische Führung nicht hinnehmen wollte. Menderes hatte sich über die Frage weiterer Reformen sowohl in der Religions- als auch in der Wirtschaftspolitik mit General Kemal Gürsel, dem Oberbefehlshaber des Heeres, zerstritten und ihn sogar entlassen. Damit hatte Menderes das bis dahin Unvorstellbare versucht: die militärische Führung einer zivilen Regierung und dem Parlament unterzuordnen. Nun erst war die Tabugrenze überschritten. Das Militär demonstrierte sehr rasch, wer die höchste Kontrollfunktion im Staat hatte. Der entlassene Oberbefehlshaber General Gürsel organisierte einen Putsch und stürzte die Regierung. Gürsel übte ein Jahr lang in Personalunion das Amt des Staatspräsidenten sowie des Ministerpräsidenten aus. Die Vertreter der abgesetzten Regierung wurden unter Anklage gestellt. Ihnen warf man vor, »islamisch reaktionär« gehandelt und Andersdenkende, nämlich die Anhänger Atatürks, unterdrückt zu haben.

Staatspräsident Celâl Bayar und andere Regierungsmitglieder wurden 1961 zu lebenslanger Haft verurteilt (Bayar wurde allerdings 1966 begnadigt und freigelassen, er starb 1986 in Istanbul). Schlimmer erging es Menderes und zweien seiner wichtigsten Minister. Sie wurden 1961 nach einem Schauprozeß hingerichtet.

Der Militärputsch von 1960 demonstrierte der Weltöffentlichkeit erstmals, welch überragende Bedeutung dem Militär als »Hüter der Verfassung« in der türkischen Demokratie zukommt. Das Militär putschte noch zwei weitere Male, 1971 und 1980. Im Jahr 1997 genügte sogar eine bloße Drohung, um einen »islamisch reaktionären« Ministerpräsidenten, Necmettin Erbakan, zum Rücktritt zu zwingen. Und im April 2007 hatte die militärische Führung auch der Regierung Erdoğan mit Putsch gedroht, diesmal allerdings mit weniger Erfolg.[19]

Aber es ist nach einem Putsch nie über längere Zeit zu einer Militärdiktatur gekommen, stets sind die Generäle in die Kasernen zurückgekehrt und haben die Macht an zivile Politiker zurückgegeben. Damit hielten sie sich an das Diktum Atatürks, demzufolge die Einparteienherrschaft und die Erziehungsdiktatur sofort der Demokratie weichen müßten, sobald der Laizismus als politische Grundlage der Republik Türkei gewährleistet sei.

Diese Staatsform einer »gelenkten Demokratie« ist nach wie vor aktuell. Im Juli 2003 beschloß zwar das Parlament mit den Stimmen der »islamisch« orientierten Regierungspartei AKP und der oppositionellen Republikanischen Volkspartei die Entmachtung des Nationalen Sicherheitsrates: Seither ist dem Militär die verfassungsrechtliche Möglichkeit entzogen, als »Hüter der Verfassung« eine Regierung zu stürzen. Aber dieses neue Gesetz konnte die Macht des Militärs nur bedingt einschränken.[20]

Wie übermächtig der Einfluß des Militärs auf die Politik jahrzehntelang war, beweist vor allem die Tatsache, daß das Amt des Staatspräsidenten von 1923 bis 1989 ausschließlich Generäle ausübten – mit Ausnahme des Zivilisten Celâl Bayar, aus Sicht des Militärs ein »Unglücksfall«. Der Staatspräsident ist einerseits Oberbefehlshaber der Armee, andererseits hängt von seinem Votum die Ernennung der Verfassungsrichter, der Provinzgouverneure, der Universitätsrektoren und des Chefs der Zentralbank ab. Solange also Generäle den Staatspräsidenten stellten, blieb die Kontrolle des politischen Lebens durch das Militär nahezu lükkenlos. Aber auch die Nachfolger mit zivilen Berufen blieben dem laizistischen Erbe Atatürks und der Bindung an das Militär als »Hüter der Verfassung« verpflichtet. Erst die Wahl des »konservativ islamisch« orientierten Politikers Abdullah Gül aus den Reihen der AKP in das höchste Staatsamt am 28. August 2007 stellte diese Orientierung in Frage.

Die Macht des Militärs hatte sich nach dem Putsch von 1960 auf den wirtschaftlichen Sektor ausgeweitet. Damit war eine zweite Voraussetzung dafür geschaffen, die mächtigste Instanz im Staat zu werden. Seit 1961 taten die Regierungen alles, um den Sold der Armeebediensteten beständig zu erhöhen sowie Offizieren einflußreiche Posten in Staatsbetrieben zu verschaffen. Dies geschah in der Absicht, Putschgelüste zu unterbinden. Aus Finanzmitteln des üppig ausgestatteten Pensionsfonds der Armee entstand schließlich während der siebziger Jahre der Konzern *Oyak*, der rund 60 Unternehmen und Beteiligungen – Banken ebenso wie Stahlwerke, Minen und Kraftwerke – umfaßt. Im Jahr 2006 beschäftigte *Oyak* 35 000 Mitarbeiter und machte einen Nettogewinn von umgerechnet fast 700 Millionen US-Dollar.[21] Diese Zahlen machen deutlich, weshalb sich die militärische Führung bis heute als unantastbare Elite versteht, die nicht nur die Politik, sondern auch die Wirtschaft bis zu einem gewissen Grad kontrolliert.

Wenn auch gegen Ende des 20. Jahrhunderts in der türkischen Öffentlichkeit immer häufiger die Frage gestellt wurde, ob denn so viel Macht in den Händen des Militärs für die demokratische Entwicklung der Türkei gut sei, blieb das Ansehen der Armee bei der Mehrheit der Bevölkerung sehr hoch. Wie eine Umfrage im Juli 1998 ergab, glaubten damals noch drei Viertel der türkischen Jugendlichen, daß die Armee die vertrauenswürdigste Institution des Landes sei. Soldaten und vor allem Offiziere genossen damit ein weit größeres Prestige als Politiker.[22]

Ein derartiges Ansehen steht in krassem Widerspruch zu den Verbrechen, die das Militär im Lauf der Jahrzehnte begangen hat. Die Machtfülle verleitete zu Machtmißbrauch. Beklemmend ist, daß es die militärische Führung immer wieder verstanden hat, Gewalt gegen Andersdenkende als »patriotische Tat« zur »Rettung der Republik« zu deklarieren. Das Militär schreckte weder vor Verhaftungen noch vor Folter und Hinrichtungen oder gar Massengemetzeln zurück, um »Feinde der Republik« zu bekämpfen. Zu den »Feinden« gehörten nicht nur Muslime, die die laizistische Ausrichtung der Türkei kritisierten, sondern auch die ethnischen Minderheiten der Griechen, Armenier und Kurden, die nach mehr kultureller und politischer Selbstbestimmung verlangten. Politiker, die sich auch nur vage mit einer dieser oppositionellen Gruppierungen solidarisieren, leben daher gefährlich. Sie können nur in sehr begrenztem Maß Opposition ausüben.

Mit dem Hinweis auf ethnische Minderheiten wie Griechen, Armenier und Kurden ist ein weiteres Krisensymptom angedeutet. Denn die Republik Türkei hat nicht nur Schwierigkeiten, die ideologische Zerrissenheit zwischen laizistisch und islamisch orientierten Parteien zu bewältigen. Ein ebenso großes Problem stellt die zweite grundlegende Hinterlassenschaft aus der Zeit des Republikgründers dar: der türkische Nationalismus mit seiner Intoleranz gegenüber Armeniern, Griechen, Kurden und anderen »Feinden des Türkentums«.

Der türkische Nationalismus und seine historischen Wurzeln

Der Vielvölkerstaat der Osmanen

Türken ... Griechen ... Armenier ... Kurden ... Für uns heute ist es selbstverständlich, die Einwohner der Türkei nach solchen ethnischen Kriterien zu klassifizieren, und erst recht, daß die Türken in diesem Staat eine nahezu erdrückende Mehrheit bilden. Und es scheint schon seit vielen Jahrhunderten so zu sein, daß sich die Türken mehr oder weniger schroff gegenüber anderen Volksgruppen im eigenen Land abgrenzen, sofern diese nach kultureller Eigenständigkeit streben.

Aber das alles sind Unterscheidungen und Verhaltensformen, die sich erst in der zweiten Hälfte des 19. Jahrhunderts herausbildeten. »Staatstragend« wurde ein derartiger Nationalismus erst mit Atatürk.

Den Untertanen des Osmanischen Reiches erschien eine solche Unterscheidung weitgehend unwichtig, ja sie war ihnen überwiegend fremd. Man kann es überspitzt sogar so formulieren: Die Türken wußten viele Jahrhunderte lang gar nicht, daß sie »Türken« waren, sie verstanden sich lediglich als Volksgruppe, die türkisch sprach. Das Türkische war nicht Amtssprache, sondern eine unter vielen Sprachen neben dem Arabischen, Persischen, Kurdischen, Griechischen, Armenischen. Entsprechend konnte es den »Türken« gar nicht einfallen, die von ihnen mehrheitlich bewohnte Region »Türkei« zu nennen. Die »Türken« – und mit ihnen die Griechen, Armenier, Kurden, Araber – definierten sich durchweg als »osmanisch« und bezogen sich hiermit auf die Dynastie der Osmanen, unter deren Herrschaft sie lebten. Zwar grenzten sich auch die osmanischen Untertanen untereinander ab, allerdings nach anderen Kriterien. Sie verstanden sich zuallererst als Angehörige einer Religionsgemeinschaft, als Sunniten, Schiiten, Aleviten, Christen, Juden, und in zweiter Linie als Angehörige einer Großfamilie, eines Stammes, Bewohner einer Region, einer Stadt, eines Dorfes – nicht aber als Türken, Griechen, Armenier, Kurden. Sie waren jeweils in einem *millet* organisiert. Das türkische Wort *millet* oder *milliyet* ist zwar in seiner aktuellen Bedeutung mit »Volk« oder »Nation« zu übersetzen, aber bis zu Beginn des 20. Jahrhunderts war mit *millet* die religiöse Einheit gemeint, nicht die nationale Einheit im modernen Sinne.[23]

Parallelen dazu finden sich in der arabischen Welt. Auch dort besaßen Muslime bis an die Schwelle zum 20. Jahrhundert kein Nationalbewußtsein; auch sie definierten sich vorrangig als Angehörige ihrer jeweiligen Religion, Sippe, ihres Stammes oder als Bewohner ihrer Heimatstadt. Es gab zwar eine »arabische« Sprache und Kultur, nicht aber die Bezeichnung »Araber« für ein Volk, ebensowenig die Bezeichnung »Syrer«, auch nicht den Namen für einen Nationalstaat »Syrien«, wohl aber die Vorstellung von einem syrischen Kulturraum. Der arabische Nationalismus ist so jung wie der türkische – und beide haben ihre Vorbilder im europäischen Nationalismus. Die türkischen und arabischen Wegbereiter hatten meist an europäischen Universitäten studiert.

Das Osmanische Reich war in den 600 Jahren seines Bestehens ein Vielvölkerstaat, in dem alle Männer unterschiedslos zum Staatsdienst herangezogen wurden, aber man den einzelnen Gruppierungen eine relative Eigenständigkeit ihrer Religion und Kultur zugestand. Daß in hohe politische Ämter allerdings nur (sunnitische) Muslime aufsteigen konnten, stellte die einzige Ungleichbehandlung dar. Entscheidend war jedoch – im Gegensatz zur späteren Republik Türkei –, daß die Sultane keineswegs die türkisch sprechenden Untertanen gegenüber anderen Muslimen, ja nicht einmal gegenüber den christlichen Griechen und Armeniern bevorzugten. Im Gegenteil: Sie, die doch selbst türkischer Herkunft waren, pflegten zuallererst das Persische als Kultursprache und das Arabische als Sprache des Korans, während sie das Türkische als Sprache des »einfachen Volkes« weniger achteten. Ihrem Beispiel folgte die gesamte osmanische Oberschicht.

Noch bis gegen Ende des 19. Jahrhunderts war in der vornehmen Gesellschaft des Osmanischen Reiches die Bezeichnung »Türke« ein sehr verächtlich gebrauchter Ausdruck für »ungehobelte Bauern aus dem inneren Anatolien«.[24]

Das Prinzip, keine der Volksgruppen zu bevorzugen, wurde erstmals Mitte des 19. Jahrhunderts erschüttert: Nachdem die Griechen 1829 im Südteil des heutigen Griechenlands ihre Unabhängigkeit erkämpft und einen Nationalstaat nach westeuropäischem Vorbild errichtet hatten, begannen andere christliche Untertanen, Bulgaren, Rumänen, Armenier, sich am Vorbild der Griechen zu orientieren – mit der Folge, daß der wachsende Separatismus osmanischer Christen die Einheit des Vielvölkerstaates zunehmend bedrohte.

Als Reaktion auf diese Entwicklung entstand Mitte des 19. Jahrhunderts ein türkischer Nationalismus. Träger dieser Bewegung waren Angehörige der osmanischen Oberschicht, die seit den Reformen Mahmuts II. um 1830 im Ausland, bevorzugt in Frankreich und Deutschland, studiert hatten. Sie zeigten sich vor allem vom französischen Nationalismus beeindruckt, dessen Dynamik den Franzosen zu Beginn des 19. Jahrhunderts eine Vormachtstellung in Europa beschert hatte. Zur damaligen Zeit bezeichneten Westeuropäer das politisch immer schwächer werdende Osmanische Reich mitleidig als »kranken Mann am Bosporus«, und die osmanischen Auslandsstudenten konnten diesem Urteil zutiefst verunsichert nur zustimmen. Aber je mehr der osmanische Vielvölkerstaat durch die Unabhängigkeitsbestrebungen einzelner Volksgruppen erschüttert wurde, desto mehr nahm unter den Türken ein eigener Nationalismus – als Allheilmittel gegen den drohenden Niedergang – Gestalt an.

Um 1860 formierte sich in Istanbul die Bewegung der sogenannten Jungosmanen. Ihr Name deutete darauf hin, daß sie die osmanischen Strukturen reformieren wollten, ohne das Sultanat abzuschaffen. Aber je intensiver diese Bewegung anstelle des Vielvölkerstaates einen Nationalstaat wünschte, in dem allein die türkische Volksgruppe als »staatstragend« zu gelten habe, desto mehr bürgerte sich gegen Ende des 19. Jahrhunderts die Bezeichnung »Jungtürken« ein.

Mit der Reformbewegung der Jungtürken (türkisch: *Genc Türkler*) bekam die Bezeichnung »Türke« allmählich einen guten Klang. »Türke« stand nun für »unverbildetes Volk«, in Opposition zur Dekadenz der regierenden Oberschicht.

Entsprechend fingen die jungen Reformer an, die mehrheitlich von »Türken« bewohnten Gebiete *Türkiye* zu nennen – ein Name, der später mit politischer Programmatik für die Republik gewählt wurde. Die Europäer jedoch hatten den Namen als geographische Bezeichnung schon Jahrzehnte zuvor verwendet, eben weil Europäer damals längst schon in ethnischen und nationalsprachlichen Kategorien dachten. Ohnehin orientierten sich die Reformer weitgehend an Denkstrukturen des europäischen Nationalismus. Ein Beleg dafür ist das Interesse, das die Jungtürken zunehmend für die Geschichte und die Mythen der türkischen vorislamischen Stammesgesellschaften zeigten. Parallelen finden sich zur Genüge bei Deutschen, die sich zu Beginn des 20. Jahrhunderts sehr für das vorchristliche Germanentum interessierten. Seit der Bewegung der Jungtürken ist die (historisch nicht gesicherte) Auffassung zum Mythos geworden, das Wort *turk* – identisch mit einem Stammesnamen aus der »türkischen« Frühzeit – bedeute »Kraft«, »Stärke«[25]. Dies war ein Mythos, der sich in einem schwächelnden Vielvölkerstaat politisch bestens instrumentalisieren ließ. Er bildete die sozialpsychologische Grundlage, auf der Atatürk die weithin anerkannten politischen Schlagworte formen konnte: »Ich bin stolz, ein Türke zu sein« und »Glücklich ist, wer sich Türke nennen darf«.

In der zweiten Hälfte des 19. Jahrhunderts begannen überdies *türkisch* orientierte Intellektuelle nach geistigen Ahnvätern einer »türkischen Kultur« in der fernen Vergangenheit zu suchen. Sie wurden fündig bei dem Derwischdichter Yunus Emre, der im 14. Jahrhundert, als nahezu alle anderen Dichter in Anatolien ihre Gedichte auf persisch verfaßten, schon eine sehr ausdrucksstarke Lyrik in türkischer Sprache schuf. In der neueren türkischen Geschichtsschreibung wurde Yunus Emre deshalb zum herausragenden Beispiel eines »Türken« stilisiert, der sich bereits vor 500 Jahren selbstbewußt von den übermächtigen arabischen und persischen Kultureinflüssen abgrenzte. Yunus Emre habe entscheidend dazu beigetragen, das byzantinische Anatolien zu »türkisieren«, das 1071 von dem Turkvolk der Seldschuken erobert worden war. Mit der historischen Realität und dem Selbstverständnis eines Dichters aus dem 14. Jahrhundert haben solche Ideologisierungen allerdings wenig zu tun, denn der Derwisch dichtete auf türkisch, weil er nur so das einfache Volk erreichen konnte, das kein Arabisch und Persisch verstand. Das Türkische als kulturellen oder gar als nationalen Kampfbegriff zu verwenden wäre einem Yunus Emre noch völlig fremd gewesen. Aber das hat jungtürkische Intellektuelle nicht daran gehindert, aus Yunus Emre den Ahnvater der türkischen Nationalsprache zu machen, und als solcher wird er bis heute in den Schulbüchern der Republik Türkei gefeiert. Jedes Kind wird angehalten, einige der besonders »volkstümlich« formulierten Verse auswendig zu lernen. Dabei war der »Türke« Yunus Emre selbst noch 300 bis 400 Jahre nach seinem Tod bei der osmanischen Oberschicht weit weniger geschätzt als die persisch- und arabischsprachigen Dichter.

Erste Belege für die Bezeichnung »Türke« auch in regierungsamtlichen Verlautbarungen finden sich gegen Ende des 19. Jahrhunderts. Ein besonders anschauliches Beispiel liefert die heute griechische Stadt Saloniki (türkisch: Selanik), die zur osmanischen Zeit einen hohen türkischen Bevölkerungsanteil hatte. Um die ethnischen Gruppen in Saloniki zu bezeichnen, wurde zum ersten Mal der Begriff »türkisch« statt »osmanisch« verwendet.[26] Es ist kein Zufall, daß diese historische Neuorientierung ausgerechnet in jener Stadt ihren ersten politischen Niederschlag fand, in der Atatürk geboren und selbst zum Nationalisten wurde.

Die Jungtürken verbanden anfangs ihren »westlich« geprägten Nationalismus mit der Forderung nach einer ebenfalls *westlich* geprägten Demokratie, welche die dekadente *orientalische* Despotie der osmanischen Sultane ablösen sollte. Zu Beginn des 20. Jahrhunderts aber, nachdem sich die Jungtürken an die Macht geputscht hatten, war die Forderung nach »Demokratie« weitgehend in den Hintergrund getreten zugunsten eines immer radikaleren Nationalismus. Die Dynastie der Osmanen regierte zwar nominell weiterhin, doch die eigentlichen Richtlinien der Politik bestimmten in dieser Endphase des Osmanischen Reiches die Jungtürken unter der Führung der Offiziere Enver Pascha, Talaat Pascha und Dschemal Pascha.

Mit der Herrschaft der Jungtürken begann eine verhängnisvolle Entwicklung. Je mehr sich der Zerfall des Vielvölkerstaates abzeichnete, desto entschiedener arbeiteten die Nationalisten auf ein Staatsmodell hin, in dem die Türken die alleinige bestimmende Kraft sein sollten. Hierzu paßt, daß nahezu alle jungtürkischen Ideologen wie auch viele ihrer begeisterten Anhänger aus dem Balkan, vor allem aus dem griechisch besiedelten Teil des Osmanischen Reiches kamen, wo die Türken in immer größere Bedrängnis durch die nach Unabhängigkeit strebenden Nordgriechen gerieten.

Der jungtürkische Nationalismus nahm sehr bald übersteigerte, größenwahnsinnige Züge an: Auf dem Boden des zerbrechenden Vielvölkerstaates wollten die Jungtürken ein »Großtürkisches Reich« errichten, das alle Turkvölker vereinigen sollte, also auch Turkmenen, Aserbeidschaner, Kasachen, Kirgisen, Usbeken. Dies war eine abstruse, wirklichkeitsfremde Forderung, denn die unterschiedlichen Turkvölker waren im Verlauf ihrer langen Geschichte politisch nie vereint gewesen, sie hatten auch nie ein Gefühl enger kultureller Zusammengehörigkeit entwickelt. Auch ihre Sprachen unterscheiden sich erheblich. Aber die Vorstellung, daß ein Staat entstehen sollte, in dem nur Türken lebten, entfaltete in Anatolien, dem türkischen Kerngebiet des Osmanischen Reiches, eine verheerende Dynamik. Hier verfügten die Jungtürken über genug Macht, um ihre Ziele militärisch durchzusetzen. Nichttürken, die sich der dortigen »Türkisierung« widersetzten, hatten mit schlimmsten Konsequenzen zu rechnen.

Dies zeigte sich erstmals an der Wende zum 20. Jahrhundert. Damals verlangte die Minderheit der Armenier soziale Reformen und kulturelle Autonomie, einzelne Stimmen forderten gar die nationale Unabhängigkeit.

Was nun folgte, belastet die türkische Geschichte und den türkischen Nationalismus bis heute.

Massaker an den Armeniern – erste radikal-nationalistische Konsequenz

Im äußersten Osten Anatoliens, zwischen dem Van-See, der Stadt Erzurum und dem Berg Ararat, trifft der Reisende immer wieder auf Kirchen mit kegelförmigem Dach, ähnlich den Dächern seldschukischer Moscheen. Es sind armenische Kirchen. Viele von ihnen stehen vor einer grandiosen Bergkulisse in der Einöde. Wo sind die Ortschaften geblieben? Oft lassen nur noch Grundmauern ihre einstige Existenz ahnen. Viele Kirchen mit herrlichen Reliefs, von denen die frühesten aus dem 9. Jahrhundert stammen, dienten noch vor wenigen Jahrzehnten türkischen Hirten als Schafställe, bevor westeuropäische Touristen die architektonischen, vom Zerfall bedrohten Kostbarkeiten entdeckten.

In diesem äußersten Osten Anatoliens, nahe der Grenze zum Iran, lebten zu Beginn des 20. Jahrhunderts mehr als zwei Millionen Armenier. Aber während des Ersten Weltkriegs wurden Hunderttausende von ihnen in ihren Dörfern und Städten von türkischen Soldaten hingemetzelt, weitere Hunderttausende starben auf der Flucht oder sie gingen während der Ausreise, dem sogenannten Todesmarsch zur syrischen Grenze, an Hunger und Erschöpfung zugrunde. Insgesamt sollen damals nahezu 1 Million oder gar bis zu 1,5 Millionen Armenier umgekommen sein, so später die armenischen Angaben. Dagegen wollen die Türken als offizielle Zahl nur 300 000 gelten lassen und streiten die planmäßige Vernichtung dieser Volksgruppe ab.[27]

Wie konnte es zu diesen Massakern kommen?

Die Armenier, ein Volk mit indoeuropäischer Sprache, siedelten im östlichen Anatolien und in Randgebieten des westlichen Iran schon seit dem 6. Jahrhundert vor unserer Zeitrechnung. Sie verfügten in den beiden Jahrhunderten vor der Zeitenwende sogar über ein unabhängiges Königreich, dessen Herrschaftsgebiet vom Kaukasus bis ans Mittelmeer reichte. Dann aber geriet das armenische Volk in Abhängigkeit von den Römern, danach von den Byzantinern, Persern, Seldschuken und schließlich den Osmanen.

Das Leben unter fremder Herrschaft verlief naturgemäß nie ohne Konflikte, aber kaum einmal sahen sich die Armenier in ihrer Existenz bedroht. Gerade unter der Herrschaft der muslimischen Turkvölker, zuerst der Seldschuken (seit 1071) und dann der Osmanen (seit 1516), erging es den armenischen Christen lange Zeit sogar besser als unter der Herrschaft der christlich-byzantinischen Kaiser. Denn die Armenier wurden unter dem harten Regiment der byzantinischen Staatskirche wegen ihres abweichenden christlichen Glaubens als »Ketzer« und »Sektierer« blutig verfolgt und konnten zu dieser Zeit ihr religiöses Leben ungehindert nur in abgelegenen Regionen rund um den Berg Ararat und den Van-See pflegen. Die Sultane der Seldschuken und Osmanen dagegen gewährten den armenischen Christen, wie auch allen anderen Christen, Glaubensfreiheit. Es ist jene Form islamischer Toleranz, die der Koran gegenüber Angehörigen der anderen monotheistischen Religionen vorschreibt – eine Toleranz, die den muslimischen Herrschern oft mit Loyalität gedankt wurde. Zahlreiche armenische Kirchen, deren Architektur wir heute bewundern, entstanden deshalb nicht unter christlich-byzantinischer, sondern erst unter islamischer Herrschaft. Die Christen mußten sich nur widerspruchslos in den osmanischen Vielvölkerstaat einfügen und ihre Steuern zahlen.

Daß die Beziehungen zwischen den Osmanen und Armeniern bis ins 19. Jahrhundert von gegenseitigem Respekt geprägt waren, zeigt sich noch im Verhalten des Sultans Abdul Meçid (1839–1861). Dieser Herrscher hatte ja Mitte des 19. Jahrhunderts eine Residenz nach westlichem Vorbild, den Dolmabahçe-Palast, erbauen lassen – und mit dieser ehrenvollen Aufgabe hatte er nicht etwa muslimische Architekten betraut, sondern zwei armenische.[28]

Das relativ friedliche Zusammenleben von türkischen Muslimen und Armeniern wurde erst in der zweiten Hälfte des 19. Jahrhunderts durch politische Spannungen immer größeren Belastungen ausgesetzt. Denn nun zeigte das Osmanische Reich bedenkliche Zerfallserscheinungen, es war eine Zeit, in der die Provinzgouverneure mehr denn je das Volk ausbeuteten und jeden Widerstand gegen ihre Willkürherrschaft mit brutaler Gewalt bekämpften. Damals wuchs bei Armeniern wie bei Griechen der Unmut über das despotische Staatswesen. Sie empfanden zunehmend Sympathie für Europa, ja sie begannen nach europäischem Vorbild nationalistisch zu denken und sich einen eigenen Staat zu wünschen. Unterstützung erhielten die Armenier vor allem von Rußland, dessen Machtbereich im nördlichen Kaukasus an das Osmanische Reich grenzte. Die Zaren erhofften sich durch die politische Schwächung der Sultane mehr Einfluß in der östlichen Mittelmeerregion, und schon aus diesem Grund traten sie dafür ein, daß die Armenier mehr Eigenständigkeit oder gar einen eigenen Staat – auf Kosten der Osmanen – erhielten.

Die Sultane mußten eine solche Entwicklung naturgemäß als Bedrohung empfinden – aber nur machtpolitisch, nicht in religiöser Hinsicht. Als 1894 die Armenier erstmals offen rebellierten und osmanische Beamte töteten, schickte Abdul Hamid II. Soldaten in das Unruhegebiet– zur Bekämpfung einer nationalistischen Revolte; es war kein Feldzug gegen das Christentum. 1895 gab es aus diesem Grund erste Massaker an der armenischen Bevölkerung, denen etwa 200 000 Menschen zum Opfer fielen.

Zur eigentlichen Katastrophe kam es erst während des Ersten Weltkriegs. Seit in Istanbul die revolutionäre Gruppe der Jungtürken die Richtlinien der Politik bestimmte, hatten die Armenier mit noch viel weniger Nachsicht zu rechnen. Auf das Konto dieser Nationalisten gingen 1915 die Massaker, die mehr als 1 Million Armenier das Leben kosteten. Aber auch den Jungtürken ging es nicht darum, das Christentum zu bekämpfen. Hier fochten türkische Nationalisten gegen armenische Nationalisten. Auch die Jungtürken wollten nur verhindern, daß die Armenier nach der drohenden Niederlage der Osmanen im Ersten Weltkrieg auf dem Boden des zerfallenden Reichsgebiets einen eigenen Staat errichteten. Zudem befürchteten die Türken, daß die Armenier im weiteren Verlauf des Kriegs das feindliche Rußland unterstützten.

Allerdings zeigten sich die extremistischen Jungtürken unfähig, den gemäßigten Nationalisten unter den Armeniern mit Kompromißbereitschaft zu begegnen. Gemäßigte Nationalisten waren damals bei den Armeniern noch in der Mehrzahl. Nur eine einzige der vier großen armenischen Parteien forderte einen unabhängigen Staat, die anderen drei verlangten lediglich wirtschaftliche und soziale Reformen, vor allem das Recht auf Selbstverwaltung. Noch 1914 riefen Vertreter einer dieser drei gemäßigten Reformparteien ausdrücklich zur Loyalität gegenüber dem Osmanischen Reich und zum Kriegsdienst in der osmanischen Armee auf.[29]

Aber die moderate Forderung von Armeniern nach mehr Selbstverwaltung unter osmanischer Oberhoheit paßte nicht in die Zielvorstellungen der radikalen türkischen Nationalisten. Den Jungtürken schwebte vor, einen ethnisch monolithischen Staat zu errichten, in dem nur Türken lebten. Minderheiten hatten in einem derartigen Staat kein Existenzrecht, es sei denn, sie würden auf ihre Kultur und Sprache verzichten und sich »türkisieren« lassen. Da die Armenier sich jedoch einer »Türkisierung« verweigerten, mußten sie nach der Logik der Jungtürken vertrieben – oder getötet – werden. Mit dieser politischen Zielsetzung konnten sich die Jungtürken allerdings in keiner Weise auf den Islam berufen, denn dem Islam sind ethnische Kategorien völlig fremd. Pate stand hier der europäische Nationalismus in einer radikalisierten Form: Hier zeichnete sich bereits der Übergang vom Nationalismus zum völkischen Faschismus ab.

Nach dem Sturz der Jungtürken am Ende des Ersten Weltkriegs übernahm Atatürk die Führung. Er hatte zwar nichts mit den Massenmorden an den Armeniern zu tun, führte aber 1920 trotzdem einen erbitterten Kampf gegen die unabhängige Republik Armenien, die mit Unterstützung der alliierten Siegermächte in Ostanatolien errichtet worden war. Atatürk lehnte ja – wie alle türkischen Nationalisten – den demütigenden Friedensvertrag von Sèvres 1920, der den Armeniern einen eigenen Staat zugestand, entschieden ab. Türkische Truppen unter der Führung Atatürks töteten über 200 000 Armenier. Aufgrund dieser zweiten Niederlage mußten die Armenier alle anatolischen Gebiete an die Türkei abtreten, womit ihnen für eine eigene Republik nur noch ein Gebiet im Kaukasus, also außerhalb des ehemaligen Osmanischen Reiches, blieb. Dieser Reststaat verlor wenige Jahre später seine Selbständigkeit und wurde zu einer Sowjetrepublik. Erst 1989, nach dem Zerfall der UdSSR, konnten die Armenier den Traum einer unabhängigen Republik zumindest in der Kaukasusregion verwirklichen.

Atatürks Nationalismus unterschied sich jedoch in etlichen Punkten wesentlich vom Nationalismus der Jungtürken. Der Staatsgründer distanzierte sich vom realitätsfernen Traum eines »Großtürkischen Reiches« und strebte statt dessen eine »kleintürkische Lösung«, einen Staat im türkischen Kerngebiet, an. Aber in einem entscheidenden Punkt war er sich mit den Jungtürken einig: Dieser »kleintürkische« Staat sollte durchweg »türkisch« sein. Insofern konnte unter der Herrschaft Atatürks ebenfalls keine einzige ethnische Minderheit ein Existenzrecht beanspruchen, sobald sie auf ihrer ethnischen Eigenart, ihrer Kultur und Sprache beharrte. Wenn auch Atatürk selbst mit dem Massenmord an den Armeniern nichts zu tun hatte, verhinderte er später rigoros jede Diskussion darüber. Denn seiner Ansicht nach mußte eine öffentlich geführte Diskussion die Sicherheit der jungen Republik Türkei erheblich gefährden und hätte das nur mühsam Erreichte wieder in Frage gestellt.

Bei dieser Haltung ist es auch unter seinen Nachfolgern bis in unsere unmittelbare Gegenwart geblieben. Sie wirkt auf westeuropäische Beobachter um so befremdlicher, je mehr sogar höchste Regierungskreise die Diskussion über die historische Wahrheit verweigern – ja mehr noch, alle Kritiker dieser verordneten kollektiven Verdrängung mit Gefängnis oder hohen Geldstrafen bedrohen. Und vollends irritieren muß, daß radikale Nationalisten solche Kritiker gar ermorden und dafür Beifall bei Gleichgesinnten ernten. Noch immer fehlt es einem Großteil der »national« gesinnten Türken an der Bereitschaft, sich unvoreingenommen mit den verheerenden Auswüchsen des Nationalismus auseinanderzusetzen.

Die Verdrängung des »Armenierproblems«

Wer öffentlich die Massenmorde an Armeniern und anderen ethnischen Minderheiten thematisiert, kann wegen »Herabwürdigung des Türkentums« zu einer mehrjährigen Gefängnisstrafe verurteilt werden. Bereits in den achtziger Jahren erregten entsprechende Vorfälle in der internationalen Presse Aufsehen, vor allem dann, wenn westliche Touristen in Konflikt mit dem berüchtigten Paragraphen 301 kamen. Am 10. Juni 1982 besuchte eine deutsche Reisegruppe die berühmteste aller armenischen Kirchen in Anatolien, die Heiligkreuzkirche auf der Insel Achtamar im Van-See. Während die Gruppe die prächtig ornamentierten Fassaden bestaunte, erzählte der Reiseleiter vom Massenmord an den Armeniern 1915, was ein deutschkundiger Türke mithörte und sofort bei der Polizei anzeigte. Der Reiseleiter wurde verhaftet und ins Gefängnis gesteckt, und die Bundesrepublik Deutschland mußte erhebliche Anstrengungen unternehmen, um ihn freizubekommen.[30]

Viel gefährlicher sind solche Strafverfahren aber für Türken, bei denen keine ausländische Institution helfend eingreifen kann. Journalisten, Schriftsteller sowie Politiker, die sich kritisch über Auswüchse des türkischen Nationalismus äußerten, wurden zu Gefängnisstrafen verurteilt oder erhielten Berufsverbot. Immer wieder greifen Fanatiker in ihrer »nationalen Empörung« zur Selbstjustiz und töten »Feinde des Volkes« auf offener Straße, und in den allermeisten Fällen geht die Justiz bei der Verfolgung solcher Verbrechen nur sehr halbherzig vor.

Im Februar 2005 beispielsweise erregte der international bekannte Schriftsteller Orhan Pamuk Aufsehen, weil er in einem Interview mit dem *Züricher Tages-Anzeiger* nicht nur kritisierte, daß das Militär die Entwicklung der türkischen Demokratie behindert, sondern auch, daß die Massaker an den Armeniern und den Kurden bis heute totgeschwiegen werden. Er sprach offen davon, daß im Ersten Weltkrieg mehr als 1 Million Armenier und in den letzten 20 Jahren über 30 000 Kurden ermordet wurden. Gegen Orhan Pamuk, der im Herbst 2005 mit dem Friedenspreis des Deutschen Buchhandels ausgezeichnet wurde (und der im darauffolgenden Jahr den Nobelpreis für Literatur erhalten sollte), begann im Dezember 2005 ein Prozeß wegen »Herabwürdigung des Türkentums«. Die Anklage forderte ein erhöhtes Strafmaß, weil der Autor seine »beleidigenden« Äußerungen gegenüber einer ausländischen Zeitung gemacht und damit dem Ansehen der Türkei um so mehr geschadet habe. Pamuk wurde von wütenden Demonstranten als »Vaterlandsverräter« beschimpft. Der Prozeß wurde dann allerdings auf unbestimmte Zeit vertagt und schließlich eingestellt– wohl weil man eingesehen hatte, daß der Prozeß gegen einen derart bekannten Autor für zu viel Schlagzeilen sorgen und so erst recht dem internationalen Ansehen der Türkei schwer schaden würde.

Ähnlich erging es der inzwischen ebenfalls international bekannten türkischen Autorin Elif Shavak, einer 1971 in Straßburg geborenen Diplomatentochter. Ihr 2006 in der Türkei erschienener Roman *Der Bastard von Istanbul* brachte ihr eine Anzeige wegen »Herabwürdigung des Türkentums« ein. Elif Shavak hatte darin den türkisch-armenischen Konflikt zum Thema gemacht, indem sie eine Armenierin im Roman offen von den Massakern des Jahres 1915 sprechen ließ. Im Unterschied zu Pamuk wurde sie vor Gericht gebracht, weil nicht sie, sondern lediglich eine ihrer Romanfiguren den Völkermord angesprochen hatte. Es war das erste Mal, daß in der Türkei aus diesem Grund eine Autorin oder ein Autor angeklagt wurde. Am 21. September 2007 wurde jedoch das seit März laufende Verfahren »wegen Mangels an Beweisen« eingestellt und Elif Shavak vom Vorwurf der »Herabwürdigung« freigesprochen.

Wie schon im Fall Pamuk befürchteten die Richter, daß ein Schuldspruch internationale Schlagzeilen machen und dem Ansehen der Türkei schweren Schaden zufügen würde. Der Roman *Der Bastard von Istanbul* war nämlich in der Türkei innerhalb kürzester Zeit 60 000mal verkauft worden und Monate später zum internationalen Bestseller avanciert. Gerade ein solcher Publikumserfolg in der Türkei selbst zeigt, daß längst nicht mehr die überwiegende Mehrheit der Türken sich gegen die Thematisierung der »Armenierfrage« sperrt. Allerdings war der federführende Staatsanwalt anderer Ansicht, er machte, wie man dem Klappentext der 2007 in Deutschland erschienenen Romanausgabe entnehmen kann, »ausländische Kräfte« für den Freispruch verantwortlich. Im Klartext: Ohne den Druck der EU wäre das Urteil ganz anders ausgefallen.

Viel schlimmere Folgen hatte die mutige Kritik an den Armeniermassakern für den prominenten armenischen Journalisten Hrant Dink. Als Begründer und Chefredakteur der armenischen Zeitung *Agos* in Istanbul war er seit Jahren dafür bekannt, einen

Dialog zwischen Türken und den noch in der Türkei lebenden Armeniern zu entwickeln, wobei er stets betonte, daß beide Seiten die lastende Vergangenheit kritisch aufarbeiten müßten. Aber ausgerechnet diese Bereitschaft zum Dialog hatte ihm die Feindschaft türkischer Nationalisten eingetragen. Mehr noch: Ein Gericht hatte ihn 2005 wegen »Herabwürdigung des Türkentums« zu einer mehrmonatigen Gefängnisstrafe verurteilt. Aber die größte Gefahr lauerte auf seiten extremer Nationalisten, die drohten, ihn, den »Feind des Vaterlandes«, hinzurichten. Solche Fanatiker lehnen gerade die Aufforderung zum selbstkritischen Dialog ab, denn er würde sie zwingen, eigene extreme Positionen zu revidieren. Am 19. Januar 2007 erschoß ein jugendlicher Nationalist den Journalisten Hrant Dink vor seiner Redaktion in Istanbul.

Hrant Dinks Begräbnis wurde dann allerdings zu einer machtvollen Demonstration gegen fanatischen Nationalismus. Nahezu 100000 Menschen, Armenier wie Türken, nahmen im Zentrum Istanbuls an einem Schweigemarsch teil. Die Demonstranten trugen Plakate mit Aufschriften wie »Wir sind alle Hrant Dink«, »Wir sind alle Armenier« oder »Mörder 301«. Letztere bezog sich auf den fragwürdigen Paragraphen 301, der jede grundsätzliche Kritik am offiziell verordneten Nationalismus als »Herabwürdigung des Türkentums« deklarierte und zu einem Verbrechen erklärte – und extreme Nationalisten zum Mord an »Vaterlandsverrätern« ermunterte. Solche mutigen Plakate waren positive Signale, die auf eine wachsende Ablehnung gegen die bisher vertretene Haltung des Staates hindeuteten.

Aber es gibt auch Signale, die in die entgegengesetzte Richtung weisen. Die Regierung unter Ministerpräsident Erdoğan zeigte sich trotz offizieller Betroffenheitsgesten nicht bereit, den heftig umstrittenen Paragraphen 301 abzuschaffen. Sie hatte sich auch nicht zu der symbolischen Geste durchringen können, einen Repräsentanten zur Teilnahme an der Beerdigung des prominenten Ermordeten zu schicken.[31] Hinzu kam, daß der 17jährige Mörder Hrant Dinks nach seiner Festnahme von Polizisten wie ein Nationalheld gefeiert wurde. Es existieren Fotos (die auch in deutschen Zeitungen veröffentlicht wurden), auf denen Polizisten zusammen mit dem verhafteten Mörder die türkische Nationalflagge in die Höhe halten. Und weil der Mörder bei seiner Tat eine weiße Wollmütze getragen hatte, wurden bereits zwei Wochen nach dem Attentat nahezu gleich aussehende Kopfbedeckungen in anatolischen Souvenirläden mit großem Verkaufserfolg als neues Symbol des extremen Nationalismus angeboten.[32] Als im Juli der Prozeß gegen den mutmaßlichen Mörder und seine Helfer begann, belastete einer der Angeklagten die Polizei schwer, indem er sagte, Gruppierungen innerhalb des Polizeiapparats seien durch Spitzel über die Mordplanung informiert gewesen, hätten aber nichts unternommen, um den Mord zu verhindern.[33]

Angesichts derartiger Mißstände muß es niemanden wundern, daß unter den wenigen in der Türkei noch verbliebenen Armeniern das Bedürfnis nach Emigration wächst. Aber wie groß ist überhaupt ihre Zahl und unter welchen Bedingungen leben sie seit 80 Jahren als Minderheit in der Republik Türkei?

Einstmals lebten auf dem Staatsgebiet der heutigen Türkei etwa zwei Millionen Armenier, heute sind es nur noch 100 000, allein 60 000 davon in Istanbul. Wie weit die »Türkisierung« bei ihnen fortgeschritten ist, zeigt folgender Tatbestand: Etwa 80 Prozent beherrschen nicht mehr oder nur noch sehr unzureichend ihre ursprüngliche Muttersprache, denn im Alltag dominiert das Türkische, und Armenisch ist als Unterrichtssprache ebenso verboten wie das Kurdische. Dies hat zur Folge, daß die in Istanbul erscheinende einzige Zeitung in armenischer Sprache, nämlich die erwähnte *Agos*, nur noch von rund 20 Prozent der in der Türkei lebenden Armenier gelesen werden kann.[34] Nahezu 80 Prozent sind also bereits »türkisiert«. Solche Armenier sind aus nationalistischer Sicht »Türken« mit christlicher Religion.

Die Regierung unter dem »islamischen« Ministerpräsidenten Erdoğan zeigte sich allerdings in mancher Hinsicht gegenüber der armenischen Minderheit beweglicher als bisherige, strikt säkular ausgerichtete Regierungen. Schon im Jahr 2005 ließ Erdoğan erkennen, daß er bereit war, mit versöhnlichen Gesten den türkisch-armenischen Konflikt zu entschärfen.

Ein entscheidendes Signal gab Erdoğan, als er 2005 veranlaßte, die 1000 Jahre alte Heiligkreuzkirche auf der Insel Achtamar im Van-See zu restaurieren. Diese Kirche war nahezu 700 Jahre lang – mit einem angeschlossenen Kloster, das heute nicht mehr existiert – Sitz des armenischen Patriarchen und damit Zentrum der armenischen Kultur. Bis heute ist sie für die in aller Welt zerstreuten Armenier das Symbol ihrer Geschichte, ja ihrer kulturellen Identität. Nach der Vertreibung der Armenier 1915 hatte das türkische Militär viele Jahre lang die Fassade der verlassenen Kirche als Ziel für Schießübungen mißbraucht.[35] Gegen diese Barbarei, die noch bis ins Jahr 2003 anhielt, erhob sich weltweit Protest. Erdoğan reagierte darauf, indem er jede weitere Zerstörung untersagte und 2005 die sorgfältige Restaurierung der Kirche einleitete. Der Ministerpräsident setzte sich persönlich für das Projekt ein, für die Kosten von umgerechnet 1,5 Millionen US-Dollar kam der türkische Staat auf.[36]

Die Heiligkreuzkirche am Van-See ist das erste armenische Baudenkmal überhaupt, das in der Türkei auf Veranlassung der Regierung restauriert wurde. Aber als am 29. März 2007 der Abschluß der Arbeiten in einem feierlichen Akt begangen wurde, zeigte sich schon wieder, daß die grundsätzlichen Probleme im türkisch-armenischen Konflikt noch nicht behoben sind. Die Signale rund um die Eröffnungsfeier der Kirche waren sehr widersprüchlich.

An der Feier durften armenische Gäste aus aller Welt teilnehmen. Der türkische Kulturminister Attila Koç betonte bei seiner Eröffnungsrede, die Regierung Erdoğan wolle zukünftig alle Zeugnisse fremder Kulturen auf türkischem Boden schützen. Auch hatte Erdoğan versprochen, anläßlich der Eröffnungsfeier einen Grenzübergang zur benachbarten Republik Armenien zu öffnen, um den Armeniern eine möglichst problemlose Anreise zu der Veranstaltung zu ermöglichen. Aber die türkische Armeeführung verbot die Öffnung der Grenze mit dem Argument, daß keine diplomatischen Beziehungen zwischen der Türkei und Armenien bestünden. Und so waren die Gäste aus Armenien gezwungen, den weiten Umweg über Georgien zu nehmen.[37]

Ein anderes Problem wog noch schwerer. Für Streit zwischen der Regierung in Erewan, der Hauptstadt Armeniens, und Ankara sorgte die Frage, ob die Kultstätte eine Kirche oder ein Museum sein sollte. Das Oberhaupt der armenischen Kirche in Erewan,

Karekin II., bat um die Erlaubnis, einen Gottesdienst in der neu eröffneten Kirche abzuhalten. Aber das türkische Außenministerium lehnte ab – auf Druck des Militärs und strikt »säkular« orientierter Parteien. Die Kirche von Achtamar könne nur als Museum zugelassen werden, hieß es. Daraufhin weigerte sich der Patriarch aus Erewan, an der Feier teilzunehmen. Eine abschlägige Antwort erhielt auch der türkisch-armenische Patriarch Mesrob II., der die Hoffnung äußerte, daß künftig wenigstens einmal im Jahr ein Gottesdienst in der Kirche stattfinde, damit sich ein »Klima des Dialogs« zwischen Türken und Armeniern entwickeln könne.[38]

Zwei Schritte vorwärts, einen Schritt zurück – diese Widersprüchlichkeit kennzeichnet die neuere Entwicklung im türkisch-armenischen Konflikt.

Türkischer und griechischer Nationalismus

Afyon, eine Stadt im mittleren Anatolien mit rund 175 000 Einwohnern, besitzt eine noch intakte Altstadt aus osmanischer Zeit mit einem Labyrinth verwinkelter Gassen und zahlreichen Moscheen, weist aber auch eine besonders auffällige kulturelle Bruchlinie gegenüber der modernen Neustadt mit ihren Betonblocks und breiten Autostraßen auf. Zwischen den so scharf getrennten alten und neuen Stadtteilen befindet sich ein geräumiger, repräsentativer Platz, umsäumt von Teestuben und Restaurants. Dieser Platz verdeutlicht auf ganz andere Weise exemplarisch die Spannung zwischen traditioneller und moderner Türkei. In seiner Mitte steht ein überlebensgroßes Denkmal. Ein vier Meter hoher Mann aus Eisen, mit nacktem, muskulösem Oberkörper, hat drohend die Fäuste emporgehoben, die Zähne sind furchterregend gefletscht, die Augen im wilden Zorn weit offen. Der rechte Fuß ruht auf der Brust eines am Boden liegenden Mannes, dessen Gesicht schmerzverzerrt ist. Am massigen Steinsockel prangt ein Porträt Atatürks, dazu reihen sich beiderseits auf eisernen Reliefplatten grimmig blickende Soldaten mit kantigen Gesichtern, tief gebückt, die türkische Nationalflagge küssend.

Der Anblick ist für Westeuropäer befremdend. Und doch auch wieder nicht: Monumentalstatuen mit solcher Ästhetik finden sich auch in Europa. Es drängt sich der Vergleich zu faschistischer Heldenverehrung oder auch zur patriotischen Kunst der Sowjetunion auf. Und es ist kein Zufall, daß diese monumentale Plastik 1936 nicht von einem Türken, sondern dem Österreicher Heinrich Krippel geschaffen wurde, demselben Bildhauer, der 1926 in Ankara das bronzene Reiterstandbild Atatürks entworfen hatte.

Über die türkischen Parolen auf dem massigen Steinsockel ist in großen Lettern die Jahreszahl 1922 geschrieben, dazu 26. August. Dieses Datum weckt noch heute für jeden Türken traumatische wie auch freudige Erinnerungen. Der 26. August 1922 markiert den Wendepunkt im Krieg zwischen der Türkei und Griechenland. In der Schlacht von Dumlupinar etwa 50 Kilometer westlich von Afyon besiegte an diesem Tag Atatürk die Griechen – und damit war dem Vordringen griechischer Truppen tief ins Innere Anatoliens Einhalt geboten. Seit diesem Zeitpunkt bestimmten die türkischen Truppen unter der Führung Atatürks das Gesetz des Handelns und drängten die Griechen aus Anatolien hinaus. Dementsprechend symbolisiert der vier Meter hohe, grimmig dreinschauende Eisenmann die siegreichen Türken, wohingegen der am Boden liegende Mann mit schmerzverzerrtem Gesicht die besiegten Griechen verkörpert.

Die Entscheidungsschlacht bei Afyon schuf die Voraussetzungen für den unaufhaltsamen Aufstieg Atatürks und damit auch für die Gründung der Republik Türkei. Besonders dieser Krieg gegen Griechenland, bei dem es für die Türken um den Fortbestand ihres eigenen Staates ging, sollte den Begründern der Republik ein wichtiges Instrument liefern, um den türkischen Nationalismus zur Dynamik einer Massenbewegung zu steigern.

Begonnen hatte der Krieg, weil die Griechen nach dem Zusammenbruch des Osmanischen Reiches die Chance sahen, ihren nationalistischen Traum von einem »Großgriechischen Reich« zu verwirklichen. Das hieß aus dem Blickwinkel griechischer Nationalisten, man müsse die historische Kränkung rückgängig machen, die durch die 600 Jahre dauernde Herrschaft der Türken über das ursprünglich griechische Kleinasien (Anatolien) verursacht worden sei.

Am 15. Mai 1919 landeten griechische Truppen in Izmir und rückten nach heftigen Kämpfen bis nach Afyon vor. Die in Anatolien ansässigen Griechen begrüßten ihre Aufnahme in das »Griechische Großreich«. Sie unterschieden sich damit erheblich von früheren Generationen. Denn 90 Jahre zuvor, als sich ihre Landsleute in Südgriechenland die Unabhängigkeit erkämpften, hatten sich die Griechen in Anatolien nicht zu einem Befreiungskrieg entschließen können. Damals zogen sie es vor, unter der Herrschaft der Sultane zu bleiben, weil sich im ausgedehnten Osmanischen Reich mit seinen Märkten in Syrien und Ägypten gewinnbringend Handel treiben ließ. Ohnehin genossen die Christen in Anatolien religiöse Toleranz, so daß auch in dieser Hinsicht nicht das Bedürfnis bestand, sich von harter Bevormundung zu befreien. Aber gegen Ende des 19. Jahrhunderts, als die Herrschaft der Osmanen mit ihren hohen Steuerlasten immer drückender wurde, ließen sich die Griechen in Anatolien vom radikalen Nationalismus des unabhängigen Griechenlands anstecken und grenzten sich zunehmend von der türkischen Bevölkerung ab.

Der drei Jahre währende Krieg zwischen Griechen und Türken wurde mit äußerster Grausamkeit geführt. Weder griechische noch türkische Truppen schreckten davor zurück, auch die Zivilbevölkerung gnadenlos niederzumetzeln.[39] Zu groß war der Haß auf beiden Seiten geworden. Von Türken wird dieser Krieg bis heute als der maßgebende Befreiungsschlag empfunden. Denn Atatürk gelang es durch den Sieg über die Griechen nicht nur, die Gefahr der Fremdherrschaft und der Zerstückelung des türkischen Kerngebiets abzuwenden, sondern auch, einen neuen Friedensvertrag – den von Lausanne 1923 – auszuhandeln. Die Türken bekamen damit nach Jahren schlimmster Demütigung durch die Siegermächte des Ersten Weltkriegs erstmals ein Gefühl »nationaler Würde« – oder nüchterner ausgedrückt: die Voraussetzungen für nationale Selbstbestimmung.

Bestandteil des Friedensvertrags von Lausanne war die Vereinbarung, daß 1,3 Millionen Griechen Anatolien verlassen mußten, wo ihre Vorfahren über 2000 Jahre gesiedelt hatten. Umgekehrt waren rund 600 000 in Nordgriechenland lebende Türken gezwungen, in die Republik Türkei auszuwandern.[40] Es geschah etwas, das wir heute mit dem schrecklichen Schlagwort »ethnische Säuberung« bezeichnen. Eine solche Entwicklung war aber erst möglich geworden, seit es auf griechischer wie auch türkischer Seite einen Nationalismus mit schroffer Intoleranz gegenüber anderen Volksgruppen gab.

Jeder Reisende begegnet in der Türkei den Ausprägungen eines exzessiven Nationalismus. Ich selbst bekam einen ersten Eindruck davon, als ich 1969 Edirne besuchte. Edirne, heute Hauptstadt des türkischen Teils von Thrakien mit rund 120 000 Einwohnern, trug unter byzantinischer Herrschaft den griechischen Namen Hadrianopolis, später Adrianopel, Stadt des Hadrian (benannt nach dem römischen Kaiser). Im 14. und 15. Jahrhundert – vor der Eroberung Konstantinopels im Jahre 1453 – war Edirne Hauptstadt des Osmanischen Reiches. Von Edirne aus begannen die Osmanen ihre Feldzüge auf den Balkan und rückten bis Serbien und Ungarn vor. Edirne bildete also fast 200 Jahre lang das Machtzentrum des Osmanischen Reiches. Aber seit dem Friedensvertrag von Lausanne 1923 ist Edirne Grenzstadt. Von den Minaretten der um das Jahr 1570 erbauten Selim-Moschee, einer der prächtigsten der Türkei, kann der heutige Besucher auf das Gebiet zweier angrenzender Staaten blicken: Griechenland und Bulgarien. Die Zollposten sind nur wenige Kilometer vom Stadtzentrum entfernt. Um so mehr wird gerade den in Edirne wohnenden Türken der Verlust einstiger osmanischer Größe bewußt. Ihre Eltern und Großeltern hatten nach dem Zusammenbruch des Osmanischen Reiches sogar drei Jahre, von 1919 bis 1922, unter griechischer Herrschaft leben müssen – bevor Atatürk im Friedensvertrag von Lausanne die Rückgabe von Edirne erzwingen konnte.

Der erste Abend in der Grenzstadt Edirne führte mir sehr eindringlich vor Augen, wie lebendig und impulsiv der türkische Nationalismus den Alltag beherrscht. Ich ging ins Kino. Am Eingang hatte mich ein Plakat mit marschierenden türkischen Soldaten und dem Porträt Atatürks neugierig gemacht. Obwohl ich die türkischen Dialoge nicht verstand, konnte ich dem Spielfilm eindeutig entnehmen, daß er den Krieg zwischen Türken und Griechen von 1919 bis 1922 zum Thema hatte. Ich saß inmitten eines türkischen Publikums, das an den Filmszenen erregt Anteil nahm. Beifallklatschen sowie Getrampel mit den Füßen, Jubelrufe sowie gehässiges Zischen begleiteten die Handlung: Jubel, sobald türkische Soldaten ihre griechischen Gegner in die Flucht jagten, Buhrufe und verächtliches Gelächter, sobald griechische Offiziere hysterisch ihren sichtlich verängstigten Soldaten Befehle erteilten. Atatürk selbst tauchte in der Handlung nie auf. Aber als am Ende des Films eine Landkarte mit Pfeilen sichtbar wurde, die die Marschrichtung der Türken in Richtung griechischer Grenze verdeutlichte – und als nun zu pathetischer Musik das Porträt des »Retters der Nation« eingeblendet wurde –, erhoben sich viele Zuschauer spontan von ihren Plätzen und klatschten.

Daß es aber parallel dazu auch in Griechenland einen entsprechenden aufgeheizten Nationalismus gibt, konnte ich gerade 1969 zu meiner Überraschung feststellen. Nur knapp 250 Kilometer entfernt, in Saloniki, lernte ich vier Wochen nach diesem denkwürdigen Kinobesuch einen griechischen Studenten kennen. Der junge Mann machte eine verächtliche Handbewegung, als ich von meinem Besuch in Istanbul erzählte. Er korrigierte mich: Die Stadt heiße nicht Istanbul, sondern Konstantinopel. Schließlich sei das eine griechische Stadt. Ich schwieg verdutzt. Mit erhobener Stimme erklärte er mir, Konstantinopel sei ein kulturelles Zentrum der ganzen Christenheit gewesen, bis diese asiatischen Barbaren gekommen seien und die Kultur der Stadt ruiniert hätten. – Auch unter den Osmanen habe die Stadt über sehr viel Kultur verfügt, widersprach ich, bis heute sei Istanbul reich an Kultur. Er blickte mich nahezu feindselig an. Istanbul! Wieso ich Istanbul sage?! Was diese Stadt heute noch an Kultur habe, sei das griechische Erbe. Die Türken seien zu keiner Kultur fähig. Ein Steppenvolk aus dem Inneren Asiens sei das! Unbeholfen versuche es, sich europäische Kultur anzueignen.

Wir führten die Unterhaltung auf deutsch. Er hatte in Deutschland einige Semester Medizin studiert und war jetzt wieder zu seinen Eltern nach Saloniki zurückgekehrt. Seine guten Deutschkenntnisse ließen mich zunächst erwarten, ich hätte es mit einem eher liberal denkenden Mann zu tun. Er äußerte sich zunächst auch sehr anerkennend über die liberale politische Verfassung Deutschlands und distanzierte sich von der Militärdiktatur unter

Georgios Papadopulos, der sich 1967 an die Macht geputscht hatte. Aber kaum waren wir auf die Türken zu sprechen gekommen, vertrat er plötzlich Ansichten, die ganz dem radikalen antitürkischen Nationalismus dieses Regimes entsprachen. Er äußerte die Hoffnung, daß irgendwann der Tag kommen werde, an dem die Griechen wieder Konstantinopel und Kleinasien in Besitz nähmen, dies sei ihr historisches Recht.

Griechenland ist 1974 wieder zur Demokratie zurückgekehrt, der außenpolitische Kurs gegenüber der Türkei hat sich beträchtlich gemildert. Aber antitürkische Ressentiments sind bei vielen Griechen geblieben.

Bis in unsere unmittelbare Gegenwart hat sich im griechischen Teil der Provinz Thrakien wenig an der Unterdrückung der türkischen Minderheit geändert. Beim Friedensvertrag von Lausanne 1923 wurde dieses Gebiet Griechenland zugesprochen, während das östliche Thrakien mit Edirne als Hauptstadt unter türkischer Herrschaft verblieb. Im griechischen Teil Thrakiens leben bis heute noch rund 150000 Türken, das sind rund 30 Prozent der dortigen Bevölkerung. Diese türkische Minderheit in Westthrakien war nicht vom »Austausch-Abkommen« des Jahres 1923 betroffen, ebensowenig wie umgekehrt die griechische Minderheit in Istanbul. Beide Minderheiten sind seither immer wieder starken Schikanen ausgesetzt gewesen, weil die Mehrheit in ihnen »Agenten« des Nachbarstaates vermutete. In Istanbul kam es aus diesem Grund 1955 sogar zu einem verheerenden Pogrom gegen die Griechen, woraufhin viele der dort ansässigen Griechen fluchtartig die Türkei verließen.[41]

Pogrome gegen die türkische Minderheit gab es zwar im griechischen Thrakien nicht, aber sie ist massiv benachteiligt. Türken ist der Zugang zu vielen Berufen verschlossen, wie man in einer Veröffentlichung der Türkischen Botschaft in Berlin im Februar 2001 lesen konnte. Sie werden nicht in den Staatsdienst übernommen, erhalten keine Bankkredite, und ihr Grund und Boden wird für Bauvorhaben wie Industriegebiete oder Universitäten enteignet. Vereine, deren Namen das Wort »türkisch« enthielten, wurden aufgelöst. Der Gebrauch der türkischen Sprache ist zwar erlaubt, aber die Türken können ihre Sprache nicht ausreichend lernen, weil die Schulen der Minderheit personell schlecht ausgestattet sind und ihr Bildungsangebot gering ist. Der griechische Staat tut wenig, um den Lehrermangel zu beheben. Jedes Jahr erhalten nur 16 Lehrer aus der Türkei die Erlaubnis, in Griechenland zu unterrichten. Eingeschränkt ist auch die Religionsfreiheit der Muslime. 1990 wurde das Recht der türkischen Minderheit aufgehoben, ihre religiösen Oberhäupter selbst zu wählen. Seither werden die Muftis von den griechischen Behörden eingesetzt.[42]

»Türkisierte« Dörfer, in denen einst Griechen wohnten

Das Dorf Mustafapaşaköy, im Gebiet der Höhlenkirchen von Göreme gelegen, war bis 1923 von Griechen bewohnt, heute leben dort hauptsächlich Türken. Der Ort war nach dem Krieg von 1919 bis 1923 ein Beispiel für jene Vorgänge, die die Bevölkerungsstrukturen vieler Städte und Dörfer veränderten. Mustafapaşaköy hat in diesem Zusammenhang eine symbolische Bedeutung: Nach der Vertreibung der Griechen zogen türkische Familien aus Saloniki, der Heimatstadt von Mustafa Kemal Pascha, genannt Atatürk, zu und nannten das bis dahin griechische Dorf Sinassos nach dem Begründer der Republik Türkei.

Ich besuchte das Dorf im Frühjahr 2002. Es gab noch einige alte Häuser aus griechischer Zeit mit kunstvoll gearbeiteten Fenster- und Türrahmen sowie ornamentverzierten Balkonen aus Tuffstein. Aber die meisten Gebäude waren nicht mehr bewohnt und dem Verfall überlassen, während daneben neue türkische Häuser mit gesichtsloser Architektur und zwei ebenso austauschbare Moscheen das Bild bestimmten. Zu Ruinen geworden waren auch fast alle byzantinischen Kirchen, wobei nichts auf eine gewaltsame Zerstörung hindeutete. Eine bemerkenswerte Ausnahme bildete die Hauptkirche am Marktplatz: Ihre Fassade mit reich geschmücktem Tor und einer griechischen Inschrift war sorgfältig restauriert, seitlich hatte man ein Schild mit der Aufschrift *Müzesi*, »Museum«, angebracht. Allerdings war die Tür verschlossen, und ich konnte im Dorf niemanden finden, der sie mir geöffnet hätte.

Mich überraschte, daß die Inschrift frisch restauriert war. Ich hätte eher erwartet, daß die Türken solche Zeugnisse der griechischen Vergangenheit gezielt vernichteten. Überrascht war ich auch, ein Hinweisschild zu einem Restaurant mit der Aufschrift *Old Greek House* zu entdecken. Das Restaurant war in einem ehemaligen griechischen Haus eingerichtet. Aber wieso dieser Name, der das Griechische ausdrücklich betonte?

Überraschungen erwarteten mich ebenso in dem rund 50 Kilometer entfernten Dorf Güzelyurt. Das Dorf liegt eindrucksvoll auf einem felsigen Hügel mit prächtigem Ausblick auf einen See und die Berge. Bei meinem Besuch im Frühling waren die Gipfel noch schneebedeckt. Güzelyurt ist für seine byzantinischen Kirchen und die in der Nähe befindlichen Höhlenkirchen mit jahrhundertealten Fresken berühmt. In dem Ort waren einstmals 70 Prozent der Bevölkerung Griechen, und man sagte mir, sie seien meist wohlhabender als die Türken gewesen.

In Güzelyurt traf ich auf leerstehende griechische Wohnhäuser und Kirchen mit kunstvoll verzierten, vom Verfall gezeichneten Fassaden, daneben moderne Häuser. Die 1896 erbaute Hauptkirche Hagios Gregorios war im Unterschied zur Hauptkirche in Mustafapaşaköy nicht in ein Museum umgewandelt – sondern in eine Moschee. Unverkennbar blieb der byzantinische Stil der Fassade, aber seitlich war ein Minarett angefügt.

Im Vorhof der Moschee begegnete ich einem älteren Mann, dem Imam, der mir bereitwillig öffnete. Das Innere, ein dreischiffiger Raum, konnte den christlichen Ursprung nicht verleugnen. Immer noch war die Kanzel erhalten, an ihrer Vorderseite war ein tellerrundes Schild mit arabischen Schriftzeichen, *Allah*, befestigt. Die Ikonostase war aus der Apsis entfernt worden, die Wand wirkte nüchtern. Alle Wände waren weiß getüncht. Der Imam erklärte mir auf englisch, daß nach der Vertreibung der Griechen sämtliche Fresken mit weißer Farbe übermalt worden seien. Voraussichtlich werde aber im nächsten Jahr werde der Verputz entfernt und die christlichen Malereien freigelegt. Der Innenraum werde restauriert. – Und wieder zur Kirche umgewandelt? – Nein, das nicht. Es gebe hier ja keine Christen mehr. Die Kirche werde zum Museum. Immer mehr

Touristen kämen nach Güzelyurt. – Nur für Touristen werde alles restauriert? – Warum nicht? Die Hagia Sophia in Istanbul sei doch auch zuerst in eine Moschee und dann in ein Museum umgewandelt worden.

Als wir die »Kirchen«-Moschee verließen, ertönte von den anderen drei Dorfmoscheen, Neubauten aus den letzten Jahrzehnten, über Lautsprecher der Gebetsruf des Muezzins. Der Imam entschuldigte sich, eilte ins Innere seiner Moschee zurück, nahm dort das Mikrophon zur Hand und stimmte mit ein. Ich ging noch einmal um das Gebäude herum und entdeckte über dem Portal und den Säulenkapitellen Spuren christlicher Symbole: das Kreuz, die Taube als Sinnbild des Heiligen Geistes, Engel. Aber das Kreuz sowie die Engel waren weitgehend herausgemeißelt worden und nur noch in vagen Umrissen zu erkennen.

Ich blieb drei Tage in Güzelyurt. In dem kleinen Hotel am Ortsrand hatte ich von der Dachterrasse einen fantastischen Blick auf einen See und verschneite Berge. Dort hielt ich mich öfter auf, und dort kam ich schließlich ins Gespräch mit einem der beiden Hotelbesitzer, einem älteren Türken. Ich lenkte das Thema auf die griechische Vergangenheit, als das Dorf noch Karvalli hieß, und fragte, weshalb das Hotel den Namen Karvalli trage. Ob er als Besitzer hier nicht Probleme mit den anderen Dorfbewohnern bekomme, die doch alle Türken seien. – O nein. Die politischen Beziehungen zwischen der Türkei und Griechenland hätten sich in den letzten Jahren entschieden verbessert. Vor allem seit August 1999. Sicherlich erinnerte ich mich an das große Erdbeben damals in der Westtürkei, bei dem es mehr als 30000 Tote gegeben habe. Hilfsorganisationen aus aller Welt seien gekommen, um der Türkei zu helfen. Aber als eine der ersten Nationen habe Griechenland geholfen. Griechenland! Der Erzfeind! Das sei ein ganz wichtiges Signal für die Türkei gewesen.

Er erzählte mir, daß inzwischen sogar griechische Touristen nach Güzelyurt kämen. Und sie übernachteten fast alle in seinem Hotel, weil es den ehemaligen griechischen Ortsnamen trage. Unter ihnen seien auch Griechen, deren Eltern hier im Dorf gelebt hätten. Sie machten hier Ferien, genössen die herrliche Landschaft, vor allem aber besichtigten sie die vielen Höhlenkirchen, deren Fresken teils noch recht gut erhalten seien. In ein bis zwei Jahren würden diese Griechen auch die Kirche Hagios Gregorios wieder in ihrem ursprünglichen Zustand bewundern können. – Als Kirche? – Als Museum.

Ob er selbst schon in Griechenland gewesen sei. – Ja. Er habe gute Beziehungen zu den Nachkommen der von hier vertriebenen Griechen. Letztes Jahr habe er sie besucht. Sie hätten auf der Halbinsel Chalkidiki nahe Saloniki ein Dorf mit dem Namen Nea Karvalli gegründet. Er habe Freundschaft mit diesen Leuten geschlossen. Sie besuchten sich nun gegenseitig. Hoffentlich blieben die Grenzen zwischen beiden Ländern für Türken und Griechen so offen wie zur Zeit. Es sei nie sicher, wie lange positive Entwicklungen in der Politik anhielten.

Das war ein Gespräch weit entfernt von allem verbohrten Nationalismus, wie er sonst oft anzutreffen ist. Als der Hotelbesitzer das Erdbeben von 1999 erwähnte, mußte ich an einen Vorfall denken, der damals durch die Weltpresse ging. Der Gesundheitsminister Osman Durmuş hatte die Hilfe ausländischer Blutspender mit den Worten zurückgewiesen, die Türken wünschten kein fremdes Blut in ihren Adern, vor allem nicht das Blut der Griechen.[43] Ich erwähnte gegenüber dem Hotelbesitzer diesen Ausspruch. Er winkte ab. Fanatiker gebe es leider immer noch, beschwichtigte er, aber dieser Politiker gehöre schließlich einer extrem nationalistischen Partei an, deren Ansichten von der Mehrheit der türkischen Bevölkerung nicht geteilt würden. Gemeint war die Partei der Nationalistischen Bewegung, die bis heute fordert, Teile Nordgriechenlands und ganz Zypern müssten wieder »türkisch« werden. Bei den Wahlen im April 1999 hatte diese Partei beachtliche 18 Prozent der Stimmen gewinnen können und war so stark geworden, daß der sozialdemokratische Ministerpräsidenten Bülent Ecevit nicht darum herumkam, sie in seine Koalition aufzunehmen, da er andernfalls keine regierungsfähige Mehrheit gehabt hätte.

Aber entgegen der Haltung nationalistischer Politiker in der Türkei, die bis heute eine politische Aussöhnung zwischen den beiden Nachbarländern verhindern wollen, schreitet der Prozeß einer Annäherung fort.

Erste Signale gab es sogar schon mehr als ein Jahrzehnt vor dem denkwürdigen August 1999. Und diese Signale kamen von zwei herausragenden Persönlichkeiten aus dem griechischen und türkischen Musikleben: Mikis Theodorakis und Zülfü Livaneli. 1986 gründeten sie in Athen und Istanbul die Initiative »Griechisch-Türkische Freundschaft«, und im Mai 1987 unternahmen sie eine gemeinsame Konzerttournee durch Deutschland. Theodorakis gab daraufhin als erster griechischer Künstler öffentliche Konzerte in der Türkei, zusammen mit Livaneli, anschließend traten sie gemeinsam auch in Griechenland auf.[44] Wie ernst es beiden Künstlern mit der emotionalen Annäherung zwischen Griechen und Türken war, verdeutlicht eine Erklärung, die sie zehn Jahre später während ihrer Konzerttournee *Together* veröffentlichten:

> »Uns, Griechen und Türken, ist seit langem bewußt, daß die Neubelebung der Freundschaft und Zusammenarbeit zwischen unseren beiden Völkern notwendig ist und gerade in diesem Augenblick so aktuell wie noch nie. Über die Sprache des Herzens und den kreativen Gedanken der Kunst und der Wissenschaft werden wir einander kennenlernen, bei dem Versuch, die Angelegenheit des Friedens zu einer Angelegenheit unserer beiden Völker zu machen. Wir repräsentieren jene, die die überwiegende, schweigende Mehrheit bilden, die einfachen Menschen der Türkei und Griechenlands, die den uralten Haß längst begraben haben, und das einzige, was sie wirklich interessiert, sind gesellschaftlicher Fortschritt, kulturelle Entwicklung und nationaler Wohlstand, die nur der Frieden und die Zusammenarbeit garantieren können.«[45]

Es lohnt sich in diesem Zusammenhang, daß wir uns mit Zülfü Livaneli kurz befassen, der in Deutschland viel weniger bekannt ist als Mikis Theodorakis.

Ömer Zülfü Livaneli, 1946 geboren, ist nicht nur als Sänger und Komponist, sondern auch als Schriftsteller und Filmregisseur berühmt geworden (und in dieser Hinsicht übertrifft er Theodorakis an Vielseitigkeit). In den siebziger Jahren war er allerdings gezwungen, die Türkei zu verlassen, weil er wegen seiner politischen Ansichten – der scharfen Kritik an überzogenem Nationalismus, an der sozialen Ausgrenzung ethnischer Minderheiten sowie an der wachsenden Kluft zwischen Reich und Arm – verfolgt wurde und auch schon im Gefängnis gesessen hatte. Er lebte zunächst in Stockholm, später in Paris und Athen. 1984 kehrte er nach Istanbul zurück, wo er sein berühmtes Konzert mit dem Lied *Merhaba* (»Willkommen«) gab und von vielen Türken gefeiert wurde. Livaneli schrieb im Zeitraum von 1978 bis 2008 zehn Bücher und drehte drei Spielfilme, für die er als Regisseur, Drehbuchautor sowie als Komponist verantwortlich war. Sein Film *Sis* (»Nebel«) wurde für den »Besten europäischen Film« nominiert. Bei den Parlamentswahlen 2002 trat er für Atatürks Republikanische Volkspartei (CHP) an und zog in die Große Nationalversammlung ein. Sein Abgeordnetenmandat übte er bis 2007 aus.

Die erfolgreichen gemeinsamen Konzerttourneen von Mikis Theodorakis und Zülfü Livaneli in Griechenland und in der Türkei waren die ersten Anzeichen, daß in beiden Völkern der Wille zur nationalen Verständigung wuchs.

Erste konkrete politische Folgen zeigten sich, als in Griechenland 1999 der Sozialist Georgios Papandreou Außenminister wurde und eine Wende in der griechischen Außenpolitik vollzog. Er sorgte dafür, daß beim Marmara-Erdbeben im August 1999 griechische Hilfsorganisationen die Verletzten und Obdachlosen maßgeblich unterstützten. Außerdem war er der erste griechische Außenminister nach knapp 40 Jahren, der der Regierung in Ankara einen offiziellen Besuch abstattete. Im selben Jahr half dann umgekehrt die Türkei, als auch Griechenland von einem Erdbeben heimgesucht wurde.

Eine nicht zu unterschätzende Öffnung gab es in den ersten Jahren des 21. Jahrhunderts auch bei türkischen und griechischen Medien. Nun wurden Spielfilme produziert, in denen die Beziehungen zwischen Türken und Griechen positiv dargestellt werden. Nicht wenige Filme machten gar die Liebe zwischen Angehörigen beider Nationen zum Thema, in welchen – bisher undenkbar – Liebespaare aus so unterschiedlichen Kulturen zueinanderfanden. Zu einem herausragenden Erfolg wurde die türkische Fernsehserie *Yabanci Damat,* »Der fremde Bräutigam«.

Thema war die Liebe zwischen einer türkischen Schönheit und dem Sohn eines griechischen Reeders. Beide mußten zahlreiche Vorurteile auf seiten ihrer Familien überwinden, um glücklich heiraten zu können. Diese Telenovela war in beiden Ländern ein großer Publikumserfolg.[46]

Es muß also nicht bei schroffer Abgrenzung bleiben. Trotzdem sind die von nationalistischen Ressentiments geschürten Probleme keineswegs behoben. Im Gegenteil: Je mehr Gruppierungen zu Versöhnung und Toleranz aufrufen, desto mehr Nationalisten formieren sich auf der anderen Seite – politische Kräfte, die in ihrer Radikalität weit über Atatürk hinausgehen und an die Traditionen der Jungtürken anknüpfen.

Der Graue Wolf – neue Radikalisierung des Nationalismus

In den siebziger Jahren hatte ich erstmals in türkischen Zeitungskiosken Postkarten zum Verkauf ausliegen sehen, auf denen ein grauer Wolf abgebildet ist.

Das Tier ist im Stil einer Plakatmalerei auf verschiedene Weise dargestellt. Es steht hoch aufgerichtet vor einem blutroten Himmel mit weißer Mondsichel; der Hintergrund erinnert somit farblich und motivisch an die türkische Nationalflagge. *TANRI TÜRK`Ü KORUSUN* ist am oberen Postkartenrand zu lesen. Ich ließ mir die Worte von meinem türkischen Begleiter übersetzen: »Gott schütze die Türken«. Eine zweite Postkarte zeigt den grauen Wolf, wie er mit majestätischem Stolz den Betrachter anschaut, während im Hintergrund ein muskulöser, halbnackter Nomadenkrieger in heroischer Pose eine Lanze mit den Fäusten umklammert. Der Krieger erinnert im Stil der Darstellung auffallend an faschistische Ikonen des kraftstrotzenden Germanen. *KÜRŞAD* ist neben dem grimmigen Gesicht zu lesen, es ist der Name eines legendären Helden der vorislamischen türkischen Frühzeit. Dazu wieder »Gott schütze die Türken«. Eine dritte Postkarte zeigt zwei graue Wölfe vor dem Hintergrund der türkischen Landkarte, wobei das eine Tier mit aggressiv erhobenem Kopf an der Westgrenze, das andere an der Ostgrenze der Türkei sitzt. *TÜRKIYE*

TÜRKLERINDIR YA SEV YA TERKET, »Die Türkei gehört den Türken, liebe sie oder verlasse sie«, ist dort zu lesen.

Dann entdeckte ich noch eine Reihe ähnlicher Abbildungen, alle mit kriegerischen Motiven und dem bekannten Zitat Atatürks *NE MUTLU TÜRKÜM DIYENE,* »Glücklich ist, wer sich Türke nennen darf«.

Die nationalistische Botschaft der Postkarten ist eindeutig. Was aber bedeutet der graue Wolf?

Wölfe sind bis heute in den Steppengebieten Zentralasiens weit verbreitet – jener Region, in der die Turkstämme ursprünglich siedelten, bevor sie westwärts zogen und islamische Fürstentümer ihrer Herrschaft unterwarfen. Verschiedene Ideologen des türkischen Nationalismus hatten schon unter den Jungtürken gegen Ende des 19. Jahrhunderts den grauen Wolf zum Sinnbild eines starken Türkentums gemacht, weil sie in diesem Tier Energien verkörpert sahen, die ihrer Meinung nach auch den energiegeladenen türkischen Nomadenkrieger auszeichneten. Die Jungtürken hatten ja in ihrer nationalistischen Propaganda von einem Großreich geschwärmt, das alle Turkvölker – vom Bosporus bis zu den Turkmenen und Usbeken in Zentralasien – vereinigen sollte. Entsprechend entwarfen sie Landkarten, auf denen dieses ersehnte Großreich mit exakten Grenzen eingezeichnet war. Diesen Karten war als Symbol stets ein grauer Wolf beigegeben.

Atatürk duldete in der Republik Türkei seit 1923 keine nationalistische Gruppierung, die eine »großtürkische Lösung« als Ziel propagierte. Aber völlig unterdrücken ließ sich das Gedankengut eines sogenannten Panturkismus, wie ihn die Jungtürken fanatisch vertreten hatten, nicht. Das zeigte sich erstmals 1941, drei Jahre nach Atatürks Tod. Als Hitler seine Truppen in die Sowjetunion einmarschieren ließ, sahen »großtürkische« Nationalisten ihr Ziel wieder in greifbare Nähe gerückt: Die Turkvölker Zentralasiens könnten »vom sowjetischen Joch« befreit und mit den Türken Anatoliens politisch vereinigt werden. Diesem Wunsch gab eine 1941 erschienene Ausgabe der Zeitschrift *Bozkurt* (»Grauer Wolf«) sichtbaren Ausdruck. Auf der Titelseite prangte neben einem stilisierten Wolfskopf der Slogan »Die türkische Rasse über alle anderen Rassen«. Dazu war eine Landkarte abgebildet mit den Grenzen eines großtürkischen Siedlungsgebiets vom Mittelmeer bis an die Grenze Chinas. Die türkische Regierung unter Atatürks Nachfolger Ismet Inönü duldete die Aktivitäten der »Großtürken« nur während des Zweiten Weltkriegs. Aber 1945 ließ Inönü führende »Großtürken« unter Anklage stellen und fast zwei Dutzend von ihnen zu etlichen Jahren Zwangsarbeit verurteilen.[47]

Der Graue Wolf als Symbol »türkischer Stärke« ist in allen sozialen Schichten der Türkei populär. Aber bis heute haben nationalistische Ideologen das Symbol auf sehr unterschiedliche Weise für ihre eigenen Zwecke instrumentalisiert – mit bedenklichen Folgen.

Eine politische Gruppierung, die sich sogar mit ihrem Namen ausdrücklich auf den Grauen Wolf bezieht, ist bei uns im Westen durch ihre nationalistisch motivierten Terroraktionen bekannt geworden: *Bozkurtcular* (»Die Grauen Wölfe«). Sie ist eine paramilitärische Jugendorganisation, die immer wieder mit Gewaltaktionen gegen ethnische Minderheiten, vor allem gegen Kurden, von sich reden macht. Das Schlagwort »Die Türkei den Türken« hat bei ihnen eine besonders radikale Konsequenz.

Hinter dieser Jugendorganisation »Graue Wölfe« steht eine Partei, die bis heute einen verhängnisvollen Einfluß auf die Entwicklung der Türkei ausübt und wohl auch weiterhin haben wird: die Partei der Nationalen Bewegung. Ihr Name lautet auf türkisch *Milliyetci Hareket Partisi* (MHP). 1965 wurde diese Partei von Alparslan Türkeş unter dem Namen Nationale Aktionspartei gegründet. Bis heute existiert sie unter wechselnden Bezeichnungen weiter. 1980 wurde sie für einige Jahre vom Nationalen Sicherheitsrat wegen ihrer terroristischen Übergriffe verboten. Seit den neunziger Jahren nennt sie sich Partei der Nationalen Bewegung.

Alparslan Türkeş war schon in früher Jugend radikaler Nationalist. Eigentlich hieß er Ali Arslan. Der Name, den er sich im Erwachsenenalter zulegte, ist beredter Ausdruck seiner politischen Ideologie. Alparslan hieß auch jener Seldschuken-Sultan, der Ende des 11. Jahrhunderts Anatolien eroberte und damit ein

Land unter türkische Herrschaft brachte, das bis dahin die Kernregion des Byzantinischen Reiches war. Der Name Türkeş bezieht sich auf einen Turkstamm in vorislamischer Zeit.

Die Heimatstadt des 1917 geborenen Politikers ist Nikosia auf Zypern. Er wuchs folglich in einer Region auf, die die Osmanen schon 1878 an eine fremde Macht, Großbritannien, abtreten mußten. Die Türken leben dort seither als eine geduldete Minderheit in einem Land mit mehrheitlich griechischer Bevölkerung. Alparslan Türkeş stammte also wie nahezu alle Ideologen der Jungtürken aus einem überwiegend griechisch besiedelten Teil des Osmanischen Reiches und erlebte, wie die eigene Volksgruppe plötzlich von der Herrenschicht zur bedrohten Minderheit wurde. In dieser Jugenderfahrung gründete sein fanatischer Nationalismus.

1936 schloß Türkeş in der Kadettenanstalt von Istanbul seine militärische Ausbildung mit dem Rang eines Oberfähnrichs ab und brachte es später bis zum Oberst. Seine Bewunderung galt zu jener Zeit in erster Linie aber nicht Atatürk, sondern Hitler, denn Türkeş sah in den radikalen Großreich-Phantasien des deutschen Nationalsozialismus eine geistige Verwandtschaft zum eigenen politischen Denken. Er distanzierte sich zunehmend von Atatürks Republikanischer Volkspartei, weil ihm deren »kleintürkischer« Nationalismus als zu gemäßigt erschien. Türkeş gehörte zu jener Gruppierung von »Großtürken« oder »Pantürken«, die 1945 wegen ihres Extremismus von einem türkischen Gericht als »staatsgefährdend« eingestuft wurde. Türkeş erhob unverblümt Anspruch auf Zypern, seine Heimatinsel, in der die Türken nur eine kleine Minderheit bilden, wie auch auf Teile Griechenlands und verschiedene zentralasiatische Republiken, die damals noch zur Sowjetunion gehörten und heute eigenständig sind (Turkmenistan, Usbekistan, Kasachstan). »Wo es auf der Welt einen Türken gibt, da fangen unsere Grenzen an«, so formulierte es Türkeş und traf sich hier mit den völlig unrealistischen Zielsetzungen der Jungtürken.[48]

Gegenüber nichttürkischen Völkern in den beanspruchten Gebieten äußerte Türkeş Drohungen, die an die grausige Sprache deutscher Nationalsozialisten erinnern:

»Wenn ihr Kurden weiterhin eure primitive Sprache sprecht [...], werdet ihr von den Türken auf die gleiche Weise ausgerottet, wie man schon die Georgier, die Armenier und die Griechen [auf türkischem Boden] bis auf die Wurzeln ausgerottet hat.«[49]

Allerdings distanzierte sich Türkeş ausdrücklich vom Begriff »Rasse«, den manche seiner Gefolgsleute gern gebrauchten. In seinem 1973 erschienenen Buch *Milli Doktrin* (»Nationale Doktrin«) definierte Türkeş den Nationalismus folgendermaßen:

»Unser Verständnis von Nationalismus hat nicht die geringste Ähnlichkeit mit anthropologischem Rassismus und einem aggressiven Rassenbegriff, der andere Völker herabsetzt [...]. Jeder, der sich selbst von Herzen als Türke fühlt und sich dem Türkentum verschreibt, ist ein Türke.«[50]

An die Adresse von Kurden, Griechen und Armeniern gerichtet, heißt das: Falls ihr bereit seid, eure kulturelle Identität aufzugeben, werdet ihr als »Türken« anerkannt. In dieser Hinsicht rückte Türkeş von seinem Idol Hitler ab. Trotzdem war die Konsequenz für Türken, Griechen, Armenier und die Angehörigen anderer Minderheiten erschreckend genug.

Die Parlamentswahl von 1965, dem Gründungsjahr der Partei, brachte für die Nationale Aktionspartei die erste Bewährungsprobe. Die Partei erntete jedoch nur 2,2 Prozent der Stimmen. Dem Sendungsbewußtsein des Alparslan Türkeş tat dies keinen Abbruch. Seit 1968 trainierte seine Partei Jugendliche, die meist arbeitslos waren, in Ausbildungslagern und formierte aus ihnen die paramilitärische Organisation der »Grauen Wölfe«, die in ihrer Struktur an die nationalsozialistische SA erinnerte. Aber als sich Mitte der siebziger Jahre immer deutlicher abzeichnete, daß die Nationale Aktionspartei keine Chance hatte, jemals an einer Regierung beteiligt zu werden, entschied Türkeş, daß die *Grauen Wölfe* durch Mordanschläge und Terroraktionen die politische Ordnung des Staates erschüttern sollten, um in einem Klima der Angst an Einfluß zu gewinnen. Allein im Zeitraum von 1975 bis 1980 ermordete die Organisation über 5000 politisch Andersdenkende.[51]

Aber Türkeş versuchte parallel auch auf friedliche Weise, seine Machtbasis zu vergrößern. Er erkannte Mitte der siebziger Jahre, daß er mit einem strikt säkularen Nationalismus allein noch keine größeren Wählermassen mobilisieren konnte. Diesbezüglich konkurrierte er mit Atatürks Republikanischer Volkspartei. Türkeş konnte mit seiner extremen Fremdenfeindlichkeit zunächst nur soziale Randschichten in den Großstädten ansprechen, die am verhießenen Fortschritt nicht teilhatten. Ländliche Gebiete, in denen die Menschen noch den Traditionen und dem Islam sehr verhaftet waren, blieben seiner Partei bis dahin völlig verschlossen. Da aber hatte Türkeş eine Idee: Er mußte den Islam für seine Politik instrumentalisieren, er mußte Nationalismus und Religion miteinander verbinden, um auch in Kleinstädten und Dörfern Zustimmung zu finden.

Ganz im Gegensatz zu den Parteigängern Atatürks, den Kemalisten, verband Türkeş seit den siebziger Jahren einen extremen Nationalismus mit Positionen eines extrem konservativen Islam. Mit dieser Neuorientierung hoffte er, nicht nur ein Vakuum zu füllen, sondern auch erfolgreich mit Parteien konkurrieren zu können, die ebenfalls konservative Muslime umwarben. Programmatisch äußerte sich Türkeş dazu wie folgt:

> »Das Türkentum und den Islam als zwei voneinander getrennte und sich widersprechende oder sich feindlich gesonnene, unterschiedliche Wesen anzusehen ist für das Türkentum und den Islam schädlich.«[52]

Und so war es nur folgerichtig, daß sich der bisher religiös indifferente Parteiführer Türkeş 1977 der Forderung »islamisch« orientierter Parteien anschloß, den Religionsunterricht als Pflichtfach an Oberschulen einzuführen. Eine solche Taktik hatte zumindest insoweit Erfolg, als die Nationale Aktionspartei bei den Parlamentswahlen 1977 immerhin schon 6,5 Prozent der Wählerstimmen für sich verbuchen konnte.

Aber die eigentliche Aufmerksamkeit erregten Türkeş und seine radikale Partei weniger durch die bescheidenen Wahlerfolge als durch die Terrorakte der »Grauen Wölfe«. Deren Attentate richteten sich vor allem gegen linksgerichtete Politiker, die sich für ethnische und religiöse Minderheiten einsetzten, wie auch gegen Kurden, Armenier und Griechen, die sich nicht »türkisieren« lassen wollten. Darüber hinaus töteten sie Aleviten, Angehörige einer schiitischen Religionsgemeinschaft, die den orthodoxen Sunniten als »Ketzer« gelten. Den grauenvollen Höhepunkt bildete im Dezember 1978 das Massaker, das die »Grauen Wölfe« unter Kurden alevitischen Glaubens im südostanatolischen Kahramanmaraş anrichteten: Rund 250 Männer, Frauen und Kinder wurden hingemetzelt.

Türkeş und seine Partei gaben sich somit sowohl als Rechtsradikale und extreme Nationalisten wie auch als muslimische Fundamentalisten zu erkennen. Sie frönten mit dieser kruden Mischung einer Art Islam-Faschismus. Dieses zweifelhafte Prädikat kann man sonst keiner Partei in der Türkei zubilligen, auch nicht den islamistischen Parteien; bei ihnen sind, wie wir noch sehen werden, solche Voraussetzungen nicht gegeben.

Der Militärputsch von 1980 machte den Aktivitäten der »Grauen Wölfe« zunächst ein Ende. Offiziere hatten die Macht ergriffen, weil die Attentate, die rechts- und linksextreme Gruppen aufeinander verübten, die Türkei an den Rand eines Bürgerkriegs gebracht und die Wirtschaft fast in den Bankrott getrieben hatten. Hinzu kamen die Wahlerfolge der islamistischen Heilspartei unter Necmettin Erbakan, die den streng säkular orientierten Nationalen Sicherheitsrat auf den Plan riefen.

Türkeş' politische Karriere schien durch den Militärputsch beendet. Seine Partei wurde verboten, er mußte für ein Jahr ins Gefängnis. Wenige Jahre später war die Partei nach einer Umbenennung in Partei der Nationalistischen Arbeit bei demokratischen Wahlen allerdings wieder so erfolgreich wie Mitte der siebziger Jahre. Allerdings scheiterte sie an der Zehn-Prozent-Hürde und schaffte deshalb nicht den Einzug ins Parlament. Als gegen Ende der neunziger Jahre der Kurdenkonflikt im östlichen Anatolien einen neuen Höhepunkt erreichte, konnte sich die extrem nationalistische Partei – nun unter dem Namen Partei der Nationalistischen Bewegung (MHP) – die antikurdischen Ressentiments breiter Bevölkerungskreise zunutze machen. Bei den Wahlen im April 1999 konnte die MHP das für sie sensationelle Ergebnis von nahezu 19 Prozent der Wählerstimmen erzielen. Sie war nun so stark, daß der sozialdemokratische Ministerpräsident Bülent Ecevit sie neben der konservativen Mutterlandspartei in seine Koalition aufnehmen mußte, um eine Regierungsmehrheit zustande zu bringen. Nun war es der MHP doch noch gelungen, auf demokratischem Wege einen Teil der Macht zu erringen und die Politik des Kemalisten Ecevit entsprechend nachteilig zu beeinflussen.

Alparslan Türkeş erlebte diesen Triumph nicht mehr, er war 1997 an einem Herzinfarkt in Ankara 80jährig gestorben.

Im November 2002 wurde die MHP zwar wieder von der Macht verdrängt – durch den Wahlsieg der »islamisch« orientierten Partei AKP unter der Führung von Recep Tayyip Erdoğan –, aber ein Machtfaktor blieb sie trotzdem, ebenso ihre paramilitärische Organisation der »Grauen Wölfe«. Denn der türkische Nationalismus gerade in seiner extremen Form sollte zu Beginn des 21. Jahrhunderts neuen Auftrieb erhalten – und in diesem Zusammenhang auch der MHP wieder neuen Zulauf bescheren.

Der »Kurdenkonflikt« als Hypothek

Noch immer Schwierigkeiten mit ethnischer Vielfalt

Am 7. Juli 2004 erlebte die Türkei eine besondere Premiere und eine echte Sensation. Erstmals in der nahezu 80jährigen Geschichte der Republik war es dem türkischen Fernsehen erlaubt, Filme in den beiden kurdischen Hauptdialekten Zaza und Kermanshi zu senden. Das Staatsfernsehen TRT bot damit eine halbe Stunde kurdisches Programm pro Woche. Ab März 2006 konnten auch private TV-Sender Programme in kurdischer Sprache ausstrahlen – vier Stunden pro Woche und mit der Verpflichtung zu türkischen Untertiteln.[53]

Aus westeuropäischer Sicht ist der Sensationscharakter dieser Neuigkeiten befremdlich. Auf den ersten Blick erscheint es zwar nicht ungewöhnlich, daß das Türkische alleinige Amtssprache ist. Aber warum war der öffentliche Gebrauch des Kurdischen nahezu 80 Jahre lang streng verboten? Diese restriktive Haltung hatte in das Konzept eines rigiden Nationalismus gepaßt, der auf »türkischem Boden« keine andere Kultur oder Sprache duldete. Die Neuerungen in der Medienpolitik bedeutet einen ersten kleinen Schritt, den multiethnischen Gegebenheiten in der Türkei Rechnung zu tragen.

Blicken wir auf nur ein Jahrhundert Geschichte zurück, so entdecken wir auffällige Parallelen zur Situation der Armenier. Ein »Kurdenproblem« hat es im Vielvölkerstaat der Osmanen ebensowenig gegeben wie ein »Armenierproblem«. Die Ausgrenzung der Kurden ist erst durch das Entstehen nationalistischer Ideologien möglich geworden.

Die Zahl der Kurden wird auf insgesamt 25 bis 30 Millionen geschätzt. Von ihnen leben auf dem Gebiet der heutigen Türkei etwa 13 Millionen, rund 8 Millionen im Irak, etwa 6 Millionen im Iran, rund 2 Millionen in Syrien. Die Kurden sind somit das größte Volk der Welt ohne eigenen Staat. Einen Staat »Kurdistan«

hat es allerdings auch nie gegeben, wenngleich die Kurden seit nahezu 3000 Jahren in der Region zwischen dem östlichen Anatolien und dem Zweistromland ansässig sind. Aber sie haben bis ins 20. Jahrhundert nicht das Bedürfnis verspürt, einen unabhängigen Staat zu gründen. Sie definierten sich viele Jahrhunderte lang nicht im ethnischen Sinn als Kurden. Im Vordergrund standen völlig andere Unterscheidungskriterien: Sämtliche Untertanen des Osmanischen Reiches verstanden sich zuallererst als Angehörige einer religiösen Gruppe, dann eines Stammes, eines Klans, einer Großfamilie, als Bewohner einer Stadt, eines Dorfes. Der gebildete Kurde benutzte zur Verständigung mit anderen Gebildeten keineswegs seine Muttersprache, sondern das Arabische oder Persische, teilweise auch das Türkische. Damals galt das Kurdische mit seinen verschiedenen regional sehr unterschiedlichen Dialekten ausschließlich als Sprache des ungebildeten Volkes, für das nicht einmal eine Schrift existierte. Daher genossen kurdische Dialekte bei der osmanischen Bildungsschicht ein noch viel geringeres Ansehen als das Türkische, das ja als »Sprache des einfachen Volkes« ebenfalls nur bedingt geschätzt wurde.

Unter den Osmanen wurden Kurden nicht besser und nicht schlechter behandelt als andere ethnische Gruppen. Entscheidend war, daß sie sich politisch loyal verhielten und zuverlässig ihre Abgaben entrichteten. Religiöse Konflikte konnten ebenfalls nicht aufkommen, denn zwei Drittel der Kurden bekennen sich wie die übrigen Bewohner des türkischen Kernlandes zum sunnitischen Islam. Und jenes Drittel der Kurden, das dem alevitischen Islam anhängt, wurde von den sunnitischen Sultanen nicht stärker diskriminiert als die türkischen Aleviten. Ein ethnischer Konflikt zwischen Türken und Kurden konnte also erst nach dem Zusammenbruch des osmanischen Vielvölkerstaates entstehen. Nun waren neben den Armeniern und Griechen auch die Kurden mit einem türkischen Nationalismus konfrontiert, der auf »türkischem Boden« keinen Platz mehr für Völker mit anderer Sprache und Kultur lassen wollte.

Die Kurden waren seit Bestehen der Republik Türkei 1923 einem doppelten Anpassungsdruck unter völlig neuen Gegebenheiten ausgesetzt. Zum einen mußten sie sich in »Türken« verwandeln und durften nur noch türkisch sprechen. Zum anderen hatten sie allen islamisch-osmanischen Traditionen abzuschwören und sich rückhaltlos zur laizistischen Staatsform zu bekennen. Beide Forderungen bedeuteten für die damals überwiegend konservativ orientierten Kurden einen unzumutbaren Bruch mit altvertrauten Lebensformen, zumal diese Forderungen landesweit mit der Rücksichtslosigkeit und Ungeduld einer Revolution durchgesetzt werden sollten.

1925 und abermals 1930 rebellierten kurdische Stämme gegen die »gottlose Diktatur« Atatürks. Die Folge war, daß seither türkische Nationalisten in den Kurden eine ähnlich große Gefahr für die junge Republik sahen wie zuvor in den Armeniern und den Griechen. Dabei wäre Atatürk zunächst bereit gewesen, den Kurden im östlichen Anatolien eine gewisse kulturelle Autonomie und Selbstverwaltung einzuräumen. Dies konnten türkische Journalisten und Historiker anhand von Dokumenten aus dem Jahr 1923 belegen. Atatürk hatte sich am 16. Januar 1923 in einer Pressekonferenz gegenüber Korrespondenten der wichtigsten türkischen Zeitungen in diesem Sinne geäußert. Erst angesichts der blutigen Unruhen in den mehrheitlich kurdisch besiedelten Regionen verwarf Atatürk die angedeutete Kompromißbereitschaft und propagierte nun auch die radikale »Türkisierung« der Kurden.[54]

Die meisten Kurden verspürten zunächst kein Bedürfnis, auf Konfrontation mit den Türken zu gehen. Sogar vielen Aufständischen ging es gar nicht darum, einen eigenen Staat zu gründen. Ein »kurdischer« Nationalismus als Antwort auf den »türkischen« Nationalismus hatte sich damals nur bei einer verschwindend kleinen Minderheit entwickelt und sollte sich erst in den folgenden Jahrzehnten stärker formieren. Den meisten Aufständischen war vorerst nur daran gelegen, ungewohnte staatliche Eingriffe abzuwenden. Aber schon in dieser Form der Abwehr sahen türkische Nationalisten eine Gefahr für das Überleben der jungen Republik. Atatürk mußte nach eigenem Verständnis die Rebellion der Kurden gnadenlos bekämpfen, wollte er die säkulare Staatsordnung durchsetzen und Anatolien vor der Spaltung bewahren. Verhängnisvoll war, daß er und mit ihm die meisten Nationalisten glaubten, man müsse in diesem Kampf den Kurden jede kulturelle und politische Eigenständigkeit rauben; nur so könne die Einheit der Republik auf Dauer zementiert werden.

Bis in die jüngste Vergangenheit hatten die türkischen Nationalisten das Ziel, die Kurden so weit zu »türkisieren«, daß bei ihnen das Bewußtsein von der Existenz einer kurdischen Kultur und Sprache völlig verschwand. Die Regierung verbot den Gebrauch der kurdischen Sprache in der Öffentlichkeit, in Behörden, in Schulen, in den Medien. Verstöße konnten mit hohen Geldstrafen geahndet werden. Das Wort »Kurde« war tabu, offiziell mußte von »Bergtürken« gesprochen werden. Erst recht war und ist es strikt untersagt, das Wort »Kurdistan« zu verwenden. »Kurdistan« darf nicht einmal als geographischer Begriff benutzt werden, denn dies könnte als eine Anspielung auf einen gleichnamigen Staat verstanden werden, den die »Bergtürken« gründen wollten. Nach dem Verständnis vieler türkischer Nationalisten gibt es auch keine eigenständige kurdische Sprache, vielmehr sprächen die »Bergtürken« eindeutig »türkische Dialekte«, und die starken Abweichungen seien lediglich entstanden, weil sehr viele persische und arabische Wörter in dieses »Türkisch« eingedrungen seien.

Solche Behauptungen türkischer Nationalisten gehen völlig an den Realitäten vorbei. Nach dem Urteil seriöser Sprachwissenschaftler zählt das Kurdische mit seinen zahlreichen, teilweise sehr unterschiedlichen Dialekten zur iranischen Sprachfamilie und ist im Wortschatz und der grammatischen Struktur mit dem Farsi der Perser sowie dem in Afghanistan gesprochenen Paschtu verwandt. Ein solcher Befund besagt allerdings nicht, daß die Kurden etwa im engeren Sinn Iraner wären. Erwiesen ist nur, daß die Kurden ethnisch wie kulturell in keinerlei Hinsicht »türkisch« sind. Um so wirklichkeitsferner ist der Versuch türkischer Nationalisten, den Kurden einzutrichtern, sie seien »Türken«.

Da zahlreiche Kurden Widerstand gegen die rabiate »Türkisierung« leisten, ergeben sich für die türkische Gesellschaft mehrere schwer lösbare Probleme. So gibt es in Südostanatolien bis heute viele Dörfer, in denen noch immer ausschließlich kurdisch gesprochen wird und deren Bewohner sich weigern, mit Vertretern von Behörden türkisch zu reden. Entsprechend gering ist dort die Zahl derer, die die türkische Amtssprache wenigstens bruchstückhaft beherrschen. Ein Großteil dieser Menschen ist damit von vornherein vom Staatsdienst ausgeschlossen und hat es auch in anderen Berufen nicht leicht. Sie werden als ungebildete Bauern, als »Bergtürken« verachtet und leben am Rand des Existenzminimums, viele von ihnen sind arbeitslos.

Jene Kurden aber, die eine türkische Schule besuchen und dort Türkisch lernen, werden oft der eigenen Muttersprache völlig entfremdet. So wird die Zahl der Kurden immer größer, die das Kurdische nicht mehr verstehen. Damit ist ein wichtiges Ziel türkischer Nationalisten erreicht: Unaufhaltsam wächst die Zahl derer, die sich nicht mehr als »Kurden« empfinden, sondern nur noch als »Türken«.

Gegen diese Entwicklung kämpfen kurdische Nationalisten an. Und sie vertreten ihren Anspruch auf »Selbstbestimmung« deshalb so aggressiv, weil ihnen türkische Nationalisten nicht einmal ein Mindestmaß an Autonomie gewähren. Daraus ist ein höchst explosiver Konflikt entstanden, der auch zu Beginn des 21. Jahrhunderts ungelöst ist.

»Fremd im eigenen Land« – Gespräch mit einem Kurden

In Wien kam ich mit einem Mann mittleren Alters ins Gespräch, der mir erklärte, weshalb er sein Dorf in der Türkei verlassen hatte und nach Österreich übergesiedelt war. Er habe sich fremd im eigenen Land gefühlt. Diese Fremdheit habe er schon als Kind empfunden. Er sei Kurde und in einem kurdischen Dorf nahe Diyarbakır im Südosten Anatoliens aufgewachsen.

Den ersten Schock habe er beim Besuch der Schule in der nahegelegenen Kreisstadt erlebt, wo die Lehrer ausschließlich in türkischer Sprache unterrichtet hätten. Anfangs habe er kein Wort verstanden und sei in der Schule wie die anderen kurdischen Kinder einem fürchterlichen Drill ausgesetzt gewesen. Gegenüber den türkischen Schülern sei er schwer benachteiligt gewesen, weil er dem Unterricht zunächst kaum habe folgen können. Die türkische Sprache sei ihm in der Schule regelrecht eingeprügelt worden. Und viel Prügel habe er auch bezogen, wenn er dabei erwischt wurde, daß er mit einem Klassenkameraden heimlich kurdisch sprach.

Die Muttersprache sei regelrecht aus ihm herausgeprügelt worden. Daher habe er Schwierigkeiten gehabt, bei Besuchen in seinem Heimatdorf sich mit seinen Eltern zu verständigen. Er sei ein schlechter Schüler geblieben – wie viele seiner kurdischen Klassenkameraden auch – und daher von den türkischen Mitschülern gehänselt und gedemütigt worden. Aus diesem Grund sei er sich in der eigenen Heimat wie ein diskriminierter Ausländer vorgekommen.

Der hier beschriebene Kurde, der längst die österreichische Staatsbürgerschaft besitzt und nun Österreich als seine »Heimat« bezeichnet, erzählte mit ironischem Unterton von seinen ersten Erlebnissen nach seiner Ankunft als »Gastarbeiter« in Wien. Wieder sei er mit einer fremden Sprache konfrontiert gewesen, die er erst mühsam habe erlernen müssen. Und wieder sei er schwer benachteiligt gewesen, diesmal weil er am Arbeitsplatz, einer Baustelle, anfangs oft die primitivsten Dinge nicht verstanden habe. Aber all das habe ihn nicht mehr so schwer belastet, denn im Fremdsein sei er geübt gewesen.

Ob er manchmal Sehnsucht nach seiner türkischen Heimat habe, fragte ich. – Türkische Heimat? – Er sah mich mit hochgezogenen Augenbrauen an. *Kurdische* Heimat, korrigierte er mich. – *Kurdische* Heimat in der *Türkei*, korrigierte nun ich. – *Kurdische* Heimat, beharrte er, er fühle sich als Kurde, nicht als Türke. – Ob er sich nicht als Kurde *und* Türke fühlen könne beziehungsweise als Kurde mit türkischer Staatsbürgerschaft, fragte ich. Er dachte kurz nach. Je länger er die politische Entwicklung in der Türkei beobachte, erklärte er, desto mehr Schwierigkeiten habe er, beides miteinander in Einklang zu bringen. Eigentlich fühle er sich als Kurde und als Österreicher. Denn in Österreich könne er wenigstens offen sagen, daß er Kurde sei.

Dieses Gespräch führten wir Mitte der neunziger Jahre. Zu dieser Zeit hatte die türkische Armee weite Teile Südostanatoliens mit Krieg überzogen und im Kampf gegen kurdische Partisanen zahlreiche Dörfer vernichtet. Mein Gesprächspartner zeigte sich empört darüber, daß man Abdullah Öcalan, den damaligen Führer der Partisanen, als »Terroristen« bezeichne und dessen Arbeiterpartei Kurdistan als »terroristische Organisation«. Es gehe schließlich um die Befreiung vom türkischen Joch, um die Gründung eines eigenen Staates Kurdistan. Die eigentlichen Terroristen seien die türkischen Soldaten, die doch immer wieder wehrlose Dorfbewohner niedermetzelten. Mein Gesprächspartner räumte allerdings nach längerem Wortwechsel ein, daß in diesem schrecklichen Partisanenkrieg auf beiden Seiten Grausamkeiten begangen würden.

Den radikalen Standpunkt dieses kurdischen Österreichers teilen bei weitem nicht alle Kurden, er ist aber verständlich angesichts der tristen ökonomischen wie auch politischen Situation im östlichen Anatolien.

Radikalisierung des kurdischen Nationalismus

Eine Reise in das weite Hochland Ostanatoliens bietet zahlreiche Kontraste zu den westlichen Provinzen der Türkei. Die Straßen sind schlechter ausgebaut, die Dörfer um vieles ärmer, oft gibt es weder sauberes Wasser noch Strom. Diese Region, die sich östlich von Kappadokien bis an die Grenze des Iran erstreckt, gilt als die wirtschaftlich rückständigste der Türkei.

Nach Erhebungen der Weltbank von 1998 liegen die zehn ärmsten Provinzen der Türkei ausnahmslos in dieser östlichen Region; sie erwirtschaften nur 0,1 Prozent des Bruttosozialprodukts. Die zehn reichsten Provinzen hingegen sind ausnahmslos im westlichen Teil der Türkei zu finden, sie steuern nahezu 57 Prozent zum volkswirtschaftlichen Ertrag bei.[55] Ein derartiges soziales Gefälle zwischen West- und Ostprovinzen ist ökonomisch wie politisch ohnehin schon gefährlich für die Stabilität eines Staates. Was aber die Situation explosiv macht: Die schroffen Gegensätze von Reich und Arm werden überlagert vom ethnischen Konflikt zwischen Türken und Kurden.

Viele Jahrzehnte haben sich die türkischen Regierungen wenig um die östlichen Regionen gekümmert, zum einem weil der westliche Teil des Landes schon zur osmanischen Zeit wirtschaftlich die besseren Voraussetzungen mitbrachte und eine zeitgemäße Infrastruktur sich hier leichter aufbauen ließ, zum anderen weil der Osten mit seiner kurdischen Bevölkerung politisch stets unruhig und daher schwieriger zu regieren war. Aber je heftiger die Kurden gegen ihre soziale Misere aufbegehrten, um so härter reagierte das türkische Militär – und um so mehr war die östliche Region dazu verdammt, in der Falle der Rückständigkeit gefangen zu bleiben.

1984 eskalierten die Auseinandersetzungen zwischen kurdischen Guerilla-Kämpfern und dem Militär derart, daß das »Kurdenproblem« fortan auch im Ausland Beachtung fand. Damals geriet die Arbeiterpartei Kurdistan, *Partiya Karkeren Kurdistan*, unter dem Kürzel PKK erstmals in die Schlagzeilen der internationalen Presse. Diese Partei war 1978 von Abdullah Öcalan gegründet worden, aber sie hatte erst 1984 türkische Militärposten im östlichen Anatolien angegriffen.

Abdullah Öcalan, 1949 in der südostanatolischen Provinz Şanhurfa nahe der syrischen Grenze geboren und in ärmlichen Verhältnissen aufgewachsen, studierte Anfang der sechziger Jahre in Ankara Politikwissenschaft. Dort nahm er über linksgerichtete Studenten zunächst Kontakte zu der verbotenen Kommunistischen Partei der Türkei auf, denn deren Untergrundorganisation war damals die einzige, die öffentlich für die Rechte der Kurden eintrat und die schwerwiegenden Probleme im Südosten der Türkei thematisierte. Öcalan wurde selbst Marxist und gründete, nachdem die kommunistische Untergrundorganistation von Militär und Geheimdienst zerschlagen worden war, im unwegsamen Ostanatolien eine eigene marxistisch orientierte Partei, die Arbeiterpartei Kurdistan. Schon der Name deutet auf kommunistische Vorbilder hin.

Die Gewaltaktionen der PKK seit 1984 – in den türkischen Medien stets als »Terrorismus« bezeichnet – verstanden die kurdischen Partisanen als Antwort auf die türkische Verfassung, die 1983 auf Druck des Militärs verabschiedet worden war. Die neue Verfassung verschärfte in mancherlei Hinsicht die Diskriminierung ethnischer Minderheiten. So wurden alle Bürger der Republik Türkei nicht nur auf die »historischen und geistigen Werte des

Türkentums« verpflichtet, sondern nun war es sogar ausdrücklich verboten, »Unterschiede in Sprache, Rasse, Religion oder Konfession hervorzubringen« (Artikel 14). Zu dieser Haltung paßte, daß am 22. Oktober 1983 der Gebrauch der kurdischen Sprache in den Medien und bei öffentlichen Versammlungen strikt untersagt wurde. Wie in den dreißiger Jahren unter der Regierung Atatürks traten Wissenschaftler an die Öffentlichkeit, die zu beweisen versuchten, daß Kurdisch keine eigene Sprache sei. Und in Publikationen des Militärs tauchte wieder vermehrt der Begriff »Bergtürken« auf.[56]

Hinzu kam, daß im Mai 1983 – auf Druck des Militärs – eine Wahlrechtsreform verabschiedet wurde, die bestimmte, daß eine Partei mindestens 10 Prozent der Wählerstimmen erhalten mußte, um ins Parlament einzuziehen. Diese für europäische Verhältnisse ungewöhnlich hohe Sperrklausel war vor allem deshalb eingeführt worden, um kurdische Parteien aus dem türkischen Parlament fernzuhalten und somit von politischer Mitwirkung auszuschließen. Zulauf bekam die Arbeiterpartei Kurdistan gerade deshalb. Die PKK erntete anfangs bei den Kurden besondere Sympathien, weil nur sie die entsprechenden Konsequenzen aus der Unterdrückung zog: Da kulturelle und politische Autonomie innerhalb der Republik Türkei sich nicht verwirklichen lasse, müsse ein eigener Staat Kurdistan gegründet werden, und das sei nur auf »revolutionärem Weg«, eben durch einen »Unabhängigkeitskrieg«, möglich. Die Ironie bestand jedoch darin, daß gerade viele Angehörige der schmalen kurdischen Bildungsschicht Ostanatoliens kaum noch in der kurdischen Kultur verwurzelt waren. Denn ihre Schulbildung hatten sie ausschließlich in türkischer Sprache erhalten, so daß sie meist eine viel bessere Kenntnis des Türkischen als des Kurdischen besaßen. Auch Abdullah Öcalan sprach fließend Türkisch, während er das Kurdische nur unzureichend beherrschte.[57]

Öcalans Arbeiterpartei Kurdistan trat mit dem Anspruch auf, in einem »unabhängigen Kurdistan« die sozialen Ungerechtigkeiten zu beseitigen, was konkret hieß, die noch immer herrschende Feudalstruktur durch eine »klassenlose Gesellschaft« zu ersetzen. Ihr Kampf richtete sich aber nicht nur gegen türkische, sondern auch gegen kurdische Großgrundbesitzer, in denen sie Verbündete der türkischen Feudalherren sahen. Die Partei hatte in ihrem Emblem Hammer und Sichel ganz nach dem Vorbild kommunistischer Parteien, sie war – zumindest in der ersten Zeit – strikt nach den autoritären Führungsprinzipien Lenins organisiert und akzeptierte religiöse Traditionen nur sehr beiläufig. Anders als alle vorhergehenden kurdischen Organisationen war die PKK kein Verein von Großgrundbesitzern, Stammesführern und Gebildeten, sondern zu ihren Mitgliedern zählten vor allem junge Männer, denen aufgrund der sozialen Misere die Entwurzelung drohte.

Der Krieg zwischen dem türkischen Militär und der PKK eskalierte 1994. Ein Viertel der zweitgrößten Armee der NATO war im Süden der Türkei konzentriert, zusammen mit der Polizei rund 300000 Mann. An den Grenzen zum Irak und zum Iran wurden – so die offiziellen Angaben – über 2500 Dörfer zwangsgeräumt und viele von ihnen völlig zerstört. Fast 3 Millionen Menschen flüchteten in die Städte der Region oder wanderten in die Westprovinzen der Türkei ab, wo sie in den Slums von Istanbul, Ankara, Izmir und anderen Großstädten die ohnehin prekäre soziale Situation noch verschlimmerten. Um der PKK Rückzugsgebiete zu entziehen, brannte die Armee ganze Wälder nieder und trug damit zu einer ökologischen Katastrophe im Südosten Anatoliens bei. Öcalan antwortete darauf mit Brandstiftung in den Forsten rund um Istanbul und an der türkischen Süd- und Westküste.[58] Der brutalen Unterdrückung durch das türkische Militär entsprach somit eine unerbittliche Kriegsführung der kurdischen Partisanen. Naturgemäß konnte die waffentechnisch weit überlegene Armee größere Zerstörungen anrichten. Und so wurden in dem seit Jahrzehnten dauernden Bürgerkrieg im Südosten Anatoliens ungleich mehr kurdische als türkische Dörfer zerstört und auch wesentlich mehr Kurden, Freischärler sowie unbeteiligte Zivilisten, getötet. Westliche Beobachter sprechen von rund 30000 getöteten Kurden seit 1984.

Aber je aussichtsloser der Krieg für die Kurden wurde, desto radikaler wurden die Betroffenen in ihrer nationalistischen Einstellung. Funktionäre der PKK gaben 1997, nach 13 Jahren frustrierender Kriegserfahrung, ein alarmierendes Signal. Sie bezeichneten nun die Türken als »Scheißvolk mongolisch-arabischer Mischlinge« und definierten die Kurden als »Volk der indogermanischen Rasse«. Abdullah Öcalan ersetzte schließlich das leninistische Partei-Emblem von Hammer und Sichel durch eine stilisierte Fackel und definierte seine Partei nicht mehr als »marxistische«, sondern als »nationale« Bewegung.[59] Diese neuen Denkschablonen, die eine schroffe Kehrtwendung hin zu einem rechtsradikalen Rassismus beinhalteten, entstammten europäischen Vorbildern. Eine solche Antwort auf einen türkischen Nationalismus, der genauso anfällig für Rassismus war und ist, macht die Verhärtung der Fronten um so deutlicher. Ein schwacher Trost ist, daß sowohl bei Kurden als auch bei Türken ein derart faschistisch zugespitzter Nationalismus nur bei einem kleinen Teil der Bevölkerung Anklang findet.

Der Partisanenkrieg ebbte 1998 ab, weil die PKK dem massiven Einsatz des türkischen Militärs nicht auf Dauer Widerstand leisten konnte. Öcalan hatte sich schon zuvor nach Syrien abgesetzt und befehligte von dort aus seine geschwächten Partisanentruppen, weil er sich in der Türkei nicht mehr sicher fühlen konnte. Der Partisanenkrieg kam vollends zum Erliegen, nachdem es der Türkei Ende 1998 gelungen war, die syrische Regierung unter Druck zu setzen und Öcalans Ausweisung zu erzwingen. Der Flüchtige wurde am 16. Februar 1999 in Kenia mit Hilfe des israelischen Geheimdienstes gefaßt, in die Türkei gebracht und dort zum Tode verurteilt. Das Todesurteil wurde in eine lebenslange Haftstrafe umgewandelt, nachdem der Europäische Gerichtshof interveniert und Öcalan seine Partisanen zum Gewaltverzicht aufgefordert hatte.

Um so größer schienen nun die Chancen auf eine friedliche Regelung des »Kurdenproblems« zu sein. Ohnehin zeigte sich die kurdische Bevölkerung kriegsmüde und brachte der PKK schon lange nicht mehr ungeteilte Sympathie entgegen, da deren Kämpfer kurdische Dörfer oft mit dem gleichen Terror wie das Militär überzogen, sobald die Bewohner ihnen nicht bedingungslos Gefolgschaft leisteten.

Viel hing nun davon ab, in welchem Maß die türkische Regierung und das Militär wie auch die PKK die Chance auf eine friedliche Regelung zu nutzen verstanden.

Bei meiner Reise im Frühjahr 2002 fiel mir erstmals auf, daß Türken das Wort »Kurde« benutzten. Noch wenige Jahre zuvor wäre dies undenkbar gewesen. Angesichts der bis dahin gültigen Regelung, der zufolge von »Bergtürken« zu sprechen sei, bedeutet diese Neuigkeit einen respektablen Schritt in die richtige Richtung. Dies könnte ein Anfang sein, den multiethnischen Gegebenheiten der Türkei angemessen Rechnung zu tragen, dachte ich damals spontan.

Ich fühlte mich in dieser Einschätzung bestätigt, als zwei Jahre später das türkische Staatsfernsehen TRT Programme in kurdischer Sprache senden durfte (eine halbe Stunde pro Woche), und wiederum zwei Jahre später private türkische Fernsehstationen die Erlaubnis erhielten, Sendungen in kurdischer Sprache auszustrahlen – nun schon wöchentlich vier Stunden, allerdings mit der Verpflichtung zu türkischen Untertiteln.

Überraschend für viele westliche Beobachter war allerdings, daß diese Neuorientierung in der »Kurdenfrage« nicht von Atatürks Republikanischer Volkspartei oder einer anderen sozialdemokratisch orientierten Partei ausging, sondern von der Partei für Gerechtigkeit und Entwicklung (AKP). Diese Partei, die seit November 2002 unter Ministerpräsident Recep Tayyip Erdoğan regierte, definiert sich als »islamisch«. Hier aber stellt sich die Frage, ob es nicht gerade einer »islamisch« orientierten Partei leichter fallen müßte, von einer rigiden Form des türkischen Nationalismus abzurücken. Denn der Islam kennt keine Abgrenzung nach ethnischen Kriterien; eine derartige Haltung hat schließlich ihre Wurzeln im Vorbild des europäischen Nationalismus.

Westliche Beobachter betonen zwar, daß Ministerpräsiden Erdoğan diese Neuorientierung unter dem Druck der EU vollzogen habe, weil er dadurch die Chancen der Türkei auf einen Beitritt zur Europäischen Union habe verbessern wollen. Aber, so läßt sich einwenden, diesen Druck hatte die EU auch schon auf die Vorgängerregierung unter Ministerpräsident Bülent Ecevit ausgeübt. Der Sozialdemokrat Ecevit hatte sich jedoch als rigider Nationalist erwiesen, indem er – unter Berufung auf Atatürk

– jegliche kulturelle Eigenständigkeit der Kurden ablehnte. Zwar hatte Ecevit einige Gesetze zugunsten der Kurden vorbereitet, aber er hatte diese Maßnahmen durch ergänzende Gesetze wieder so weit eingeschränkt, daß von der angekündigten Autonomie der Kurden kaum mehr etwas blieb. Ein Wink der militärischen Führung hatte genügt, um von jeder Reform des Minderheitenrechts abzulassen. Ecevit unterschied sich in dieser Haltung nicht von vorhergehenden Ministerpräsidenten.

Ich hatte im Jahr 2007 Gelegenheit, mit Anhängern der Republikanischen Volkspartei zu sprechen. Sie priesen allesamt den »Westen« als Vorbild, kritisierten scharf die »rückständigen islamischen Traditionen« – und äußerten gleichzeitig ihr Unbehagen über die Kurdenpolitik der »islamischen« AKP. Fernseh- und Rundfunksendungen in kurdischer Sprache? Alle lehnten sie diese Neuerung ab. Sie hätten nichts gegen Kurden, sagten sie sinngemäß nahezu übereinstimmend (und auch sie sprachen nicht von »Bergtürken«, sondern von »Kurden«), aber ein Kurde müsse sich als türkischer Staatsbürger fühlen, und die Landessprache sei eben Türkisch. Es störe sie, daß sich die Europäische Union immer wieder einmische und mehr Rechte für die Kurden einfordere. Wenn die Türkei darauf einginge, dann zerfiele das Land in sehr viele Regionen. Man solle nicht propagieren, daß ethnische Minderheiten mehr Rechte bräuchten.

Die Türkei ist über solche Fragen gespalten. Rigide Nationalisten haben allen Grund, beunruhigt zu sein. Denn Signale für eine Änderung im Verhalten gegenüber ethnischen Minderheiten kommen nicht nur von der »islamisch« orientierten AKP. Nahezu ebenso wichtig ist in diesem Zusammenhang, daß auch der Türkische Industriellen- und Unternehmerverband, TÜSIAD, ein der AKP nahestehender Verein (und neben dem MÜSIAD der wichtigste Wirtschaftsverband der Türkei), sich für einen Wandel in der Minderheitenpolitik aussprach. Erstmals geschah dies bereits im Januar 1997. »Die Türkei kann nicht das Wirtschaftssystem der westlichen Welt übernehmen, westliche Werte wie Demokratie und Menschenrechte jedoch ignorieren«, so formulierte es damals der TÜSIAD-Vorsitzende. Brisant an dieser Kritik war, daß er sich in Fragen der Menschenrechte ausdrücklich auf die

Kurden bezog und forderte, ihnen solle erlaubt sein, ihre Kinder in kurdischer Sprache zu unterrichten und ihnen kurdische Namen zu geben.[60] Heftige Proteste aus Kreisen der kemalistischen Elite, vor allem der militärischen Führung, würgten die Diskussion ab.

Zehn Jahre später, im Januar 2007, veröffentlichte TÜSIAD einen weiteren Bericht, in dem Reformen zugunsten der kurdischen Minderheit gefordert wurden, allen voran ein Gesetz, das die kurdische Sprache in öffentlichen Schulen als Wahlmöglichkeit vorsieht. Denn ohne eine derartige Demokratisierung im Bildungswesen sei soziale, wirtschaftliche und politische Stabilität in der Türkei nicht möglich.[61] Den Wirtschaftsvertretern erschien ein engstirniger Nationalismus äußerst hinderlich für eine weitere ökonomische Verflechtung der Türkei mit Westeuropa. Sie sahen sich genötigt, derartige Signale auszusenden, um die Chancen der Türkei bei den EU-Beitrittsverhandlungen zu verbessern.

Aber solchen Vorschlägen bringt die Mehrheit der Türken nach wie vor Mißtrauen entgegen. Immer wieder wird in der Türkei der Verdacht geäußert, die Reformer handelten unter dem Diktat der EU, sie seien »fremdbestimmt durch ausländische Mächte« und folgten nicht »nationalen« Eigeninteressen. In diesem Sinn läßt sich eine Meinungsumfrage interpretieren, die im März 2007 von der auflagenstarken türkischen Tageszeitung *Milliyet* (»Die Nation«) durchgeführt wurde. Die Mehrheit der Türken, so ist dort zu lesen, sei der Ansicht, daß der Nationalismus in ihrem Land zunehme. Ein Fünftel der Befragten erklärte, heute nationalistischer zu denken als früher. Jeder Dritte gibt der »unfairen« Behandlung durch die EU die Schuld an dieser Entwicklung.[62]

Ein Ende des Konflikts zwischen Türken und Kurden ist erst möglich, wenn den Kurden volle kulturelle Eigenständigkeit und außerdem gleiche berufliche Aufstiegschancen eingeräumt werden. Das heißt in letzter Konsequenz: Die Republik Türkei muß sich zu einer multikulturellen, multiethnischen Gesellschaft bekennen, sie müßte also neben der türkischen Kultur anderen Kulturen gleichberechtigt Entfaltung zubilligen. Es könnte dann den Staatsbürger geben, der sich kulturell als Kurde fühlen darf, aber gleichzeitig türkischer Staatsbürger ist und sich an die türkische Verfassung gebunden fühlt. Dies würde ungefähr dem Modell entsprechen, das in Deutschland für Zuwanderer aus der Türkei gilt: Türken und Kurden können sich zu ihren jeweiligen kulturellen und religiösen Eigenarten bekennen, sind aber als deutsche Staatsbürger an deutsche Gesetze gebunden. Daß sich auch in Deutschland aus einer solch multikulturellen Verfassung Probleme ergeben, die noch längst nicht alle gelöst sind, ist eine andere Frage. Aber es ist ein Weg in die richtige Richtung, um ein friedliches Zusammenleben zu ermöglichen. Dazu gibt es letztlich keine Alternative.

In der Türkei ist es allerdings immer noch eine offene Frage, ob sich die Reformer gegen die rigiden Nationalisten durchsetzen können. Erdoğans Politik ist erst ein zaghafter Anfang. Doch ohne die Lösung des »Kurdenkonflikts« wird die Türkei nicht der EU beitreten können.

Kurden im Irak – eine Verschärfung des Problems

In Wien lernte ich 1990 einen Exilkurden aus der irakischen Stadt Erbil kennen. Er schilderte mir die Verhältnisse in seiner Heimatstadt, die mehrheitlich von Kurden bewohnt ist. Aber 1990, noch unter dem brutalen Regime des Diktators Saddam Hussein, ähnelten die Verhältnisse in Erbil verblüffend denen in den kurdischen Städten Anatoliens. Wenn zum Beispiel ein Kurde bei einem Behördengang mit einem kurdischen Beamten sprach, so durfte diese Unterhaltung nicht auf kurdisch stattfinden, sondern nur auf arabisch. Verstöße wurden mit Folter und Gefängnisstrafen geahndet. Kurden war der Gebrauch ihrer Muttersprache nicht erlaubt, auch sonst durften sie sich nicht als Kurden zu erkennen geben, denn dies hätte – so die Propaganda – die Einheit der arabischen Nation gefährdet.

In Damaskus hatte ich 1994 eine weitere sehr aufschlußreiche Begegnung. In einem kleinen Basarrestaurant sprach mich mein Tischnachbar auf englisch an und wollte wissen, aus welchem Land ich käme. Er selbst war rotblond und hatte graue Augen, deshalb wollte ich wissen, ob er Syrer sei. Er lächelte und antwortete, er sei Kurde. Bevor ich antworten konnte, fuhr energisch der Kellner dazwischen, der im Vorbeigehen die letzten Worte aufgeschnappt hatte. Ich konnte den heftigen Wortwechsel der beiden nicht verstehen. Mein Gesprächspartner lief rot an und blickte sich nervös um, da uns die anderen Gäste beobachteten. Er warf einen Geldschein neben den halb leergegessenen Teller und verließ im Eilschritt das Restaurant. Sein »Fehler« war, daß er sich als »Kurde« bezeichnete.

Solche Episoden zeigen, daß Kurden auch unter der Herrschaft arabischer Nationalisten einem hohen Anpassungsdruck ausgesetzt sind und ihnen auch in arabischen Ländern kulturelle oder gar politische Eigenständigkeit verwehrt wird.

Besonders schlimme Ausmaße hatte die Unterdrückung im Irak angenommen. Saddam Hussein, Führer der arabisch-nationalistischen Baath-Partei, betrieb eine rigorose Arabisierung. Wie in der Türkei verweigerten sich auch im Irak die Kurden einer solchen Anpassung. Immer wieder rebellierten sie gegen den Diktator, und immer wieder wurden solche Revolten mit äußerster Brutalität niedergeschlagen.

Die Kurden in Syrien und im Iran sind »friedlicher«. Denn in Syrien und vor allem im Iran wird ihre kulturelle Eigenständigkeit weniger rigoros bekämpft. Ich hatte Gelegenheit, iranische Spielfilme in kurdischer Sprache zu sehen. Der berühmteste, auch bei uns im Westen gezeigte Spielfilm dieser Art ist *Die Zeit der trunkenen Pferde,* der bei den Filmfestspielen in Cannes 2000 mit dem Preis für die beste Regie ausgezeichnet wurde. Regisseur war der iranische Kurde Bahman Ghobadi. In der Türkei sind kurdische Filme bis heute undenkbar.

Die türkische Regierung hat allen Grund, die Entwicklungen in den Nachbarländern sorgfältig zu beobachten. Bedrohlich erscheint nicht nur das wirtschaftliche Gefälle, denn den Kurden im Iran und in Syrien geht es materiell besser als in der Türkei, sondern auch die politische Instabilität der Anrainerstaaten. Ein politischer Umbruch in einem dieser Länder hätte beträchtliche Auswirkungen auf die Türkei.

Der erste derart befürchtete Umbruch kam im April 2003. Damals marschierten amerikanische Truppen in den Irak ein und stürzten Saddam Hussein. Den unterdrückten irakischen Kurden bescherte die Entmachtung des Diktators eine bisher nicht gekannte Freiheit. Seit dem Frühjahr 2003 gibt es im Norden des Irak eine autonome »kurdische Zone«, die sich – nur noch unter nomineller Oberhoheit der Zentralregierung in Bagdad – selbst verwaltet. Unter den Kurden des Irak wird daher der Ruf nach einem unabhängigen Staat Kurdistan immer lauter. Damit würde für die 8 Millionen irakischen Kurden wahr, was den 13 Millionen Kurden in der Türkei nach wie vor verweigert wird. Aber würde dies nicht die türkischen Kurden ermutigen, um so entschiedener für das gleiche Ziel zu kämpfen?

Bisher hat jede türkische Regierung betont, daß sie niemals einen eigenständigen Staat Kurdistan akzeptieren würde, auch nicht außerhalb des türkischen Staatsgebiets. Denn auch ein Kurdistan im Norden des Irak wäre eine Bedrohung für die innere Sicherheit der Republik Türkei. Die türkische Regierung verweist gern auf die Tatsache, daß sich die Partisanen der PKK nach Angriffen auf die türkische Armee stets ins unwegsame Bergland des benachbarten Irak zurückzögen und dort unter dem Schutz der irakischen Kurden ihre Kräfte neu mobilisierten. Je näher die irakischen Kurden ihrem Ziel kämen, einen eigenen Staat zu gründen, desto mehr würde sich die PKK angespornt fühlen, dasselbe Ziel im südöstlichen Anatolien durchzusetzen. Daher werde die türkische Regierung, so drohte Ministerpräsident Erdoğan in den Jahren 2006 und 2007 unverblümt, notfalls türkische Truppen in den nördlichen Irak einmarschieren lassen, um dort ein unabhängiges Kurdistan zu verhindern.

In westlichen Medien wurde zu diesem Zeitpunkt wieder einmal die Frage aufgeworfen, ob denn die Kurden in einer weiteren Entwicklungsphase versuchen würden, ein unabhängiges Kurdistan anzustreben, das von Anatolien bis weit in den nördlichen Irak und Iran reichen würde. Dieses Ziel ist aber unrealistisch. Denn die in vier Staaten beheimateten insgesamt 25 bis 30 Millionen Kurden sind derart in verschiedene Stämme, unterschiedlichen Konfessionen und Kulturen aufgespalten, daß die Vision einer »kurdischen Einheit« nur so lange aufrechterhalten werden kann, wie die unterschiedlichen Gruppierungen nicht tatsächlich in einem gemeinsamen Staat zusammenleben. Ein Blick auf die erbitterte Feindschaft rivalisierender Kurdenstämme im »befreiten Irak« gibt einen ersten Vorgeschmack.

Über solche Probleme wissen türkische Politiker Bescheid. Sie fürchten daher nicht das Entstehen eines »Groß-Kurdistans«, sondern vielmehr, daß sich die türkischen Kurden von den Freiheitsbestrebungen irakischer Kurden ermutigt fühlen und ein »Klein-Kurdistan« auf türkischem Boden fordern. Erdoğan sprach sich entschieden gegen einen Staat Kurdistan auf türkischem Boden aus – und wußte damit die Mehrheit der Türken hinter sich –, verwies aber zugleich auf sein Ziel, den Kurden eine größere kulturelle Autonomie in der Türkei einzuräumen.

Mit solchen Äußerungen zog Erdoğan in den vorgezogenen Wahlkampf des Jahres 2007, den er triumphal gewann. In diesem Zusammenhang ist interessant, welche Partei die türkischen Kurden mehrheitlich wählten. Meinungsumfragen hatten ergeben, daß die Kurden sich überwiegend für eine Partei entscheiden würden, die ausschließlich kurdische Interessen im südöstlichen Anatolien vertritt. Favorit war die sozialdemokratisch orientierte Partei der demokratischen Gesellschaft (DTP), der Kontakte zur PKK nachgesagt werden. Sie war eine Partei, die sich stark für die sozial benachteiligten Kurden in weiten Teilen Anatoliens engagierte. Ein großer Teil ihrer Mitglieder wünschte allerdings einen unabhängigen Staat Kurdistan, nur eine Minderheit befürwortete bis dahin kulturelle Autonomie und politische Selbstverwaltung innerhalb der Türkei. Die kurdische Partei erzielte in der Tat einen Erfolg bei kurdischen Wählern – aber nur einen Achtungserfolg. Die Mehrheit der Kurden wählte die türkische Regierungspartei AKP. Ausgerechnet im Südosten der Türkei, dem Siedlungsgebiet der Kurden und der traditionellen Hochburg der PKK, konnte die AKP 53 Prozent der Wähler für sich gewinnen. Wie das?

Die Kurden schätzten an der AKP, daß sie ihnen ein gewisses Maß an kultureller Autonomie eingeräumt hatte. Erdoğan war es schließlich gewesen, der als erster Ministerpräsident der Türkei unverblümt gesagt hatte, ein türkischer Staatsbürger dürfe sich Kurde nennen. Zudem hatte die AKP (wenn auch nur sehr zaghaft) Maßnahmen zur Sanierung der kurdischen Elendsgebiete eingeleitet. Selbst wenn man die genannten Reformschritte der AKP nicht überbewerten darf, so ist das Wahlverhalten der Kurden als ein bemerkenswertes Signal zu verstehen: Die Mehrheit votierte nicht für eine kurdische Partei, deren Fernziel ein unabhängiger Staat Kurdistan ist, sondern für eine größere kulturelle und politische Autonomie innerhalb der Republik Türkei. Nach jahrelangem blutigem Bürgerkrieg war die Aussicht auf einen unabhängigen Staat unrealistischer als je zuvor. Um so mehr gewann nun wieder die Hoffnung an Gewicht, doch noch eine türkische Regierung als Partnerin zu gewinnen, die einsah, daß nur friedliche Reformen, nicht aber Krieg die Probleme lösen würden.

Ob tatsächlich Hoffnung auf eine friedliche Lösung besteht, hängt von zwei unberechenbaren Faktoren ab. Zum einen bleibt es unsicher, daß die PKK nicht erneut einen Partisanenkrieg vom Zaun bricht. Zum anderen könnte das türkische Militär eine kompromißbereite Regierung in Bedrängnis bringen und umgekehrt die PKK durch radikal-nationalistische Äußerungen provozieren. Generalstabschef Yaşar Büyükanit bezog schon im April 2007 öffentlich Stellung gegen die Reformen zugunsten der kurdischen Minderheit, und zwar mit scharfen Worten: Ein Feind der türkischen Republik sei, wer nicht voll und ganz den Satz Atatürks bejahe: »Glücklich ist, wer sich Türke nennen darf.« Eine andere Identität als die türkische dürfe es in der Türkei nicht geben. Minderheitenrechte für Kurden und Armenier, wie sie die AKP anstrebe, widersprächen dem Erbe Atatürks.[63]

Im Oktober 2007 sandte die PKK ein Signal, um ihrerseits einen Verständigungsfrieden gemäßigter Kräfte zu verhindern. Partisanentruppen stießen aus ihrem Versteck in den irakischen Bergen nach Anatolien vor und töteten bei einem Überfall zwölf türkische Soldaten. Nun hatte die türkische Arme einen Vorwand, um in den kurdisch besiedelten Nordirak vorzustoßen und sich dort über mehrere Wochen mit der PKK erbitterte Gefechte zu liefern.

Bemerkenswert ist die Haltung der türkischen Kurdenpartei DTP. Eine der beiden Vorsitzenden, Emine Ayna, betonte in einem Presseinterview vom 13. Dezember 2007, die DTP sei für einen Verbleib der Kurden im Staat Türkei. Zugleich verkündete sie das Prinzip der »demokratischen Autonomie«:

> »Wir wollen den Zentralismus in der Türkei abbauen. Die Türkei bleibt als einheitlicher Staat erhalten, die Amtssprache ist Türkisch. Und in den verschiedenen Regionen soll die jeweils meistgesprochene Sprache neben dem Türkischen zur zweiten Amtssprache werden.«[64]

Das sind maßvolle Zielsetzungen, die den Aktionen der PKK zuwiderlaufen. Viel hängt davon ab, ob es der Regierung Erdoğan gelingen wird, mit der Kurdenpartei DTP enger zusammenzuarbeiten – oder ob nicht doch noch sowohl die PKK als auch das türkische Militär jeden Kompromißversuch torpedieren.

Daß Konflikte nicht mit kriegerischen Mitteln gelöst werden können, hat der jahrzehntelange Partisanenkrieg in Südostanatolien gelehrt. Allein die Absage an alle militärische Gewalt zur Durchsetzung politischer Ziele und die Bereitschaft zum friedlichen Interessenausgleich können in naher Zukunft eine weitere Eskalation des Konflikts verhindern.

»ZURÜCK ZUM ISLAM!«

Tradition und Verwestlichung unter neuen Vorzeichen

Türkischer Islam genauer betrachtet

Muslime und Christen – eine schwierige Beziehung

In einer kleinen Moschee in Istanbul ergab sich ein interessantes Gespräch. Beim Rundgang durch den Kuppelraum mit seiner reichhaltigen Ornamentik aus osmanischer Zeit begleitete mich ein älterer Türke, der von Beruf Architekt war und sich intensiv mit der Restaurierung historischer Bauwerke beschäftigte. Mit ihm konnte ich mich aber auch sehr gut über Religion – und in diesem Zusammenhang über die vielschichtige Beziehung zwischen Muslimen und Christen – unterhalten.

Auf meine Frage, inwiefern Muslime in der Türkei ein Buch wie die Bibel respektierten, antwortete er: Es sei keinem Muslim verwehrt, sich mit der Bibel zu beschäftigen. Auch sei es ihm erlaubt, in der Thora der Juden zu lesen. Beide Bücher gälten den Muslimen als heilig. Entsprechend müßten Muslime bei der Lektüre der Bibel wie der Thora zuvor eine rituelle Waschung vollziehen, nicht anders als bei der Lektüre des Korans. – Aber, so gab ich zu bedenken, zwischen dem Koran und den Offenbarungsschriften der beiden anderen Religionen bestünden doch erhebliche Unterschiede. – Selbstverständlich, bekräftigte er und erklärte dann mit einem verlegenen Lächeln: Bibel und Thora enthielten jedoch bedenkliche Verfälschungen der göttlichen Offenbarung. – Und wer habe solche Verfälschungen betrieben? – Bei den Christen seien es vor allem die Kirchenväter gewesen. Die Bibel habe in ihrer endgültigen Fassung erst 300 bis 400 Jahre nach dem Tod des Propheten Jesus vorgelegen. Der Koran hingegen sei von Anfang an in der Endfassung als Offenbarung Gottes dagewesen und in dieser Urfassung durch den Propheten Mohammed den Gläubigen vermittelt worden. Ein Muslim müsse aber trotzdem die anderen Glaubensformen respektieren. Schließlich glaubten auch Christen und Juden an den einen Gott. – Ob er selbst schon in der Bibel gelesen habe. – Nein. In der Türkei sei es nicht einfach, eine Bibel zu bekommen. Es gebe zu wenig Christen. Er lächelte wieder etwas verlegen.

Unser Gespräch mündete in die mir schon ausreichend bekannte Konfrontation zwischen wahrer und halb wahrer oder »verfälschter« Offenbarung Gottes. Dennoch erfuhr ich etwas Neues. Der religiös gebildete Türke erklärte mir, im Paradies seien alle Menschen 33 Jahre alt, weil der Prophet Jesus im Alter von 33 Jahren gestorben sei. Dies könne ich wiederum als einen Hinweis darauf betrachten, welch bedeutende Rolle Jesus im Glauben der Muslime spiele.

Das Gespräch zeigt es deutlich: Trotz der geistigen Verwandtschaft zwischen den monotheistischen Weltreligionen – die von Muslimen ausdrücklich anerkannt wird –, haben Muslime Vorbehalte gegen Christen und Juden aufgrund der »Unvollkommenheit« und der »Verfälschungen« ihrer Glaubenslehren.

Der Islam gilt aus muslimischer Sicht als die vollendete, abschließende Offenbarung Gottes. Mohammed ist für die Muslime der letzte der großen Propheten; er wurde von Gott gesandt, um die Verfälschungen in den Offenbarungen der Juden und Christen zu beseitigen und den ursprünglichen, reinen Monotheismus wiederherzustellen. Bekanntlich verehren die Muslime teilweise dieselben Propheten wie die Juden und Christen – von Abraham als dem geistigen Stammvater über Moses, Isaak, Jakob, Jeremia bis hin zu Daniel und anderen. Der Unterschied manifestiert sich erst an der Bewertung der Person Jesu. Die Muslime werfen den Juden vor, sie würden Jesus nicht als großen Propheten anerkennen, und an den Christen kritisieren sie, diese machten aus Jesus einen Sohn Gottes, was eine sehr heidnische Denkweise sei. Doch trotz solcher Irrtümer dürften die Muslime die Juden und Christen nicht gewaltsam zum Islam bekehren, man müsse ihren abweichenden Glauben dulden. Juden und Christen werden im Koran ausdrücklich als »Völker des Buches« oder »Leute der Schrift« (*ahl al-kitab*) bezeichnet, gerade weil ihre heiligen Bücher viel mit dem Koran gemeinsam haben. Entsprechend heißt es in der 19. Sure, Vers 47:

»Mit den Schriftbesitzern streitet nur auf die anständigste Weise, nur die Frevler unter ihnen seien ausgenommen, und sagt: »Wir glauben an das, was uns, und an das, was euch offenbart worden ist. Allah, unser Gott und euer Gott, ist nur einer, und ihm sind wir ganz ergeben.«

Dieses Wissen um die Gemeinsamkeiten hat in vielen Ländern der islamischen Welt, so auch bei den Türken, zu erstaunlichen Annäherungen im religiösen Leben geführt. Bis heute kann der aufmerksame Reisende in der Türkei sogar auf Pilgerstätten treffen, die sehr anschaulich eine Nähe islamischer und christlicher Glaubensformen verdeutlichen. Besondere Beachtung verdient hier das sogenannte Marienhaus (türkisch: *Meryemana*), das sich in der Nähe von Ephesos auf dem Hügel Ala dag befindet. Einer christlichen Legende nach soll hier Maria, die Mutter Jesu, längere Zeit gewohnt haben und auch gestorben sein – eine zweifelhafte Legende, denn auch in Jerusalem gibt es ein »Sterbehaus Marias«. Solche Widersprüchlichkeiten ändern aber nichts daran, daß bis heute zahlreiche christliche Pilger aus aller Welt in das Sterbehaus der Maria von Ephesos kommen, dort Kerzen anzünden und beten. Aber – und dies ist für unsere Beobachtung das Entscheidende – zu dieser Andachtsstätte kommen genauso auch Muslime, um der Mutter Jesu ihre Reverenz zu erweisen. In der Volksfrömmigkeit gibt es hier zwischen Christen und Muslimen keinerlei Trennlinie.

Die hier geschilderten Eindrücke werfen Fragen auf. Wenn türkische Muslime und Christen gerade in volkstümlicher Religiosität sich recht nahe stehen, wie kommt es dann, daß die Zahl der Christen in der Türkei rapide abnimmt?

Der Anteil der Christen an der türkischen Bevölkerung beträgt heute 0,15 Prozent. Aber noch gegen Ende des Osmanischen Reiches war nahezu jeder fünfte Einwohner auf dem Gebiet der heutigen Türkei Christ oder Jude.[1] In Istanbul, dem einstigen politischen und kulturellen Zentrum des Osmanischen Reiches, waren 1914 sogar 44 Prozent der Einwohner Christen, heute sind es gerade noch 1 Prozent.[2]

Das sind ungeheure Veränderungen innerhalb nur eines einzigen Jahrhunderts. Der Vergleich mit anderen Ländern der islamischen Welt, gerade im Nahen Osten, sollte zu denken geben. In Syrien sind bis heute rund 12 Prozent der Bevölkerung Christen, in Ägypten über 10 Prozent, in Jordanien rund 5 Prozent. In den hier genannten Staaten scheint die im Koran vorgeschriebene Toleranz gegen christliche Minderheiten also noch eher wirksam zu sein als in der Türkei.

Ich habe im Zusammenhang mit der massenhaften Vertreibung der Griechen und Armenier bereits eine wesentliche Ursache genannt, weshalb sich im Zeitraum von 1915 bis 1923 die Zahl der Christen im türkischen Kernland drastisch verringerte. Im Vordergrund der Feindschaft stand bei türkischen Muslimen keineswegs der Affekt gegen die Christen oder das Christentum – denn sonst hätte der Anteil der Christen im Osmanischen Reich über viele Jahrhunderte nicht derart hoch sein können wie sonst kaum in einer anderen Region der islamischen Welt. Die mörderischen Konflikte sind vielmehr erst durch das Entstehen nationalistischer Ideologien sowohl bei Christen als auch bei Muslimen möglich geworden.

Betrachten wir zunächst die Toleranz, die im Osmanischen Reich Muslime gegenüber Christen übten. Erst vor diesem Hintergrund werden die markanten Veränderungen seit dem 20. Jahrhundert verständlich.

Die Sultane gewährten den unterworfenen Christen, ob nun Griechen, Bulgaren, Serben, Albanern oder anderen, die vom Koran vorgeschriebene Toleranz als »Völkern des Buches«. Folglich durften Christen auch unter osmanischer Herrschaft nicht gewaltsam zum Islam bekehrt werden, sie konnten ungehindert ihre Religion ausüben.

Zu dieser Haltung paßt, daß die Osmanen nach der Eroberung Konstantinopels 1453 dem geistlichen Oberhaupt der orthodoxen Kirche gestatteten, nun sogar in der Hauptstadt des islamischen Großreiches zu residieren, wenn auch in einem unscheinbaren Amtssitz und in seiner Bedeutung herabgestuft. Aber auch heute – trotz der politischen Spannungen mit Griechenland – befindet sich der Amtssitz des Patriarchen am Westufer des Goldenen Horns im Istanbuler Stadtteil Fener, wo noch bis zum

Ende des folgenschweren griechisch-türkischen Krieges 1923 viele Griechen wohnten.

Es war zu osmanischer Zeit nahezu selbstverständlich, daß in den Stadtzentren Minarette und Kirchtürme nebeneinander aufragten. Eine derart direkte Nachbarschaft von Kirchen und Moscheen ist heute in der Türkei zwar kaum mehr anzutreffen, in manchen ehemaligen osmanischen Herrschaftsgebieten hingegen schon. Wer beispielsweise in Bosnien-Herzegowina Städte wie Sarajevo und Mostar noch vor dem Ausbruch des unseligen Balkankriegs 1992 besuchte, konnte dieses Nebeneinander eindrucksvoll dokumentiert sehen (wobei zu betonen ist, daß der Bürgerkrieg mit seiner schroffen Intoleranz von den Serben, nicht von den bosnischen Muslimen entfacht wurde). Das gleiche Nebeneinander gilt auch heute noch für Syrien, Palästina und Ägypten.

Christen wie auch Juden mußten unter osmanischer Herrschaft zwar erheblich höhere Steuern zahlen als Muslime, waren jedoch vom Kriegsdienst befreit. Ihnen blieb es zwar grundsätzlich verwehrt, ein hohes Regierungsamt auszuüben, aber hie und da konnten sie als ranghohe Verwaltungsbeamte tätig sein. Ohnehin standen ihnen fast alle Berufe offen. Es war kein ungewöhnliches Bild, daß Christen und Juden an osmanischen Universitäten als Professoren muslimische Schüler unterrichteten. Dagegen waren umgekehrt im christlichen Abendland Muslime an den Universitäten nicht einmal als Studenten zugelassen, auch Juden durften bekanntlich unter christlicher Oberhoheit zahlreiche Berufe nicht ausüben. Ohne Zweifel bot somit das Osmanische Reich erheblich mehr Toleranz gegenüber geistig verwandten religiösen Minderheiten – und vor allem einen besseren Rechtsschutz – als irgendein Staat des christlichen Abendlandes. Zumindest galt dies bis ins 18. Jahrhundert, bis zum Zeitalter der Aufklärung.

Daß religiöse Minderheiten unter osmanischer Herrschaft besser lebten als unter christlicher, veranschaulichen zwei historisch markante Ereignisse.

Im Jahr 1492 eroberten die katholischen Könige Spaniens die letzten Fürstentümer der Mauren und zwangen nicht nur die besiegten Muslime, sondern auch alle Juden zur Auswanderung. Nur ein kleiner Teil der maurischen Juden übersiedelte in einen von Christen regierten Staat. Die meisten bevorzugten Staaten mit islamischer Oberhoheit, ob nun in Nordafrika, in Vorderasien oder dem Osmanischen Reich. Besonders nach Istanbul, seit 1453 die neue Hauptstadt der Osmanen, zog es jüdische Kaufleute, Wissenschaftler und Handwerker.

Das zweite markante Ereignis fällt ins Jahr 1683. Damals belagerten die Türken unter der Führung des Großwesirs Kara Mustafa zum zweiten Mal Wien. Aus unserer abendländischen Sicht bedeutet diese Belagerung eine besonders schicksalhafte Konfrontation zwischen Orient und Abendland, ein nahezu unversöhnliches Gegenüber von Muslimen und Christen. Aber wenig bekannt ist – weil es in unserer Geschichtsschreibung gern an den Rand gerückt wird –, daß auf seiten der muslimischen Türken protestantische Ungarn kämpften und eine Niederlage der Christen in Wien herbeisehnten. Wie das? Die Protestanten genossen unter den katholischen Habsburgern keine Religionsfreiheit, sehr wohl aber unter den Osmanen. Ungarns Protestanten zogen eine islamische Regierung einer katholischen vor. Im kollektiven Gedächtnis geblieben sind uns diese ungarischen Christen nur durch ein inzwischen sehr populäres Schimpfwort im süddeutschen Sprachraum: »Kruzitürken«. Das Wort leitet sich von »Kreuztürken« ab, wie die katholischen Österreicher damals voll Abscheu die Protestanten unter osmanischer Oberhoheit nannten.

Wenn aber die Muslime über viele Jahrhunderte toleranter waren als Christen, so darf diese Tatsache nicht zu Mißverständnissen verleiten. Keineswegs waren Christen den Muslimen gleichgestellt, schließlich habe Gott den Islam »über alle anderen Religionen erhoben«, so heißt es im Koran (48. Sure, Vers 29). Im Kern sind Muslime genauso von der Überlegenheit ihrer Religion überzeugt wie umgekehrt die Christen. Daher können Andersgläubige bestenfalls großzügig geduldet werden.

Dieser Logik entsprach voll und ganz, daß Sultan Mehmet II. nach der Eroberung von Konstantinopel 1453 die Hagia Sophia, die zentrale Kirche griechisch-orthodoxen Glaubens, in eine Moschee umwandeln ließ. Es blieb nicht bei dieser einen Maßnahme. Während des folgenden Jahrhunderts sind weitere der schönsten und repräsentativsten Kirchen der osmanischen Hauptstadt in Moscheen umgewandelt worden, so die Kleine Hagia Sophia, die Erlöserkirche in Chora, die Pammakaristos-Kirche und viele andere, in denen die prachtvollen byzantinischen Fresken und Mosaiken übertüncht wurden. Den Christen stand zwar frei, neue Kirchen zu bauen, aber ihre bedeutendsten Kultstätten mußten sie den Muslimen überlassen.

Dieses herkömmliche Verständnis von »Duldung« hat muslimische Herrscher immer wieder bewogen, die Abstufung von »Rechtgläubigen« und Andersgläubigen auch in zahlreichen Äußerlichkeiten auffällig zu machen. Besonders in Krisenzeiten – vor allem, wenn islamische Staaten von andersgläubigen äußeren Feinden bedroht waren – wurden immer wieder diskriminierende Gesetze erlassen. So mußten sich Christen und Juden zeitweise in ganz bestimmten Farben kleiden, ihre Häuser niedriger bauen als die der Muslime und duften als Reittiere nur Maulesel, keine Pferde und Kamele verwenden.

Die Grenzen islamischer »Duldung« wurden aber im Verlauf des 15. und 16. Jahrhunderts immer schärfer gezogen. Nach und nach wurde es üblich, daß Muslime die Christen »Ungläubige« nannten. Auf arabisch hieß das *kafir*, auf türkisch *giaur*, ein Schimpfwort, das bis dahin nur Anhängern einer »Götzenreligion«, etwa des Hinduismus oder Buddhismus, vorbehalten gewesen war. Interessanterweise traf dieses beleidigende Wort nur die Christen, nicht aber die Juden. Unter der Herrschaft der Sultane gingen die Muslime so weit, Christen und Juden unterschiedlich zu bezeichnen: Nur noch die Juden nannten sie anerkennend »Schriftbesitzer«, die Christen hingegen *giaur*. »Ungläubige« – diese Bezeichnung für Christen fand Eingang in osmanische Urkunden und sogar in den diplomatischen Schriftverkehr mit europäischen Staaten bis ins 19. Jahrhundert. »Ungläubige« – dieser Sprachgebrauch hat sich im einfachen Volk bis heute gehalten.[3]

Wie kam es zu dieser Verschärfung? Muslimen fiel es relativ leicht, der Konkurrenzreligion Christentum herablassend tolerant zu begegnen, solange sie sich selbst unangefochten im Besitz der höchsten Kultur wie auch der politischen Macht wähnen konnten. Aber der Schock war groß, als die Muslime feststellen mußten, daß die Christen kulturell wie politisch an Stärke gewannen und schließlich mit ihren Truppen siegreich in Herrschaftsgebiete des Osmanischen Reiches vorstießen. Diesen Schock kompensierten die muslimischen Türken, indem sie nun die Christen religiös abwerteten. Hinzu kam die Befürchtung, daß die Christen unter osmanischer Oberhoheit mit befeindeten christlichen Staaten sympathisierten und damit zu inneren Feinden wurden. Religiöse und politische Affekte verschmolzen so zu einem immer explosiveren Gemisch. Fatale Folgen hatte dann der wachsende Affekt gegen die Armenier wie auch gegen die Griechen, die gegen Ende des 19. Jahrhunderts immer energischer politische Selbständigkeit forderten. Wenn auch die Türken Aufständische zuallererst aus politischen Gründen bekämpften, so war die Ablehnung immer häufiger auch von abwertenden Äußerungen über die andere Religion begleitet.

Daran hatten die Reformgesetze Mahmuts II. in den dreißiger Jahren des 19. Jahrhunderts wenig geändert. Mahmut II. hatte ja, wie bereits geschildert, Muslime und Christen rechtlich gleichgestellt, auch untersagte er in seiner Regierungszeit die diskriminierende Bezeichnung »Ungläubige« gegenüber Christen in amtlichen Dokumenten. Der Sultan hatte mit diesem Zugeständnis die Christen seines Herrschaftsbereichs beschwichtigen wollen und hoffte, daß sie dadurch nicht in Versuchung kamen, sich mit den europäischen Großmächten zu verbünden. Aber eine solche Reformpolitik konnte angesichts des Niedergangs osmanischer Macht nicht mehr den gewünschten Erfolg haben, und entsprechend kehrten spätere Sultane wieder zur Gewohnheit zurück, die Christen abfällig als »Ungläubige« zu bezeichnen.

Atatürk knüpfte 1926 an die Gesetzgebung Mahmuts II. an. Muslime und Christen waren jetzt endgültig gleichberechtigt. Freie Religionswahl war möglich. Kein Muslim wurde mehr mit Gefängnis oder gar mit dem Tod bestraft, wenn er zum Christentum übertrat. Auch durfte nun eine muslimische Frau einen Christen heiraten, während es bisher nur muslimischen Männern gestattet gewesen war, Christinnen zu ehelichen. Entscheidendes Kriterium für den Staatsbürger war es fortan, »Türke« zu sein; die Religion durfte nicht mehr als Maßstab für die Bewertung genommen werden. So gesehen ging die 1923 gegründete Republik Türkei weit über die traditionelle islamische Toleranz hinaus, die den Christen und Juden herablassend »Duldung« gewährte, und Atatürk näherte sich jener Vorstellung von Toleranz an, wie sie sich in Westeuropa unter dem Einfluß der Aufklärung entwickelt hatte.

Um so mehr irritieren muß dann aber der Affekt der Türken gegen Armenier und Griechen. Daß es sich hier in erster Linie um eine nationalistisch und nicht um eine religiös motivierte Intoleranz handelte, habe ich bereits dargestellt. Trotzdem bleiben viele Fragen offen. Denn die Situation der christlichen Minderheit in der heutigen Türkei entspricht keineswegs jenen Reformen, mit denen Atatürk die rechtliche Gleichstellung der Staatsbürger jenseits ihrer religiösen Zugehörigkeit einleitete.

Erschwerte Bedingungen für Christen in der »säkularen« Türkei

In Gesprächen mit Türken konnte ich immer wieder feststellen, daß viele der nationalistisch orientierten Muslime argwöhnen, die im Land verbliebenen Griechen und Armenier seien nach wie vor »keine guten Türken«, sie sympathisierten in politischen Konflikten oft genug mit den »Feinden der Republik«, etwa Griechenland. Daher sei es notwendig, die christlichen Minderheiten zu überwachen und ihre gesellschaftlichen Aktivitäten einzuschränken. Das Mißtrauen der Türken richte sich nicht gegen die christliche Religion an sich, es handle sich also nicht um religiöse Intoleranz, das Mißtrauen richte sich vielmehr gegen türkische Staatsbürger, deren Loyalität aufgrund ihrer griechischen oder armenischen Herkunft zweifelhaft sei.

Wie aber ist in diesem Zusammenhang das verheerende Pogrom von Istanbul im September 1955 zu bewerten?

Orhan Pamuk schildert in seinem autobiographischen Buch *Istanbul* in beklemmender Anschaulichkeit, was am 6. und 7. September 1955 in den Istanbuler Stadtvierteln mit hohem christlichen Bevölkerungsanteil geschah. Tausende grölende Muslime plünderten die Lebensmittelläden und Kleinbetriebe von

Griechen und Armeniern, zündeten Häuser an, vergewaltigten Frauen.

»Es darf mit Fug und Recht behauptet werden«, so Orhan Pamuk in seinem Buch, »daß diese Leute nicht minder erbarmungslos vorgingen als seinerzeit die in Konstantinopel plündernden Soldaten Sultan Mehmets. Zwei Tage lang wurde Istanbul für alle Nichtmuslime in eine Hölle verwandelt, die schlimmer war als ihr schlimmster orientalischer Alptraum, und später kam heraus, daß staatliche Agitatoren dem Pöbel in Aussicht gestellt hatten, es dürfe nach Herzenslust geplündert werden. Am Morgen jener Nacht, an der jeder Nichtmuslim Gefahr lief, gelyncht zu werden, war die İstiklal-Straße in Beyoğlu übersät mit den Überresten von Dingen, die die Plünderer aus den zerstörten Läden nicht hatten mitschleppen können und dennoch genüßlich ruiniert hatten.«[4]

80 Prozent der Textilgeschäfte im Basar von Istanbul gehörten bis dahin Griechen, Armeniern und Juden. Sie bildeten das Rückgrat des Handels und Handwerks in der Türkei. Aber in einer einzigen Nacht verwüsteten Plünderer mehr als 4000 Läden und Büros, über 3500 Wohnungen, legten Feuer in 72 Kirchen und 31 christlichen Schulen.[5] Jenes Pogrom trug wesentlich dazu bei, daß Tausende Christen die Türkei fluchtartig verließen und so den prozentualen Anteil der ohnehin schon kleinen Minderheit noch mehr verringerten.

Über die eigentlichen Ursachen dieser schrecklichen Ausschreitungen vom September 1955 ist seither viel gerätselt worden. Unbestritten ist, daß die damalige krisenhafte Entwicklung auf der Insel Zypern die türkische Öffentlichkeit zunehmend erregte. Denn auf Zypern machten griechische Nationalisten der dort lebenden türkischen Minderheit das Leben schwer. Das allein hätte aber nicht der Funke für das Pulverfaß sein müssen. Entscheidend war, daß der damalige türkische Ministerpräsident Adnan Menderes die Krise auf Zypern gezielt benutzte, um die türkische Bevölkerung gegen die »feindlichen Griechen« im Ausland sowie gegen die »Feinde im Innern« zu mobilisieren – mit dem Ziel, das eigene Volk von zunehmender Mißwirtschaft und Korruption der Regierung abzulenken. Orhan Pamuk wies in seiner Schilderung ausdrücklich auf »staatliche Agitatoren« hin, die den Pöbel zur Plünderung animierten. Ein weiterer Anlaß kam hinzu: Anfang September war im Geburtshaus Atatürks in Saloniki eine Bombe explodiert, was türkische Zeitungen sofort als »Attentat« fanatischer Griechen interpretierten und entsprechend aufbauschten. In Wirklichkeit handelte es sich um eine Inszenierung des türkischen Geheimdienstes, um den Haß auf die Griechen zu schüren.[6] Die traumatischen Ereignisse des Pogroms von 1955 belegen, daß im Vordergrund eher eine nationalistische, antigriechische wie auch antiarmenische Hysterie stand und nicht eine grundsätzliche Abneigung gegen das Christentum.

Aber bei näherem Hinsehen gibt es in der Türkei neben dem unheilvollen Gemisch religiös-nationalistischer Affekte eben doch auch handfeste Gesetze, die das Leben türkischer Christen erheblich einschränken. Und einige wurden bereits unter Atatürk verabschiedet, der noch 1926 Muslimen und Christen gleiche Rechte eingeräumt hatte.

Zehn Jahre später schuf eine neue Maßnahme wieder völlig andere Bedingungen. Atatürk, dem es von Anfang an darum ging, die Macht religiöser Instanzen zu beschneiden, erließ 1936 ein Gesetz, das den religiösen Gemeinschaften untersagte, neue Kultstätten zu bauen und theologische Ausbildungsstätten einzurichten; sämtliche Religionsgemeinschaften mußten sich von nun an mit den bereits vorhandenen Gebäuden begnügen. Dieses Gesetz zielte in seiner ursprünglichen Intention keineswegs zuallererst auf Christen. Im Gegenteil. Atatürk wollte damit vor allem islamische Gruppierungen bekämpfen, denn ihnen unterstellte er, sie stärkten durch den Neubau von Moscheen und Koranschulen ihre Macht und gäben damit »rückständigen« Traditionen Auftrieb. In zweiter Linie betraf dieses Gesetz allerdings auch die Christen – und für sie waren die Folgen auf lange Sicht viel nachteiliger als für die Muslime.

Nachdem 1945 in der Türkei ein Mehrparteiensystem an die Stelle der Einparteiendiktatur getreten war, konnten sich politische Kräfte formieren, denen es darum ging, den Islam als Religion und Kultur öffentlich wieder stärker zur Geltung zu bringen und schrittweise eine Aufhebung des Verbots islamischer Aktivitäten zu erreichen. So sind spätestens seit den fünfziger und sechziger Jahren in der Türkei zahlreiche neue Moscheen sowie religiöse Ausbildungsstätten entstanden. Auch wurde der islamische Religionsunterricht seit den achtziger Jahren wieder Pflichtfach an allen öffentlichen Schulen.

Anders bei den Christen. Diese Minderheit mit ihrem schrumpfenden Anteil von weniger als 1 Prozent der Bevölkerung besaß keine Lobby, um ähnliches durchzusetzen. Bis in das Jahr 2008 blieb es türkischen Christen verwehrt, neue Kirchen zu errichten. Erst neuerdings zeichnen sich Erleichterungen ab. Auch wurde es immer schwerer, in der Türkei Pfarrer auszubilden, weil es kaum möglich war, die wenigen bestehenden Lehrstätten zu finanzieren. Und so war der Nachwuchs immer häufiger gezwungen, an ausländischen Universitäten zu studieren. Vollends verschärfte sich die Situation, als die Republik Türkei 1970 die letzte theologische Ausbildungsstätte der Armenier und 1971 die letzte der Griechen schloß. Anlaß waren wachsende politische Spannungen mit der armenischen Minderheit und dem Nachbarstaat Griechenland. Den Kirchen ist es streng untersagt, in öffentlichen Schulen christliche Religion zu unterrichten. Ganz im Gegensatz zu den Entfaltungsmöglichkeiten, die inzwischen wieder die Muslime haben, bleibt für die Christen das einschränkende Gesetz von 1936 unverändert in Kraft.

Ein paradoxer Zustand ist damit eingetreten: Ausgerechnet die Republik Türkei, die in Bezug auf Glaubensfreiheit die modernste Verfassung aller Staaten der islamischen Welt auf dem Papier stehen hat, schränkt in der Praxis die Rechte ihrer christlichen Minderheiten stärker ein, als es die meisten anderen von Muslimen regierten Länder tun (abgesehen von den arabischen Golfstaaten und Afghanistan). Den Christen der Türkei steht es zwar frei, in den vor 1936 erbauten Kirchen Gottesdienste abzuhalten. Aber sie dürfen nicht dieselben bürgerlichen und politischen Rechte beanspruchen wie die Muslime. Die Republik Türkei hält sich damit nicht an die Bestimmungen des Vertrags von Lausanne aus dem Jahr 1923, in dem ausdrücklich die Entfaltungsfreiheit religiöser Minderheiten mit eigenem Rechtsstatus garantiert ist. Ignoriert wird in diesem Zusammenhang aber auch der Gleichheitsgrundsatz der türkischen Verfassung, wie ihn Artikel 10 formuliert.[7]

Hier stoßen wir auf einen Sachverhalt, der nur schwer mit den Grundsätzen eines säkularen Staates nach westlichem Vorbild zu vereinen ist. Wie kommt es, daß der Islam, der doch keineswegs »Staatsreligion« ist, eine derart bevorzugte Stellung genießt? Müßte nicht gerade hier der Nationale Sicherheitsrat, der sich als Wächter des Laizismus versteht, korrigierend eingreifen? Genau das geschieht nicht. Was die Ursachen für ein solches Verhalten sind, werde ich an anderer Stelle noch erörtern, wenn ich in Einzelheiten auf das heutige Spannungsverhältnis zwischen türkischem Staat und Islam eingehe.

Mit unserem Verständnis eines säkularen Staates ist es auch nicht zu vereinbaren, daß im Reisepaß und im Personalausweis die Religionszugehörigkeit vermerkt ist. Dies geschieht mit einem Zifferncode. Für Angehörige christlicher Minderheiten ist es die Zahl 31. Dadurch ist es Behörden sowie Polizisten möglich, Christen sofort zu erkennen und bei Bedarf – oder persönlichem Ressentiment – anders zu behandeln als Muslime.[8] Dieser Zifferncode in den Ausweispapieren verhindert bis heute den beruflichen Zugang zu höheren öffentlichen Ämtern.[9] Eine solche Praxis unterscheidet sich nicht von der in den meisten islamischen Ländern – nur daß dort der Islam als Staatsreligion in der Verfassung verankert und keine Gleichbehandlung der Religionen (sondern nur herablassende Toleranz) gesetzlich vorgesehen ist.

Diskriminierungen türkischer Christen häufen sich sogar in jüngerer Zeit. Die Regierungsbehörde *Diyanet*, die mit 100 000 Mitarbeitern die 70 000 sunnitischen Moscheen verwaltet, ließ bis vor wenigen Jahren zu, daß in ihren Publikationen das Christentum als »Aberglaube« bezeichnet wird, und forderte »rechtgläubige Muslime« auf, sich von dieser Religion zu distanzieren. Erst seit dem Jahr 2004 ist in neu veröffentlichten Schulbüchern nicht mehr der Vorwurf zu finden, die Christen hätten die ursprüngliche Offenbarung des *einen* Gottes verfälscht.[10] Dies kann als eine Geste verstanden werden, bessere Bedingungen für einen Dialog der Religionen herzustellen. Dann aber wieder gegenläufige Signale: Im November 2006 wurden zwei Türken, die vom Islam zum Christentum übergetreten waren, mit Billigung der Religionsbehörde vor Gericht gestellt und wegen »Herabwürdigung des Türkentums« angeklagt.[11] Ein solches Vorgehen widerspricht eindeutig dem Gesetz von 1926, das absolute Religionsfreiheit gewährt und Religionswechsel nicht unter Strafe stellt. Die Anklage gegen »Abtrünnige« knüpfte an eine Praxis an, die bis 1926 in der Türkei gängig war und in vielen Ländern der islamischen Welt noch heute üblich ist: Muslime, die sich »vom wahren Glauben« des Islam abwenden und den »Aberglauben« einer anderen Religion bevorzugen, können mit Gefängnis, Geldstrafen oder gar dem Tod bestraft werden. (So gingen auch die Kirchen vor dem Zeitalter der Aufklärung mit »Abtrünnigen« um.)

»Islam-Faschisten« gegen Christen

Daß es in der Türkei bis heute Muslime gibt, die sich fanatisch gegen Andersgläubige wenden und in jedem christlichen Priester bereits einen »Missionar« und »Verführer schwacher Gläubiger« sehen, mußte die Weltöffentlichkeit in den Jahren 2006 und 2007 schockiert zur Kenntnis nehmen. Muslime schritten zur Selbstjustiz, weil der Staat zu schwach sei, gegen »Missionare« vorzugehen. So wurde in Trabzon ein katholischer Geistlicher beim Gebet in seiner Kirche erstochen, in Samsun ein Pater mit dem Messer attackiert, in Kayseri und Izmir wurden Patres überfallen. Im Januar 2007 wurde der armenische Christ Hrant Dink in Istanbul erschossen.

Zur bisher schlimmsten Bluttat kam es aber im April 2007 in der osttürkischen Stadt Malatya. Fünf Jugendliche im Alter von 19 und 20 Jahren überfielen eine Niederlassung des christlichen Verlags *Zirve* (»Gipfel«), fesselten drei Mitarbeiter, zwei türkische und einen deutschen Christen, folterten sie und töteten sie anschließend mit einem Schnitt durch die Kehle. Die Verhafteten begründeten ihre Tat damit, daß der Verlag Bibeln in türkischer Übersetzung an die Einwohner Malatyas verteilt hätte, um glaubensschwache Muslime zum Christentum zu bekehren. Zwei der

Getöteten seien bereits »Verführte« beziehungsweise »Opfer« dieser Missionierung gewesen und hätten allein schon wegen ihres »Abfalls vom wahren Glauben« den Tod verdient. Der Skandal erhielt noch eine weitere Dimension, als im Dezember 2007 nach monatelangen Ermittlungen immer deutlicher wurde, daß die Täter vor der Bluttat Kontakte zu den türkischen Sicherheitskräften hatten und darüber hinaus mit ihren Handys nicht nur verschiedene ranghohe Polizeibeamte, sondern auch Politiker der radikal-nationalistischen MHP wie auch der islamistischen Partei Erbakans angerufen hatten.[12]

Alle Täter, ob nun in Trabzon, Samsun, Kayseri, Izmir, Istanbul oder Malatya, hatten eines gemeinsam: Sie waren auffallend jung und kamen keineswegs aus dem Umfeld traditionell orientierter Koranschulen, sondern aus der radikal-nationalistischen Jugendorganisation der »Grauen Wölfe«, die mit der MHP, der Nationalen Bewegung des Alparslan Türkeş, eng verbunden ist. Im Gedankengut dieser 1965 entstandenen Partei sowie der zugehörigen Jugendorganisation fließen ein radikaler Nationalismus – dessen geistige Anleihen beim deutschen Nationalsozialismus unverkennbar sind – und fundamentalistische Strömungen des Islam zusammen. Ihre Ideologie läßt sich daher zu Recht als eine Art »Islam-Faschismus« bezeichnen, der sich durch seine völkische Tendenz völlig vom herkömmlichen politischen Islam unterscheidet.

Die osttürkische Stadt Malatya war besonders in den siebziger Jahren eine Hochburg der »Grauen Wölfe«. Bis heute ist Malatya eine Stadt, in der überproportional viele Türken die MHP wählen. Bei den Parlamentswahlen von 2002 erhielt die MHP rund 33 Prozent der Stimmen, im Landesdurchschnitt waren es nur rund 8 Prozent. Einer der prominentesten Mitglieder der »Grauen Wölfe« und der MHP in Malatya war Mehmet Ali Ağca, der 1979 den prominenten liberalen Chefredakteur der türkischen Zeitung *Milliyet* tötete, bevor er 1981 durch sein Attentat auf Papst Johannes Paul II. weltweit bekannt wurde.

In den Jahren dieser blutigen Ausschreitungen gegen Angehörige christlicher Minderheiten regierte bereits Ministerpräsident Recep Tayyip Erdoğan, dessen Partei AKP sich als »islamisch«

definiert. Aber Erdoğan distanzierte sich sofort von dem extrem nationalistisch aufgeladenen, intoleranten Islam. Wer seiner eigenen Religion vertraue, brauche keine Angst vor der Glaubensfreiheit zu haben, sagte Erdoğan und betonte:

> »In Europa haben wir an die 6000 Moscheen, die gleiche Sicherheit müssen wir in unserem Land allen Synagogen und Kirchen gewähren.«[13]

Ähnlich reagierten auch einige Vertreter der säkularen Elite, die in ihrer Mehrheit Atatürks Republikanischer Volkspartei zuneigen. So schrieb Ertuğrul Özkök, Chefredakteur der kemalistisch orientierten Zeitung *Hürriyet* (»Unabhängigkeit«):

> »Die Türken in Deutschland haben an die 3000 Moscheen erbaut. Wo bleibt unsere Zivilisation, wenn wir nicht ein paar Kirchen und ein paar Missionare dulden können?«[14]

Solch kritische Sätze sind bemerkenswert in einem Presseorgan, das mit seiner reißerischen Aufmachung dem deutschen Massenblatt *Bild* ähnelt und auflagenstärkste Zeitung der Türkei ist. Aber Özkök als einer der einflußreichsten Politiker des Landes möchte das Image der *Hürriyet* als einer strikt nationalistischen Zeitung ändern und eine differenziertere Berichterstattung ermöglichen.

Auffallend wenige prominente Türken haben bisher so eindeutig wie Erdoğan und Özkök hervorgehoben, daß in Westeuropa die türkischen Muslime mehr Freiheiten haben als umgekehrt die Christen in der Türkei. Es wurde und wird großteils noch immer von der Mehrheit der Türken widerspruchslos hingenommen, daß Christen in der Türkei eingeschränkt leben müssen. Was sind die Ursachen für das bisherige Schweigen?

Eine Studie der Universität Köln, die im Frühsommer 2007 veröffentlicht wurde, macht auf eine bedenkliche Grundeinstellung vieler Türken zu Fragen der Religionsfreiheit aufmerksam. Nur 16 Prozent der Befragten sprachen sich für die Freiheit der Religionen aus.[15] Ein solcher Tatbestand liefert eine erste Antwort darauf, weshalb viele Türken an der Diskriminierung Andersgläubiger kaum Anstoß nehmen.

Wir Europäer sollten diese Meinungsäußerungen allerdings

nicht als spezifisch »islamisch« abkanzeln. Denn besagte Studie weist auf eine ähnliche Geisteshaltung im Nachbarstaat Griechenland mit orthodoxer Staatskirche hin.

Wie tolerant sind Christen im Nachbarstaat Griechenland?

Es lohnt sich, einen Blick auf den Nachbarstaat Griechenland zu werfen, schließlich waren die griechisch-christlichen und türkisch-islamischen Kulturräume über Jahrhunderte eng verflochten. Sie sind es in gegenseitiger Rivalität und entsprechenden Schuldzuweisungen bis heute noch. Die Antipathien, die viele Griechen sogar in religiöser Hinsicht gegen Türken hegen, konnte ich aus vielen Gesprächen heraushören. Und jedesmal stellte ich mir die Frage, wie es denn um die griechisch-christliche Toleranz gegenüber Andersgläubigen sowie das Verständnis der Griechen von einem säkularen, religiös wertneutralen Staat bestellt sei.

Zwei Begegnungen beziehungsweise Gespräche während meiner Griechenlandreise 2004 geben einen aktuellen Anschauungsunterricht. Beide Male unterhielt ich mich mit orthodoxen Priestern, die fließend Deutsch sprachen, weil sie etliche Jahre in Deutschland unter Griechen seelsorgerisch tätig gewesen waren. Der eine wie der andere machten im ersten Moment einen sehr weltoffenen Eindruck und äußerten sich anerkennend über die sozialen Errungenschaften in Deutschland. Dies änderte sich sofort, als wir auf das Thema Religion und im speziellen auf den Islam zu sprechen kamen.

Der erste Priester, auf der Insel Karpathos ansässig, furchte die Stirn, nachdem ich darauf hingewiesen hatte, daß unter der Herrschaft der Osmanen die Griechen nur politisch unterdrückt, nicht aber in ihrer Glaubensfreiheit eingeschränkt gewesen seien, entsprechend sei auch die griechisch-orthodoxe Kirche in der Ausübung ihrer Riten nicht behindert worden. Der Priester schüttelte heftig den Kopf und antwortete, die Türken hätten viele Heilige grausam getötet. – Die Türken? Ich erwiderte: Die orthodoxe Kirche sei es doch vor allem gewesen, die viele Christen umgebracht habe. – Ob ich damit die Ketzer meine? Ich nickte. Der Priester schwieg, schaute an mir vorbei und schüttelte wieder den Kopf. Dann wechselte er das Thema.

Der andere Priester, in einer Athener Pfarrei tätig, klärte mich darüber auf, weshalb allein die griechisch-orthodoxe Kirche im vollständigen Besitz der Wahrheit Gottes sei. Diese Kirche sei die einzige, die im Laufe von 1500 Jahren ihre Dogmen nie geändert habe. Sie sei die einzige, die unverändert an den Glaubenssätzen des Ersten Ökumenischen Konzils von Nikäa im Jahr 325 festhalte. Alle anderen Kirchen aber, die katholische und erst recht die vielen protestantischen Kirchen, hätten die Glaubenslehre durch allerlei Abirrungen und Zugeständnisse an den Zeitgeist späterer Jahrhunderte erheblich verfälscht. Daher könne es keine Toleranz in dem Sinne geben, daß man Christen außerhalb der griechisch-orthodoxen Kirche im vollen Sinne als Christen anerkenne. Und erst recht könne es keine Toleranz gegenüber Muslimen und sonstigen Andersgläubigen geben.

Sind das nun willkürlich ausgewählte und durch bloßen Zufall diktierte Gespräche?

Die bereits zitierten Studien der Universität Köln belegen das Gegenteil. Dort werden ausdrücklich Parallelen zwischen der Geisteshaltung türkischer Muslime und griechischer Christen hergestellt. Weder in der Türkei noch in Griechenland ist die strikt säkular orientierte Bildungsschicht zahlenmäßig besonders stark. Kein anderer Mitgliedstaat der Europäischen Union kennt noch eine derartige Einflußnahme der Kirche auf die Politik und das gesellschaftliche Leben. Daher kann man Griechenland auch nicht nach unseren strengen westeuropäischen Maßstäben als einen schon durchweg säkular strukturierten Staat bezeichnen.

Es ist noch gar nicht so lange her, daß in Griechenland entscheidende Voraussetzungen für einen säkularen Staat nach westlichem Vorbild geschaffen wurden. 1982 kam es zu einem heftigen Konflikt zwischen Kirche und Staat, als die sozialistische Regierung unter Ministerpräsident Andreas Papandreou eine grundsätzliche Änderung des Familienrechts durchsetzte: Reine Zivilehen waren nun möglich – 50 Jahre nach deren Einführung in der Türkei und über 100 Jahre nach deren Einführung im Deutschen Reich gegen den Willen der Kirchen (im sogenannten Kulturkampf). Bis zum Jahr 1982 waren in Griechenland Ehebündnisse ohne den Segen der griechisch-orthodoxen Kirche nicht gültig; Kinder aus Verbindungen mit Protestanten, Muslimen oder Atheisten galten als »unehelich«.[16] Die Regierung Papandreou hatte damit aber ohnehin nur eine Reform auf den Weg gebracht, ohne die von Griechenland nicht die Voraussetzungen für einen EU-Beitritt erfüllt worden wären.

Aber weitere Reformen im Sinne einer konsequent säkularen Staatsverfassung wurden noch bis in unsere unmittelbare Gegenwart verschleppt. Als die Regierung unter dem sozialistischen Ministerpräsidenten Kostas Simitis, dem Nachfolger Papandreous, im Jahr 2000 in Personalausweises und Reisepässen die Angabe der Religionszugehörigkeit streichen ließ, leistete die Kirche heftigen Widerstand. Wortführer war der Metropolit Christodoulos, Erzbischof von Athen, der von 1998 bis zu seinem Tod 2008 Oberhaupt der orthodoxen Christen Griechenlands war. Christodoulos brachte in Athen nahezu drei Millionen Demonstranten auf die Straße, um die Regierung zu einer Rücknahme dieser Reform zu zwingen. Jeder Grieche, so argumentierte der Erzbischof, solle in all seinen Personaldokumenten weiterhin als Anhänger der einzig wahren christlichen Lehre erkennbar sein. Wer dies ablehne, habe als Ungläubiger die Folgen zu tragen (was eine Diskriminierung bedeutete).[17] Der Streit um den Vermerk in Personalausweis und Reisepaß dauerte nahezu sieben Jahre, ohne daß Kirche oder Staat nachgaben. Erst 2007 konnte der Zwist beendet werden, indem der Oberste Gerichtshof in einem Urteil zugunsten der Reformer entschied. Vor dem Hintergrund solcher Vorgänge mutet die Haltung der griechisch-orthodoxen Kirche sehr heuchlerisch an, wenn sie kritisiert, daß die Christen in der Türkei den Muslimen nicht gleichgestellt seien. Denn die Kirche tritt hier keineswegs im Namen der Demokratie für die Glaubensfreiheit aller Religionen ein, sondern nur für die Freiheit der eigenen Klientel, die unter dem Absolutheitsanspruch Andersgläubiger zu leiden hat.

In Griechenland sind weitere Reformen im Sinne einer konsequent säkularen Staatsverfassung dringend nötig. Noch immer ist der griechisch-orthodoxe Religionsunterricht Pflichtfach für alle Schüler bis zur zehnten Klasse. Bis heute übt die Kirche eine strenge Kontrolle über den weltanschaulichen Inhalt aller Schulbücher aus. Der bereits erwähnte Erzbischof Christodoulos strengte immer wieder Gerichtsverfahren gegen Autoren von Geschichtsbüchern an, denen er »Säkularisierung« vorwarf, womit er weltanschauliche Abweichungen von kirchlichen Dogmen meinte. Er beschuldigte sie, »zu weltlich« zu sein und die religiös geprägten nationalen Werte Griechenlands zu verraten.[18]

Der Anstoß zu solchen Aktionen resultiert aus der Grundhaltung, die Regeln eines säkularen Staates nicht zu akzeptieren. Letztendlich beharren viele kirchliche Würdenträger Griechenlands (ähnlich wie Vertreter anderer orthodoxer Kirchen in Bulgarien, Russland, Serbien und Rumänien) auf der innigen Verbindung von religiöser und politischer Ordnung. Es ist eine Geisteshaltung, die wir Westeuropäer nur noch in einem islamisch geprägten Land für möglich halten, kaum aber in einem christlich geprägten Mitgliedstaat der EU.

Schwierigkeiten in Fragen der Glaubensfreiheit gab es in Griechenland noch in den neunziger Jahren, als amerikanische Sekten unter griechisch-orthodoxen Christen zu missionieren versuchten. Die Behörden wollten einschreiten und die Missionare inhaftieren, sie mußten sich jedoch von den übrigen EU-Mitgliedstaaten darauf hinweisen lassen, daß Andersgläubige nicht unterdrückt werden dürfen. Der sozialistische Ministerpräsident Kostas Simitis, der bis 2004 im Amt war, äußerte sich sehr pessimistisch sowohl über die Haltung der Kirche als auch über die Grundeinstellung vieler seiner Landsleute: Die Kirche versuche eine noch größere Rolle als bisher im öffentlichen Leben zu spielen, und dies könne der Kirche vielleicht auch gelingen, denn die Mehrheit der Griechen wünsche noch immer keine laizistische Staatsverfassung, etwa nach dem Beispiel Frankreichs. Simitis sprach hier als Vertreter der äußerst schmalen konsequent säkular orientierten Bildungsschicht und teilte ihre Skepsis, es gebe nach wie vor keine Gleichheit zwischen griechisch-orthodoxen Christen und dem Rest der Bevölkerung, der immerhin 8 bis 10 Prozent ausmacht. Es sei unwahrscheinlich, daß selbst aufgeklärte

Politiker in absehbarer Zeit eine strikte Trennung von Staat und Kirche in allen Bereichen forderten. Die konservative Grundstimmung im Volk würde das nicht erlauben.[19]

Konflikte zwischen Sunniten und Aleviten

Vielen Westeuropäern ist nicht bekannt, daß es in der Türkei eine Glaubensgemeinschaft gibt, die sich Aleviten nennt, und daß diese religiöse Minderheit nahezu ein Viertel bis ein Drittel der türkischen Bevölkerung ausmacht, heute also zwischen 15 und 20 Millionen Menschen. Sie bildet ein beachtliches Gegengewicht zur sunnitischen Mehrheit. Ist es ein harmonisches Nebeneinander?

Für kurze Zeit rückten während der neunziger Jahre Ereignisse in die internationalen Schlagzeilen, die deutlich machten, daß zwischen beiden islamischen Konfessionen erhebliche Spannungen bestehen. 1993 zündeten sunnitische Extremisten während eines Kulturfestivals in der ostanatolischen Stadt Sivas ein Hotel an, 37 alevitische Künstler und Intellektuelle verbrannten oder erstickten; daraufhin erschütterten schwere Unruhen die Türkei. 1995 kam es landesweit zu Ausschreitungen, nachdem radikale Sunniten in Istanbul ein Attentat auf Aleviten verübt hatten. Solche Vorfälle mit Toten und Verletzten sind aber nur die augenfälligsten Anzeichen eines untergründigen Dauerkonflikts zwischen Sunniten und Aleviten.

Viele westliche Beobachter sind verblüfft, daß sich solche religiös motivierten Exzesse ausgerechnet in der Republik Türkei entladen, die ja laut Selbstverständnis stärker säkular ausgerichtet ist als jeder andere Staat der islamischen Welt.

Aber zunächst einmal einige Anmerkungen zur Herkunft dieser Glaubensgemeinschaft. Die Bezeichnung *Alevi* bedeutet im Türkischen wie Arabischen »Anhänger des Ali«. Gemeint ist Ali Ibn Abi Talib, der vierte Kalif des Islam, der Vetter und Schwiegersohn des Propheten Mohammed. Damit geben sich die Aleviten – trotz aller Distanz zu den orthodoxen Schiiten – als eine schiitische Bewegung zu erkennen. Entstanden ist ihre Glaubensgemeinschaft im 9. Jahrhundert im Irak, hat sich dann in Syrien und von dort während des Spätmittelalters über weite Teile des östlichen Anatolien ausgebreitet. Ihre Anhänger entwickelten im türkischen Kulturraum teilweise andere Traditionen als im arabischen, deshalb besteht zwischen den Aleviten der Türkei und denen in Syrien heute nur noch eine lockere Verbindung. Die türkischen Hauptsiedlungsgebiete befinden sich in der Region um Hacibektaş, ihrem großen Pilgerzentrum, sowie in Istanbul, Gaziantep, Sivas und Tokat.

Was aber macht den Gegensatz zwischen Sunniten und Aleviten so explosiv? Weshalb können selbst heute religiöse Differenzen nicht auf dem Weg eines friedlichen Dialogs gelöst werden, und dies ausgerechnet in einem säkularen Staat?

Ich habe Aleviten gebeten, die Unterschiede zwischen ihrer und der sunnitischen Glaubensrichtung zu erklären. Aber ich konnte mich dem Kern des Problems nur schrittweise nähern, denn alle Befragten zeigten anfangs Scheu vor eindeutigen Auskünften. Zuerst bekam ich nur zu hören, die Aleviten seien geistig viel freier, viel moderner, viel weniger traditionsgebunden als die Sunniten. Die Aleviten fänden es unnötig, fünfmal täglich zu beten, die Fastengebote des Ramadan einzuhalten und nach Mekka zu pilgern. Auch lehnten sie die Gesetzgebung der Scharia ab. Sie tränken ganz selbstverständlich Alkohol. Und ihre Frauen genössen viel größere Freiheiten als bei den Sunniten.

Aber solche Differenzen können nicht die eigentliche Ursache für die Konflikte sein. Schließlich äußern sich viele türkische Sunniten, gerade in den Ballungsräumen, sehr ähnlich. Ohnehin wurde die Scharia bereits 1924 von Atatürk durch eine Gesetzgebung nach westlichem Vorbild ersetzt.

Es gibt jedoch weitere Unterschiede. Die Aleviten feiern aus besonderer Verehrung für Jesus Weihnachten und Ostern, auch halten sie zeitweise ein religiös-rituelles Gedächtnismahl ab, das mit Brot und Wein an das Heilige Abendmahl erinnert. Solche Traditionen könnten sie von den Christen übernommen haben, die im Anatolien des 14. Jahrhunderts noch die Bevölkerungsmehrheit bildeten. Die Aleviten verehren auch in besonderem Maße die Jungfrau Maria, ja sie pflegen in mancher Hinsicht einen Marienkult wie Katholiken und griechisch-orthodoxe Christen. Ich lernte einen in Wien lebenden Aleviten kennen, der zum niederösterreichischen Marienwallfahrtsort Maria Schutz pilgerte, um dort heiliges Wasser in eine Flasche abzufüllen und dieses »Marienwasser« seiner kranken Mutter als Genesungsmittel in die Türkei zu bringen. Aber solche Formen der Volksfrömmigkeit werden von der islamischen Orthodoxie durchaus geduldet, wenn auch nicht offiziell anerkannt. Schließlich pilgern sunnitische Muslime – nicht anders als Aleviten und türkische Christen – zum »Sterbehaus« der Jungfrau Maria in Ephesos.

Der eigentlich explosive Gegensatz zwischen Sunniten und Aleviten betrifft einen anderen Aspekt. Aleviten kommen darauf meist erst nach längerem Zögern zu sprechen. Dieses Ausweichen hat eine historische Ursache, denn eine klare Auskunft über ihren Glauben war früher, unter sunnitisch-osmanischer Herrschaft mehr oder weniger gefährlich, mitunter lebensgefährlich.

Ein Alevit der Bildungsschicht gab mir diese Auskunft, nicht zufällig, in Deutschland, wo er sich mit seinem eindeutigen Glaubensbekenntnis sicherer fühlte. Er sagte, die Aleviten verehrten Kalif Ali, den Ahnherrn aller Schiiten, mehr als den Propheten Mohammed. Ali gelte als eine menschliche Erscheinungsform Gottes. So wie Gott einst in Jesus erschienen sei, so habe sich Gott auch in Ali offenbart. – Wie aber stehe es dann mit dem Propheten Mohammed? – Mohammed habe zwar den Koran als Offenbarung von Gott empfangen, antwortete der Alevit. Aber Ali habe den mündlich offenbarten Koran als erster Muslim schriftlich fixiert, und dieser sei der einzig reine, unverfälschte. Diesen Koran hätten jedoch Alis Gegner vernichtet, deshalb existiere für die Mehrzahl der Muslime nur noch die verfälschte Ausgabe, die die Sunniten unter Kalif Othman erstmals veröffentlicht hätten. Nur bei den Aleviten besäßen noch einige weise Männer das geheime Wissen über die einstige reine Fassung des Korans.

In einer solchen Auskunft liegt Sprengstoff: Ali als Ahnherr der Schiiten sei der eigentliche Verkünder und Vollender des Islam, nicht Mohammed. Diese Aussage richtet sich nicht nur gegen den Glauben der Sunniten, sondern auch gegen den der Schiiten. Zwar verehren die Schiiten Ali als ihren Ahnherrn, aber er ist in der Hierarchie eindeutig Mohammed untergeordnet. Eine schwere Ketzerei bedeutet es für Sunniten wie Schiiten, Ali als eine Erscheinung Gottes zu verehren – hierin sehen sie eine Parallele zu dem, was die Christen aus Jesus machten: einen Sohn Gottes. Dies sei ein erster Schritt hin zur Vielgötterei. Eine besondere Brisanz entsteht dadurch, daß die Aleviten auf Ali auch die Aussage zurückführen, religiöse Gebote wie etwa das Einhalten des Fastenmonats Ramadan und die Wallfahrt nach Mekka seien unwichtig für das Heil.

Solche Gegensätze machen deutlich, weshalb viele Sunniten und Schiiten den Aleviten gleichermaßen das Recht absprechen, sich als »vollwertige« Muslime zu bezeichnen. Oft zeigen sich Sunniten und Schiiten gegenüber Christen und Juden toleranter als gegenüber Aleviten, denn schließlich gelten Christentum und Judentum als Vorläuferreligionen des Islam. Dagegen werden Aleviten mehr oder weniger als Abtrünnige vom Islam, der höchsten und reinsten Glaubensform, eingestuft.

Über viele Jahrhunderte wurden die Aleviten wegen ihrer »Ketzerei« von der sunnitischen Mehrheit unterdrückt, was zeitweise so weit ging, daß Aleviten es nicht wagen konnten, sich öffentlich zu ihrem Glauben zu bekennen. Auch waren sie gezwungen, ihre Kultstätten geheimzuhalten. So hielten sie, ob nun in Syrien oder in Anatolien, ihre religiösen Versammlungen in Wohnhäusern ab, was sie auch heute noch tun, obwohl eine derartige Tarnung nicht mehr im gleichen Maße notwendig ist und nur aus Gründen der Tradition aufrechterhalten wird. Für sunnitische Muslime, und erst recht für westliche Touristen, ist der besondere Charakter dieser Häuser äußerlich nicht zu erkennen. Ihr Name ist *cem*. Der Begriff ist abgeleitet vom arabischen Wort *jama'a*, »Versammlungsort«, das sich auf die Moschee bezieht. Vom selben Begriff kommt auch das türkische Wort für Moschee: *camii*. Ich hatte Gelegenheit, im alevitischen Pilgerort Hacibektaş, dem einstigen Zentrum der Bektaşi-Derwischbruderschaft, ein *cem* zu besuchen und mit religiösen Würdenträgern zu diskutieren. Aber dies war nur möglich, weil Aleviten mich dorthin führten.

Die »ketzerischen« Aleviten waren allerdings schon im 14. Jahrhundert so zahlreich, daß die Sunniten Anatoliens sie nicht mehr wirksam bekämpfen konnten. Im Gegenteil: Die Aleviten blieben umgekehrt bis zum Zusammenbruch des Osmanischen Reiches eine ständige Bedrohung für die Sultane, weil einige ihrer Führer sich an die Spitze von Aufständen notleidender Bauern und Landarbeiter gegen sunnitische Feudalherren stellten. Stets war ihnen daran gelegen, die sunnitische Herrschaft zu schwächen, um den eigenen Freiheitsraum zu erweitern.

Kein Zufall konnte es daher sein, daß sich vor allem Aleviten sehr engagiert der Reformbewegung Atatürks anschlossen. Denn von Atatürks Ziel, Religion und Politik strikt zu trennen, erhofften sich die Aleviten, daß die religiös-politische Bedrohung durch die Sunniten endgültig der Vergangenheit angehörte. Aleviten befürworten auch am entschiedensten die Ideale eines säkularen und laizistischen Staates. Wie keine andere religiöse Gruppierung machen die Aleviten außerdem Front gegen islamisch orientierte Parteien, die dem sunnitischen Islam wieder stärkeren Einfluß in der politischen Mitbestimmung einräumen wollen.

Ich habe Sunniten über ihre Meinung zu Aleviten befragt und bin auf sehr gegensätzliche Reaktionen gestoßen. Einige Sunniten zeigten sich sehr verlegen, sobald ich ihnen sagte, ich hätte Hacibektaş, das wichtigste Pilgerzentrum der Aleviten, besucht. Manche sahen mich mit hochgezogenen Augenbrauen an, als ob es ihnen Schwierigkeiten bereite, die Motive eines solchen Besuches zu verstehen. Manche taten meine Auskunft mit ironisch herablassender Handbewegung ab, als hätten sie es mit einer skurrilen touristischen Neugier zu tun. Manche sagten unverblümt, die Aleviten brächten Unfrieden. Auf weitere Fragen weigerten sie sich, ihre Behauptung mit Argumenten zu untermauern. Ich gewann den Eindruck, ein solches Thema sei unerwünscht – und man sei vor allem nicht bereit, einem neugierigen Besucher aus dem Westen darüber Rechenschaft abzulegen.

Leichter hatte ich es mit Türken, die sich von vornherein als Befürworter der laizistischen Staatsform zu erkennen gaben, so etwa der Hotelbesitzer im anatolischen Dorf Güzelyurt, der sich selbst als säkular denkenden Sunniten definierte. Er äußerte sich auch über die Aleviten. In Güzelyurt seien etwa 12 Prozent der Einwohner Aleviten, so die offizielle Statistik. Wie viele es tatsächlich seien, wisse er nicht. Auf jeden Fall gebe es hier im Ort keinerlei

Spannungen zwischen den Konfessionen. Er habe zwei Freunde unter den Aleviten. Dabei habe er anfangs gar nicht gewußt, daß sie Aleviten seien. Er habe dies erst bemerkt, als er sie zu Hause besucht habe, denn bei ihnen im Wohnzimmer hänge das Bild des Kalifen Ali. In ihrer Freundschaft habe das Religiöse nie eine Rolle gespielt, deshalb habe er auch nie nach der Konfession gefragt.

Überhaupt sollte man das Religiöse nicht überbewerten, das sorge nur für Unfrieden, erklärte der Hotelier. Mit seinen alevitischen Freunden verbinde ihn die gemeinsame Überzeugung, daß allein ein säkularer Staat echten Fortschritt schaffe. Aleviten nähmen in der Republikanischen Volkspartei, der Partei Atatürks, oft einflußreiche Posten ein, ebenso in der Armee. Der im Rang zweithöchste General sei zur Zeit ein Alevit. Allerdings könnten es Aleviten besonders dort sehr weit bringen, wo man ihnen nicht mit Vorurteilen begegne oder ohnehin nicht religiös sei. Ach, Religion... Er winkte mit einer Geste demonstrativer Verärgerung ab. Wie viele Dummheiten seien schon im Namen der Religion gesagt, wie viele Verbrechen begangen worden!

Ob die Feindseligkeiten zwischen Sunniten und Aleviten zunehmen könnten, wollte ich wissen. Er verneinte. Zwar komme es immer wieder zu Spannungen, erklärte er, aber diese würden hauptsächlich von radikalen Gruppen auf seiten der Sunniten geschürt. Solchen Leuten gehe es darum, die säkulare Staatsordnung zu zerstören. Sie seien keine richtigen Türken. Es sei nicht entscheidend, ob man Sunnit, Alevit oder Christ sei, ein guter Türke habe man zu sein, ein guter Türke.

Ein weiteres aufschlußreiches Gespräch führte ich mit einem sunnitischen Imam, dies allerdings nicht in der Türkei, sondern im Ballungsraum Mannheim-Ludwigshafen. Als ich ihn nach den Aleviten fragte, meinte er, es sei wichtig, daß Sunniten und Aleviten in Frieden miteinander lebten, beide Seiten müßten sich bewußt sein, daß sie Zweige ein und desselben Baumes seien. Allerdings müsse man die Vorbehalte der Sunniten verstehen, und man dürfe die Unterschiede nicht kleinreden. Einzig die Sunniten verkörperten den reinen Islam. Schon bei den Schiiten würden die islamischen Glaubensinhalte stark durch christliche Einflüsse überlagert, man denke hier nur an den Märtyrerkult, an den Heiligenkult und so weiter. Aber bei den schiitisch geprägten Aleviten kämen neben den christlichen Einflüssen auch noch Einflüsse aus der heidnischen Nomadenkultur der Schamanen hinzu. Die Aleviten hätten sich von den Wurzeln des Islam am weitesten entfernt. Dialog müsse trotzdem sein, dieser sei für die Stabilität der türkischen Republik unabdingbar. Aber die Aleviten müßten sich religiös bewegen. – Sie müßten Sunniten werden? – Nein, nein. Sie dürften nur gewisse religiöse Positionen nicht mehr vertreten, die mit dem Islam unvereinbar seien. Er habe Verständnis für einige schiitische Glaubenssätze, nur eben nicht für alle.

Dieses Gespräch lieferte eine weitere Facette zur widersprüchlichen Vielfalt des Religionskonfliktes zwischen Sunniten und Aleviten.

Aufschlußreich ist in diesem Zusammenhang eine Äußerung von Ali Ertan Toprak, dem Generalsekretär der Alevitischen Gemeinde in Deutschland. Er verglich im März 2008 die Situation seiner Glaubensgemeinschaft in der Türkei mit derjenigen in seiner jetzigen Heimat mit folgenden Worten:

> »Wir Aleviten schätzen die durch Aufklärung und Moderne geprägte Kultur in Deutschland. Sie bietet uns Entfaltungsmöglichkeiten, die uns in unserem Herkunftsland Türkei verwehrt sind. Diese Errungenschaften sind wir jederzeit bereit zu schützen und zu verteidigen. Deutschland ist unsere Heimat! Wir sind Bürger dieses Landes!«[20]

Der Koran in arabischer oder in türkischer Sprache?

Ich besuchte in der anatolischen Provinzhauptstadt Kayseri die altehrwürdige Hauptmoschee, die *Huant Hatun Külliyesi*, eine noch aus der Zeit der Seldschuken stammende Kultstätte mit reichverziertem Portal und siebenschiffiger Gebetshalle.

Ich saß in dem großen Zentralraum an eine der vielen Säulen gelehnt und beobachtete etwa 20 Männer, die auf dem Teppichboden mit gekreuzten Beinen kauerten, jeder mit einem Koran in der Hand. Einer von ihnen rezitierte laut in einer Art Singsang aus dem Koran in arabischer Sprache, machte nach jedem Satz eine Pause, worauf die anderen im gleichen Tonfall die Worte wiederholten. Sie alle übten die Aussprache des Arabischen, wobei der Lehrer sie mehrmals korrigierte. Ich hatte den Eindruck, daß kein einziger den arabischen Text ins Türkische hätte übersetzen können, sie vermochten nur die fremden Schriftzeichen zu lesen.

Ich ging zu einem der Bücherregale und blätterte stichprobenartig mehrere Koranausgaben durch. Mich interessierte, wie viele Exemplare auf arabisch, wie viele auf türkisch, wie viele in beiden Sprachen abgefaßt waren. Ich fand nur Korane mit arabischen Schriftzeichen. Es überraschte mich, daß es hier keinen einzigen Koran mit türkischer Übersetzung gab. Den Rezitierenden blieb damit der Sinn des Textes verborgen, sie waren auf die Erklärungen arabischkundiger Geistlicher angewiesen.

Das war exakt eine jener religiösen Traditionen, die Atatürk als »reaktionär« und »verdummend«, als eine mißbräuchliche Herrschaft der Geistlichen bezeichnet hatte und daher hatte abschaffen wollen. Reformer im Geist Atatürks waren es auch, die als erste Politiker der islamischen Welt anregten, den Koran in die Sprache des Volkes zu übersetzen und damit das Heilige Buch nichtarabischen Muslimen leichter zugänglich zu machen (was dann in der Türkei allerdings erst viele Jahre nach Atatürks Tod verwirklicht wurde). Hier in dieser Moschee aber erlebte ich ein Ritual, wie es anders nicht zur Zeit der Osmanen hätte sein können.

Ich ließ den Gesang auf mich wirken, der mich im Tonfall sehr an die gesungenen Texte byzantinischer Priester erinnerte. Es entstand im Halbdunkel des Raums eine nahezu mystische Atmosphäre, die mich – trotz aller weltanschaulichen Vorbehalte – stark berührte.

Die Rezitation wurde unterbrochen. Ein älterer Mann war gekommen, der den Lesenden Fladenbrote mitgebracht hatte und sie austeilte. Nun saßen alle plaudernd beisammen und aßen. Plötzlich entstand eine Pause. Alle blickten zu mir herüber. Der ältere Mann kam auf mich zu und gab auch mir ein Stück Brot. Ich, der Nichtmuslim, war mit einem Mal als Gast in ihre Runde aufgenommen. Diese Gelegenheit nutzte ich, um Fragen zu stellen. Aber die Männer schüttelten nur verlegen den Kopf, keiner beherrschte auch nur bruchstückhaft eine Fremdsprache.

Eine Woche später ergab sich die Gelegenheit zu den nötigen Fragen in der anatolischen Metropole Konya. In der verwinkelten

Altstadt betrat ich eine kleine Moschee. Der Imam, ein graubärtiger, etwa 70jähriger Mann, begrüßte mich freundlich auf deutsch. Er hatte mehr als zwei Jahrzehnte in Köln in einer Maschinenfabrik gearbeitet, war nebenberuflich Imam einer dortigen Moschee gewesen und lebte nun seit zwölf Jahren mit einer deutschen Rente in seiner Heimatstadt Konya. Er sprach voll Hochachtung und Sympathie von Deutschland, aber als alter Mann lebe er nun doch wieder lieber in der Türkei.

Beim Rundgang in der Moschee zeigte mir der Imam die Kabine, von der aus er fünfmal am Tag den Gebetsruf über Lautsprecher aussandte. Ich stellte ihm die rhetorische Frage, ob er auf arabisch zum Gebet rufe. Natürlich bejahte er. Daran knüpfte ich eine zweite Frage: Wie gut er selbst die arabische Sprache beherrsche. Er verzog das Gesicht. Er habe gelernt, die arabischen Schriftzeichen zu lesen, entsprechend könne er auch aus dem Koran auf arabisch rezitieren. – Ob er auch das Arabische ins Türkische übersetzen könne, wollte ich wissen. Er lachte verlegen. – Verstehe er denn, was er rezitiere? fragte ich weiter. – Er kenne die türkische Übersetzung ohnehin. – Ob es da nicht besser sei, daß er von vornherein den Text auf türkisch rezitiere?

Das Lachen verschwand aus seinem Gesicht. Arabisch sei die Sprache Gottes, erklärte er feierlich, Gott habe den Koran dem Propheten Mohammed in arabisch offenbart. Diese offenbarten Worte dürften nicht übersetzt werden. – Aber es gebe doch einen ins Türkische übersetzten Koran. – Ja, aber dieser Koran sei nicht vollwertig, Menschen hätten an ihm herumformuliert. Der arabisch geschriebene Koran sei exakt Wort für Wort von Gott diktiert worden. – Trotzdem sähe ich da ein Problem, wandte ich ein. Ich hätte beobachtet, daß junge und ältere Männer in Moscheen Koranverse auf arabisch auswendig lernten, ohne sie übersetzen zu können. Ein solches Auswendiglernen in einer fremden, unverständlichen Sprache erfordere doch sehr viel Energie. Ob er nicht finde, daß dies eine verlorene Energie sei, die anders sinnvoller verwendet werden könne. – Arabisch sei die Sprache Gottes, wiederholte er nun fast schon beschwörend, und in seinen zuvor so freundlichen Blick war etwas Ablehnendes, Hartes gekommen.

Aber bei den Aleviten, sagte ich, werde in türkischer Sprache zum Gebet gerufen. Und sie fänden es selbstverständlich, daß der Koran ins Türkische übersetzt werde. – Die Aleviten! Er musterte mich mit einem Blick, der Irritation und Empörung darüber ausdrückte, daß ich bei ihm, dem rechtgläubigen Sunniten, diese schiitische Konfession erwähnte. Die Aleviten seien keine echten Muslime. Ich verzichtete darauf, das Thema zu vertiefen.

Als wir an einem Bücherregal vorbeikamen, fragte ich den Imam, ob ich mir die Korane kurz ansehen dürfe. Er nickte lächelnd, nun wieder erfreut über mein Interesse. Alle Korane waren auch in dieser Moschee nur in arabisch. Ob es türkische Moscheebesucher gebe, die das Arabische übersetzen könnten? – Hier in seiner Moschee kenne er niemanden, erklärte er. Manche hätten wie er die Schriftzeichen lesen gelernt, es werde ja in etlichen Moscheen ein entsprechender Unterricht erteilt. Mehr konnte ich von diesem Imam nicht erfahren, er war für einen differenzierten Gedankenaustausch nicht gerüstet.

Diesen Eindruck bestätigten mir in späteren Gesprächen Türken der Bildungsschicht. Sie erklärten mir nahezu übereinstimmend, daß man solche Imame vor allem in kleineren Moscheen treffe, sie seien schlecht ausgebildet und eben nur für einfache Leute da. Gerade in solchen Moscheen fänden sich kaum Korane in türkischer Übersetzung. An den Gläubigen dort seien alle Reformen seit Atatürk fast spurlos vorübergegangen. Dies betreffe besonders Zentralanatolien sowie den äußersten Osten der Türkei und ohnehin viele Dörfer. Bedenklich sei, daß die Menschen, die in diesen Gebieten lebten, sehr zahlreich seien.

Die meisten Befragten bekannten sich mehr oder weniger zu den Reformen Atatürks – zur Trennung von Religion und Politik. Um so mehr überraschte mich, daß sich viele genauso ausdrücklich nicht nur als gläubige Muslime bezeichneten, sondern auch die arabische Sprache im religiös-sakralen Bereich sogar für unverzichtbar hielten. Obwohl ich mit ihnen interessante Diskussionen über religiöse Themen führen konnte, kritisierten sie an den Imamen kleinerer Moscheen die mangelnden Arabischkenntnisse. Ein theologisch gut ausgebildeter Geistlicher, erklärten sie nahezu übereinstimmend, müsse den Koran in der Originalsprache lesen können, denn nur dann könne er wirklich beurteilen, was Gott dem Propheten Mohammed im Wortlaut vermittelte. Eine Übersetzung des Korans ins Türkische könne den Sinngehalt verfälschen, schließlich sei sie von Menschen gemacht. Das Arabische aber, in dem Gott durch seinen Engel Gabriel zu Mohammed gesprochen habe, sei fehlerfrei, schließlich sei Gott über alle Fehler erhaben, daher müsse man strikt an der arabischen Sprache des Korans als der heiligen Sprache festhalten. Was Gott auf arabisch diktiert habe, dürfe von Menschen in keiner Silbe geändert werden.

Ich stellte auch diesen Gesprächspartnern die Frage, ob sie selbst die arabische Sprache beherrschten. Die Angesprochenen – Lehrer, Ingenieure, Rechtsanwälte, Kaufleute – verneinten. Manche taten dies mit einer gewissen Verlegenheit. Einer, ein Lehrer, sagte mir, es sei schwierig, mit gebildeten Imamen über religiöse Themen zu diskutieren, denn wenn man den Koran nur in türkischer Übersetzung lesen könne, werde einem die Fähigkeit abgesprochen, das Heilige Buch im Detail richtig zu interpretieren.

Den Koran nur auf arabisch lesen... Noch häufiger als in der Türkei bin ich auf diesen uns eher paradox erscheinenden Sachverhalt in Iran, Afghanistan, Pakistan, Indien und Indonesien gestoßen. Immer wieder konnte ich in diesen Ländern beobachten, daß Kinder in Koranschulen lange Suren auf arabisch auswendig lernten, indem der Lehrer sie ihnen vorsprach und sie die Verse im Chor nachsprechen mußten, ohne auch nur ein Wort zu verstehen. Ein pakistanischer Dozent für Geschichte erklärte mir sarkastisch, er halte diese Art von Lernen für Volksverdummung. Allerdings, so ergänzte er resignierend, viele gläubige Muslime seien von dieser rigiden Praxis nicht abzubringen.

Mehrere Türken aus der Bildungsschicht äußerten sich ähnlich kritisch. Dies ist ein Anzeichen dafür, daß gerade in der Türkei die Zahl derer nicht gering ist, die auf Distanz zur Hochschätzung des Arabischen als unantastbar »heilige« Sprache gehen und eine Übersetzung des Korans in andere Sprachen für wichtig erachten.

Welche Probleme für Muslime entstehen, wenn sie den auf arabisch geschriebenen Koran nicht lesen können, erfuhr ich anschaulich bei der Lektüre eines Korankommentars. Das 1986 erschienene Buch mit dem Titel *Was sagt der Koran dazu?* ist von dem Türken Yüksel Yücelen in deutscher Sprache für die in Deutschland lebenden türkischen Muslime wie auch für nicht-muslimische Deutsche geschrieben worden.

In der Einleitung präsentiert der 1932 geborene Autor ein aufschlußreiches biographisches, kulturhistorisches Detail:

> »Ich lebe seit 25 Jahren in München und habe einen technischen Beruf. Meine Religion, der Islam, interessiert mich schon seit dem Schulalter. Als heiliges Buch durfte der Koran damals nicht in meine Muttersprache, das Türkische, übersetzt werden. Wie jeder andere habe auch ich einige Suren und Verse aus dem Koran [in arabischer Sprache] so weit auswendig gelernt, daß ich das Gebet verrichten konnte. Als ich 1955 nach Europa kam, habe ich meinen ersten Koran in deutscher Übersetzung gekauft und mit großem Interesse gelesen. Ich war sehr verwundert darüber und habe bedauert, daß es uns vorher nicht möglich war, das heilige Buch zu lesen. Inzwischen ist der Koran in mehreren Ausgaben in türkischer Sprache erschienen. Aber meine Landsleute werden ihn nicht leicht lesen können. Denn es sind Abschnitte darin, die man nicht verstehen kann, wenn man den damaligen religiösen und geschichtlichen Hintergrund nicht kennt.«[21]

Bemerkenswert an diesem Buch ist, daß sich der türkische Autor nicht nur in deutscher Sprache an die in Deutschland lebenden Türken wendet, sondern auch betont, daß er den Koran auf deutsch »kennengelernt« habe. Er bekennt sich damit ausdrücklich zu der Notwendigkeit, den Koran in andere Sprachen zu übersetzen. Und ebenso bemerkenswert ist, daß der Autor zwar promoviert hat, aber nicht in Theologie, sondern in Physik.

Widerstand gegen die historisch-kritische Koranexegese

Westlichen Beobachtern stellt sich die Frage: Weshalb wird aus der Sicht zahlreicher Muslime bis in unsere unmittelbare Gegenwart eine heilige Regel verletzt, sobald jemand den Koran in eine andere Sprache überträgt?

Es geht hier um einen zentralen Bereich orthodoxen Glaubens, wie die Gespräche zur Genüge andeuten. Für die islamische »Rechtgläubigkeit« gründet der Wahrheitsgehalt des Korans vor allem darauf, daß dem Propheten Mohammed die Botschaft Gottes Wort für Wort vom Engel Gabriel auf arabisch übermittelt wurde. Muslime verwenden diese »Tatsache« des unmittelbaren Kontaktes zwischen dem Propheten und Gott gern als ein Argument für die Überlegenheit der koranischen Offenbarung gegenüber den heiligen Büchern anderer Religionen, insbesondere dem Neuen Testament.

Im Gespräch mit einem religiös gebildeten Muslim in Damaskus konnte ich anschaulich eine derartige Argumentation erleben. Er war mit der biblischen Quellenproblematik überraschend gut vertraut und sagte zu mir, die Evangelien seien ja erst viele Jahre nach dem Tod Jesu verfaßt worden. Vier verschiedene Autoren hätten die Offenbarungen Gottes niedergeschrieben. Vier! Sie alle hätten ihre Texte mit eigenen Worten formuliert, hätten sehr verschiedene Versionen dessen geliefert, was dem Propheten Jesus von Gott offenbart worden war. Wie viele Ungenauigkeiten, wie viele Verfälschungen und Entstellungen hätten sich da wohl eingeschlichen! Und dann liege das Neue Testament den Christen nicht einmal in der Sprache Jesu, dem Aramäischen, vor, sondern nur auf griechisch und lateinisch. Was Christen oft an der Offenbarung des Korans mißverstünden: Mohammed sei nicht der Verfasser des Korans in dem Sinne, wie die Evangelisten das Neue Testament verfaßt hätten. Mohammed sei nur das Gefäß, durch das Gott seine Botschaft den Menschen vermittelt habe. Der Koran habe Wort für Wort bereits vor der Geburt des ersten Menschen, Adams, bei Gott existiert; der Koran sei eine im Himmel »ewig« aufbewahrte Urschrift der Offenbarung. Der Muslim zitierte hier den Vers 23 in der 85. Sure des Korans.[22]

Einen weiteren anschaulichen Eindruck von alltäglicher Orthodoxie bekam ich, als ich mit türkischen und arabischen Muslimen ausführlich über den Propheten Mohammed sprach. Ich vertrat die Ansicht, Mohammed sei in seinem Glauben an den »einen Gott« durch jüdische und christliche Überlieferung beeinflußt worden, und gerade dies weise auf die enge geistige Verwandtschaft der drei großen monotheistischen Weltreligionen hin. Mit dieser Auffassung erntete ich heftigen Widerspruch. Meine Gesprächspartner antworteten mir mit Argumenten wie: Mohammed habe es nicht nötig gehabt, von Juden und Christen auch nur irgend etwas über den »einen Gott« zu erfahren – eben weil Mohammed die Botschaft Gottes direkt von einem Engel übermittelt bekommen habe. Man könne also nicht behaupten, wie das oft christliche Religionswissenschaftler oder Orientalisten täten, daß Mohammed sich in seiner religiösen Botschaft von zeitbedingten menschlichen Einflüssen habe leiten lassen.

Die hier zitierten Muslime lehnten es ab, daß man den Koran mit der Methodik historisch-kritischer Textanalyse untersucht. Denn dann müßte man ja glauben, Mohammed sei Autor des Korans und habe seine Botschaft in der Sprache und den Denkvorstellungen der damaligen Zeit abgefaßt – was zur Konsequenz habe, daß man sorgfältig trennen müsse zwischen bloß zeitgebundenen Aussagen und den ewigen »Kern«-Wahrheiten der Religion. Eine historisch-kritische Exegese, wie sie im Islam erst vor wenigen Jahrzehnten und in der christlichen Theologie schon vor mehr als einem Jahrhundert einsetzte, wird von vielen orthodoxen und erst recht fundamentalistisch orientierten Muslimen als Einfluß aus dem »ungläubigen Westen« zurückgewiesen.

Derartige Sachverhalte vermitteln den Eindruck, als habe der Islam eine starre Grundstruktur und als seien Muslime schon deshalb in keiner Weise fähig, sich einem modernen Verständnis heiliger Texte zu öffnen. Aber wir sollten nicht vergessen, daß es in den kulturellen Glanzzeiten des klassischen Islam (vom 8. bis zum 14. Jahrhundert unserer Zeitrechnung) muslimische Theologen gab, die in ihrer Weltoffenheit den meisten zeitgenössischen Theologen des christlichen Abendlands überlegen waren. Um den Rahmen der Darstellungen nicht zu sprengen, kann ich nicht auf die Ursachen eingehen, die zum Verlust des hohen Denkniveaus muslimischer Theologen führten; ich verweise hier auf die ausführliche Darstellung in meinen Büchern zum Thema Islam.[23] Für hier muß es genügen, auf heutige muslimische Gelehrte hinzuweisen, die versuchen, wieder an die große Tradition klassischer islamischer Theologie anzuknüpfen – und hierbei

Anstöße auch aus westlichem Denken erhalten. Diese Theologen geraten aber in Widerspruch zur Orthodoxie, und sie werden entsprechend gerade von traditionell orientierten Muslimen beargwöhnt, wenn nicht gar angefeindet.

Kritik an »verfälschtem Islam« – der Erfolg des Reformtheologen Öztürk

Yaşar Nuri Öztürk ist bisher der einzige türkische Theologe, der in Deutschland zumindest bei einschlägig interessierten Lesern relativ bekannt ist. Einige seiner in der Türkei mit hohen Auflagen verbreiteten Bücher liegen inzwischen auf deutsch vor. Ein solcher Bekanntheitsgrad weit über den eigenen Kulturraum hinaus ist für einen muslimischen Theologen ungewöhnlich.

Ungewöhnlich ist schon Öztürks Lebenslauf. Yaşar Nuri Öztürk wurde 1945 in Bayburt geboren, einer Stadt im zerklüfteten Pontischen Gebirge. Sie liegt bis heute abseits aller großen Verkehrsadern, nur eine unzureichend ausgebaute Straße verbindet Bayburt im Norden mit der Hafenstadt Trabzon am Schwarzen Meer und im Südosten mit der ostanatolischen Bezirkshauptstadt Erzurum. Bis heute zählt diese Region zu den ärmsten, am wenigsten entwickelten in der Türkei. Öztürk verbrachte seine Jugend in provinzieller Abgeschiedenheit und daher in einer streng traditionalistisch orientierten Gesellschaft. Er begann als Sohn besonders frommer Eltern bereits im Alter von drei Jahren den Koran auf arabisch auswendig zu lernen. Sein Vater schickte ihn nicht auf eine staatliche Schule, sondern unterrichtete ihn zu Hause in Arabisch und Persisch, den klassischen Bildungssprachen der Osmanenzeit, darüber hinaus machte er ihn mit theologischen und philosophischen Standardwerken wie auch mit islamischer Mystik bekannt. Erst im Alter von 16 Jahren erwarb Öztürk als Externer sein Grundschulzeugnis und eignete sich in den folgenden Jahren die säkularen Bildungsinhalte der Republik Türkei an. 1968, nun 23 Jahre alt, erhielt er die Zulassung zur Universität und studierte zunächst in Istanbul Jura. Bis 1976 arbeitete er als promovierter Rechtsanwalt, schrieb aber daneben schon theologische Kolumnen für verschiedene Zeitungen.

1980 promovierte Öztürk in islamischer Philosophie. Sieben Jahre später moderierte er seine erste Fernsehsendung zu Glaubensfragen. Seither ist kein türkischer Theologe häufiger im Fernsehen aufgetreten. Sein Einfluß auf breite Schichten des türkischen Bildungsbürgertums wuchs gerade durch solche Sendungen mit populärwissenschaftlichem Anspruch. Die Zahl seiner Bücher, alle sehr verständlich geschrieben, beläuft sich inzwischen auf über 30, viele von ihnen erreichen hohe Auflagen. Seit 1993 ist er ordentlicher Professor und Dekan der Theologischen Fakultät an der Universität Istanbul. Seit 2002 engagiert sich Öztürk auch in der Politik. In jenem Jahr, als die »islamisch« orientierte AKP unter Führung von Recep Tayyip Erdoğan die besten Aussichten hatte, die Parlamentswahlen zu gewinnen und die nächste Regierung zu stellen, bewarb sich auch Öztürk um einen Sitz als Abgeordneter im Parlament. Aber er kandidierte nicht für die AKP, sondern für die Republikanische Volkspartei (CHP), jene Partei, die Atatürk gegründet hatte und die sich bis heute als Wächterin über das Prinzip der strikten Trennung von Staat und Religion versteht. In seinen Wahlreden sagte er, es sei mit dem religiösen Gewissen vereinbar, ein frommer Muslim zu sein und gleichzeitig den Laizismus im Sinne Atatürks zu bejahen. Er wolle dem Mißverständnis entgegenwirken, die strikte Trennung von Politik und Religion sei »unreligiös« oder gar »antireligiös«. Er trete für eine zeitgemäße Interpretation des Islam ein und lehne jeden religiösen Traditionalismus, erst recht Fundamentalismus, entschieden ab. Der politisch engagierte Theologe Öztürk wurde mit solchen Äußerungen sofort zur Zielscheibe von Politikern und Journalisten, die für eine »Islamisierung« der Türkei eintreten.

Die AKP gewann die Wahl im November 2002 mit einer komfortablen Mehrheit. Öztürk konnte trotzdem als Abgeordneter ins Parlament einziehen, weil die Republikanische Volkspartei sich mit 19 Prozent der Stimmen als einzige der unterlegenen Parteien eindrucksvoll behauptete. Öztürk blieb aber nur drei Jahre Abgeordneter dieser Partei. Im Frühjahr 2005 gründete er in Ankara die Partei des Volksaufschwungs *(Halkin Yükselisi Partisi)*, deren Vorsitzender er wurde. Das Motto dieser Partei ist

»die Aussöhnung von Ratio und Religion«.[24] Öztürk signalisierte hiermit, daß er trotz seiner entschiedenen Gegnerschaft zum religiösen Radikalismus eben doch nicht in der strikt laizistischen Partei Atatürks seine politische Heimat finden konnte. Das Motto »Aussöhnung« läßt ahnen, daß er nun stärker als bisher auf einen Weg *zwischen* den so gegensätzlich anmutenden Positionen von »Verweltlichung« und »Religion« setzt. (Bei den Parlamentswahlen 2007 sollte Öztürks kleine Partei dann allerdings wie viele andere an der Zehn-Prozent-Hürde scheitern.)

Im Jahr 2000, zwei Jahre bevor er sich politisch engagierte, brachte Öztürk ein 600seitiges Buch mit dem Titel *Geschichte des Islam* heraus. Es stand monatelang auf den Bestsellerlisten der Türkei und erlebte in kurzer Zeit mehr als zehn Auflagen. 2007 erschien eine deutschsprachige Ausgabe unter dem Titel *Der verfälschte Islam*. Sie ist eine auf 190 Seiten gekürzte Fassung der 14. türkischen Auflage, eine – wie es Öztürk im Vorwort formuliert – für Leser im Westen erstellte Kurzfassung.[25] Das Buch gibt einen guten Einblick nicht nur in die Denk- und Argumentationsweise des Reformtheologen Öztürk, sondern vermittelt – gerade auch wegen seines großen Publikumserfolgs – exemplarisch einen Eindruck von den grundsätzlichen Spannungen, unter denen der türkische Islam heute steht. Lohnend ist es daher, sich etwas ausführlicher mit dem Inhalt zu beschäftigen.

Für westliche Beobachter ist oft von vorrangigem Interesse, daß sich ein muslimischer Reformtheologe gegen die Unterdrückung der Frauen wendet. Naturgemäß finden sich entsprechende Kapitel auch in diesem Werk. Ob es sich nun um die Verschleierung, die rechtliche Benachteiligung, die soziale Ausgrenzung handelt: Öztürk belegt anhand zahlreicher Beispiele aus Geschichte und Gegenwart, daß »archaische Sitten und Gebräuche« in der islamischen Gesellschaft teilweise die ursprünglichen Aussagen des Korans überdecken, der den Frauen »mehr Freiheit« und »Würde« einräumt.[26] Aber ich möchte auf solche Beispiele nicht näher eingehen, denn sie zählen zum Repertoire aller muslimischen Reformtheologen. Mir kommt es darauf an, jene neuen Denkansätze hervorzuheben, gegen die der Widerstand orthodoxer Muslime am stärksten ist.

Besonderes Gewicht bekommt bei Öztürk die Auseinandersetzung mit dem Arabischen als der Sprache des Korans. Eine der Kapitelüberschriften stellt daher die Frage: *Ist Arabisch eine heilige Sprache?* Öztürk kommt zu einer Antwort, die diametral dem entgegensteht, was ich in Gesprächen sogar mit vielen Angehörigen der türkischen Bildungsschicht erfahren habe. Bei Öztürk sind folgende Sätze zu lesen:

> »Im gesamten Koran findet sich weder eine direkte Aussage noch eine Andeutung darüber, daß das Arabische eine den anderen Sprachen überlegene Sprache sei. [...] Im Vers 4 der Sure 14 heißt es: Und wir schicken keinen Gesandten, es sei denn in der Sprache seines Volkes, damit er sie (wirksam) aufkläre.«[27]

Öztürk folgert daraus, daß jede Sprache heilig sein müsse, in der ein von Gott gesandter Prophet dem Volk gepredigt habe. Die besondere Hervorhebung des Arabischen sei damit absurd. Mehr noch: Sie habe sich in der Geistesgeschichte des Islam sehr verhängnisvoll ausgewirkt. Denn Millionen Muslimen, deren Muttersprache nicht Arabisch ist, sei damit der Zugang zum Koran erschwert worden; sie seien oft nur auf die bruchstückhafte Information von Geistlichen angewiesen, die das Arabische studiert hätten.

Öztürk fordert ausdrücklich, den Koran in andere Sprachen zu übersetzen, um den Muslimen der ganzen Welt gleichermaßen den Zugang zur »heiligen Offenbarung« zu ermöglichen. Er bekennt sich damit in letzter Konsequenz zur Gleichwertigkeit der arabischen Originalversion mit den Übersetzungen – im Gegensatz zu vielen Vertretern der islamischen Orthodoxie:

> »Die Weisheit der arabischen Botschaft [des Korans] erschließt sich für alle, die nicht Arabisch sprechen, nur in der Übersetzung. Kurz: die Heiligkeit des Korans kann nicht als Beweis für die Heiligkeit der arabischen Sprache ins Feld geführt werden. Es ist eine schmerzliche historische Tatsache, daß Muslime, deren Muttersprache das Arabische nicht ist – speziell auch die Türken –, infolge der irreführenden Behauptung über Jahrhunderte hinweg eine Art Imperialismus gegen die eigene Sprache betrieben haben. Dieser Imperialis-

mus gegen sich selbst bedeutete für diese Gesellschaft ein Maß an Tyrannei, das im Verlauf der Geschichte fast beispiellos ist.«[28]

Folgerichtig lehnt Öztürk die Auffassung strikt ab, nur der könne den Koran wirklich korrekt interpretieren, der ihn in der arabischen Originalsprache zu lesen verstehe:

»Diese erfundene Lehrmeinung von jenen, die den Arabern und dem Arabischen zugeneigt waren, ist den nicht-arabischen Völkern teuer zu stehen gekommen. Schon die Patres der mittelalterlichen Inquisition hatten behauptet, die Bibel sei unübersetzbar und könne daher nur von Geistlichen gelesen und verstanden werden. Die These, der Koran könne nicht übersetzt werden, ist nichts anderes als eine unbewußte Neuauflage dieses Dogmas. Daraus wurde ein so starkes Tabu, daß sich niemand mehr zu fragen traute, warum denn einem, der den Koran in der Übersetzung zu Ende liest, nicht der Ehrentitel eines Hatim gebühren sollte, während jemand, der den Koran in einer ihm unverständlichen Sprache wie Arabisch zitiert, diesen Titel in Anspruch nehmen kann, ohne zu verstehen, was Gott von uns will?«[29]

Entsprechend bezeichnet Öztürk die traditionell fest verankerte Auffassung als »Irrglaube«, das Arabische sei die Sprache der Gottesverehrung und des Gottesdienstes:

»Eine der bedeutendsten, wenn nicht die schwerwiegendste Irrlehre ist die Doktrin, die besagt, daß der Gottesdienst in arabischer Sprache abzuhalten sei. Dieser über Jahrhunderte verbreitete Schwindel, der die Muttersprache und die kulturelle Identität ganzer Völkerschaften in Abrede stellt, wird noch immer propagiert, als handle es sich dabei um eine religiöse Vorschrift. Dabei liegt die Wahrheit auf der Hand: Den Gottesdienst, das persönliche Bittgebet und das Ritualgebet kann jeder Mensch in seiner Muttersprache verrichten [...]. So hat es der Prophet Mohammed seinerzeit seinen Gefährten erlaubt, deren Muttersprache das Arabische war. Und genauso dürfen nicht-arabische Muslime von diesem Recht Gebrauch machen.«[30]

Öztürk gehört aufgrund solcher Thesen zu den wenigen sunnitischen Theologen, die es für unnötig erachten, den Gebetsruf vom Minarett auf arabisch erschallen zu lassen. Er gibt damit säkularen Reformern in der Gefolgschaft Atatürks recht, die in den fünfziger Jahren den öffentlichen Gebetsruf nur wieder zulassen wollten, wenn er auf türkisch erfolge. Er gibt aber auch den Aleviten recht, die bis heute auf türkisch zum Gebet rufen.

Öztürk geht aber mit seiner Kritik an »Verfälschungen« des ursprünglichen Islam noch einen Schritt weiter. Er stellt grundsätzlich die Neigung von »Rechtgläubigen« in Frage, ihre eigenen Glaubensvorstellungen als unantastbar richtig gegen alle anderen religiösen Überzeugungen schroff abzugrenzen. Diese Neigung hält er für eine Dekadenzerscheinung, die nichts mehr mit der ursprünglichen kulturellen Vitalität des Islam und der Fähigkeit zu geistigem Austausch zu tun hat. Auf die Epoche des klassischen Islam zurückblickend, urteilt er:

> »So reichhaltig und lebendig die Kultur religiösen Denkens in einer Gesellschaft ausfällt, so groß ist die Anzahl und so reichhaltig sind die Aktivitäten der verschiedenen Bekenntnisgruppen in dieser Gesellschaft. Mit der Zahl der religiös Gebildeten und religiösen Denker steigt die Zahl unterschiedlicher Interpretationen, die diese zustande bringen. Aus einer größeren Zahl koexistierender Interpretationen resultiert eine größere Zahl von Bekenntnisgruppen. Die ersten drei Jahrhunderte des Islam waren eine kreative Periode religiösen Denkens; in diesem Zeitraum sind Hunderte von Bekenntnisgruppen entstanden. Dies war ein Anzeichen für gesellschaftliche Freiheit und Entwicklung. Zu der Zeit, als die Kultur religiösen Denkens zerfiel, schickte sich jedermann an, nicht mehr im eigenem Namen, sondern im Namen Gottes zu urteilen. Und solche, denen die jeweilige Interpretation zum Bestandteil ihres Glaubens geworden war, erklärten die Anschauungen für sakrosankt und heilig. Weil keine neuen Interpretationsansätze mehr hervorgebracht wurden, begannen sich die alten Bekenntnisschulen in so etwas wie Religionsgemeinschaften zu verwandeln.«[31]

Öztürk nennt in diesem Zusammenhang zwar nicht einzelne Bekenntnisgruppen konkret beim Namen, aber für jeden Muslim, jeden Türken ist klar: Gemeint sind einerseits Sunniten, Schiiten, Aleviten, die sich teilweise schroff gegeneinander abgrenzen, andererseits »islamistisch« und »säkular« orientierte Muslime mit ähnlicher Tendenz zu entschiedener Abgrenzung. Öztürk, selbst sunnitischer Muslim, kritisiert die Dominanz des sunnitischen Islam in der Türkei, die auf Kosten eines Dialogs unterschiedlicher religiöser Bekenntnisse gehe. Wenn er auch die geistige Vielfalt des klassischen Islam in diesem Zusammenhang etwas zu idealisierend darstellt, so ist doch schwer in Abrede zu stellen, daß die Religionsgemeinschaft in den »ersten drei Jahrhunderten des Islam« im Vergleich zu heute tatsächlich weit vitaler und pluralistischer war. Die »ideale« Vergangenheit bietet Anlaß, der unvollkommenen Gegenwart kritisch den Spiegel vorzuhalten.

Öztürk geht noch einen Schritt weiter. Er betont, daß nicht nur Muslime, sondern auch »Angehörige der Buchreligionen«, Christen und Juden, »ewige Erlösung« finden können. Zum Beleg weist Öztürk auf Sure 2, Vers 62, und Sure 5, Vers 69, hin. Öztürk kommt zu dem Ergebnis, daß auch Anhänger anderer Religionen, also nicht nur der drei »Buchreligionen«, ins Paradies gelangen können:

> »Die Angehörigen der semitischen Religionen haben kein Monopol auf das Paradies. Welcher Mensch auch immer so handelt, wie es gefordert ist, wird sich diesen Lohn verdienen.«[32]

Eine solche Schlußfolgerung bedeutet naturgemäß eine Herausforderung für die Mehrzahl der Muslime, denen der Islam als der einzige Zugang zum Heil erscheint. Aber es ergibt sich auch eine Parallele zur Haltung jener Christen, die sich provoziert fühlen, sobald jemand behauptet, es gebe ein Heil außerhalb der eigenen Kirche.

Theologie und Sufismus – Öztürks Annäherung an Celaleddin Rumi

Für einen Reformtheologen wie Öztürk ist es nur folgerichtig, daß er mit seinem Denken einen völlig neuen Zugang auch zu einer Strömung des Islam findet, die von der Orthodoxie oft als »ketzerisch« eingestuft wird: zur Mystik, dem sogenannten Sufismus.

Der Begriff leitet sich vom arabischen Wort *Sufi* ab und meint einen in einfachen Wollstoff gekleideten Menschen, der durch Meditation »Gott« zu erfahren sucht. Das persische Wort *Derwisch* meint grundsätzlich dasselbe: den in freiwilliger Armut lebenden Menschen, der sich meditativ auf »Gott« konzentriert. Diese geistige Strömung, die bereits seit dem 9. Jahrhundert im islamischen Kulturraum eine beträchtliche Rolle spielt und seit dem 13. Jahrhundert gerade in Anatolien eine überragende Bedeutung erhielt – und bis in die Gegenwart anhält –, betrachtet Öztürk als unabdingbaren Teil der türkischen Kultur.

Öztürks besonderes Interesse gilt in diesem Zusammenhang Celaleddin Rumi, einem der größten Mystiker und Dichter des Islam. Rumi, 1207 in Balch, einer Stadt im östlichen Iran (heute Afghanistan), geboren und 1273 in der anatolischen Stadt Konya gestorben, wird in der Türkei nach wie vor als Dichter mystischer Verse und Begründer des ekstatischen Drehtanzes der Derwische hoch verehrt. Sein Mausoleum in Konya ist gar das meistbesuchte Pilgerzentrum in der Türkei. Aber nur wenige türkische Muslime wissen heute noch, daß Celaleddin Rumi wie kaum ein anderer Großer der islamischen Geistesgeschichte die Grundsätze einer starren Orthodoxie und ihre Intoleranz gegen »Ungläubige« radikal in Frage stellte. Für zahlreiche Muslime ist Rumi vor allem ein großer Dichter mit hilfreichen Lebensweisheiten oder gar ein Heiliger, an dessen Grab die Pilger um Kindersegen und Gesundheit beten.

Gerade weil Öztürk bei vielen Muslimen ein nur sehr einseitiges und oberflächliches Wissen über Rumi festgestellt hatte, veröffentlichte er im Jahr 2000 ein Buch über diesen großen Denker, das 2002 in einer deutschsprachigen Ausgabe unter dem Titel *Rumi und die islamische Mystik* erschien. Wie sehr Öztürk mit seiner Interpretation islamischer Mystik in der Türkei neue Wege geht, verrät bereits die Einleitung. Dort bedauert er, daß bisher die wichtigsten wissenschaftlichen Untersuchungen über Rumi von nichtmuslimischen Autoren verfaßt wurden, denn muslimische Autoren begnügten sich in der Regel damit, die mystische Lehre »traditionell« zu erörtern, das heißt, ohne sich mit Rumis tiefgreifender Kritik an der Orthodoxie analytisch auseinanderzusetzen.[33]

Vehement verteidigt Öztürk in seinem Buch über Rumi den von der Orthodoxie beargwöhnten, ja angefeindeten Anspruch von Sufis und Derwischen, man könne die intensivsten religiösen Erfahrungen nur durch Meditation machen, und diese mystische Erfahrung sei umfassender und tiefer als die begrifflich-dogmatisch fixierte Wahrheit der Korangelehrten. Öztürk hebt an Rumi hervor, daß dieser muslimische Denker über die dogmatische Gebundenheit an seine eigene Religion hinausgewachsen sei und die Dogmen aller anderen Religionen als gleichwertig anerkenne. Denn die begrifflich fixierten Glaubenswahrheiten der unterschiedlichen Religionen seien nur verschiedene »Schalen«, seien das »Äußere«, die das »Innere«, den »Kern«, nämlich die mystische Gotteserfahrung, umschließen. Die Schalen der Dogmatik mit ihrem Anspruch auf absolute Wahrheit seien nur untergeordnete Teile des Ganzen, hierbei spiele es keine Rolle, ob es sich um Glaubensbekenntnisse des Islam, des Christentums, des Buddhismus oder sonstiger Religionen handle.

Kein religiöses Dogma kann nach Ansicht des Celaleddin Rumi – wie auch vieler anderer Klassiker der islamischen Mystik – den Anspruch erheben, das universale Wesen Gottes oder des Göttlichen zu erfassen. Dies könne nur der Mystiker in seiner Meditation »jenseits aller Worte«. Bei Rumi wird dieser Zustand der Trance durch Musik und Tanz erreicht (daher »tanzende Derwische«), bei anderen Sufis und Derwischen durch konzentrierte Atemtechniken. Entscheidend ist, daß Rumi betont, der »Gott« der Mystik habe nichts mit dem Gott der Theologen gemeinsam, denn die mystische Erfahrung sei ein Zustand im Menschen selbst und beziehe sich nicht auf einen Schöpfergott, der in seinem Jenseits existiert. Rumi spricht von »Gott im Menschen«.

Es handelt sich um ein sprachloses Erleben, das die Mystiker aller Religionen eint. Der Mystiker, der den Islam als kulturelle Wurzel hat, macht in der Meditation letztendlich dieselbe Erfahrung des »Göttlichen« wie ein Mystiker aus einer völlig anderen Religion. Die Mystiker aller Religionen finden damit zu einer »Mitte«, in der die Unterschiede zwischen dem Glauben an den *einen* personalen Gott, an viele Götter oder an ein unpersönliches Weltgesetz bedeutungslos werden – somit auch die Unterschiede zwischen Monotheismus und Polytheismus, zwischen »richtigem« und »falschem« Glauben, zwischen »Glauben« und »Unglauben«. Entsprechend können die vom Sufismus geleiteten Muslime die Andersgläubigen mit ihren spezifischen Gottesvorstellungen und ihrer Ethik nicht als Unwissende, Irrende oder gar doktrinär als »Ungläubige« abwerten. Zur Erläuterung des Verhältnisses von »Schale« (Dogma) und »Kern« (mystische Gotteserfahrung) zitiert Öztürk einen poetisch besonders anschaulichen Vers aus dem *Diwan-e Kebir* (»Großer Diwan«), einem der Hauptwerke Celaleddin Rumis:

> »Solange die Frucht unreif ist, bleibt sie besser in der Schale; wenn sie aber reif ist, schadet ihr die Schale. Für einen Vogel, dem im Ei Flügel wachsen, ist die Schale ein Gefängnis.«[34]

Öztürk ist mit seinen Ausführungen, ob es sich nun um die Kritik am Arabischen als der dominierenden Sakralsprache handelt oder um eine positive Einschätzung »ketzerischer« Sufis und Derwische, eine Provokation für traditionell orientierte Muslime. Die Kritik seiner Gegner gipfelt in dem Vorwurf, er sei »vom wahren Glauben abgefallen«. Öztürks Anhänger aber, Angehörige einer religiös reformorientierten Bildungsschicht, verehren ihn als einen »türkischen Luther« oder als einen »Jungtürken des Islam«.[35] Sie vertreten die Ansicht, Öztürk sei es mit seiner starken Präsenz in den Medien gelungen, vielen säkularen Türken den Islam in einer Form nahezubringen, die im Einklang mit der Moderne stehe. Dadurch habe er dazu beigetragen, daß religiöse und säkulare Türken über die von ihnen errichtete Mauer hinweg wieder miteinander kommunizierten.[36]

Ömer Özsoy und der »Euro-Islam«

Einige religiös orientierte Reformer der Türkei werden inzwischen mit dem Entstehen eines sogenannten Euro-Islam in Verbindung gebracht. Zu ihnen gehört an herausragender Stelle Ömer Özsoy, der eine enge Beziehung zum deutschen Sprachraum hat. An seinem Beispiel bekommt der bei uns vieldiskutierte Begriff »Euro-Islam« schärfere Umrisse.

Ömer Özsoy wurde 1963 in Bünyan nahe der zentralanatolischen Provinzhauptstadt Kayseri als Sohn eines Berufsschullehrers geboren. In Kayseri machte er das Abitur. Er wuchs somit in einer Region auf, in der die orthodoxe sunnitische Ausprägung des Islam eine beträchtliche Rolle im Alltag spielt und wo darüber hinaus auch islamistische Gruppierungen viele Anhänger haben. Aber Özsoy übernahm nur die starke Verwurzelung im Religiösen, nicht jedoch das Bedürfnis, in gewohnten Traditionen zu verharren. Seine Diplomarbeit, mit der er an der Universität Ankara 1985 das Studium in Theologie und islamischer Philosophie abschloß, hatte bereits einen Titel, mit dem er das Thema seiner späteren Forschung vorwegnahm: *Diskussion über die Anwendung der persönlichen Meinung bei der Koraninterpretation.*

Özsoy arbeitete von 1985 bis 1986 als Archivexperte für osmanische und arabische Handschriften an der Generaldirektion für Stiftungen in Ankara, dann war er zehn Jahre lang wissenschaftlicher Assistent im Bereich der Koraninterpretation an der Theologischen Fakultät derselben Stadt, anschließend Dozent, bis er 2004 dort eine Professur bekam. Er hatte wesentlichen Anteil an der Gründung der sogenannten Ankaraner Schule, einer der wichtigsten Reformströmungen des Islam weltweit, die sich um 1997 in der türkischen Hauptstadt herausbildete. Neben Ömer Özsoy tragen einige weitere herausragende Reformtheologen zum internationalen Ansehen dieser Fakultät bei, wie etwa Mehmet Paçaci, Adil Çiftçi, Ilhami Güler.[37]

Wesentliche Anregungen erhielt Özsoy aber auch durch etliche Studienjahre in Deutschland. Er spricht gut Deutsch, beherrscht das Arabische und Persische und hat auch Grundkenntnisse im Hebräischen. Von 1991 bis 1993 arbeitete er an der Universität Heidelberg und beschäftigte sich mit deutschsprachigen orientalistischen Studien mit dem Schwerpunkt Koranforschung. 2005 war er Stipendiat der Universität Göttingen, wo er unter dem Orientalisten Tilman Nagel an einem Projekt mitwirkte, das die geschichtlichen Dimensionen des Korantextes untersuchte. 2006 lehrte er im Sommersemester als Gastprofessor für den Islam an der Katholischen Fakultät der Universität Salzburg, anschließend übernahm er eine Stiftungsprofessur an der Universität Frankfurt/Main, wo er im Fachbereich Evangelische Theologie einen Lehrstuhl für Koraninterpretation innehatte. Gastvorträge über die Koranforschung an verschiedenen Universitäten ergänzten seine intensive Tätigkeit in Deutschland.

Die Kernthese des Koraninterpreten Özsoy lautet: Nur 10 Prozent dessen, was der Koran sagt, steht im Koran selbst; der Rest ist interpretationsbedürftige Geschichte. Man müsse berücksichtigen, daß alle Aussagen im Koran abhängig seien von den damaligen sozialen Gegebenheiten. Es sei die Aufgabe des Interpreten, sorgfältig zu trennen zwischen zeitgebundenem Text und jener Wahrheit, wie sie für den Menschen des 20. und 21. Jahrhunderts unter ganz anderen gesellschaftlichen Voraussetzungen vermittelbar sei. Der Koran müsse immer wieder neu gedeutet werden, »heute anders als früher, in Deutschland anders als in der Türkei«. Der Interpret müsse den Text, der vor 1400 Jahren geschrieben worden sei, in die Verständnisformen der Gegenwart übersetzen.[38]

Eine derartige historisch-kritische Interpretation des Korans bedeutet für viele Muslime zu Beginn des 21. Jahrhunderts noch immer eine beträchtliche Herausforderung. Denn eine solche Lesart widerspricht diametral dem herkömmlichen, über Jahrhunderte verfestigten Verständnis der Orthodoxie, dem zufolge der Koran als ein »von Gott wörtlich diktiertes Buch« an die Menschen »gesandt« worden sei und entsprechend »unveränderbar« interpretiert werden müsse. Gerade weil Özsoy dies ablehnt, muß sein historisch-kritischer Ansatz nach wie vor vielen orthodoxen Muslimen als pure »Ketzerei«, ja als eine »vom Unglauben des Westens« beeinflußte Geisteshaltung erscheinen.

Die Parallele zur historisch-kritischen Bibelauslegung ist offensichtlich. Was zumindest von strikt traditionalistisch orientierten Christen noch immer als »Unglaube« empfunden wird, ist in der christlichen Theologie spätestens seit dem evangelischen Theologen Rudolf Bultmann Mitte des 20. Jahrhunderts zu einer wichtigen Strömung geworden. Bultmann hat mit dem Begriff Entmythologisierung eine neue Methode der Bibelwissenschaft eingeleitet: Die Botschaft des Neuen Testaments solle aus ihren zeitbedingten »mythologischen Einkleidungen« befreit werden, dann erst könne sie dem Menschen von heute verständlich gemacht werden, dann erst könne sich die religiöse Substanz dem modernen Menschen in ihrer ganzen Tiefe erschließen. Özsoy hat sich an deutschen Universitäten auch mit solch modernen Strömungen der Bibelwissenschaft vertraut gemacht.

Nicht zu unterschätzen ist aber auch der Einfluß muslimischer Theologen. An erster Stelle ist hier der Ägypter Nasr Hamid Abu Zaid zu nennen, der, 1943 geboren, eine Generation früher in Kairo sich bereits mit historisch-kritischer Auslegung des Korans befaßte. Es ist kein Zufall, daß sich Özsoy mit mehreren seiner Veröffentlichungen auf diesen bedeutenden Denker bezieht. Schon in den siebziger Jahren war Abu Zaid in seiner koranwissenschaftlichen Dissertation zu dem Ergebnis gekommen, »daß sich die Wahrheit verändert, je nachdem, wer sie betrachtet«.[39] In diesem Sinn forderte er eine Interpretation des Korans, die deutlich mache, daß die sprachliche Fassung des Heiligen Buches abhängig von den kulturellen Bedingungen der damaligen Zeit sei. Entsprechend könne der Interpret heute den Text nur abhängig von der kulturellen Situation unserer Gegenwart verstehen. Abu Zaid hat mit Ömer Özsoy gemeinsam, daß er sich einerseits auf die pluralistische Vielfalt und das kritisch-rationale Niveau der Theologie in den Zeiten der »Klassik des Islam« (vom 9. bis zum 13. Jahrhundert) rückbesinnt, andererseits aber mit größtem Interesse Anregungen aus westlichem Denken aufnimmt. Abu Zaid hat einen Großteil der Literatur zu seiner Dissertation nicht in den Bibliotheken Ägyptens aufgespürt, sondern an der Universität von Pennsylvania in den USA.

Die Parallelen zwischen dem Ägypter Abu Zaid und dem Türken Ömer Özsoy enden aber spätestens bei den Konsequenzen, die das historisch-kritische Denken im eigenen kulturellen Umfeld hat. Abu Zaids Doktorarbeit war Mitte der achtziger Jahre in Kairo veröffentlicht und 1992 in erweiterter Buchfassung herausgebracht worden. 1996 erschien sie in Deutschland unter dem Titel *Islam und Politik. Kritik des religiösen Diskurses.* Anfangs waren die Dissertation sowie die Buchfassung von ägyptischen Gebildeten positiv aufgenommen worden. Aber Mitte der neunziger Jahre hatten ägyptische Fundamentalisten die Stimmung gegen den »Ketzer« derart angeheizt, daß unter dem Druck der öffentlichen Meinung 1995 ein Prozeß gegen den Autor angestrengt und er dazu verurteilt wurde, sich von seiner Frau scheiden zu lassen. Die Begründung lautete, er habe sich vom Islam abgewandt und sei ein Ungläubiger geworden. Nach mehreren Morddrohungen islamischer Extremisten ging Abu Zaid ins Exil nach Holland, wo er seither an der Universität Leyden einen Lehrstuhl für Religionswissenschaft innehat. Nach Ägypten will er nicht wieder zurückkehren.[40]

Anders Ömer Özsoy. In der Türkei besteht für derartige Reformtheologen nicht die Gefahr, daß ein Gericht sie wegen »Ketzerei« oder »Abfall vom Glauben« verurteilt. Denn die Gerichtsbarkeit untersteht ja streng laizistischen Normen. Gefahr könnte einem »Ketzer« wie ihm höchstens von fundamentalistischen Muslimen drohen, die in Opposition zur säkularen Staatsordnung stehen. Aber islamistische Gruppierungen haben in der Türkei einen viel geringeren Einfluß als in vielen anderen Staaten der islamischen Welt. Die bereits erwähnte Ankaraner Schule konnte sich daher seit 1997 ausdrücklich unter dem Schutz des Staates entfalten. Allerdings findet eine solch historisch-kritische Koraninterpretation auch in der Türkei nur begrenzt positive Aufnahme, nämlich bei einer schmalen reformorientierten Bildungsschicht, während die Masse der traditionell orientierten Muslime sie kritisiert oder einfach ignoriert.

Immer mehr Aufmerksamkeit findet Özsoy dagegen in Westeuropa (dies hat er mit Abu Zaid gemeinsam), hier vor allem im deutschen Sprachraum. Die bisher letzte Ehrung, die ihm zuteil wurde, erfolgte im Herbst 2006 durch den Fachbereich Evangelische Theologie der Universität Frankfurt/Main. Özsoys Aufgabe besteht nun darin, auf die muslimischen Religionslehrer in Deutschland Einfluß zu nehmen, damit sie ihren Schülern den Koran in historisch-kritischer Deutung vermitteln. Özsoy leistet damit einen wesentlichen Beitrag, einem sogenannten Euro-Islam mehr Geltung zu verschaffen. Die Stiftungsprofessur an der Evangelischen Fakultät der Universität Frankfurt/Main wurde 2005 eingerichtet, um einem »europäisch« geprägten Islam eine akademische Plattform zu bieten, und sie ist bis zum Jahr 2008 neben der Universität Münster die einzige, die etwas derartiges versucht.

»Euro-Islam« ist ein inzwischen vieldiskutierter und häufig auch mißverstandener Begriff. Besonders unter den Muslimen hat er Anlaß zu intensiven Auseinandersetzungen gegeben. Das erste Mal benutzte ihn in den neunziger Jahren der deutsch-syrische Politikwissenschaftler Bassam Tibi, der viele Jahre an der Universität Göttingen lehrte. Er forderte, die heute über 15 Millionen in Europa lebenden Muslime so ins gesellschaftliche Leben des Gastlandes einzubinden, daß sie sich nicht mehr als Fremde, sondern als europäische Bürger fühlen und wahrgenommen werden. Aber die Voraussetzung sei, daß sich diese Muslime von »vormodernen« Positionen ihrer Religion und Kultur lösen und in einer von Europa bestimmten Moderne ihren Platz finden. Entsprechend hält Tibi eine historisch-kritische Interpretation des Korans sowie auch eine Übersetzung in andere Sprachen für notwendig. Darüber hinaus betrachtet Tibi das Verhältnis von Scharia und deutscher Verfassung als eines wie »zwischen Feuer und Wasser«, und er folgerte schon in den neunziger Jahren:

> »Als Muslim trete ich zwar für die Aufnahme des Islam als dritter Religion in Europa ein, möchte diese aber eindeutig in einen europäischen Rahmen eingeordnet, das heißt als Euro-Islam reformiert wissen. Dieser orientiert sich an einer europäischen Leitkultur.«

Der von Tibi zitierten »Leitkultur«

> »liegen fünf zentrale Werte zugrunde: Trennung von Religion und Politik, Demokratie, Menschenrechte, religiöser und kultureller Pluralismus und Zivilgesellschaft. Diese Werte müssen für alle Menschen, die in Europa leben, verbindlich sein.«

Nur ein derart »europäisch« orientierter Islam könne zugewanderte Muslime davor bewahren, sich in Parallelgesellschaften mit vormodernen Strukturen von der Gesamtgesellschaft ihres Gastlandes abzuschotten.[41]

Diese von Bassam Tibi erstmals entworfene Konzeption stieß aber bei vielen in Europa lebenden Muslimen, so auch bei vielen Deutschtürken, auf Widerstand. Sie warfen und werfen Tibi vor, mit dieser Forderung nach Anpassung an europäische Werte die »islamische Identität« in Frage zu stellen. Wesentliche Glaubensinhalte des Islam wie auch dessen innige Verbundenheit von sakraler und weltlicher Sphäre seien eben nicht völlig mit europäischen Strukturen vereinbar. Diese Kritik äußern vor allem jene Muslime, die in traditioneller Orthodoxie – oder mehr noch in islamistischer Ideologie – verhaftet sind. Aber selbst reformorientierte Muslime scheuen sich teilweise, von Euro-Islam zu sprechen, und verwenden besonders in bezug auf eine »zeitgemäße Koraninterpretation« lieber Begriffe wie »modernistische Auslegung« oder auch »Historisierung der Quellen«.

Der Konflikt wurde besonders deutlich im Juni 2003, als in der österreichischen Universitätsstadt Graz die »Konferenz der Leiter islamischer Zentren und Imame in Europa« eine Resolution verabschiedete. In ihr ist zwar davon die Rede, daß sich die in Europa lebenden Muslime zu Demokratie, Pluralismus und den Menschenrechten bekennen – und daß islamische und europäische Identität keinen unauflöslichen Widerspruch bedeuten. Aber die Konferenzteilnehmer, unter ihnen viele Türken, hatten nach langer Diskussion im Schlußdokument die Bezeichnung »europäischer Islam« zurückgewiesen und statt dessen die Formulierung »Islam in Europa« gewählt.[42] Auf diese Weise erweckten sie den Eindruck, es gebe nach ihrer Meinung einen unveränderbaren Islam, dessen Zentrum außerhalb Europas liegt – einen Islam, der nicht nachhaltig durch andere Kulturräume beeinflußt werden kann. Die Imame hatten sich in ihrer Mehrheit nicht zu der Einsicht durchringen können, daß ein »europäisch geprägter Islam« eine zusätzliche Facette innerhalb einer weltweit ohnehin schon sehr ausdifferenzierten islamischen Kulturlandschaft bedeutet.[43]

Der moderne Ansatz bei Ednan Aslan

Eine ähnliche Funktion wie Ömer Özsoy hat im deutschen Sprachraum inzwischen auch der türkische Religionspädagoge Ednan Aslan. Seine Biographie weist manche Parallelen zu der von Ömer Özsoy, wie auch von Yaşar Nuri Öztürk auf.

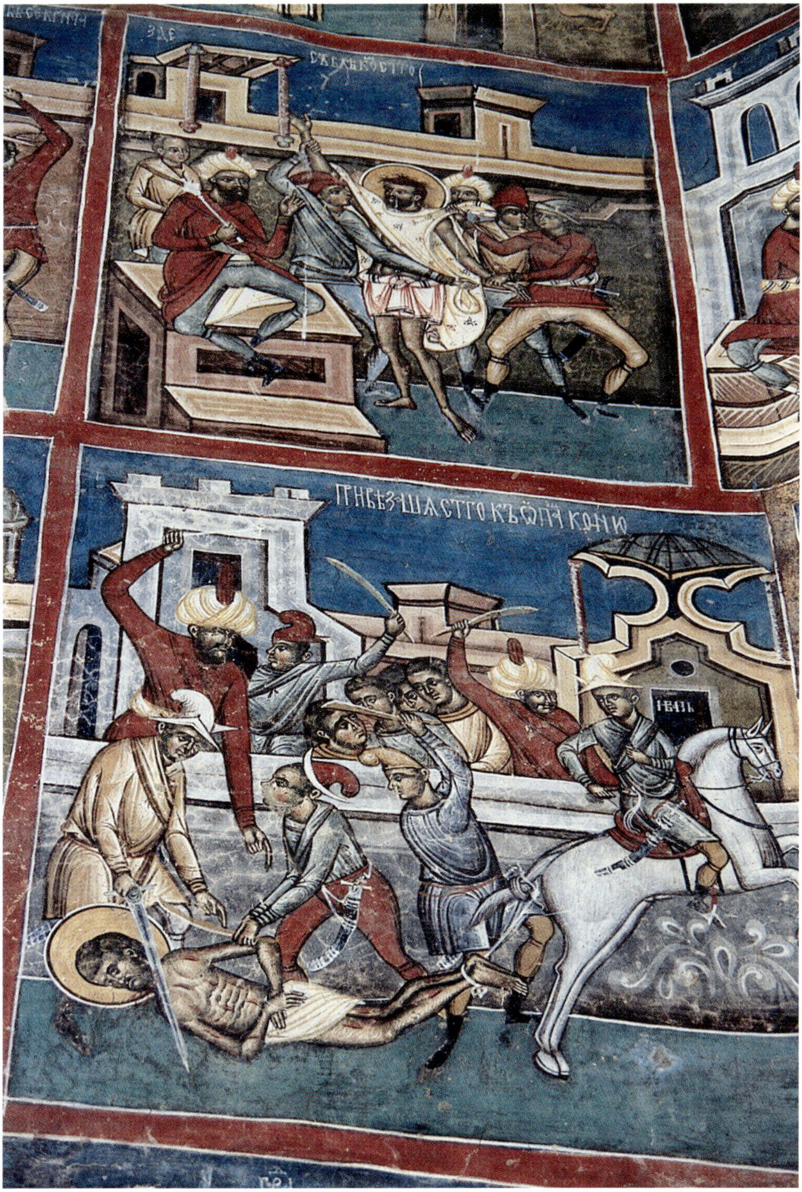

1. Die »Türkengefahr« in Bildern des 16. Jahrhunderts auf den Außenmauern des rumänischen Moldau-Klosters Voronet: Auf Befehl des Sultans sterben Christen. Die islamische Großmacht als Bedrohung war bis ins 18. Jahrhundert für große Teile Osteuropas real.

2. Altstadtviertel von Istanbul mit Blick auf das Goldene Horn und die stärker europäisch geprägten Stadtteile am gegenüberliegenden Ufer. Eine Verwestlichung der Architektur setzte massiv erst unter Atatürk ein. Die Metropole ist die kulturelle Hauptstadt der Türkei geblieben.

3. Büsten von Kemal Atatürk, der überragenden Symbolfigur der »Türkischen Moderne«, werden bis heute in Serienproduktion hergestellt und sind in allen öffentlichen Gebäuden, Behörden, Schulen, Universitäten, präsent. Hier der Blick auf eine Lagerstätte im Hinterhof einer türkischen Kleinstadt.

4. Das 1936 errichtete Denkmal in der zentralanatolischen Stadt Afyon erinnert an die Schlacht von Dumlupinar 1922, in der Atatürk die griechische Armee entscheidend besiegte. Der am Boden liegende Mann symbolisiert die Griechen. An der Stirnseite ein Porträt Atatürks.

5. Der graue Wolf ist ein Symbol des »starken Türkentums«, Kürşad ein legendärer Held der vorislamischen türkischen Frühzeit. »Gott schütze die Türken«, ist unten zu lesen. Solche Postkarten werden vor allem von radikalnationalistischen Türken verbreitet.

6. Moscheen dominieren das Panorama vieler türkischer Städte (hier ein Blick auf Afyon). Sie sind aber nicht nur in religiös konservativen Regionen Anatoliens vielbesucht. Die Zahl der Moscheen hat sich in der Türkei seit 1988 fast verdoppelt, weil »islamisch« orientierte Parteien die Bautätigkeit vermehrt fördern.

7. »Gott schütze uns«, »Masaallah« auf Arabisch, »Allah korusun« auf Türkisch, ist im Landesinnern der Türkei an den Vorderseiten vieler Autobusse wie auch privater Verkehrsmittel zu lesen. Der Islam bleibt im türkischen Alltag stark präsent – im Kontrast zu betont säkularen Lebensformen.

8. Kalif Ali, der Erste Imam schiitischer Glaubensrichtungen: Wo aber sein Bild in der Türkei hängt, leben Aleviten. Diese religiöse Minderheit, der etwa 20 bis 25 Prozent der Türken angehören, verehrt Ali intensiver als den Propheten Mohammed. Das untere Bild zeigt Atatürk.

9. Aleviten in ihrem zentralen Heiligtum von Hacibektaş. Im Hintergrund eine Moschee – für Aleviten eine seltene Gebetsstätte. Die von den Sunniten religiös noch immer diskriminierte Minderheit betet meist in unauffälligen Cem-Häusern (Orte der »Versammlung«).

10. Frauen in einer Marktstraße von Istanbul. Die Anatolisierung vieler türkischen Ballungszentren macht sich auch durch die wachsende Zahl von Kopftuch tragenden Frauen, Zuwanderern aus Anatolien, bemerkbar.

11. Ein typisches Bild aus der anatolischen Provinz. Aber selbst in religiös zutiefst traditionell geprägten Regionen der Türkei leben Frauen mit und ohne Kopftuch zum Teil einträchtig miteinander.

12. Ein modernes Verwaltungsgebäude in Kayseri. Gerade die zentralanatolische Region ist zu einem wichtigen Kristallisationspunkt einer aufstrebenden Schicht von Industriellen und Kaufleuten mit religiös konservativem Hintergrund geworden – wichtiges Wählerpotential für die AKP.

13. In schroffem Kontrast zur hektischen Modernisierung von Ballungsräumen steht vielerorts die Situation in anatolischen Dörfern, wo die Bauern oft noch sehr archaisch die Felder bewirtschaften. Die Not zwingt viele Bauern zur Abwanderung in die Städte, wo die Slums explosiv wachsen.

14. Ein Türke beim Rezitieren eines arabischen Koran. Die meisten beherrschen diese Sprache nicht und können nur die Schriftzeichen lesen, die sie in religiös orientierten Schulen gelernt haben. Ein ins Türkische übersetzter Koran hat nicht die gleiche Autorität.

15. Die Hagia Sophia wurde nach der Eroberung Konstantinopels durch die Osmanen 1453 Moschee und ist seit 1934 Museum. Türkische Islamisten verlangen wieder den Status einer Moschee, stoßen aber auf den Widerstand säkular und laizistisch ausgerichteter Türken.

16. Die Armenier haben unter osmanischer Herrschaft Toleranz genossen, aber nach dem Völkermord 1915 durch radikal-nationalistische Türken verfielen viele ihrer Kirchen. Hier: die Heiligkreuz-Kirche am Van-See (von 2005 bis 2007 als erster armenischer Sakralbau restauriert).

Ednan Aslan wurde 1959 in Bayburt geboren, jenem entlegenen Ort im Nordosten Anatoliens, in dem auch Öztürk zur Welt kam. Allen drei religiös geprägten Reformern ist also gemeinsam, die Kindheit und Jugend in Regionen verbracht zu haben, deren konservative religiöse Traditionen in schroffem Kontrast zu den säkularen Idealen der Republik Türkei stehen. Aber auch Aslan wechselte früh in moderne Zentren. Nach dem Abitur in Istanbul studierte er ab 1980 Sozialpädagogik und Politikwissenschaft an den Universitäten Stuttgart, Tübingen, Klagenfurt und Wien. 1996 promovierte er an der Universität Klagenfurt mit dem Thema *Religiöse Erziehung der muslimischen Kinder in Österreich und Deutschland.*

Seit dem Wintersemester 2006/2007 ist Aslan Leiter der Islamischen Religionspädagogik an der Fakultät für Philosophie und Bildungswissenschaft der Universität Wien. Er ist damit hauptverantwortlich für die Ausbildung muslimischer Religionslehrer an Österreichs höheren Schulen. Wie Ömer Özsoy betont auch er, daß nur eine historisch-kritische Auslegung des Korans den Islam mit der Moderne in Einklang bringen könne. Ohne die Einbettung in den historischen Zusammenhang seines Entstehens sei die Bedeutung des heiligen Textes für einen weltoffenen gläubigen Muslim von heute einfach nicht darstellbar. Viele koranische Offenbarungen seien konkrete Antworten auf konkrete Fragestellungen der ersten Hälfte des 7. Jahrhunderts. Sie seien für einen Muslim, der Anfang des 21. Jahrhunderts in Europa lebt, ohne Übersetzung und Einordnung in die gelebte Gegenwart nicht nachzuvollziehen.[44]

Aslan erteilt in diesem Zusammenhang auch der Scharia als einem für viele Muslime heute noch verbindlichen Rechtssystem eine eindeutige Absage. Eine solche Haltung ist zwar für einen aufgeklärten Muslim in der Türkei, wo die Scharia ohnehin seit 1924 kompromißlos durch ein europäisches Rechtssystem ersetzt wurde, nicht neu. Aber Aslan greift mit seiner Haltung in jene Diskussion ein, die schon seit Jahrzehnten unter Muslimen der gesamten islamischen Welt heftig geführt wird. An dieser Diskussion beteiligen sich auch »islamisch« orientierte Türken, die sich bis heute nicht voll und ganz mit der laizistischen Reform Atatürks abfinden können und teilweise im Alltag noch scharianahe Traditionen praktizieren.

Aslan weist in einem am 15. Februar 2008 veröffentlichten Kommentar der Wiener Tageszeitung *Die Presse* darauf hin, daß sich die Verwendung des Begriffs Scharia nicht schon im Koran findet, sondern daß dieses religiös-politische Rechtssystem erst durch spätere Generationen auf der Grundlage des Korans und mündlicher Äußerungen Mohammeds, der sogenannten Hadithen, entwickelt wurde. Aber weil die Scharia von Menschen unter bestimmten kulturellen und politischen Bedingungen geschaffen wurde – und damit Menschenwerk bleibt –, kann sie unter anderen kulturellen Voraussetzungen, etwa denen einer »europäischen Gesellschaft«, durch ein neues, westlich orientiertes Rechtssystem ersetzt werden. Der Islam werde damit nicht in seinen ewigen Werten angetastet.[45]

Ednan Aslans Thesen stoßen naturgemäß bei vielen traditionell gesinnten Muslimen auf den gleichen Widerstand wie die seines türkischen Kollegen Ömer Özsoy. Entsprechend kann auch Aslan seine Thesen völlig ungehindert nur in der liberalen Atmosphäre westeuropäischer Staaten verbreiten – und nur dort die türkischen Landsleute breitenwirksam erreichen. Aus dieser Einsicht heraus wehrt sich Aslan dagegen, daß Imame für den Religionsunterricht der Türken in Österreich und Deutschland weiterhin aus der Türkei geholt werden. Wichtig sei es, daß künftig sämtliche muslimische Religionslehrer wie auch Imame an den Universitäten ihrer Gastländer Österreich und Deutschland ausgebildet werden. »Importierte Imame sind Teil des Problems.« Mit ihnen kämen Ideologien nach Europa, die mit den hiesigen säkularen Rahmenbedingungen nicht vereinbar seien.[46]

An den beiden türkisch-muslimischen Reformern Ömer Özsoy und Ednan Aslan zeigt sich, daß die Entwicklung zu einem eigenständigen Euro-Islam unaufhaltsam ist. Ein »europäischer Islam« wird innerhalb der islamischen Welt künftig eine ebenso bedeutsame Rolle spielen wie die anderen kulturellen Ausprägungen etwa des türkischen, arabischen, persischen, indischen, fernöstlichen und schwarzafrikanischen Kulturraums. Mehr noch: Dieser »europäische Islam« wird bis in die Türkei hineinwirken, nicht zuletzt aufgrund der engen Verbindung zwischen Deutschtürken und »türkischen« Türken.

Aber eine Frage bleibt offen: In der Türkei selbst ist seit Mitte des 20. Jahrhunderts zu beobachten, daß politische Parteien versuchen, dem Islam wieder einen dominierenden Platz auch im öffentlichen Leben zu verschaffen. Damit soll die Krise beendet werden, die durch die säkulare Revolution entstanden ist.

Wir werden allerdings im Folgenden sehen, daß eine derartige Entwicklung den Intentionen der hier vorgestellten religiösen Reformer nur sehr unzureichend entspricht – ja in mancher Hinsicht sogar zuwiderläuft.

»Islamisierung« der Politik

Adnan Menderes, der erste »islamische« Politiker

Es ist ein makabres Pressefoto: Drei Männer im dunklen Anzug mit Krawatte, die Hände auf den Rücken gefesselt, hängen am Galgen. Der Mann in der Mitte ist Adnan Menderes. Er hatte nahezu zehn Jahre die Republik Türkei regiert, bevor ihn das Militär am 27. Mai 1960 durch einen Putsch stürzte und ihn mit zweien seiner Minister nach einem Schauprozeß auf der Gefängnisinsel Imrali nahe Istanbul am 12. September 1961 hinrichten ließ. Die offizielle Begründung für das Urteil lautete, die Regierung Menderes habe erheblich gegen die Regeln der säkularen Verfassung verstoßen, indem sie oppositionell Andersdenkende, vor allem die erklärten Anhänger Atatürks, unterdrückt und eine »islamisch reaktionäre« Politik betrieben habe.

Aus westlicher Sicht ist es schockierend, Fotos hingerichteter Politiker in Zeitungen veröffentlicht zu sehen. Eine solche Absicht hatte aber System. Die Generäle glaubten, nur mit dem Einsatz äußerst brutaler Abschreckung könne man eine Entwicklung aufhalten, die um das Jahr 1950 begonnen hatte: die sogenannte Islamisierung der Türkei – und damit der Angriff auf das säkulare Erbe Atatürks. Adnan Menderes war der erste führende Politiker der Türkei, der in Konflikt mit dem Nationalen Sicherheitsrat, dem »Hüter der Verfassung«, geriet. Menderes war allerdings der einzige Ministerpräsident, der diesen Konflikt mit dem Leben bezahlte, andere wurden nur inhaftiert. Aber Menderes stand am Anfang einer Entwicklung, an der es immer offensichtlicher wurde, daß sich in der Türkei eine konsequent säkulare oder gar strikt laizistische Gesellschaftsordnung im Sinn des Kemalismus nicht aufrechterhalten ließ. Und gerade weil Menderes der erste Politiker einer neuen, alternativen Ideologie war, traf ihn die Reaktion der militärischen Führung besonders hart.

Menderes ist trotz der demütigenden Umstände seines Todes

bis heute nicht vergessen. Im Gegenteil, sein Andenken wird nahezu vier Jahrzehnte später, zu Beginn des 21. Jahrhunderts, politisch verstärkt instrumentalisiert. Seit 1987 ist der internationale Flughafen von Izmir nach dem hingerichteten Politiker benannt. 1990 wurden seine Gebeine nach Istanbul überführt, was symbolisch ein weiterer Schritt hin zu einer Rehabilitierung bedeutete. 2002 entdeckte ich bei meiner Reise ins Innere Anatoliens in der Stadt Nevşehir einen Busbahnhof, der – in großen Lettern angeschrieben – den Namen »Adnan Menderes Terminal« trägt. 2006 wurde sein Leben in einer umfangreichen türkischen Fernsehserie verfilmt. Und im Juli 2007 ließ sich der »islamisch« orientierte Ministerpräsident Recep Tayyip Erdoğan im Wahlkampf auf einem Werbeplakat zusammen mit einem Porträt von Adnan Menderes abbilden, einem Politiker also, den er offensichtlich als sein Vorbild betrachtete und ganz bewußt für Werbezwecke verwendete.[47] Nichts könnte augenfälliger demonstrieren, wie sehr sich das politische Klima im Verlauf der Jahrzehnte in der Türkei geändert hat. Es bedeutet offensichtlich keine Gefahr mehr, wenn Politiker eine Verbindung zu Menderes signalisieren.

Menderes war, als er 1950 Ministerpräsident wurde, 51 Jahre alt. Er entstammte einer reichen Familie von Gutsbesitzern und wurde 1899 in Aydin, einer westanatolischen Provinzhauptstadt (nahe den Ruinen von Ephesos), geboren. Als Jurist trat er 1946 erstmals auffällig in Erscheinung, als er zusammen mit Celâl Bayar und etlichen anderen die erste Oppositionspartei in der Geschichte der Republik Türkei gründete: die *Demokrat Partisi*, Demokratische Partei. Zuvor hatten diese Politiker dem rechten Flügel von Atatürks Republikanischer Volkspartei angehört.[48] Atatürks Nachfolger, Staatspräsident Ismet Inönü, hatte 1945 die Gründung von Oppositionsparteien zugelassen und damit dem Drängen einer zunehmend selbstbewußt gewordenen bürgerlichen Schicht nachgegeben. Diese verlangte nach Reformen auf wirtschaftlicher Ebene, wollte aber auch den Islam religiös und kulturell wieder mehr in der Öffentlichkeit zur Geltung bringen.

Inönü ließ die ersten Wahlen im Zeichen des Mehrparteiensystems bereits im Juli 1946 abhalten. Dahinter steckte eine wohlüberlegte Taktik. Gerade weil die Demokratische Partei erst im Januar desselben Jahres gegründet worden war, hatten Bayar und Menderes kaum Zeit zum Aufbau dieser Partei. Die Rechnung des Staatspräsidenten ging auf: Die schlecht vorbereitete Oppositionspartei konnte nur 64 der 465 Parlamentssitze gewinnen, weshalb die Macht der bisherigen Regierungspartei ungeschmälert erhalten blieb. Von einer fairen demokratischen Wahl konnte damals noch nicht die Rede sein. Völlig anders war die Situation vier Jahre später. 23 weitere Parteien waren inzwischen gegründet worden. Sieben dieser Parteien traten für eine »Islamisierung« des öffentlichen Lebens ein, alle anderen bekannten sich zum strikten Laizismus Atatürks. Innerhalb dieser nun weitgefächerten Opposition hatte die Demokratische Partei mit ihrer inzwischen ausgereiften Organisation die besten Chancen für eine nachhaltige Etablierung im Parlament. Damit waren erstmals die Voraussetzungen für eine freie demokratische Wahl gegeben.

Diese ersten unverfälscht demokratischen Wahlen wurden am 24. März 1950 abgehalten. Nun errang die Demokratische Partei einen Erdrutschsieg über die zum damaligen Zeitpunkt politisch erstarrte Republikanische Volkspartei; vier Fünftel der Parlamentssitze gingen an sie. Neuer Staatspräsident wurde Celâl Bayar, der den kemalistischen Staatspräsidenten Ismet Inönü ablöste. Ministerpräsident wurde Adnan Menderes.

Den überwältigenden Sieg verdankte die Demokratische Partei vor allem zwei Programmpunkten ihrer Wahlversprechen. Zum einen war es die in Aussicht gestellte Abkehr von der damals staatlich gelenkten Planwirtschaft hin zur Privatwirtschaft. Hier äußerte sich das Interesse des aufstrebenden Bürgertums in den industriellen Ballungszentren sowie der Großgrundbesitzer in ländlichen Gebieten. Nicht minder erfolgreich bei den Wählern war aber das Versprechen, den Islam als Religion und Kultur wieder verstärkt öffentlich zur Geltung zu bringen und damit Verbote unter der Regierung Atatürks sowie Inönüs rückgängig zu machen. Hier äußerte sich das Bedürfnis traditionell gläubiger Muslime, denen es als zutiefst »gottlos« erschien, Religion als »Privatsache« zu deklarieren und in ihrem öffentlichen Wirken mehr oder weniger einzuschränken.

In der Religionspolitik waren Menderes während der folgenden zehn Jahre die größten und nachhaltigsten Erfolge beschieden. Die Reformen auf diesem Gebiet – nicht aber die neuen (und eher problematischen) Ansätze in der Wirtschaftspolitik – führten bei traditionell orientierten Muslimen zur späteren Verklärung seiner Regierung. Entsprechend gilt seiner Religionspolitik unsere besondere Aufmerksamkeit.

Menderes, der sich demonstrativ dazu bekannte, praktizierender Muslim zu sein, machte schon zu Beginn seiner Amtszeit eines seiner wirksamsten Wahlversprechen wahr: Seit 1950 darf der Gebetsruf des Muezzins wieder fünfmal am Tag vom Minarett erschallen. Atatürk hatte gerade dies zunächst als »Propaganda einer Weltanschauung« völlig verboten, und er hatte schließlich 1932 nur halbherzig zugelassen, daß der Muezzin öffentlich in türkischer Sprache zum Gebet rief. Menderes aber gestattete den Gebetsruf sogar mit Lautsprecher – und was noch entscheidender war: Der Gebetsruf konnte wieder auf arabisch, der »heiligen Sprache des Korans«, erschallen.

Weitere Änderungen kamen in rascher Reihenfolge: Der Koran und Predigten durften von nun an über den Rundfunk verbreitet werden, was sowohl Atatürk als auch Inönü strikt abgelehnt hatten. Außerdem durfte der Religionsunterricht, der unter der Alleinherrschaft der Republikanischen Volkspartei an sämtlichen Schulen verboten war, nun neben dem von Atatürk eingeführten nationalpolitischen Unterricht an allen Schulen gehalten werden. Zwar hatte die Republikanische Volkspartei noch 1949, kurz vor der drohenden Wahlniederlage, den freiwilligen Religionsunterricht wenigstens in der 4. und 5. Grundschulklasse gestattet, um religiös gesinnte Wähler zu gewinnen. Aber die Regierung Menderes setzte durch, daß die Schüler sämtlicher Schulgattungen am Religionsunterricht teilzunehmen hatten, es sei denn, die Eltern könnten das Fernbleiben schriftlich ausreichend begründen.[49] Menderes bewirkte auch, daß die bisher illegal wirkenden Koranschulen offiziell erlaubt wurden und fortan – unter strenger staatlicher Aufsicht – ihre Arbeit tun konnten.

Der Beifall vieler Türken zu solchen Maßnahmen machte deutlich, wie unpopulär die Unterdrückung islamischer Traditionen durch die Einparteienherrschaft der Kemalisten eigentlich war. Das zeigt sich auch daran, daß unter der Regierung Menderes mehr Moscheen als Schulen gebaut wurden – und sogar solche Maßnahmen viel Beifall in der Bevölkerung fanden. Angesichts solcher Erfolge sahen sich nun bald auch andere Parteien angespornt, in künftigen Wahlkämpfen ebenfalls mit dem Versprechen zu punkten, islamischen Traditionen stärker als bisher öffentlich zur Geltung zu verhelfen.

Derartige Reformen standen zwar unter dem Motto »Zurück zum Islam«, bedeuteten jedoch keine »Re-Islamisierung« eines religiös gleichgültig gewordenen Volkes. Man liest zwar immer wieder, unter der Regierung Menderes habe die Tendenz zur »Re-Islamisierung« begonnen, die bis heute anhalte. Aber diese Interpretation ist irreführend. Denn im Bewußtsein breiter Bevölkerungsschichten der Türkei hat der Islam nie an Bedeutung verloren. Die hier beschriebenen Reformen bedeuten nur einen zutiefst demokratischen Prozeß, daß die Türken wieder die Möglichkeit bekamen, religiöse Bedürfnisse öffentlich ausreichend zu äußern. Einige oppositionelle Gruppierungen gingen allerdings schon in den fünfziger Jahren so weit, wieder eine enge Verflechtung von Religion und Politik wie zur Zeit der Osmanen zu fordern. Aber derartige Äußerungen blieben damals noch eine Randerscheinung.

Menderes selbst hatte es strikt vermieden, durch unbedachte Äußerungen das Laizismus-Prinzip Atatürks in Frage zu stellen. Entsprechend hatte der Nationale Sicherheitsrat unter Führung des Militärs zehn Jahre lang keine wirkliche Handhabe gefunden, um den »islamisch« orientierten Ministerpräsidenten als »Feind der Verfassung« zu stürzen. Menderes konnte es vielmehr gelingen, bei den Parlamentswahlen 1954 und darüber hinaus 1957 noch zweimal mit ausreichender Mehrheit für eine weitere Amtszeit bestätigt zu werden. Er hatte damit etwas zustande gebracht, das die meisten seiner Nachfolger nicht mehr schafften (am ehesten noch Recep Tayyip Erdoğan). Um so schwieriger war es für das Militär, gegen Menderes vorzugehen.

Solange Menderes durch seine Politik mit dem Motto »Zurück zum Islam« bei den Wählern populär blieb, hielt sich das Militär zurück. Für die Gegner galt es abzuwarten, daß Menderes in anderen Bereichen seiner Politik Schwäche zeigte und dadurch an Beliebtheit wie an Ansehen im Volk verlor. Dies geschah im Bereich der Wirtschaft. Allerdings hatte Menderes auf diesem Sektor anfangs ebenfalls eine erfolgreiche Bilanz vorzuweisen, was ihn zunächst auch hier unangreifbar machte.

Die Regierung Menderes hatte zu Beginn der fünfziger Jahre mit ihrer Neuorientierung in der Wirtschaftspolitik eine bisher nicht gekannte Dynamik in Gang gesetzt. Menderes war es gelungen, Teilbereiche der Industrie und der bäuerlichen Großbetriebe aus den bisherigen Fesseln einer staatlich strikt kontrollierten Planwirtschaft zu lösen, und damit konnte er der Produktivität bei Fabrikanten, Händlern und Großgrundbesitzern größere Freiräume öffnen. Besonders für die Großgrundbesitzer schuf Menderes, selbst Sproß einer reichen Gutsbesitzerfamilie, eine viel günstigere Situation, als dies Atatürk und Inönü getan hatten. Menderes forcierte eine »Modernisierung der Landwirtschaft« und ließ dafür massenhaft Traktoren und anderes technisches Gerät aus den USA importieren. Diese Mechanisierung bäuerlicher Betriebe konnte tatsächlich die landwirtschaftliche Produktion um vieles steigern. Aber – und hier zeigten sich schon sehr früh zwiespältige Folgen – die Reform war sozialpolitisch wenig durchdacht, denn Traktoren und anderes technisches Zubehör sowie auch Kunstdünger konnte sich nur eine schmale Schicht wohlhabender Türken leisten. Der erwirtschaftete Reichtum kam also nur den Großgrundbesitzern und Großbauern zugute, nicht jedoch der Masse der Kleinbauern, bei denen der Staat jede stützende Maßnahme unterließ.[50]

Eine solche Entwicklung hatte schwerwiegende Folgen in einem Land, in dem zum damaligen Zeitpunkt noch mehr als 70 Prozent der Türken in Dörfern lebten. Während der fünfziger Jahre wurden in der Türkei durch die erste Phase einer Mechanisierung der Landwirtschaft über eine Million Landarbeiter überflüssig, die bis dahin als Pächter und Tagelöhner die Felder bestellten.[51] Und so begann unter der Regierung Menderes die verhängnisvolle Entwicklung, daß notleidende Bauern massenweise arbeitsuchend in die Großstädte strömten und dort nur in ausufernden Slums ihr Auskommen fanden – eine Entwicklung, die bis heute in der Türkei ein ungelöstes Problem darstellt.

In der Bevölkerung hatten derartige Veränderungen vermehrt zu sozialen Unruhen geführt. Gerade in der zweiten Amtszeit der Regierung Menderes, nach den noch einmal erfolgreich geschlagenen Wahlen von 1954, schlitterte die Türkei in eine schlimme Wirtschaftskrise. Der Staat mußte immense Schulden machen, weil der Wert der eingeführten Handelsgüter den der ausgeführten um ein Vielfaches überstieg. Hinzu kamen die hohen Militärausgaben, die rasant stiegen, nachdem die Türkei 1952 Mitglied der NATO geworden war. Die Krisenstimmung steigerte sich, als es im September 1955 zu verheerenden Ausschreitungen von muslimischen Türken gegen christliche Minderheiten in Istanbul kam. Die Unruhen waren entstanden, nachdem griechische Nationalisten auf der Insel Zypern die dort lebende türkische Minderheit bedrängten.[52] Für die Regierung Menderes war dies ein Anlaß, nun die Türken in Istanbul gegen die dort wohnenden Griechen aufzuhetzen. Die Ausschreitungen, die mit zahlreichen Todesopfern und brennenden Häusern völlig außer Kontrolle gerieten, konnten daher zunächst von der wachsenden Korruption und Mißwirtschaft der Regierung ablenken und den Blick der türkischen Wähler auf den sogenannten Zypern-Konflikt richten. In dieser aufgeheizten nationalistischen Stimmung konnte die Demokratische Partei 1957 noch einmal einen Wahlsieg über die oppositionelle Republikanische Volkspartei erringen. Aber dann nützten keine außenpolitischen Krisen mehr, um die wachsenden innenpolitischen Schwierigkeiten zu verschleiern.

Ende der fünfziger Jahre spitzte sich die Situation weiter zu, weil inzwischen nicht nur die Masse der Kleinbauern und der Landarbeiter, sondern auch immer größere Teile des Mittelstandes von sozialer Verelendung bedroht waren. Menderes, der viel von seiner Popularität eingebüßt hatte, reagierte auf Kritik von Journalisten wie auch der oppositionellen Republikanischen Volkspartei zunehmend repressiv. Er verschärfte das Pressegesetz und ließ regierungskritische Zeitungen verbieten, außerdem benutzte er, wie zuvor Atatürks unumschränkt regierende Partei, das Staatsradio ausschließlich für die eigene Politik als Propagandainstrument. Jeder oppositionellen Partei wurde der Freiheitsraum für ihre politischen Stellungnahmen immer mehr eingeschränkt. Mit einer derartigen Unterdrückung besonders jener großen Oppositionspartei, die sich als die maßgebende Sachwalterin der säkularen Prinzipien Atatürks ansah, erregte Menderes naturgemäß den Unwillen der militärischen Führung. Aber zum Sturz der Regierung kam es erst, als Menderes in dieser wirtschaftlich äußerst prekären Situation weitere Reformen in seiner Religionspolitik mit dem Motto »Zurück zum Islam!« ankündigte – und dabei auch noch einen schweren taktischen Fehler im Umgang mit der militärischen Führung beging.

Am 27. Mai 1960 putschte das Militär und verhaftete sämtliche Mitglieder der Regierung. Der Anlaß war, daß sich Menderes mit General Kemal Gürsel, dem Oberbefehlshaber der Landstreitkräfte, wegen des scharfen Vorgehens gegen die Republikanische Volkspartei sowie auch über Fragen der Wirtschafts- und der Religionspolitik zerstritten hatte. Menderes hatte sogar den General nach einer heftigen Auseinandersetzung aus dem Amt entlassen. Damit wagte Menderes das bis dahin Undenkbare: Er wollte die militärische Führung dem Parlament und der Regierung unterordnen. Menderes, der selbst sehr autoritär regierte und dem Militär an schroffem Gebaren in nichts nachstand, weigerte sich damit, zu akzeptieren, daß das Militär mit seiner Kontrollfunktion als »Hüter der Verfassung« die Regierung bevormundete. Indem nun aber der entlassene General Gürsel den Putsch organisierte, machte er in brutaler Direktheit deutlich, wer in Fragen der Macht weiterhin das letzte Wort hatte. Die Hinrichtung von Menderes und zweien seiner wichtigsten Minister sowie langjährige Gefängnisstrafen für viele andere Regierungsmitglieder besiegelten diese Botschaft.

General Gürsel übte ein Jahr lang sowohl das Amt des Staatspräsidenten wie auch des Ministerpräsidenten aus, er fungierte damit jenseits aller demokratischen Regeln als Militärdiktator. Dann aber ließ er wieder demokratische Wahlen zu und folgte damit einem Grundsatz, den auch später putschende Generäle beherzigen sollten: diktatorisch nur so lange zu reagieren, bis sich die Unruhe im Volk gelegt hatte und die Voraussetzungen zur Demokratie wieder gegeben waren.

Die Militärregierung unter Staatspräsident General Kemal Gürsel ließ jedoch, bevor sie wieder die Rückkehr zu demokratischen Wahlen gestattete, 1960 eine neue Verfassung ausarbeiten. In ihr wurde – so schien es zunächst – das demokratische Element gestärkt, denn nun wurde das Demonstrations- und Streikrecht verfassungsrechtlich garantiert. Zudem wurde ein Verfassungsgericht installiert. Dieses Verfassungsgericht sollte neben dem Nationalen Sicherheitsrat unter Führung des Militärs eine zusätzliche Kontrollinstanz für die Einhaltung demokratischer Rechte sowie der strikten Trennung von Religion und Politik bilden. Offiziell war damit eine weitere Instanz geschaffen, die »verfassungsfeindliche« Politiker und Parteien in ihre Schranken weisen sollte. Daß aber Militär und Verfassungsgericht dann meist sehr eng zusammenarbeiteten und entsprechend den Handlungsspielraum von Regierungen oft undemokratisch einschränkten, zeigen spätere Entwicklungen. Die Beispiele reichen bis in unsere unmittelbare Gegenwart.

Aufschlußreich ist aber in diesem Zusammenhang, daß die Militärregierung nicht die von Menderes eingeleiteten Reformen auf religiösem Sektor rückgängig machte: weder den Gebetsruf vom Minarett auf arabisch noch die Verbreitung von Predigten und Koranlesungen im Rundfunk noch den verstärkt praktizierten Religionsunterricht an Schulen noch die offizielle Zulassung der bisher illegal wirkenden Koranschulen. Hier hatte sich beim Militär die Einsicht durchgesetzt, daß diese Reformen in der Bevölkerung sehr willkommen waren und daß erneute Einschränkungen nur zu politischen Unruhen führen würden. Die Veränderungen, die zu einer verstärkten Präsenz des Islam im öffentlichen Leben geführt hatten, wurden nicht mehr als Gefahr für die laizistische Struktur des Staates angesehen. Es galt in Zukunft nur, so die offizielle Begründung, eine »radikale Islamisierung« zu verhindern.

Im Jahr 1961 ließ die Armee wieder freie Wahlen zu. Wahlsieger wurde diesmal die Republikanische Volkspartei und konnte damit an die Macht zurückkehren. General Kemal Gürsel blieb zwar Staatspräsident, aber Ministerpräsident wurde Ismet Inönü, der zehn Jahre lang Atatürks Partei in der Opposition geführt hatte. Inönü regierte in Koalition mit der konservativen Gerechtigkeitspartei bis 1965, dann fegte ihn wieder eine Wahlniederlage aus dem Amt, so daß er zum zweiten Mal in der Opposition seine Partei führen mußte (er starb 1973).

Neuer Ministerpräsident wurde Süleyman Demirel, der seit 1960 Führer der konservativen Gerechtigkeitspartei war. Die Wahlen hatte Demirel vor allem dadurch gewonnen, daß ihm Muslime ihre Stimme gaben, die früher die inzwischen verbotene Demokratische Partei des Adnan Menderes und Celâl Bayar gewählt hatten. Demirel hatte es geschickt verstanden, an Themen anzuknüpfen, mit denen Menderes 1950 und später seine Wahlsiege errang. Zum einen plädierte auch Demirel für die Stärkung der Privatwirtschaft, zum anderen umwarb er die traditionell denkenden Muslime und versprach ihnen, den Islam stärker als bisher öffentlich zur Geltung zu bringen. Beide Wahlversprechen sollten in Zukunft Merkmale von Parteien sein, sie sich selbst als »konservativ« und »islamisch« zugleich deklarierten.

Der 1924 geborene Politiker Süleyman Demirel konzentrierte sich allerdings vorrangig auf die Wirtschaftspolitik; das Thema »Islam« lag ihm nicht gleichermaßen nahe – er benutzte das letztere eher aus wahlstrategischen Gesichtspunkten, eben weil seine Partei in Nachfolge der Demokratischen Partei die muslimisch-konservativen Wähler benötigte. Demirel regierte bis 1971. Wie Menderes hatte er anfangs mit seinem wirtschaftsliberalen Kurs Erfolg, bis auch er die Wirtschaftskrise nicht mehr meistern konnte. Außerdem gelang es ihm nicht, die wachsende Gewaltbereitschaft links- und rechtsextremer Terrorgruppen einzudämmen, die bei den sozial Benachteiligten immer mehr Anhänger fanden. Die Türkei drohte in einem bürgerkriegsähnlichen Chaos zu versinken.

1971 putschte das Militär zum zweiten Mal. Der Nationale Sicherheitsrat zwang Demirel zum Rücktritt. Allerdings kam es diesmal nicht zur Anklage, denn Demirel hatte sich ausdrücklich zu den Zielen des Militärputsches von 1960 bekannt und alle Äußerungen unterlassen, die ihn in den Verdacht hätten bringen können, ein Naheverhältnis zu einem politisch motivierten Islam zu haben. Er konnte daher wenige Jahre später in die Politik zurückkehren und wieder Vorsitzender der Gerechtigkeitspartei und auch wieder Ministerpräsident werden, ja, er amtierte 1993 bis 2000 gar in der einflussreichen Funktion des Staatspräsidenten.

Die folgenden Jahre waren durch wachsende soziale Gegensätze geprägt, die in immer stärkere politische Radikalisierung links- und rechtsextremer Gruppierungen und wieder in terroristische Aktivitäten mündeten. Auch ein politischer Islam begann zunehmend eine Rolle zu spielen, allerdings fiel er weniger durch gewalttätige Aktionen auf als durch seine Erfolge in regionalen und landesweiten Wahlen.

Nun schoben sich zwei Politiker in den Vordergrund, von denen der eine sich als «islamistisch«, der andere als »gemäßigt islamisch« verstand. Der erstere war Necmettin Erbakan, der letztere Turgut Özal.

Necmettin Erbakan, der erste erfolgreiche Ideologe des Islamismus

Die Politiker Necmettin Erbakan und Turgut Özal waren jahrelang ideologisch miteinander verbunden, bevor sie wegen weltanschaulicher Differenzen unterschiedliche Wege gingen. Aber der gemeinsame Ausgangspunkt wurde in ihrem Verhalten immer wieder deutlich.

Erbakan war der erste der beiden, der in die Schlagzeilen der westlichen Medien rückte.

Er wurde 1926 in Sinop, einer Stadt an der Küste des Schwarzen Meeres, geboren. Er studierte Maschinenbau in Istanbul, setzte sein Studium an der technischen Hochschule in Aachen fort und arbeitete anschließend in Köln als Ingenieur, bevor er drei Jahre später nach Istanbul zurückkehrte und dort an der Universität Dozent für Maschinenbau wurde. 1965 wurde er an derselben Universität zum Professor ernannt. 1969 begann die politische Laufbahn. Erbakan trat erstmals an die Öffentlichkeit, indem er in flammenden Reden die Istanbuler Großkonzerne kritisierte, die mit ihrem rücksichtslosen Preisdumping die kleinen Händler und Produzenten Anatoliens ruinierten. Diesen Kapitalisten und mit ihnen verbündeten Politikern fehle es an jener Ethik, die der Islam den Gläubigen vorschreibe. Erbakan beschloß in die Politik zu gehen und strebte für die nächsten Wahlen einen Listenplatz in Süleyman Demirels Gerechtigkeitspartei an. Aber der damalige

Ministerpräsident Demirel, der selbst die Großindustrie begünstigte, fühlte sich durch Erbakans Kritik persönlich angegriffen und verweigerte dem religiösen antikapitalistischen Eiferer einen aussichtsreichen Listenplatz.

So gründete Erbakan 1970 eine eigene Partei. Es war die erste Partei der Türkei, die eine ausdrücklich islamistische Ideologie vertrat und damit über die »islamisch« orientierte Ideologie eines Adnan Menderes hinausging. Erbakans Partei trug den Namen *Milli Nizam Partisi*, Nationale Ordnungspartei, was auf den ersten Blick eher auf türkischen Nationalismus als auf religiös-politische Zielsetzungen schließen ließ. Ein derartiger Anschein sollte zur Tarnung ganz bewußt erweckt werden. Aber unbedachte Äußerungen des Parteiführers riefen wenig später das Verfassungsgericht auf den Plan und führten zum Verbot der Partei. 1972 gründete Erbakan bereits die nächste islamistische Partei unter dem Namen *Selamet Partisi*, Nationale Heilspartei, und diesmal war er behutsamer mit seinen öffentlichen Äußerungen, so daß seine Partei bei den nächsten Parlamentswahlen 1973 antreten konnte. Das Jahr 1973 brachte für Erbakan den ersten großen Überraschungserfolg, so daß er nun erstmals in die Schlagzeilen auch der westlichen Medien rückte. Auf Anhieb bekam er 11,8 Prozent der Wählerstimmen und galt seitdem als Politiker mit Zukunft.

Was aber unterscheidet Erbakans islamistisches Programm grundsätzlich von den »islamisch« orientierten Absichtserklärungen bisher genannter Parteien? An welchem Punkt überschritt Erbakan eine Tabugrenze und wurde dadurch zum Islamisten?

Erbakan forderte, die Trennung religiöser und politischer Institutionen müsse grundsätzlich aufgehoben werden, die Scharia sei wieder einzuführen, und ein Gremium geistlicher Rechtsgelehrter solle wieder wie einst zur Osmanen-Zeit alle Entscheidungen der Politiker kontrollieren. Ein solches Programm bedeutete eine eindeutige Absage an das laizistische Modell; es konnte nach geltendem türkischen Recht nur als »verfassungsfeindlich« eingestuft werden. Erbakan rückte mit derartigen Parolen (die er aus taktischen Gründen nur selten unverhüllt äußerte) in die Nähe arabischer und iranischer Islamisten. Trotzdem weist sein Programm gegenüber arabischen und iranischen Positionen beträchtliche

Unterschiede auf – eben weil die Rahmenbedingungen im türkischen Kulturraum völlig anders sind.

Zunächst aber die Gemeinsamkeiten aller islamistischen Bewegungen: Sie führen den Niedergang der einzelnen islamischen Staaten nicht auf die Strukturkrisen in der eigenen Gesellschaft zurück – sondern auf die »Verwestlichung«. Die Muslime hätten sich dazu verleiten lassen, Elemente westlicher Philosophie und Gesellschaft zu übernehmen. Besonders verhängnisvoll sei in diesem Zusammenhang gewesen, daß viele Politiker angefangen hätten, Religion und Politik völlig zu trennen. Scharf verurteilen Islamisten die Absicht, geistliche Rechtsgelehrte als oberste Schiedsrichter in politischen Sachfragen auszuschalten. Die muslimischen Politiker müßten ihre Entscheidungen wieder ganz nach den Grundsätzen von Koran und Scharia ausrichten, nur dann seien sie fähig, die islamische Welt aus ihrer schweren Krise herauszuführen, nur dann könnten die Muslime wieder mit einer überlegenen Kultur über das Abendland triumphieren.

Aus dem Westen wollen die Islamisten zwar die technischen Errungenschaften übernehmen, keinesfalls jedoch irgendwelche Anregungen aus der Philosophie und staatlicher Organisation. Daher bedeutet es keinen Widerspruch, daß viele führende Islamisten technische Berufe ausüben und teilweise auch das westliche Ausland aus eigener Erfahrung kennen. Erbakan zum Beispiel ist Maschinenbauingenieur, außerdem war er 1974 in einer türkischen Koalitionsregierung Industrieminister. »Mit Koran und Computer in die Zukunft« ist eine gängige Losung auch bei Islamisten.

»Zurück zum ursprünglichen Islam« – diese Parole gilt für alle Islamisten. Aber beträchtliche Unterschiede zeigen sich bei der Frage, auf welche Epoche denn die Ideologen ihre Idealvorstellungen projizieren. Islamisten arabischer Länder und des Iran fordern die Rückbesinnung auf jene Gesellschaftsform, wie sie in den ersten vier Jahrzehnten des Islam, vom Propheten Mohammed bis Kalif Ali, bestand. Alle späteren Entwicklungen bedeuten aus ihrer Sicht nur noch Fehlentwicklung, nur noch Abwendung vom ursprünglichen Islam. Sie verurteilen damit selbst schon die kulturelle Glanzzeit des Kalifats von Bagdad als eine Epoche des Niedergangs, erst recht das Sultanat der Osmanen.

Anders die meisten türkischen Islamisten: Sie wollen die sozialreligiöse Struktur gerade des Osmanischen Reiches (zumindest in Grundzügen) wiederherstellen. Sie bleiben damit betont innerhalb der türkischen Tradition. Auch verzichten sie ausdrücklich darauf, einen gewaltsamen Umsturz und die Diktatur eines islamistischen Gottesstaates anzustreben. Sie bekennen sich dazu, ihre Ziele auf demokratischem Weg durchzusetzen und die Entscheidungen der Wähler zu respektieren.

Eine abweichende Position haben nur etliche kleinere türkische Gruppierungen bezogen: Sie propagieren die Diktatur eines Gottesstaates, sie wollen die Türkei in eine »Islamische Republik« umwandeln. Da diese Gruppierungen alle in ihrem Herkunftsland verboten sind, entfalten sie ihre Aktivitäten hauptsächlich in Deutschland unter den dort lebenden Türken, denn hier müssen sie nicht die Verfolgung durch türkische Behörden fürchten. Zu erwähnen wäre besonders der Verband der islamischen Vereine, 1984 in Köln gegründet und von Cemalettin Kaplan (den seine Gegner spöttisch den »Khomeini von Köln« nannten) bis zu seinem Tod 1995 geführt. Aber repräsentativ sind solche Gruppierungen nicht einmal für die türkischen Islamisten, geschweige denn für die Mehrheit der gläubigen Muslime.

Im Vergleich zu derart radikalen und extrem wirklichkeitsfremden Gruppierungen nahm sich Erbakans Nationale Heilspartei gemäßigt aus. Gerade der Blick für real vorhandene religiöse Sehnsüchte bei vielen traditionell gläubigen Muslimen und die Absage an Gewalt bescherten Erbakan den Wahlerfolg. Aber dieser zweiten von ihm gegründeten Partei war ebenfalls keine allzu lange Lebensdauer beschieden. Wenn auch Erbakan selbst immer wieder zur Mäßigung aufrief, so konnte er doch manche Anhänger nicht zügeln, die davon sprachen, notfalls auch mit Waffengewalt die Auflösung der laizistischen Staats- und Rechtsordnung der Republik Türkei zu erzwingen. 1979 brachte eine Durchsuchung der Polizei in einem Parteigebäude in Ankara entsprechende Flugblätter zutage.[53]

Die Nationale Heilspartei wurde 1980 verboten. Dies geschah nach dem Militärputsch vom 12. September 1980. Das Militär hatte nun zum dritten Mal geputscht. Die Ursache war die politisch bedrohlich werdende Situation durch rechts- und linksradikale Terroristen, die angesichts der wachsenden sozialen Misere immer neue Anhänger fanden und mit blutigen Attentaten und einem regelrechten Guerillakrieg die Ordnung für eine »neue Gesellschaft« (was auch immer das sein sollte) zu schaffen versuchten. Die jeweiligen demokratisch gewählten Regierungen – in den siebziger Jahren abwechselnd die konservative Gerechtigkeitspartei unter Süleyman Demirel und die mittlerweile sozialdemokratisch ausgerichtete Republikanische Volkspartei unter Bülent Ecevit – waren nicht stark genug, um den wachsenden Terrorismus wirksam zu bekämpfen. Einen weiteren Grund für den Putsch von 1980 sah das Militär auch darin, den Machtzuwachs von Erbakans islamistischer Nationaler Heilspartei sowie sonstiger radikaler Parteien zu verhindern.

Erbakan war durch den Putsch härter getroffen als viele andere. Denn während der Nationale Sicherheitsrat unter Führung des Militärs maßgebende Politiker wie Süleyman Demirel und Bülent Ecevit nur unter Hausarrest stellte, mußte Erbakan wegen »staatsgefährdender Gesinnung« ins Gefängnis. Diesen traurigen Ruhm teilte er mit Alparslan Türkeş, dem rechtsextremen Nationalisten, dessen Jugendorganisation Graue Wölfe zahlreiche Terrorakte verübt hatte.

Das Jahr 1980 schien damit das Ende der Karriere des islamistischen Politikers Erbakan zu bedeuten. Aber er verschwand nur für drei Jahre aus dem Blickfeld der Öffentlichkeit. Bevor er erneut Politik machte und größeren Erfolg als je zuvor erntete, rückte ein anderer Politiker in den Vordergrund: Turgut Özal, jahrelang mit Erbakan ideologisch verbunden.

Turgut Özal, der religiöse Wirtschaftsfachmann

Turgut Özal, 1927 in der ostanatolischen Stadt Malatya geboren und nur um ein Jahr jünger als Erbakan, übte wie dieser zunächst einen technischen Beruf aus. 1950 hatte er an der technischen Hochschule von Istanbul ein vierjähriges Studium als Elektroingenieur abgeschlossen. Schon hier lernte er Erbakan kennen, außerdem Süleyman Demirel, mit dem er später ebenfalls zusammenarbeitete. Seine berufliche Laufbahn begann er im Staatsdepartment für Elektrifizierung in Ankara, wo er als tiefgläubiger Muslim Kontakte zur Demokratischen Partei unter ihrem Vorsitzenden Adnan Menderes pflegte. 1952 absolvierte er ein einjähriges Wirtschaftsingenieurs-Praktikum in den USA und war sechs Jahre später Leiter einer wirtschaftlichen Planungskommission in der Türkei. Zwei Jahre arbeitete er als Berater für industrielle Projekte bei der Weltbank in New York.

Seine politische Heimat fand der Techniker und Wirtschaftsfachmann Özal zunächst in Erbakans islamistischer Nationaler Heilspartei. 1977 war er bei Regionalwahlen gar als Kandidat dieser Partei in Izmir angetreten, wurde aber nicht gewählt. Sein Bruder Korkut Özal war einer der führenden Funktionäre der Partei, während Turgut Özal dort nur eine Nebenrolle spielte. Mit dem Parteiführer Erbakan verbanden ihn einige Gemeinsamkeiten, aber im Verlauf der Jahre entfernte er sich innerlich immer mehr von der fundamentalistischen Ideologie der Partei. Für Turgut Özal war die Beachtung »islamischer Werte« überaus wichtig, aber noch wichtiger der Stellenwert der Ökonomie.[54] Ende der siebziger Jahre wechselte er zur Regierung des Ministerpräsidenten Süleyman Demirel über, der die letzten vier Jahre vor dem Militärputsch 1980 wieder an der Macht war. Özal fühlte sich zu Demirel hingezogen. Dieser Politiker entsprach letzten Endes mehr seiner eigenen Anschauung. So hatte Demirel 1976 sehr kryptisch eine Formulierung gefunden, die die Treue einerseits zur Verfassung und andererseits zu islamischen Werten betonte:

»Der Staat ist zwar laizistisch, nicht aber die Nation.«[55]

Was Özal allerdings am stärksten mit Demirel verband, war die pragmatische Wendigkeit und letztlich die Konzentration auf wirtschaftliche Fragen. 1979 wurde Özal in der Regierung Demirel Staatssekretär und Leiter der wirtschaftlichen Planungsorganisation.

Anders als Erbakan und auch Demirel überstand Özal den Militärputsch vom 12. September 1980 unbeschadet. Gerade dem Putsch verdankte er seine eigentliche politische Karriere. Noch im September ernannte ihn die Militärregierung unter General

Kenan Evren zum Wirtschaftsminister. Die Militärs, allesamt keine Wirtschaftsexperten, überließen die Sanierung der krisengeschüttelten Wirtschaft dem Fachmann Özal, den sie für unverzichtbar hielten. Özal hatte eine schwierige Aufgabe vor sich, denn seit Beginn der Wirtschaftskrise 1977, die bis Anfang der achtziger Jahre dauerte, waren die Reallöhne in der Türkei rund um die Hälfte gesunken, entsprechend war die Kaufkraft drastisch zurückgegangen. Dem Wirtschaftsminister Özal gelang es, die Inflationsrate von 100 Prozent 1980 auf unter 30 Prozent 1983 zu drücken; Özal erwarb sich damit den Ruf eines Bezwingers des »Monsters Inflation«.[56] Damit aber waren für Özal die besten Voraussetzungen geschaffen, um in der Zeit nach der Militärdiktatur eine große Karriere auch in der demokratisch strukturierten Parteienlandschaft der Türkei zu starten.

Der Nationale Sicherheitsrat, dessen Vorsitzender der Militärdiktator General Evren war, kündigte für das Jahr 1983 demokratische Wahlen an. Aber um für die »Rückkehr der Demokratie« stabilere Verhältnisse zu ermöglichen, verabschiedete die Militärregierung 1982 noch eine neue Verfassung – und in diesem Zusammenhang auch ein neues Wahlgesetz: Eine Partei mußte mindestens 10 Prozent der Wählerstimmen bekommen, um den Einzug ins Parlament zu schaffen. Mit dieser ungewöhnlich hohen Sperrklausel, die bis ins 21. Jahrhundert hinein aufrechterhalten wurde, sollte verhindert werden, daß kurdische Parteien ins Parlament gelangten. Andererseits sollte dafür gesorgt sein, daß überhaupt die zahlreichen kleineren Parteien aus dem politischen Leben verschwanden und so die Bildung von Regierungskoalitionen erleichterten.

In der neuen Verfassung wurden dem Staatspräsidenten noch größere Machtbefugnisse als bisher zugestanden. Nun hatte der Staatspräsident in allen wichtigen Fragen das letztendliche Entscheidungsrecht, er konnte alle Gesetzesentwürfe des Parlaments und der Regierung durch sein Veto blockieren. Da aber General Kenan Evren noch unter der Militärregierung ins Amt des Staatspräsidenten gewählt wurde, bedeutete dies, daß das Militär auch in Zeiten einer normalen Demokratie die Oberaufsicht über das politische Geschehen ausübte. Das Schlagwort von der sogenannten »gelenkten Demokratie« behielt seine schon vor Jahrzehnten gewonnene Bedeutung.

Im November 1983 fanden die angekündigten Parlamentswahlen statt. Nur drei der 15 neugegründeten Parteien durften antreten, weil das Militär 12 von ihnen sofort als »verfassungsfeindlich« verbot. Unter den dreien hatte die *Anavatan Partisi (AnaP)*, Mutterlandspartei, die größte Chance. Sie war von Turgut Özal gegründet worden. Özal errang einen Erdrutschsieg und wurde damit Ministerpräsident. Er übte dieses Amt bis 1989 aus.

Seinen Wahlsieg verdankte Özal dem Umstand, daß er sich unter der Militärregierung den Ruf eines Wirtschaftsexperten erworben hatte, der die erschreckende Wirtschaftskrise hatte bewältigen können. Aber nicht minder wichtig war, daß er als »gläubiger Muslim« für die Masse religiös konservativer Wähler attraktiv erschien. In den sechs Regierungsjahren profilierte sich Özal sowohl in der Wirtschafts- als auch in der Religionspolitik.

Özal förderte von Anfang an stark die Industrialisierung. Seine Pionierleistung war jedoch, daß er seit 1986 als erster türkischer Ministerpräsident den Ausbau des Massentourismus forcierte. Mit allen Mitteln der Propaganda versuchte Özal und sein Tourismusminister Mesut Yılmaz (der später auch Ministerpräsident werden sollte), ausländische Investoren ins Land zu locken. Unter Özal begann jener Tourismusboom, der in den nächsten Jahrzehnten dazu führte, daß die Strände der West- und der Südtürkei mit Hotelkomplexen zugebaut wurden. Diese sehr zwiespältige Entwicklung bescherte der Türkei einerseits dringend benötigte Devisenreserven und entsprechendes Wirtschaftswachstum, konnte andererseits aber die Krisenanfälligkeit der sozialen Entwicklung nicht beseitigen. Im Gegenteil: Eine Wirtschaftskrise folgte dem anfänglichen Boom.

Gegen Ende der achtziger Jahre hatte eine Inflation von über 80 Prozent den Lebensstandard der Türken drastisch sinken lassen und trieb gerade auch Angehörige des unteren Mittelstandes in die Verelendung. Ein Großteil der Löhne sank plötzlich unter das Existenzminimum, während Özals Familie und Funktionäre seiner Partei durch Cliquenwirtschaft sich schamlos bereicherten.[57] Özals Ruf als Wirtschaftsexperte und eines »Bezwingers des

Monsters Inflation« war ruiniert. Er verlor die Kommunalwahlen im April 1989 dramatisch, weigerte sich aber, vom Amt des Ministerpräsidenten zurückzutreten.

Nachhaltiger war Özals Erfolg in der Religionspolitik, auch wenn dieser Erfolg äußerst zwiespältige Begleiterscheinungen hatte. Özal war es bereits 1982 gelungen, die militärische Führung unter General Evren davon zu überzeugen, den Religionsunterricht an staatlichen Schulen als Pflichtfach für alle, ohne jede Ausnahmegenehmigung, zu machen. Er argumentierte, man könne nur, indem man einen verpflichtenden Religionsunterricht an sämtlichen Schulen einführe, den Einfluß der immer stärker werdenden illegalen Koranschulen – und damit den Einfluß radikaler Fundamentalisten – zurückdrängen. Dies würde umgekehrt den Einfluß des »säkular« orientierten Staates auf die religiöse Erziehung verstärken und die Regierung könne dann um so besser für einen »gemäßigten Islam« im Bewußtsein der Bevölkerung sorgen. Özal konnte die Früchte seiner Argumentation bereits 1982 ernten. In der neuen Verfassung, die 1982 von einer offiziell »laizistischen« Militärregierung verabschiedet wurde, war festgelegt, daß zukünftig für alle Türken der Religionsunterricht Pflicht sei. Diese Regelung ging über das von Adnan Menderes geschaffene Gesetz weit hinaus, weil nun die Eltern nicht mehr die Möglichkeit hatten, ihre Kinder durch eine schriftliche Begründung vom Religionsunterricht fernzuhalten.

Als Özal 1983 Ministerpräsident wurde, konnte er darangehen, das Gesetz im Detail umzusetzen. In den folgenden zwei Jahren wurde an allen Schulen der Religionsunterricht als Pflichtfach eingeführt. Dabei wurde das bisherige Pflichtfach *Ethik*, das religiös-nationalistisch ausgerichtet war, mit dem Religionsunterricht zusammengelegt. Nur oberflächlich gesehen bedeutete diese Neuerung einen Erfolg auch aus der Sicht liberaler Muslime. Denn problematisch an diesem neuem Pflichtfach Religion war, daß die Freiheit religiöser Unterweisung nur für sunnitische Muslime bestand, nicht aber für Aleviten, türkische Christen und Juden. Die Aleviten waren sogar gezwungen, den Religionsunterricht der Sunniten zu besuchen, und dieser Zwang galt bis 1990 sogar für türkische Christen und Juden.[58] Ein »islamisch« orientierter Ministerpräsident sowie das strikt »laizistisch« orientierte Militär hatten hier gleichermaßen zu einem äußerst fragwürdigen Konstrukt beigetragen, das bis heute für immer neue Konflikte sorgt.

Problematisch war auch der neue Erziehungsminister, den Özal 1983 in sein Kabinett berufen hatte. Der strenggläubige Muslim Vehbi Dinçerler erließ sofort mehrere Vorschriften, die seinen Maßstäben einer »islamischen« Lebensführung entsprachen: eine strenge Kleiderordnung für Mädchen, die Einschränkung des Alkoholausschanks in der Umgebung von Moscheen, die Einführung des Arabischen als Fremdsprache an Schulen und – letztendlicher Höhepunkt – die Streichung von Darwins Evolutionslehre aus den Schulbüchern, da diese dem Islam widerspreche.[59] Die Gesetzesinitiativen des neuen Erziehungsministers stießen allerdings nicht nur bei säkular und laizistisch orientierten Türken auf Widerstand, sondern auch bei einer beträchtlichen Zahl »gläubiger Muslime«, die zu Özals vorrangigem Wählerpotential gehörten. Özal entließ daraufhin seinen Erziehungsminister. Dies zeigt die deutlichen Grenzen religiöser Indoktrination. Militante Fundamentalisten konnten keinen breiten Wirkungskreis finden, so sehr auch viele Wähler Özals dafür eintraten, der Religion einen höheren Stellenwert beizumessen als früher. Allerdings wurde Erziehungsminister Dinçerler nicht völlig entmachtet, sondern als Beamter ins Staatsministerium abgeschoben, wo er weiterhin über viele verschlungene Kanäle auf das Schulwesen Einfluß ausüben konnte.[60]

Özal selbst versäumte keine Gelegenheit zu demonstrieren, daß er strenggläubiger Muslim sei, und er ging hier mit öffentlichen Manifestationen weit über die Haltung seiner Amtsvorgänger hinaus. So unternahm er vielbeachtet eine Pilgerfahrt nach Mekka, verzichtete im Fastenmonat Ramadan auf alle Reisen in nichtislamische Länder und tat auch kund, sich strikt an die Fastengebote zu halten. Im Sommer 1984 ließ seine Regierung die Werbung für Bier im Staatsfernsehen verbieten.[61]

Özal konnte 1987 mit der Parlamentsmehrheit seiner Partei außerdem – wenn auch nur kurzfristig – durchsetzen, daß Studentinnen an den Universitäten Kopftuch tragen durften. Bisher war ein solcher Sachverhalt kein Problem gewesen, weil Frauen an der Universität ohnehin aus der schmalen säkular orientierten Oberschicht kamen und diese Verhüllung strikt ablehnten. Aber seit auch Töchter konservativer Provinzfamilien vermehrt Zugang zur Bildung hatten und immer mehr von ihnen studierten, wurde das von Atatürk geächtete Kleidungsstück zu einem brisanten Problem. Während der »islamisch« orientierte Ministerpräsident Özal den Bedürfnissen einer aufsteigenden konservativen Bildungsschicht Rechnung trug, legte der strikt laizistische Staatspräsident Kenan Evren »im Namen der Verfassung« sein Veto ein. Pragmatisch und wendig verzichtete Özal zunächst darauf, den Streit um das Kopftuch zu einem größeren Konflikt eskalieren zu lassen. Zwei Jahre später setzte er noch einmal durch, daß Studentinnen an Universitäten das Kopftuch tragen durften. Aber wieder mußte er das Gesetz – diesmal auf Druck des Verfassungsgerichts – zurücknehmen. Hier stieß Özal an die Grenzen seiner »islamischen« Politik.

Bei aller demonstrativen Frömmigkeit hatte Özal das streng laizistische Prinzip des Staates ohnehin nie in Frage gestellt. Stets betonte er, die Religion sei die »Privatsache« jedes einzelnen Gläubigen. Dies unterschied ihn von seinem Mentor Erbakan, von dessen Partei er sich Ende der siebziger Jahre getrennt hatte. Özal konnte auf diese Weise jeden größeren Konflikt mit dem Nationalen Sicherheitsrat wie auch mit dem streng laizistischen Staatspräsidenten vermeiden. Mehr noch: Als Staatspräsident Evren im Herbst 1989 nach sieben Jahren aus dem Amt schied, gelang es Özal, im Parlament eine Mehrheit zu finden, die ihn zum Nachfolger wählte. Er war aber nach Celâl Bayar erst der zweite zivile Staatspräsident in der Geschichte der Republik Türkei und wurde von der militärischen Führung, die am liebsten wieder einen General mit strikt kemalistischer Orientierung in diesem Amt gesehen hätte, nur argwöhnisch geduldet.

Die Gesetze, die Özal in seiner Eigenschaft als Staatspräsident forcierte, sollten die Türkei weiter den Normen Westeuropas angleichen. Sie blieben allerdings Stückwerk, weil sich auch Özal nicht völlig aus der Abhängigkeit der militärischen Führung lösen konnte. 1991 annullierte Özal das 1983 unter dem Druck des Militärs verabschiedete Gesetz, das den Gebrauch der kurdischen Sprache in der türkischen Öffentlichkeit rigoros verbot. Er tat sich mit der Reform, die von der Europäischen Gemeinschaft eingefordert wurde, viel leichter als viele der strikt säkular ausgerichteten Nationalisten. Denn er orientierte sich als streng gläubiger Muslim nicht vorrangig an ethnischen Unterscheidungen, sondern sah in der gemeinsamen Religion das entscheidende Kriterium (hier ähnelte er dem geistesverwandten späteren Ministerpräsidenten Erdoğan). Aber Özal wagte darüber hinaus keine weiteren Verbesserungen für die Kurden durchzusetzen, weil das Militär starke Kritik äußerte. Nicht anders bei der Reform des Strafgesetzbuches. Özal ließ 1991 die Paragraphen 140 bis 142 sowie 163 streichen, durch welche »kommunistische« sowie »islamistische« Aktivitäten mit hohen Strafen belegt waren. Aber im selben Jahr unterschrieb er ein sogenanntes Antiterrorgesetz, das zwar offiziell nur der Bekämpfung des Terrorismus diente, jedoch mit mehreren Vorschriften ausgestattet war, die dann doch wieder die bürgerlichen Rechte einschränkten und dem Militär weiterhin eine intensive Kontrolle zugestanden.[62]

Trotzdem arbeitete Özal nachdrücklich für die »europäische« Ausrichtung der Türkei. 1987 hatte seine Regierung einen Antrag des Landes auf Vollmitgliedschaft in der Europäischen Gemeinschaft gestellt. Interessant ist in diesem Zusammenhang, mit welchen Worten sich die Republik Türkei während der folgenden Jahre in Deutschland als vollwertigen und unentbehrlichen Partner der Europäer präsentierte. Stellvertretend ist hier in Ausschnitten ein Werbetext aus dem Anzeigenteil des Wochenmagazins *Der Spiegel* von 1990 zitiert:

> »Die Türkei – ein Land mit einer langen Geschichte blühender Hochkulturen – ist heute konsequent nach Westeuropa orientiert. Das Bild der Republik zeigt sich in vielen Einzelheiten – in der Verfassung demokratischer Institutionen, der Rechtssprechung, dem Bildungswesen und der Kultur. Die 450 Abgeordneten des türkischen Parlaments werden alle fünf Jahre neu gewählt. Das Frauenwahlrecht wurde schon vor mehr als 50 Jahren eingeführt – früher als in Frankreich. Bereits 1934 kamen

> 18 weibliche Abgeordnete in die Große Nationalversammlung. Seit Gründung der Republik nehmen Frauen am Kabinett aktiv teil. Auch heute sitzt eine Frau im Ministerrat. Die Türkei ist ein laizistischer Staat. Staat und Religion sind streng getrennt. Rechtsysteme verschiedener europäischer Staaten wurden adaptiert, heute gilt modernes Rechtswesen. [...] Die Türkei ist ein Teil der westlichen Welt. [...] Die Vollmitgliedschaft der Türkei in der Europäischen Gemeinschaft ist der nächste logische Schritt – er wird zum gegenseitigen Vorteil sein.«[63]

Anfang der neunziger Jahre, als derartige Werbetexte vermehrt mit großer Aufmachung in deutschen Zeitungen erschienen, war die Türkei allerdings durch gegenläufige Entwicklungen auffällig gespalten: einerseits eine Liberalisierung der Gesetze und ein immer intensiveres Werben um westeuropäische Touristen – andererseits eine halbe Rücknahme der Liberalisierung und ein verstärkter Einfluß der sunnitischen Orthodoxie mit Unterdrückung anderer Glaubensgemeinschaften.

Die gegenläufigen Entwicklungen prägten die folgenden Jahrzehnte. Özal konnte darauf allerdings keinen Einfluß mehr nehmen, denn er starb am 17. April 1993 nach nur vier Jahren im Amt des Staatspräsidenten an einem Herzinfarkt. Nachfolger wurde Süleyman Demirel. Er war der dritte zivile Politiker in diesem Amt, der zudem – wie Özal und zuvor schon Menderes – um religiös konservative Wähler warb.

Aber zur eigentlichen Herausforderung in den folgenden Jahren wurde der erneute Aufstieg des islamistischen Politikers Erbakan.

Neue Stärke des Islamismus

Necmettin Erbakan hatte, solange Turgut Özal im Rampenlicht der Öffentlichkeit stand, ein eher unauffälliges Dasein als Politiker gefristet. Nach dem Ende der Militärdiktatur 1983 hatte er eine neue Partei unter dem Namen *Refah Partisi*, Wohlfahrtspartei, gegründet, die aber bei den Wahlen im selben Jahr nicht antreten durfte. Erbakan stand weiterhin unter Verdacht, mit seiner Politik den säkularen Staat durch einen »islamischen« Staat ersetzen zu wollen, und dies erschwerte zunächst die Startchancen für seine Partei. Er mußte erleben, daß viele seiner Anhänger zu Özals Mutterlandspartei überliefen, weil sie dort eher eine politische Chance sahen.

Erbakan vertrat weiterhin ähnliche Ansichten wie sein Rivale Özal. Aber was ihn dann doch vom »gemäßigten Islam« der Mutterlandspartei trennte, zeigte eine Internationale Islamische Konferenz, die unter seiner Leitung im September 1986 in Istanbul stattfand. Der offizielle Titel »Wirtschaftliche Integration in der islamischen Welt« war zwar unverfänglich, einer der Konferenzredner setzte jedoch unverblümt radikale Akzente. Erbakan hatte aus Ägypten Scheich Omar Abdul Rahman eingeladen, der Jahre zuvor internationales Aufsehen erregte, weil er in einem religiösen Rechtsgutachten die Mörder des ägyptischen Staatspräsidenten Anwar as-Sadat verteidigt hatte. Der Scheich, der in Ägypten nach dem Attentat auf Sadat verhaftet und dann wieder freigelassen wurde, erklärte vor den Kongreßteilnehmern in Istanbul, er würde jederzeit wieder einen derartigen »Tyrannenmord« gutheißen. Er rief die Kongreßdelegierten dazu auf, für den Sturz der Regierungen aller Staaten zu kämpfen, in denen zwar eine muslimische Bevölkerungsmehrheit lebe, aber nicht die Scharia, das koranische Recht, die Grundlage sei. Das war ein äußerst brisanter Aufruf, schließlich gehörte die Türkei seit den Tagen Atatürks in besonderem Maß zu diesen »gottlos« regierten Staaten. Türkische Zeitungen reagierten auf diese Kongreßrede mit Schlagzeilen wie »Mitten in Istanbul: Ein Aufruf zum Putsch«.[64] Während Journalisten vor den »Umtrieben der Fundamentalisten« warnten und auch der kemalistische Staatspräsident Evren sich öffentlich scharf über eine derartige Radikalisierung äußerte, hielt sich Ministerpräsident Özal zurück. Bei Wahlen hoffte er noch immer, dem Islamisten Erbakan Wähler abzuwerben, und hierbei wäre eine allzu scharfe Verurteilung radikal-islamistischer Tendenzen eher hinderlich gewesen.

Die Kommunalwahlen im April 1989 wurden für Erbakan sowie für Özal ein Test, wer von beiden Politikern die stärkere Anziehungskraft auf »gläubige Muslime« hatte. Beide nahmen den in der Öffentlichkeit neu entflammten Streit um das Kopftuch zum Anlaß, sich gegenseitig Wähler abzuwerben. Zu Beginn des Jahres 1989 hatte das Verfassungsgericht das von Özal erlassene Gesetz für »verfassungswidrig« erklärt, das Studentinnen erlaubte, das Kopftuch auf dem Universitätsgelände zu tragen. Özal wagte über diese Streitfrage einen öffentlichen Disput mit Staatspräsident Evren, der das Verbot billigte. Aber Özal gebrauchte als »gläubiger Muslim« zur Verteidigung des Kopftuchs an Universitäten nahezu gleiche Argumente wie Erbakan.

Bei den Kommunalwahlen im April 1989 verlor Özals Mutterlandspartei dramatisch. Hatte Özal fünf Jahre zuvor noch 41 Prozent der Wählerstimmen erreicht, so waren es jetzt nur noch knapp 22 Prozent. Atatürks Republikanische Volkspartei sowie Süleyman Demirels Partei des Richtigen Weges überrundeten ihn. Die schlimme wirtschaftliche Lage sowie Korruption in der eigenen Familie hatten vor allem zu der Niederlage beigetragen. In der Rivalität mit der Wohlfahrtspartei war jedoch entscheidend, daß Özal vom Thema Kopftuch nicht profitierte, sondern seinem islamistischen Rivalen Erbakan das Feld überlassen mußte. Dessen Wohlfahrtspartei erreichte gerade wegen ihres Engagements für die »wahrhaft gläubigen« Kopftuchträgerinnen 10 Prozent der Stimmen und errang die Macht in fünf Provinzhauptstädten.[65]

1994, ein Jahr nach Özals Tod, konnte Erbakans Wohlfahrtspartei aber noch wesentlich eindrucksvollere Erfolge bei den Kommunalwahlen im April erringen und die Mutterlandspartei endgültig überholen. Und es dauerte nur noch ein weiteres Jahr, bis bei den Parlamentswahlen im Dezember 1995 die Wohlfahrtspartei zur stärksten politischen Kraft der Türkei aufstieg. Nun kam es zu dem späten Erfolg eines Politikers, der nicht »islamisch«, sondern »islamistisch« orientiert war – und an den Grundlagen des säkularen und laizistischen Staates rüttelte.

Für die Türken wie auch für die Weltöffentlichkeit stellte sich die Frage, was die Ursachen für den wachsenden Erfolg einer islamistischen Partei bei Wählern sind. Die Ergebnisse sind in mancherlei Hinsicht überraschend.

Dörflicher Islam in Großstadtslums mit Folgen für die Politik

»Hier haben alle die Wohlfahrtspartei gewählt«, sagte mein Begleiter, ein junger Türke, im Herbst 1995. Die Gasse, gesäumt von ebenerdigen Lehmhütten, Backsteinbauten mit Wellblechdächern, überragt von Beton- und Stahlgerippen halbfertiger eingeschossiger Häuser, wimmelte von Menschen. Viele Frauen hatten das Haar mit einem Kopftuch bedeckt und waren in lange Kleider gehüllt, viele ältere Männer trugen Schirmmützen oder weiße Kappen, Attribute, wie man sie oft in den Dörfern vor allem des östlichen Anatoliens sieht. Dörflich mutete auch die Gasse mit ihrem Lehmbelag an, wo vereinzelt Ziegen und Hühner den Hausmauern entlang nach Futter suchten.

Ich befand mich in einer Gecekondu-Siedlung von Istanbul. Wörtlich übersetzt bedeutet der Begriff »über Nacht gebaut« (*gece* = über Nacht, *kondu* = gebaut) und ist erstmals 1945 im Wörterbuch der türkischen Sprachgesellschaft verzeichnet worden. Der Name kommt von folgendem Tatbestand: Die Hütten und eingeschossigen Häuser sind von dörflichen Zuwanderern, die sich keine Mietwohnung leisten können, meist über Nacht errichtet worden, um das Eingreifen der Polizei zu verhindern. Das Land war und ist in der Regel Gemeindebesitz, seltener Privatbesitz. Vielfach fehlt den Behörden die Durchschlagskraft, um die rasche Ausbreitung solcher Siedlungen zu verhindern.[66] Es existieren zu viele derartiger Siedlungen, die von den immer zahlreicher werdenden Zuwanderern aus Dörfern innerhalb kürzester Zeit in Istanbul errichtet wurden. Schon Mitte der achtziger Jahre war es nahezu unmöglich, die Anzahl der Gecekondu-Siedlungen zu benennen, die sich an den Hügeln und im Flachland der Metropole zwischen traditionell gebauten Vorortvierteln und modernen Wohnblocksiedlungen drängten. 1985 schätzte man, daß rund 50 Prozent der Gesamtbevölkerung Istanbuls in Gecekondu-Siedlungen wohnen.[67]

Bevor ich im Detail auf konkrete Beobachtungen in einem dieser spezifischen Gecekondu-Viertel Istanbuls eingehe, soll kurz die allgemeine Entwicklung beschreiben werden, die zu der Verelendung geführt haben – und letztlich der Wohlfahrtspartei immer größeren Zulauf verschafften.

Wenn auch die Bezeichnung *Gecekondu* schon in den vierziger Jahren aufkam, hat doch der große Andrang von Zuwanderern erst während der fünfziger Jahren begonnen. Damals förderte Ministerpräsident Adnan Menderes die Mechanisierung der Landwirtschaft zur Steigerung der Ernteerträge ausgerechnet nur in den wirtschaftlich ohnehin schon produktiven Agrarregionen. Indem die Regierung für die Großbauern den Erwerb von Traktoren und anderer technischer Geräte wesentlich erleichterte, verloren durch den plötzlich starken Einsatz von Maschinen Hunderttausende Kleinbauern und Saisonarbeiter ihre Existenzgrundlage. Ihnen blieb gar keine andere Möglichkeit, als arbeitsuchend in die Stadt abzuwandern.

Die Tendenz, in ländlichen Regionen nur die Großbauern zu fördern und die Kleinbauern zu vernachlässigen, setzte sich unter nahezu allen späteren Regierungen fort. Entsprechend schwoll die Zahl verelendeter Kleinbauern und Saisonarbeiter zu immer größeren Dimensionen an. Waren 1950 nur 14 Prozent der türkischen Bauern ohne Land, so waren es bis Mitte der siebziger Jahre schon 32 Prozent. Um so mehr ballte sich die ländliche Wirtschaftsmacht bei den Großgrundbesitzern, die sich das Land der verelendeten Bauern aneigneten: 1977 erwirtschafteten sie 58 Prozent aller bäuerlichen Einnahmen, obwohl sie nur 7 Prozent der Landbevölkerung ausmachten.[68]

Viele Großstädte in bereits industriell entwickelten Ballungsräumen verzeichneten innerhalb von nur wenigen Jahrzehnten das Dreifache, Fünffache, manche gar mehr als das Achtfache ihrer Einwohnerzahlen. Der in den Städten erwirtschaftete Wohlstand drohte so durch das Elend der immer größeren Slumsiedlungen erschüttert zu werden.

Das beklemmendste Beispiel bietet Istanbul. Die einstige Hauptstadt des Osmanischen Reiches hatte um 1900 gerade erst 1 Million Einwohner. Ihre Zahl war auch um 1950 noch kaum gestiegen und hatte 1960 erst 1,5 Millionen erreicht. Aber 1985, als Turgut Özal regierte, waren es schon 6 Millionen, zehn Jahre später, als die Wohlfahrtspartei ihre ersten großen Wahlsiege errang, waren es bereits rund 10 Millionen und zu Beginn des 21. Jahrhunderts rund 15 Millionen – ein Anzeichen dafür, daß es auch heute keine Umkehr des unkontrolliert raschen, zu raschen Wachstums gibt.

Eine ähnlich problematische Entwicklung zeichnete sich in Ankara, der zweitgrößten Metropole des Landes, ab. Ankara war 1923, als es zur Hauptstadt der Republik Türkei wurde, erst ein Provinzort von nur 30 000 Einwohnern gewesen, aber 50 Jahre später zählte die Stadt schon 1,5 Millionen, 1980 waren es 2,3 Millionen und 2008 sind es 4,2 Millionen. Nahezu 70 Prozent der Bevölkerung wohnten dort Mitte der siebziger Jahre in Gecekondu-Siedlungen.[69] Und so war ausgerechnet die neue Hauptstadt der Türkei, die von Atatürk programmatisch zum Symbol der Moderne stilisiert wurde, zu einem Wohnort gerade auch »orientalischer«, »rückständiger« Bauern geworden.

Stark gewachsen war auch Izmir, die drittgrößte Metropole der Türkei. Die Stadt hatte 1925 erst 100 000 Einwohner gezählt, aber 1965 waren es rund 380 000, und 30 Jahre später schon 1,5 Millionen, 2008 um die 2 Millionen. Rund 60 Prozent der dortigen Bevölkerung lebten Ende der achtziger Jahre in »über Nacht gebauten« Häusern.[70]

Die Situation ist typisch für die Zeitspanne im letzten Drittel des 20. Jahrhunderts. Daß die Gecekondus allerdings immer mehr rasch gebauten Hochhaus- und Plattenbausiedlungen weichen, in denen die Zuwanderer dicht gedrängt wohnen, konnte ich 2008 in Istanbul feststellen. Der Slumcharakter ist inzwischen nicht mehr so offensichtlich, wenn auch das Problem Armut nicht grundsätzlich beseitigt ist.

Nun im Detail zu jener Gecekondu-Siedlung in Istanbul, die ich 1995 besuchte. Ein Jahr zuvor hatte die Wohlfahrtspartei bei Kommunalwahlen in einer Reihe strategisch wichtiger Großstädte das Amt des Oberbürgermeisters erobern können, so in Istanbul, Ankara, Konya, Kayseri, Erzurum, Diyarbakır. Die islamistische Partei regierte nun in Istanbul für vier Jahre unter Oberbürgermeister Erdoğan 17 der 33 Bezirke (von denen manche mehr als 1 Million Einwohner zählen).

Mein Begleiter war ein junger Türke, der mich auf Englisch

angesprochen hatte, als ich am Rand dieses Wohnviertels stand und den Berghang hinaufblickte. Er, ein Mechaniker und auf dem Heimweg von der Arbeit, hatte sichtliche Freude daran, sein in der Schule gelerntes Englisch zu trainieren. Er lud mich mit einem Kopfnicken ein, mit ihm gemeinsam durch die Gassen zu gehen. Ich fragte ihn, weshalb hier in diesem Viertel »alle« die Wohlfahrtspartei des Islamisten Erbakan gewählt hätten. – Die Leute hier, so seine Auskunft, hätten eine Partei gewählt, die sich am meisten um das Viertel gekümmert habe. Hierher seien keine Politiker der anderen Parteien gekommen, vielmehr hätten nur Politiker der Wohlfahrtspartei mit den Menschen gesprochen und sich über deren Probleme informieren lassen: über den vielen Abfall in den Gassen, die schlechte Versorgung mit Wasser, die fehlende Schule und den entsprechend weiten Schulweg der Kinder und so weiter. Diese Partei habe bisher alle ihre Versprechen gehalten. Hier im Viertel habe es schon ein halbes Jahr nach dem Wahlsieg mehr Wasserleitungen gegeben. Auch kämen seither Lastwagen zur Beseitigung des Mülls. Und eine Schule nicht weit von hier werde zur Zeit geplant. Er werde das nächste Mal wieder die Wohlfahrtspartei wählen.

Während wir uns lebhaft unterhielten, kamen wir an einstökkigen Häusern vorbei, aus deren offenen Fenstern Radiomusik tönte oder in denen Bildschirme von Fernsehapparaten flimmerten – erste Anzeichen eines bescheidenen Wohlstands von Zuwanderern, die schon über einen dauerhaften Arbeitsplatz wie mein Gesprächspartner, der Mechaniker, verfügten. Wir gingen allerdings nicht mehr weiter die steile Gasse hinauf. Mein Begleiter winkte naserümpfend ab. Dort oben drängten sich sehr ärmliche Hütten, die nur aus Wellblech, Brettern und Sackleinen zusammengefügt waren, Behausungen der zuletzt angekommenen Zuwanderer.

Mir fiel auf, daß mein Begleiter auch im weiteren Gesprächsverlauf nur die sozialen Maßnahmen der Wohlfahrtspartei hervorhob, mit keinem Wort jedoch auf die islamistische Doktrin einging. Was er von Erbakan, was er von Erdoğan halte, wollte ich wissen. – Beide hätten sie ihre Versprechen gehalten, beide täten sie etwas für die einfachen Menschen, antwortete er. Wieder kein

Wort über die religiös-politische Doktrin. Auf meine weiteren Fragen hin konnte ich nur erfahren, daß seine beiden Schwestern Kopftuch trügen, weil die Religion das vorschreibe. Aber über diese sparsame Erklärung hinaus war für ihn weder Religion noch Politik ein Thema.

Eine ähnliche Atmosphäre und ähnliche Menschen wie in diesem Gecekondu-Viertel waren inzwischen aber auch typisch für viele Teile der historisch gewachsenen Altstadt Istanbuls. Dort hatte ich zwar schon bei meinem ersten Besuch Mitte der sechziger Jahre zur Genüge Menschen erlebt, die mit ihrer traditionellen Kleidung an die Atmosphäre anatolischer Dörfer erinnerten. Aber damals waren es noch zu einem größeren Teil Menschen, die hier geboren waren und sich als betont traditionsorientierte Istanbuler den Modernisierungsschüben in den stark verwestlichten Stadtteilen verweigerten. Erst in den siebziger und achtziger Jahren hat hier massiv der Zustrom landflüchtiger Bauern eingesetzt. Es waren arbeitsuchende Familien, die in leerstehende, vom Verfall bedrohte Häuser einzogen, deren ursprüngliche Bewohner in neuere Wohnviertel mit besseren Arbeitsmöglichkeiten übergesiedelt waren. Aufschlußreich sind in diesem Zusammenhang die statistischen Angaben zu solchen traditionellen Wohnvierteln. In manchen waren schon Mitte der achtziger Jahre mehr als die Hälfte der Bewohner Zuwanderer aus dem dörflichen Anatolien. Im Altstadtviertel Zeyrek etwa, das innerhalb der Stadtmauern des alten Byzanz auf der Halbinsel zwischen Marmara-Meer und Goldenem Horn liegt, gaben 1984 sogar nur noch rund 12 Prozent der Haushaltsvorstände Istanbul als Geburtsort an.[71]

Aber ob nun Gecekondu oder historisch gewachsenes Altstadtviertel – auffällig ist hier wie dort, daß bestimmte dörfliche Traditionen trotz enormer sozialer und ökonomischer Veränderungen (Bildungsstand, Gesundheitsfürsorge, Produktionsweise) nach wie vor wirksam sind. Die meisten Zuwanderer aus Dörfern halten unbeirrbar an Gebräuchen wie Brautwerbung, Brautpreis und Mitgift fest. Sie essen vom niederen Tisch am Boden aus einer einzigen Schüssel ohne Messer und Gabel, nehmen die bloße rechte Hand und helfen mit einem Stück Fladenbrot nach. Noch immer gehen viele dieser Familien nicht ins Kino und sind strikt dagegen, daß eine Frau ohne Kopftuch, mit kurzen Ärmeln und kurzem Rock das Haus verläßt. Sie legen Wert auf Bräuche wie Dankopfer, rituelle Schlachtungen und Besuch von Pilgerstätten.[72]

Umgekehrt grenzen sich vielfach die Bewohner verwestlichter Stadtviertel in Istanbul herablassend bis verächtlich gegen die traditionell lebenden »Dörfler« in den Gecekondus und in der historisch gewachsenen Altstadt ab. Und so verläuft zwischen zahlreichen Bezirken eine schroffe Kulturgrenze, je nachdem, ob sich deren Bewohner als »westlich« und »modern« oder als »traditionell« verstehen. Angesichts derartiger Unterschiede schon im äußeren Flair wie auch in der Geisteshaltung kann man verstehen, daß für einen Bauern aus einem anatolischen Dorf die erste Begegnung mit der türkischen Großstadt zu einem Kulturschock wird. Er braucht gar nicht erst nach Deutschland oder Frankreich auszuwandern, um die eigenen kulturell-religiösen Maßstäbe zutiefst verunsichert, zutiefst in Frage gestellt zu sehen – es genügt bereits eine Stadt wie Istanbul. Oder Ankara. Oder Izmir. Daher entstehen schon in Metropolen mit einer sogenannten türkischen Moderne Parallelgesellschaften, die sich in spezifischen Stadtvierteln gegen die unverstandene verwestlichte Stadtkultur abschotten.

Daß es der Wohlfahrtspartei gelingen konnte, bei diesen Zuwanderern aus Dörfern massenhaft Wähler zu gewinnen, bedeutet einen wesentlichen Einschnitt in der politischen Geschichte der Türkei. Bisher war es einer derart islamisch-traditionell und fundamentalistisch orientierten Partei wie ihr nur vergönnt gewesen, Wählerschichten in anatolischen Dörfern und Kleinstädten zu erobern. Nun aber hatte sie auch den Sprung in die Städte geschafft, indem sie Verständnis für die dörflich-islamischen Traditionen der Zuwanderer signalisierte und gleichzeitig konkrete soziale Hilfsprogramme anbot. Mit ihrer Sozialpolitik ähnelte sie zwar den säkular und sozialistisch orientierten Parteien, aber sie setzte ihre Versprechungen entschiedener in konkrete Hilfe um. Den letzten Ausschlag gab jedoch, daß sie zudem mit ihrem demonstrativen Bekenntnis zu einer »islamischen Ethik« den konservativ islamischen Zuwanderern attraktiver erschien.

Allerdings ist das religiös-kulturelle Bewußtsein in den Gecekondu-Vierteln und traditionellen Wohnbezirken Veränderungen unterworfen. Der oben beschriebene starre Traditionalismus ist hauptsächlich nur bei der ersten Generation dörflicher Zuwanderer zu beobachten. Bereits die Söhne und Töchter, die in der Großstadt geboren sind und anders als ihre Eltern meist schon eine städtische Schulbildung genossen haben, entwickeln zunehmend Distanz zu einigen dörflichen Traditionen. Die Männer lernen am Arbeitsplatz in der Stadt nicht nur neue Produktionsmethoden, sondern auch eine andere Geisteshaltung, den Individualismus des Großstädters, kennen. Junge Frauen sind erleichtert, daß sie sich, durch bessere Schulbildung beflügelt und selbst schon berufstätig, aus der strengen Aufsicht der Schwiegermütter lösen können. Wenn auch soziale Bindungen zu den Heimatdörfern weiter bestehen bleiben, so ist doch spätestens bei der zweiten und dritten Generation der dörflichen Zuwanderer zu beobachten, daß sie zunehmend »vergroßstädtert«.[73]

Eine solche Entwicklung hatte aber zur Folge, daß eine islamistische Partei wie die Wohlfahrtspartei ihre Politik neuen Bedingungen anpassen mußte, um auch die zweite und dritte Generation dörflicher Zuwanderer anzusprechen. Wir werden noch sehen, in welchen Maß der islamistische Politiker Erbakan durch diese neue Schicht dörflicher Zuwanderer in Schwierigkeiten geriet und von den Wählern zunehmend im Stich gelassen wurde. Ein neuer Typ von Politiker und Partei war gefragt, um bei der gewandelten Schicht bäuerlicher Zuwanderer verlorenes Terrain zurückzuerobern oder gar auszuweiten. Zur Galionsfigur dieses Umformungsprozesses sollte zu Beginn des 21. Jahrhunderts Recep Tayyip Erdoğan, der politische Ziehsohn Necmethin Erbakans, werden.

Aber bevor wir zu diesen Veränderungen kommen, ist noch zu klären, in welchem Maß religiöse und soziale Defizite ineinandergreifen – und gerade so zu einem brisanten Nährboden des Islamismus werden.

Religiöse und soziale Defizite als Nährboden des Islamismus

Ein Tischnachbar in einem Straßencafé der repräsentativen Boulevards von Ankara hatte mich auf englisch angesprochen, und im weiteren Verlauf des Gesprächs waren wir auf das Thema Politik und Religion gekommen. Er war Rechtsanwalt und gab sich als entschiedener Anhänger der CHP zu erkennen. »Atatürk hatte recht«, sagte er eindringlich und bezog sich hiermit auf die Verbote und Einschränkungen, mit denen Atatürk den Einfluß des Islam auf das öffentliche Leben strikt unterbunden hatte. Es sei gut gewesen, daß die Koranschulen abgeschafft wurden, und er beobachte mit Sorge, daß Koranschulen und religiöse Gymnasien nun immer mehr an Bedeutung gewännen. Diese religiösen Fanatiker richteten ihre ganze Energie darauf, solche Verbote rückgängig zu machen. Diese Reaktionäre wollten die Türkei ins Mittelalter zurückführen. – Man könne aber nicht alle religiös orientierten Muslime von vornherein als reaktionär oder fanatisch bezeichnen, wandte ich ein, man müsse doch zwischen sehr unterschiedlichen Geisteshaltungen innerhalb des Islam differenzieren. – Unterschiedlich seien diese Geisteshaltungen nicht, wehrte er mit einer sichtlich geringschätzigen Handbewegung ab, es gebe im Islam insgesamt nur *eine* Grundtendenz, und die sei kaum mit modernem Denken vereinbar.

Hier sprach ein Kemalist der alten Schule, wie er in den dreißiger Jahren zu Lebzeiten Atatürks nicht anders sprach. Er repräsentiert jenen Typus von »modernem« Menschen, dem nicht an einem Dialog mit religiös orientierten Menschen liegt, weil ihm Religion mehr oder weniger als problematisch und als fortschrittsfeindlich erscheint. Kemalisten diesen Typs spielen bis heute in der Türkei eine wichtige Rolle. Gerade sie tragen dazu bei, daß es zwischen der etablierten, strikt kemalistischen und einer aufstrebenden »islamisch« orientierten Bildungsschicht noch nicht zum nachhaltigen Dialog gekommen ist. Unvergessen ist bei vielen türkischen Muslimen, daß mehrere Generationen Jugendliche ohne Religionsunterricht an staatlichen Schulen auskommen mußten und dadurch wenig über den Islam erfuhren – sofern sie nicht von ihren Eltern zum Unterricht in illegale Koranschulen geschickt wurden.

Von solchen Symptomen eines religiösen Defizits profitierten zunächst Politiker wie Adnan Menderes, Süleyman Demirel und Turgut Özal, die alle dafür eintraten, daß der Islam stärker im öffentlichen Leben zur Geltung kommen sollte. Genauso aber konnte Erbakan aus diesem Unbehagen Nutzen ziehen – weil er als erster die Tabuschranke überschritt und mal offener, mal verschlüsselt für einen »islamisch« geprägten Staat, für die Beseitigung der säkularen und laizistischen Verfassung plädierte.

Ich habe schon mehrmals darauf hingewiesen, daß bei den Türken nur eine kleine Minderheit einen Staat wünscht, in dem die Scharia wieder eingeführt werden sollte. Trotzdem konnte es Erbakan gelingen, die Wohlfahrtspartei zu immer größeren Wahlerfolgen zu führen. Aber Erbakan verdankte seine eindrucksvollen Wahlsiege bei weitem nicht der Tatsache, daß er anstatt einer »islamischen« eine »islamistische« Ideologie anbot. Viel entscheidender war, daß er anstelle der gescheiterten Wirtschaftspolitik bisheriger Regierungen eine bessere Wirtschaftspolitik auf »wahrhaft islamischer« Grundlage propagierte.

Erbakan konnte jene Klasse religiös konservativer Wähler ansprechen, die sich zwar von der Religionspolitik der »islamisch« orientierten Politiker Menderes, Demirel und Özal beeindruckt zeigten – aber von deren Sozialpolitik zunehmend enttäuscht waren. Diese Politiker hatten in besonderem Maß durch ihre wirtschaftlichen Maßnahmen die Verelendung der Landwirtschaft und die Massenflucht der Bauern in die Großstadtslums beschleunigt. Sowohl Menderes als auch Demirel und Özal hatten mit ihrem Verständnis von »Marktwirtschaft« vor allem die Bedürfnisse der Großindustrie und der Großgrundbesitzer befriedigt, was kurzfristig das Wirtschaftswachstum stets beflügelte und dann aber die Kluft zwischen Reich und Arm immer weiter vertiefte.

Erbakan warb nun mit einem neuen Konzept unter den Slumbewohnern. Er kritisierte scharf alle Politiker, die auf seiten der Großindustrie und der Großgrundbesitzer standen, und geißelte deren Politik als eine Nachahmung des »westlichen Kapitalismus«. Er selbst trete für die kleinen Gewerbetreibenden, für die Basarhändler, die Handwerker und die Kleinbauern ein, die durch die »westlichen Kapitalisten« bedroht seien, er plädiere für eine Wirtschaftsordnung auf »islamischer Grundlage«, und dies bedeute Hilfe für die sozial Benachteiligten. Man solle auf der Grundlage von Koran und Scharia einen echten Wohlfahrtsstaat schaffen, erst dann könne ein Ausweg aus der sozialen Krise gefunden werden. Fortschritt nach westlichem Vorbild müsse, weil nicht von Gott geleitet, nach einer kurzen Scheinblüte zum Niedergang führen.

Der Name *Refah Partisi,* Wohlfahrtspartei, war von Erbakan absichtsvoll in Hinblick auf wirtschaftliche Not und Sozialfürsorge gewählt worden. Mit seiner Kritik zielte er auf die säkularen Politiker im ideologischen Gefolge Atatürks wie auch auf die »islamischen« Politiker, beide seien gleichermaßen den »Weg des westlichen Kapitalismus« gegangen, gleichgültig gegenüber sozial Notleidenden. Der letztere Vorwurf zielte gerade auch auf Süleyman Demirel sowie auf Turgut Özal in der Endphase ihrer Amtszeit. Schon seit Mitte der achtziger Jahre hatten Politiker der Wohlfahrtspartei Suppenküchen für Arme organisiert, private Hilfsdienste im Krankheitsfall, Arbeitsvermittlung für Menschen aus Kleingewerbe, Beihilfen für Schüler aus ärmeren Familien, kostenlose Wasserbenutzung für Slumbewohner. Mit solchen karitativen Maßnahmen konnte die Wohlfahrtspartei zwar kein grundsätzliches Konzept zur Bekämpfung der Armut bieten, aber den Hilfsbedürftigen erschien die islamistisch-soziale Partei doch wählbarer als alle anderen. Denn an derartigen Leistungen fehlte es nach wie vor bei den etablierten Parteien der Türkei, ob nun »säkular« oder »islamisch« orientiert.

Gerade deshalb kam es dazu, daß die Wohlfahrtspartei ihre ersten Massenerfolge in den Großstadtslums erntete. Ein solch rapid wachsender Sympathiewert für Islamisten in der Wählergunst hat eine Parallele zu arabischen Ländern und zum Iran. Im Nahen Osten gab es zwar islamistische Gruppen schon erheblich früher als in der Türkei (so die erste Muslimbruderschaft bereits 1928 in Kairo). Aber zu einer Bedrohung etablierter Parteien konnten die Islamisten auch außerhalb der Türkei erst werden, als sich seit den fünfziger Jahren die Zahl der entwurzelten Slumbewohner in Ballungsräumen durch den Zustrom notleidender Bauern explosiv vergrößerte. Und auch arabische, und iranische Islamisten zeigen oft erheblich mehr soziales Engagement für Notleidende und Entwurzelte als ihre Gegner, die Vertreter sogenannter »säkularer« Parteien. Besonders diese Tatsache hat zum plötzlichen Massenerfolg der Islamisten beigetragen, erst in zweiter Linie wirkten die religiösen Parolen.

Die Utopie eines »islamischen« Wohlfahrtsstaates sollte zum weiteren Aufstieg Erbakans führen. Für ihn selbst bedeutete eine derartige Propaganda allerdings nur ein Vehikel, um dem Ideal einer »islamisch« strukturierten Gesellschaftsordnung – jenseits des bisherigen Laizismus – näher zu kommen. Erbakans Partei entfaltete daher zusätzlich immer wieder Aktivitäten auch in rein religiösen Fragen.

Der Streit um die Hagia Sophia und andere religiöse Symbole

Im August 1989 demonstrierten in Istanbul Islamisten unter der Führung von Necmettin Erbakan mit Sprechchören und Transparenten, die Hagia Sophia sei für Muslime zum Gebet zu öffnen. Islamisten unternahmen mit dieser Demonstration wieder einmal einen Versuch, ein Gesetz als fragwürdig erscheinen zu lassen, mit dem Atatürk den Wandel zum laizistischen Staat signalisiert hatte.

Die Hagia Sophia, im Jahr 537 vom byzantinischen Kaiser Justinian eingeweiht und bis zur Eroberung Konstantinopels durch die Osmanen 1453 die prächtigste Kirche der Christenheit, war von Sultan Mehmet II. bereits drei Tage nach seinem Einzug in die besiegte Stadt in eine Moschee umgewandelt worden. Nahezu 470 Jahre lang diente dann dieses Bauwerk, mit vier Minaretten erweitert und in seiner Architektur ein Vorbild für alle anderen osmanischen Moscheen, als die zentrale Gebetsstätte für die Muslime in der Hauptstadt des Osmanischen Reiches. Dies aber änderte sich, als Atatürk 1934 in einem Erlaß verfügte, die Hagia Sophia in ein Museum umzuwandeln. Die Folge war, daß nun wieder die prächtigen byzantinischen Mosaiken mit Christus- und Marienbildern, Heiligenfiguren und Engeln freigelegt wurden und von Besuchern aus aller Welt betrachtet werden konnten. Atatürk verstand seine Maßnahme als ein Signal, daß die laizistisch gesinnten Türken die einst wichtigste Kirche griechisch-orthodoxer Christen und die gleichermaßen wichtigste Moschee osmanisch-türkischer Muslime neutral als ein höchst bedeutsames Kulturdenkmal jenseits aller religiös-politischen Besitzansprüche auffassen sollten. Es gehe bei diesem berühmten Bauwerk um »gemeinsame Werte der Zivilisation«, nicht um das Trennende unterschiedlicher Religionen.

Eben dieses laizistische Verständnis von Kultur und Geschichte stellten die Islamisten unter der Führung Erbakans in Frage. Zum Zeitpunkt ihrer Demonstration im August 1989 waren sie von starkem Selbstbewußtsein erfüllt, gerade weil sie wenige Monate zuvor, im April, bei den Kommunalwahlen erfolgreich abgeschnitten hatten. Das Thema Hagia Sophia religiös-politisch zu instrumentalisieren sollte die erste Chance bieten, die Zahl der Sympathisanten für die Wohlfahrtspartei beträchtlich zu vermehren, so Erbakans Kalkül.

Daß Erbakan die Situation richtig einschätzte, zeigte die Reaktion von Politikern konkurrierender »islamisch« orientierter Parteien auf die provozierende Demonstration. Selbst ein religiös moderater Politiker wie Süleyman Demirel, Führer der Partei des Richtigen Weges, zeigte Verständnis für die Forderung, man müsse der Hagia Sophia den neutralen Status eines Museums entziehen, indem er sagte: »Wenn in der Hagia Sophia der Muezzin zum Gebet ruft, wird davon die Welt nicht untergehen.« Und Galip Demirel, der stellvertretende Vorsitzende von Özals Mutterlandspartei betonte, es sei nötig, die Hagia Sophia in eine Moschee zurückzuverwandeln, denn dies bedeute die »Erfüllung des Testaments« von Sultan Mehmet II., der die byzantinische Kirche 1453 zur Moschee gemacht habe.[74] Vertreter beider Parteien äußerten sich hier in verblüffender Übereinstimmung mit Erbakan, weil auch sie schon die kommenden Wahlkämpfe im Auge hatten, wo sie ebenfalls um die Stimmen traditionalistisch orientierter Muslime warben.

Die Auseinandersetzung um den Status der Hagia Sophia nahm

an Schärfe zu, als die Wohlfahrtspartei in den Kommunalwahlen von 1994 ihren spektakulären Durchbruch erzielte und in mehreren strategisch wichtigen Großstädten das Amt sogar des Oberbürgermeisters erringen konnte. Besonderes Aufsehen erregten die Wahlsiege der Islamisten in den Ballungszentren Istanbul und Ankara – den beiden exponierten Großstädten der Türkei, die bisher als unantastbare Hochburgen einer laizistisch geprägten Bildungsschicht galten. Gerade in diesen beiden Metropolen sollte es in der Folge verstärkt zu islamistischen Kampagnen für eine Neubewertung religiöser Symbole kommen.

Ein Brennpunkt solcher Auseinandersetzungen blieb zunächst Istanbul, wo von 1994 bis 1998 Recep Tayyip Erdoğan als Oberbürgermeister regierte, der damals noch Vertrauensmann des Islamisten-Führers Erbakan war. Erdoğan hatte im Wahlkampf auf unverfängliche und strikt sachorientierte Themen wie etwa den Kampf gegen Mißwirtschaft und Korruption gesetzt. Aber religiöse Eiferer in derselben Partei waren es, die die Diskussion um die Hagia Sophia weiter anheizten. Erdoğan duldete solche Kampagnen, wenngleich er sich selbst taktisch vorsichtig zurückhielt und sich darauf beschränkte, die Wünsche »gläubiger Muslime« mit Gesetzesvorlagen zum Alkoholverbot in Restaurants, zu strikter Geschlechtertrennung in öffentlichen Bädern und Autobussen zu befriedigen.

Die Auseinandersetzung um den zukünftigen Status der Hagia Sophia erregte die Gemüter bald aber weit über die Türkei hinaus, sie beschäftigte vor allem auch den Nachbarstaat Griechenland. Für die meisten Griechen ist der byzantinisch-orthodoxe Glaube noch immer ein zentrales Element ihrer historischen und nationalen Identität, und insofern halten sie auch an der Hagia Sophia als dem überragenden Symbol ihrer Religion unverrückbar fest. Sie haben die einstige Umwandlung ihrer heiligsten Kirche in eine Moschee durch Sultan Mehmet II. nach der Eroberung Konstantinopels 1453 nie verwunden. Daher begrüßten sie es, daß Atatürk die Moschee 1934 in ein Museum umwandelte und die noch erhaltenen prächtigen byzantinischen Fresken freilegen ließ. Der Vorstoß der Islamisten, nun wieder den Zustand einer Moschee herzustellen, drohte sich zu einem heftigen Konflikt nicht nur mit Griechenland, sondern auch mit westeuropäischen Staaten auszuwachsen. Die Wogen der Auseinandersetzung glätteten sich erst, als der damalige Kulturminister der Türkei eine öffentliche Erklärung abgab, an eine Umwandlung des heutigen Museums in eine Moschee sei »aktuell« nicht gedacht.[75] Doch die vage Andeutung von »aktuell« zeigt, daß die Grundforderung im Prinzip stehen bleibt.

Im selben Jahr 1994 kam es aber auch in Ankara zu einem aufsehenerregenden Streit um religiöse Symbole. Dies geschah ausgerechnet in jener Metropole, die Atatürk zur neuen Hauptstadt der Türkei gemacht hatte, einer nach westlichem Vorbild ausgerichteten Stadt, in der möglichst nichts mehr an »rückständige islamische Traditionen« erinnern sollte. Der 1994 an die Macht gekommene Bürgermeister aus der Wohlfahrtspartei führte für Ankara ein neues Stadtwappen ein: die vier Minarette der Kocatepe-Camii. Diese Moschee war zwischen 1967 und 1988 aus privaten Spenden, vor allem aber mit Geld aus Saudi-Arabien errichtet worden.[76] Sie faßt 20000 Gläubige zum Gebet und ist damit die größte islamische Kultstätte der Türkei, die an Ausdehnung sogar das architektonische Vorbild, die Süleyman-Moschee in Istanbul, übertrifft. Optisch beherrscht sie als weithin sichtbares Symbol einer sich verstärkenden Religiosität das moderne Stadtbild auffälliger als das wuchtige Mausoleum Atatürks auf dem Hügel Anit Kabir.

Für die Kemalisten war schon dies eine Provokation. Aber zu heftigen Auseinandersetzungen kam es erst 1994 durch den Beschluß des islamistischen Bürgermeisters. Denn das neue Stadtwappen mit den Minaretten der Kocatepe-Moschee war an die Stelle eines Wappens getreten, das Atatürk 1923 persönlich angeregt hatte: ein stilisierter Hirsch vor einer Sonnenscheibe. Die von Atatürk vorgeschlagene Symbolik knüpfte an die Ikonographie der Hethiter an, die zu den ältesten Kulturvölkern Anatoliens in der Region Ankara zählen. Bewußt hatte Atatürk mit seiner Anregung ein Zeichen gesetzt, daß der Islam nicht mehr – oder zumindest nicht mehr beherrschend – die historische Erinnerung bestimmen sollte. Aber der islamistische Bürgermeister des Jahres 1994 hatte mit der neuen Symbolik gerade eine »islamisch«

dominierte Identität der Hauptstadt Ankara im Sinn. Die Kemalisten kündigten in der heftig geführten Auseinandersetzung an, daß sie, falls sie die nächsten Wahlen gewännen, sofort wieder das hethitisch geprägte Wappen einführen würden.

Im Verlauf der Jahre hat sich der Streit allerdings beruhigt. Mehr noch: Inzwischen ist es selbst für viele Politiker strikt laizistisch orientierter Parteien selbstverständlich geworden, daß in dieser Moschee das Totengebet für Verstorbene, auch für die eigene Verwandtschaft, gesprochen wird.[77] Mit solcher Konfliktstrategie um religiöse Symbole konnte es den Islamisten gelingen, den Islam im öffentlichen Leben noch stärker zur Geltung zu bringen. Aber der entscheidende Vorstoß, auch das Prinzip des Laizismus mit seiner strikten Trennung von Politik und Religion aufzuweichen – wie dies die Anhänger Atatürks als »Gefahr für die Republik« beschworen –, blieb aus.

Spätestens jetzt ist zu fragen, ob denn Säkularisierung und Laizismus überhaupt in jener strengen Form bestehen, daß die Regierung sich neutral gegenüber jeder Religionsgemeinschaft verhält. Genau betrachtet gibt es hier Überraschungen. Der türkische Laizismus, den die Islamisten bekämpfen, hat nur an der Oberfläche Gemeinsamkeiten mit unserem westlichen Verständnis von Laizismus.

Wie säkular und laizistisch ist die Türkei? Der sunnitische Islam als »Staatsreligion«

In der Präambel der türkischen Verfassung ist über das Prinzip der Säkularisierung und des Laizismus zu lesen,

> »daß heilige religiöse Gefühle […] auf keine Weise mit den Angelegenheiten und der Politik des Staates vermischt werden«

dürften. Das türkische Verfassungsgericht präzisierte diese Aussage im Jahr 1989:

> »In der laizistischen Ordnung wird die Religion von der Politisierung befreit, als Führungsinstrument verdrängt und ihr der richtige und ehrenvolle Platz im Gewissen der Bürger zugewiesen.«[78]

Solche Formulierungen lesen sich aus westeuropäischer Sicht gut. Es scheinen hier tatsächlich die Voraussetzungen gegeben, daß die Religion nach dem Vorbild westlicher Staatsverfassungen zur »Privatsache« geworden ist – und damit religiöse und staatliche Institutionen aus gegenseitiger Abhängigkeit befreit sind. Nach den Erfahrungen unserer westeuropäischen Geschichte müßte das bedeuten, daß zwar die Religion an politischer Macht verloren, aber desto mehr Freiheit im privaten Raum gewonnen hat. Und eine derartige Situation würde für alle in der Türkei existierenden Religionen gelten, die nun, unabhängig von der Zahl ihrer Mitglieder, unter dem ausdrücklichen Schutz des Staates gleiche Freiheitsrechte genießen. So gesehen würde sich der Staat mit keiner Religion identifizieren, sondern sich religiös und weltanschaulich neutral verhalten.

Nichts davon in der Türkei. Der Blick auf die Situation der Christen, aber auch der Aleviten hat schon zur Genüge die nur eingeschränkte Freiheit einer ganzen Reihe von Religionsgemeinschaften deutlich gemacht. Wie aber steht es mit dem sunnitischen Islam, dem nahezu 75 bis 80 Prozent der Türken angehören? Bei näherem Hinsehen entdecken wir auch bei dieser Mehrheitsreligion einige Details, die sich nur schwer mit unserer westeuropäischen Vorstellung von einem säkularen, laizistischen Staat vereinbaren lassen.

Die Problematik zeigt sich schon deutlich in dem 1924 geschaffenen Präsidium für religiöse Angelegenheiten (türkisch *Diyanet Isleri Reisligi*), im späteren Sprachgebrauch meist nur noch mit der Kurzform *Diyanet* benannt. Diese Behörde hatten die Begründer der Republik installiert, um das entstandene religiös-institutionelle Vakuum nach dem Sturz des politisch mächtigen *Scheich ul-Islam* aufzufangen. Die Formel »religiöse Angelegenheiten« vermittelt zwar den Eindruck, daß das Präsidium neutral für alle in der Türkei existierenden Religionen steht, tatsächlich aber bezieht sich »religiös« ausschließlich auf den Islam – mehr noch: ausschließlich auf den sunnitischen Islam. Die Aleviten als schiitische Glaubensgemeinschaft sind in dieser Behörde nicht vertreten, entsprechend werden ihre Interessen von vornherein nicht wahrgenommen.

Solange Atatürk und sein Nachfolger Ismet Inönü regierten und der Islam vollständig aus dem öffentlichen Leben verdrängt war, hatte das religiös-staatliche Präsidium *Diyanet* nur eine sehr untergeordnete Funktion. Dies änderte sich aber, als 1950 mit Ministerpräsident Adnan Menderes die bisherige Oppositionspartei die Macht errang. Menderes hatte sich ja zum Ziel gesetzt, den Islam – genauer: den sunnitischen Islam – wieder in seiner religiösen und öffentlich rechtlichen Stellung zu stärken. Nun wurde das *Diyanet* zu einer gewichtigen Interessensvertretung des sunnitischen Islam. Und dies blieb auch so, nachdem das Militär Menderes im Jahr 1960 gestürzt und hingerichtet hatte, denn die Rückkehr islamischer Religiosität ins öffentliche Leben war durch die kemalistischen Politiker nicht mehr zu verhindern.

Allerdings wurde das *Diyanet* in der neuen Staatsverfassung 1961 in der Struktur so verändert, daß es noch stärker staatlicher Kontrolle unterworfen war. Der *Müfti*, der Präsident des Präsidiums, gilt zwar als die höchste religiöse Autorität der Türkei, ist zugleich aber hoher Staatsbeamter und als solcher direkt dem Ministerpräsidenten unterstellt. Er wird durch den Staatspräsidenten ernannt, und von ihm kann er auch abgesetzt werden, sobald er sich nicht im Sinne der »laizistischen« Verfassung verhält. Entsprechend sind alle Mitarbeiter und religiösen Würdenträger des *Diyanet* vom Staat besoldete Beamte. Was dies konkret bedeutet, besagt eine Interpretation des türkischen Verfassungsgerichts von 1970. Dort heißt es, den religiösen Instanzen sei es strikt verboten, sich in politische Entscheidungen der Regierung einzumischen – umgekehrt aber sei es dem Staat erlaubt, ja zur Pflicht gemacht, die Religion zu kontrollieren.[79] Im Klartext: Jedes religiöse Gutachten, das von Religionsbeamten des *Diyanet* erstellt wird, kann nicht ohne Zustimmung der Regierung und des Nationalen Sicherheitsrates veröffentlicht werden. Religiöse Propaganda sowie die Predigten der Imame unterliegen ebenfalls staatlicher Zensur.

Von einer Unabhängigkeit religiöser Instanzen kann also nicht die Rede sein. Religion und Politik bleiben eng verflochten – nur eben, daß der Staat die Richtlinien für die Religion vorgibt und nicht umgekehrt. Eine solche Verflechtung ist sogar im Verlauf der Jahrzehnte immer enger geworden, je stärker politische Parteien mit islamischen oder gar islamistischen Parolen Erfolg in den Wahlen hatten. Nun mußten die Machthaber, die sich am Erbe Atatürks orientierten, größtes Interesse daran haben, den erstarkten Islam in die laizistische Staatsordnung einzubinden. Sie taten dies, indem sie der Mehrheit der sunnitischen Muslime immer größere Zugeständnisse machten und ihnen bisher unvorstellbare Privilegien einräumten, um sich die Loyalität auch frommer Muslime zu sichern.

Besonders deutlich ist dieser Wandel an der Entwicklung des Religionsunterrichts zu ersehen. In den ersten drei Jahrzehnten hatten Atatürk und sein Nachfolger Ismet Inönü den Unterricht für alle Religionsgemeinschaften an Schulen weitgehend unterbunden, weil sie ihn als »fortschrittsfeindlich« und »reaktionär« ansahen.

Seit 1950 konnte es aber den gut organisierten Interessenvertretungen des sunnitischen Islam gelingen, diese Einschränkungen für ihre eigene Glaubensrichtung schrittweise zu beseitigen. Zum Höhepunkt kam diese Entwicklung unter Ministerpräsident Turgut Özal, als 1982 und 1983 das Pflichtfach *Ethik* mit dem Religionsunterricht zusammengelegt wurde. Damit war plötzlich eine Kombination von nationalistischer und religiöser Indoktrinierung zur Pflicht für alle Schüler geworden – nur daß allein die Dogmen des sunnitischen Islam gelehrt wurden. Zur Pflicht wurde diese religiös-sunnitische Unterweisung nicht nur für sunnitische Schüler, sondern auch für Aleviten, ja bis zum Jahr 1990 sogar für türkische Christen und Juden.[80]

Die Aleviten sind bis heute (dem Jahr 2008) gezwungen, an dieser türkisch-nationalistischen, islamisch-sunnitischen Indoktrinierung teilzunehmen. Zwar hatte der Europäische Gerichtshof für Menschenrechte in Straßburg im Sommer 2007 der Klage eines alevitischen Vaters recht gegeben und sich gegen die Praxis in der Türkei gewandt, daß Aleviten den sunnitischen Religionsunterricht besuchen müssen. Aber das Erziehungsministerium in Ankara weigerte sich, dem Straßburger Gerichtsurteil Folge zu leisten und künftig den religiösen Minderheiten der Türkei eine religiöse Unterweisung in ihrem eigenen Glauben zu gewähren. Das einzige Entgegenkommen leistete das Erziehungsministerium nur, indem es die Schulbücher insoweit ändern ließ, als dort neuerdings auch in einem Absatz über die Religion der Aleviten informiert wird.[81]

2008 erfuhr ich in Şahkulu, dem kulturellen Zentrum der Aleviten von Istanbul, daß ein eigenständiger Religionsunterricht für ihre Konfession bereits in einigen Bundesländern Deutschlands eingeführt worden sei. Begonnen habe das 2003 in Berlin, inzwischen hätten sich Hessen, Nordrhein-Westfalen und Rheinland-Pfalz angeschlossen. In der Türkei werde diese Entwicklung von Aleviten sorgfältig beobachtet. Vielleicht könne Deutschland mit dem längst fälligen Reformschritt beispielgebend auf die Türkei einwirken, das sei die große Hoffnung.

An der hartnäckigen Diskriminierung änderte sich auch dann nichts grundsätzlich, als das Präsidium für religiöse Angelegenheiten davon abrückte, das Selbstbestimmungsrecht der Aleviten völlig zu ignorieren. Die Religionsbeamten des *Diyanet* bieten neuerdings den Aleviten scheinbar großzügig an, innerhalb der Religionsbehörde Ämter auszuüben – Bedingung ist nur, daß die Aleviten zuvor eine staatliche, sunnitische Ausbildung als Theologen absolvieren.[82] Hierzu paßt, daß der seit 2003 regierende Ministerpräsident Erdoğan, Führer einer gemäßigt islamischen Partei, sich nach wie vor weigert, religiöse Vertreter der Aleviten auch nur zu empfangen.[83]

Daß Aleviten trotzdem Karriere in der Politik machen können, ja im Militär bis in Generalsränge aufsteigen und sogar Eingang in das höchste Machtorgan, den Nationalen Sicherheitsrat, finden, hat einen anderen Grund: Politische Karriere machen Aleviten dort, wo niemand nach ihrer Religion fragt – wo die Sunniten ganz im Sinne Atatürks allein die nationale Zugehörigkeit, das Türkentum, in den Vordergrund rücken. Kein Zufall ist es daher, daß Aleviten vorwiegend in der Republikanischen Volkspartei (die ja auf Atatürk zurückgeht) oder in ähnlich strukturierten sozialdemokratischen Parteien zu finden sind. Die Situation für Aleviten im öffentlich-rechtlichen Raum verschlechtert sich aber sofort, sobald Religion zum Thema wird. In diesem Fall können die Aleviten oft auch nicht mehr mit der Unterstützung sogar betont »säkular« eingestellter Politiker rechnen.

An solchen religiös-politischen Zwängen läßt sich ermessen, wie stark inzwischen die Macht des sunnitischen Islam geworden ist. Sunnitischer Islam und Staat sind zu einer innigen Interessengemeinschaft zusammengewachsen: Indem ranghohe sunnitische Geistliche mit religiösen Gutachten den Staat in seiner jetzigen Form als unantastbar rechtfertigen, räumt der Staat der sunnitischen Religionsgemeinschaft eine Monopolstellung ein. Wie ich schon an früheren Beispielen ausführte, ist zwar in der türkischen Verfassung die Glaubensfreiheit für alle Religionen festgeschrieben. Aber nur dem sunnitischen Islam ist die Möglichkeit geboten, daß er sich zivilrechtlich organisieren kann. Das heißt: Allein den Sunniten ist es erlaubt, den Bestand ihrer religiösen Ausbildungsstätten zu erweitern, neue Moscheen zu bauen und Religionsunterricht an öffentlichen Schulen abzuhalten.

Nach westeuropäischen Maßstäben kann man hier nicht mehr von einer säkularen und erst recht nicht von einer laizistischen Staatsordnung sprechen. Das türkische Prinzip des Laizismus hat schon in seiner ursprünglichen Form nur sehr eingeschränkt dem erklärten Vorbild des französischen Laizismus entsprochen. Denn von Anfang an war in der Türkei den einzelnen Religionsgemeinschaften als »privat« wirkenden Institutionen nicht gleiches Recht und gleiche Freiheit zugestanden worden. Aber seit den achtziger und neunziger Jahren – also noch bevor die islamistische Partei Erbakans an die Macht gelangte – ist es zu der paradoxen Konsequenz gekommen, daß der sunnitische Islam mehr und mehr in die Rolle einer Staatsreligion mit beträchtlichen Privilegien hineingewachsen ist.

Eindeutig identifiziert sich nun der Staat mit einer einzigen Religion und schränkt alle anderen in ihrer Entfaltung ein. In dieser Entwicklung ähnelt die Türkei zusehends arabischen Staaten wie Ägypten, Jordanien, Syrien, Marokko, Algerien und anderen. Allerdings wird in den genannten arabischen Staaten – auch dies paradox genug – den christlichen Minderheiten mehr zivilrechtliche Entfaltung zugebilligt als in der offiziell »laizistischen« Republik Türkei.

Es gibt aber noch weitere Entwicklungen, die dazu beitragen, das laizistische Prinzip des Staates auszuhöhlen.

Die Kulturvereine der Derwischbruderschaft Naqshbandiya

Der Name Naqshbandiya ist uns bereits begegnet. Er ist mit einem tragischen Ereignis aus den Anfängen der Republik Türkei verknüpft: Als 1925 ein Aufstand kurdischer Stämme gegen die Zentralregierung in Ankara ausbrach, wurde die Rebellion von einem Scheich der Derwischbruderschaft Naqshbandiya angeführt. Dieser Revolte hatten sich auch viele Türken in ländlichen Gebieten und Kleinstädten angeschlossen, sodaß die Unruhen innerhalb kürzester Zeit das halbe Staatsgebiet der Türkei erfaßten. Das Ziel der Aufständischen war, den »gottlosen« Laizismus Atatürks zu beseitigen und wieder die kulturelle Autonomie der einzelnen Regionen sowie eine innige Verbindung von Religion und Politik wie unter der Herrschaft der Osmanen herzustellen. Atatürk hatte diesen Aufstand brutal niedergeschlagen und 40 führende Derwische der Naqshbandiya öffentlich hinrichten lassen. Er verbot die Naqshbandiya und mit ihr sämtliche andere Derwischbruderschaften, weil sie alle mehr oder weniger eng mit der religiös-politischen Sozialstruktur des Osmanischen Reiches verflochten waren.

Aber mit dem Verbot von 1925 sind die Derwischbruderschaften keineswegs aus dem Bewußtsein der Türken verschwunden. Im Gegenteil.

Dem westlichen Besucher fällt das Weiterwirken des Derwischtums besonders durch das lebhafte Pilgertreiben rund um das Mausoleum des Celaleddin Rumi in Konya auf. Rumis Bruderschaft der Mevlevi, der sogenannten Tanzenden Derwische, bleibt zwar bis heute ebenfalls strikt verboten, aber sie entfaltet ihre Aktivitäten in Form von Kulturvereinen, was der Staat offiziell (wenn auch mißtrauisch) duldet. Von dieser heute noch sehr populären Bruderschaft geht allerdings keine politische Gefahr für die säkulare Republik mehr aus, denn im Zentrum ihrer Aktivitäten steht nur noch die Pflege religiöser Seminare, des rituell mystischen Tanzes sowie eine außergewöhnliche Toleranz gegenüber Andersgläubigen, was für die Türkei längst als eine gute Werbung erscheint. Ähnlich politisch unauffällig sind inzwischen auch die meisten anderen Derwischbruderschaften geworden, so daß der Staat ihnen genauso gestattet, neutral als Kulturvereine zu wirken.

Anders die Naqshbandiya. Diese Bruderschaft ist zwar bis heute ebenfalls um größtmögliche Unauffälligkeit bemüht – aber deren Kulturvereine verfolgen nach wie vor politische Ziele und stehen mehr oder weniger in Opposition zum Laizismus der modernen Türkei.

Im Gespräch mit Türken erfuhr ich zu meiner Überraschung, daß die Naqshbandiya in der Türkei die meisten Anhänger unter den offiziell verbotenen Derwisch-Bewegungen hat und auch bei den in Deutschland lebenden Türken am stärksten vertreten ist. Je mehr ich mich mit der Naqshbandiya beschäftigte, desto mehr stieß ich auf beeindruckende Fakten – gerade was die Zahl ihrer Anhänger und die Dichte der Netzwerke betrifft. Diese Bruderschaft hat die dichtesten Netzwerke aller Derwischbruderschaften in zahlreichen islamischen Ländern geknüpft und kann in vielen dieser Staaten auch offen in Erscheinung treten. Die Zahl der Anhänger und Sympathisanten wird auf weltweit nahezu 50 Millionen geschätzt, daher gilt die Naqshbandiya als eine der größten Bruderschaften überhaupt.[84]

Frappierend ist, daß die Naqshbandiya bis heute Einfluß auf zahlreiche Politiker nicht nur in der Türkei, sondern auch anderer Staaten der islamischen Welt ausübt. Daher lohnt es sich, kurz auf die Ursprünge und die Wirkungsgeschichte dieser Bewegung einzugehen.

Der geistige Ahnvater ist Mohammed Baha'uddin Naqshband. Er wurde 1318 in Buchara geboren, einer traditionsreichen Handelsstadt an der Seidenstraße. Viele prächtige blauglasierte, bunt ornamentierte Moscheen und Paläste künden vom Glanz einstiger islamisch-persischer Hochkultur. Naqshband lebte nahezu ein Jahrhundert nach Celaleddin Rumi. Er wirkte damit bereits in der nachklassischen Epoche des Sufismus, in der zwar immer noch neue Bruderschaften, aber kein wegweisend neues philosophisch-mystisches Gedankensystem mehr entstand. Naqshband wurde so zu einem herausragenden Vertreter jener Derwischführer, die das Überlieferte systematisierten und innerhalb der sufischen Tradition Elemente der »Rechtgläubigkeit« von denen der »Ketzerei« trennten. Ihm ging es darum, die Bindung der Sufis und Derwische an die Orthodoxie zu festigen.

So spielt bei Naqshbandi-Derwischen das Bekenntnis zum sunnitischen Glauben und zum entsprechenden Bezug auf die dort ausgeprägte Scharia eine große Rolle. Etliche Bruderschaften, die aus der Tradition der Naqshbandiya hervorgegangen sind, haben in diesem Zusammenhang sogar eine entschieden anti-schiitische Haltung entwickelt. Eine derart eingeschränkte Toleranz war bei der Mevleviya, der Bruderschaft des Celaleddin Rumi, undenkbar. Aber die Naqshbandiya gewann viele Anhänger gerade durch ihre Ausrichtung: einerseits eine gefühlvoll gelebte Religiosität jenseits trockener Dogmen, andererseits nachdrückliches Beharren auf einer unantastbaren religiösen Rechtsordnung der Scharia. Daher war diese Derwisch-Vereinigung von vornherein weniger dem Verdacht der »Ketzerei« ausgesetzt als viele andere Bruderschaften mit ihrem Ursprung in der sufischen Klassik.

Die Naqshbandiya war schon während des 15. Jahrhunderts stark in Zentralasien und auf dem indischen Subkontinent vertreten. Den Ruf einer stark kämpferischen Organisation erwarb sie sich Mitte des 19. Jahrhunderts, als die russischen Zaren den zentralasiatischen Orient ihrer Herrschaft unterwarfen. Allein die inzwischen militärisch organisierte Naqshbandiya leistete den Russen energischen Widerstand. Naqshbandi-Derwische waren es auch, die unter sowjetrussischer Herrschaft geheime Netzwerke knüpften, um illegale Koranschulen gegen die religionsfeindliche Politik der Kommunisten zu schaffen. Ihre Aufgabe sahen sie darin, den Islam gegen den verordneten Atheismus zu stärken. Gerade auf diese Weise konnten islamische Traditionen in Zentralasien überdauern.

Naqshbandi-Derwische kamen während des 17. Jahrhunderts schließlich nach Anatolien, hatten dort aber zunächst weniger Einfluß als die Mevlevi-Bruderschaft des Celaleddin Rumi und die Bektaşi-Bruderschaft des (alevitischen) Ahnvaters Haci Bektaş. Aber dies änderte sich in der Endphase des Osmanischen Reiches. Je mehr die Sultane Reformen nach westlichem Vorbild durchsetzten, um dem Niedergang des Reiches gegenzusteuern, desto mehr Zulauf bekam die Naqshbandiya von Muslimen, die sich in ihrer traditionellen Religiosität bedroht sahen. Denn nun präsentierte sich die Naqshbandiya in der Funktion, ein Bollwerk gegen die Neuerungen »ungläubiger« Reformer zu bilden.

Es war daher nur folgerichtig, daß sich Naqshbandi-Derwische 1925 im Aufstand gegen Atatürk an die Spitze der Revolte stellten. Aus der Sicht der Naqshbandiya war dieser Aufstand wiederum ein Glaubenskrieg, um den Islam – wie im Kampf gegen die Russen – vor »atheistischer Zersetzung« zu retten. Nach ihrer Maßgabe bestand damals kein großer Unterschied zwischen der Religionsfeindlichkeit sowjetischer Kommunisten und der des radikalen Reformers Atatürk.

Die ersten zwei Jahrzehnte nach dem Verbot durch Atatürk war die Naqshbandiya aus dem Bewußtsein der Türken völlig verdrängt, es gab nur noch die traumatische Erinnerung an den Aufstand von 1925. In der Öffentlichkeit waren zunächst nicht einmal Kulturvereine wahrzunehmen, die in irgendeiner Form mit der im Untergrund weiter wirkenden Naqshbandiya verknüpft sind. Dies änderte sich Ende der vierziger Jahre, nachdem Staatspräsident Ismet Inönü ein Mehrparteiensystem und demokratische Wahlen zugelassen hatte. Nun wurden verschiedene Kulturvereine, mit der Naqshbandiya im Hintergrund, aktiv. In den fünfziger Jahren unterstützen sie zunächst die Demokratische Partei von Adnan Menderes und später verschiedene Nachfolgeparteien, so die konservative Gerechtigkeitspartei von Süleyman Demirel.[85] Ihre Prediger mit beträchtlichem Rückhalt im Volk hoben lobend hervor, daß diese Parteien sich für eine stärkere Bedeutung des Islam im öffentlichen Leben einsetzten und das Land wieder »religiöser« machten. Allerdings hielten sich die Prediger in ihrer Kritik am Laizismus öffentlich zurück, um kein scharfes Vorgehen der Polizei zu riskieren. Bei Politikern wie Adnan Menderes und Süleyman Demirel war allerdings noch keine enge Bindung an die Naqshbandi-Bruderschaft nachweisbar.

Der erste ranghohe türkische Politiker, auf den eine enge Bindung zutraf, war Turgut Özal. Daß Özal ein Anhänger oder gar ein Mitglied der Naqshbandiya war, wird kaum ein Türke offiziell bestätigen. Hier ist immer noch die Sprachregelung entscheidend, nach der es in der Türkei eigentlich gar keine Naqshbandiya mehr gibt. Ich aber fand die Bestätigung auf sehr überraschende Weise dort, wo sich das zentrale Heiligtum befindet: im Mausoleum des Scheichs Naqshband in Buchara. Als ich 2007 die Stadt in der Republik Usbekistan besuchte und mich einen Tag lang im Naqshbandi-Heiligtum aufhielt, entdeckte ich in einem Ausstellungsraum mehrere Fotos von Özal. Die Fotos mit dem Datum vom 14. April 1993 zeigen den türkischen Staatspräsidenten in Begleitung des usbekischen Ministerpräsidenten Islam Karimow; beide gehen durch den Innenhof, dessen umliegende Gebäude im Jahr 1993 noch rissige Mauern, eingebrochene Dächer und unkrautüberwucherte Böden aufwiesen. Der Museumsführer, ein Naqshbandi, erklärte mir auf deutsch (das er in der deutschsprachigen Schule von Buchara gelernt hatte), die Gebäude seien unter sowjetischer Herrschaft ganz dem Zerfall preisgegeben worden. Aber Staatspräsident Özal habe an diesem Tag seiner Besichtigung versprochen, für die Renovierung des Heiligtums umgerechnet 45 000 Dollar bereitzustellen. – Weshalb ein Türke so viel Geld in einem fremden Staat zu spenden bereit sei, fragte ich. – Özal sei bis zu seinem Tod Mitglied der Naqshbandi-Bruderschaft gewesen, antwortete der Naqshbandi. Er habe die Geldspende deshalb als heilige Pflicht betrachtet.

Warum aber hatte sich Özal sogar weit entfernt von der Türkei für die Naqshbandi-Bruderschaft derart auffällig finanziell engagiert? Auf diese Frage gibt es nur eine Antwort: Özal setzte selbst noch im fernen Usbekistan Akzente für die türkische Innenpolitik. Zum einen signalisierte er mit seinem Staatsbesuch in einem islamischen Land, daß die Türkei sich künftig nicht mehr einseitig an westlichen Staaten orientieren werde. Zum anderen aber erwies er am Grab des Naqshband einer Derwischbruderschaft die Ehre, die unter der Herrschaft der militant atheistischen Sowjet-Kommunisten von 1920 bis 1992 trotz aller Verbote im Volk verborgen weitergewirkt hatte. Mitglieder der Naqshbandiya waren es ja in erster Linie, die die unterdrückte islamische Religiosität durch geheimen Unterricht und Gottesdienst am Leben hielten. Hier ließ sich eine vage Parallele zu den Verhältnissen in der Türkei ziehen, wo Atatürk versuchte, mit seiner strikten Form von Laizismus den Einfluß der Religion auf das öffentliche Leben völlig zurückzudrängen – und über Jahrzehnte auch keinen Religionsunterricht an öffentlichen Schulen zuzulassen. In der Türkei war daher der verbotenen Naqshbandi-Bruderschaft eine führende Rolle zugefallen, in illegalen Koranschulen religiösen Unterricht zu organisieren.

Aber Turgut Özal war tiefer mit der Naqshbandi-Bruderschaft verbunden. Denn er selbst verdankte einem ihrer Kulturvereine in der Türkei nicht nur seine religiöse Ausbildung, sondern auch entscheidende Hilfe auf dem Weg zur politischen Karriere. Die Kulturvereine der Naqshbandi unterstützen in Wahlkämpfen vorrangig Politiker, die sich ideologisch einer »Islamisierung« der laizistischen Gesellschaft der Türkei verschrieben haben. Sie mobilisieren in großer Zahl Wählerstimmen aus religiös-konservativen Kreisen und legen ihnen eine ganz bestimmte Partei nahe. In den achtziger Jahren favorisierten die Naqshbandi vor allem die von Turgut Özal gegründete Mutterlands-Partei. Özal bedankte sich für die Unterstützung, indem er nicht nur seine Religiosität demonstrierte und islamische Traditionen ein Stück weiter in die öffentliche Wahrnehmung der Türkei rückte – sondern auch, indem er durch die Geldspende in Usbekistan die Naqshbandi-Bruderschaft offiziell ehrte und seinerseits unterstützte.

Für Özals religiös-politische Entwicklung entscheidend war Scheich Mehmet Zahid Kotku (1897–1980) geworden. Dieser in Bursa geborene und in Istanbul residierende Scheich, stand einer von der Naqshbandiya geprägten Bruderschaft vor. Seine Bruderschaft aber wurde – wie viele andere – ebenfalls nur als »Kulturverein« in der Öffentlichkeit wahrgenommen. Dabei galt Scheich Kotku in eingeweihten Kreisen als einer der führenden Korangelehrten, die einen politisierten Islam propagierten und Atatürks Laizismus in Frage stellten. Kotku war in der religiös konservativen Bildungsschicht der Türkei derart angesehen, daß auch noch andere später prominent gewordene Politiker zu seinen Schülern gehörten. Zwei von ihnen sollten schließlich ebenfalls als türkische Ministerpräsidenten Politik mit konservativ-islamischer Zielsetzung machen: Necmettin Erbakan und dessen politischer Ziehsohn Recep Tayyip Erdoğan. Erbakan soll sogar erst von Scheich Kotku inspiriert worden sein, in die Politik zu gehen.[86] Dieser Kulturverein des Scheichs Kotku zeigte 1973 erstmals auffälliges politisches Engagement, indem er intensiv Wählerstimmen für die Nationale Heilspartei des aufstrebenden Politikers Erbakan mobilisierte.

Von welchem Geist sind nun solche Kulturvereine der Naqshbandiya geprägt?

Es gibt widersprüchliche Signale. In einem Bericht der deutschen Wochenzeitung *Die Zeit* ist folgendes Zitat eines türkischen Naqshbandi-Scheichs zu lesen:

> »Alle Religionen sind gleichwertig. Alle lehren eine gute Moral, alle kommen von Gott [...] Was immer deine Wahrheit ist, Gott möge sie dir geben.«[87]

Diese Aussage eines Naqshbandi-Scheichs, der im östlichen Anatolien große Verehrung genießt (sein Name ist allerdings nicht genannt), spricht von der »Gleichwertigkeit aller Religionen«. Dies erinnert stark an Äußerungen von Celaleddin Rumi und anderer Klassiker des Sufismus. Ich habe Ähnliches auch von Naqshbandi-Derwischen in ihrem zentralen Heiligtum von Buchara zu hören bekommen. Solche Aussagen stehen in Kontrast zu jenen bereits erwähnten Aktivitäten der Naqshbandiya. Aber solch gegensätzliche Fakten zeigen, daß die Bruderschaft nicht einheitlich auf die Praxis einer intolerant verengenden Politik festzulegen ist, sondern sich in sehr verschiedene Richtungen auffächert.

Wie tolerant ist aber ein Kulturverein der Naqshbandiya, in dem Politiker wie Özal, Erbakan und Erdoğan religiös ausgebildet wurden? Özal war es, der wesentlich dazu beitrug, daß 1983 ein Religionsunterricht mit ausschließlich sunnitischer Dogmatik Pflichtfach an allen öffentlichen Schulen wurde. Dieser Unterricht wurde zur Pflicht auch für Andersgläubige, so für die Aleviten (deren eigenen Glauben man damit nicht respektierte), ja etliche Jahre lang sogar für türkische Christen und Juden. Wenn nun Turgut Özal vom religiös grenzüberschreitenden sufischen Geist geprägt gewesen wäre, hätte er diese Form von Religionsunterricht niemals akzeptieren oder gar selbst einführen können.

Seine Nachfolger Necmettin Erbakan und Recep Tayyip Erdoğan haben keinen Versuch unternommen, diesen Typ von Religionsunterricht in seiner Struktur ernsthaft zu ändern.

Özal sowie Erdoğan haben sich jedoch entschieden davon distanziert, das Prinzip des Laizismus anzutasten und die in der Verfassung verankerte strikte Trennung von Religion und Politik zu kritisieren. Hiermit rücken sie von jener Zielvorstellung ab, wie sie gerade in einer Reihe von Kulturvereinen der Naqshbandiya mehr oder weniger deutlich vertreten wird. Allerdings hat sich ein prominenter Schüler der Naqshbandiya, der es ebenfalls zum Ministerpräsidenten bringen sollte, nicht eindeutig von einer Gegnerschaft zum Laizismus abgegrenzt: Necmettin Erbakan. Er hatte enge Kontakte zu doktrinären Gruppierungen der Naqshbandiya, deren Strukturen für Außenstehende nur schwer zu durchschauen sind. Die Gruppe um Scheich Kotku war nur eine von ihnen.

In enger Verbindung mit dem Namen Erbakan wie auch der Naqshbandi-Tradition steht vor allem die Organisation *Milli Görüş*. Sie war 1977 in Deutschland unter Mitwirkung von Erbakan gegründet worden und soll dazu dienen, unter deutschtürkischen Muslimen Propaganda für eine »islamisch« strukturierte Gesellschaftsordnung zu betreiben. Der türkische Begriff *Milli Görüş* bedeutet wörtlich übersetzt »Nationale Sicht«, aber der islamisch-nationale Verband bezeichnet sich in deutscher Übersetzung gerne mit »Neue Weltsicht«, was dem politischen Konzept des Islamisten-Führers Erbakan eher entspricht.[88] Die *Milli Görüş* sieht sich für »soziale, kulturelle und religiöse Aufgaben« zuständig. Sie versteht sich als Sammelbecken muslimischer Auslands-Türken in Europa und verfügt über Netzwerke nicht nur in Deutschland, sondern auch in Belgien, Dänemark und in Frankreich, ja sogar im außereuropäischen Raum, so in Kanada und Australien. 25 Jahre nach ihrer Gründung zählt die Organisation in Deutschland, so die Angaben von 2002, rund 27 000 Mitglieder. Die Aktivisten dieser Organisation werden vom deutschen Verfassungsschutz schon seit vielen Jahren mit Argwohn beobachtet, weil die *Milli Görüş* vor allem in Deutschland lebende junge Türken fasziniert, die sozial keinen Anschluß finden. Die

Milli Görüş, so die Befürchtung deutscher wie türkischer Soziologen, verhindere durch ihre religiös-ideologische Schulung, daß sich die jugendlichen Gefolgsleute in die deutsche Gesellschaft integrieren. Eine derart »islamisch« ausgerichtete Organisation scheint die Abkapselung in einem konservativ-islamischen Weltbild zu fördern.[89] Hierzu paßt, daß die Moscheen, die von der *Milli Görüş* eingerichtet sind, besonders häufig von Mitgliedern und Sympathisanten der Naqshbandiya besucht werden.[90]

Weitere türkische Kulturvereine, die in der Tradition der Naqshbandiya stehen und internationale Netzwerke mit religiöser Schulung wie auch sozialer Betreuung aufgebaut haben, zeigen ideologisch die gleiche Grundtendenz. So die Menzil-Gruppe, die, in der türkischen Stadt Menzil gegründet, in Deutschland 55 Sufi-Zentren unterhält, europaweit ungefähr 130 (nach der Zählung von 2004). Sie unterstützt wie die Gruppierungen um Scheich Kotku in besonderem Maß konservativ-islamische Parteien.[91] Eine andere einflußreiche Gruppierung ist die *Nurculuk*, Gemeinde des Lichts, die ideologisch stark anti-schiitisch ausgerichtet ist.[92] Dies gilt ebenso für die *Süleymanci*, gegründet von dem Naqshbandi-Mitglied Hilmi Tunalihan (gestorben 1959). Allein in Deutschland hat die *Süleymanci* zu Beginn des 21. Jahrhunderts über 20 000 Mitglieder.[93]

Diese von der Naqshbandiya geprägten Kulturvereine bieten eine Mischung aus traditionalistisch islamischem Gedankengut und mystischer Frömmigkeit. Sie bejahen zwar alle mehr oder weniger technische und naturwissenschaftliche Errungenschaften der westlichen Industriegesellschaft – aber letztlich haben sie das Ziel, den »wahren Islam« gegen »verderbliche Einflüsse« aus westlicher Philosophie und Politik abzuschirmen. Eine solch zwiespältige Haltung zur Moderne verkörpert sich besonders augenfällig gerade in der Person des Necmettin Erbakan selbst: Der islamistische Politiker lehrte ja als Professor für Maschinenbau an der Universität Istanbul.

Vom radikalen zum gemäßigten Islam

Erbakan: Aufstieg und Niedergang des politischen Islam

Bei den Parlamentswahlen am 24. Dezember 1995 erreichte die Wohlfahrtspartei ihren größten Triumph: Sie wurde mit 21,8 Prozent der Wählerstimmen die stärkste Partei der Türkei. Nach dem schon zuvor erstaunlichen Erfolg bei den Gemeinderatswahlen 1994 hatte sich damit die Entwicklung beschleunigt, die sowohl von den Kemalisten als auch von westlichen Beobachtern immer wieder befürchtet wurde: Mit dem ständigen Machtzuwachs einer fundamentalistisch ausgerichteten Partei könnte der Bestand der laizistischen Staatsordnung im Sinne Atatürks ernsthaft gefährdet werden.

Erbakan hatte im Wahlkampf mit etlichen Aussagen dafür gesorgt, daß solche Befürchtungen berechtigt erschienen. So hatte er gefordert, den 1987 gestellten Antrag der Türkei für den Beitritt zur Europäischen Union zurückzuziehen. Auch müsse die Zollunion mit der EU, die ab 1. Januar 1996 in Kraft trete, neu ausgehandelt werden. Die Türken seien »keine Sklaven des Westens«, man habe der »Imitation des Westens« ein Ende zu bereiten. Eine Wirtschaftsgemeinschaft mit islamischen Staaten sei anstelle einer Union mit europäischen Staaten anzustreben, denn es sei »ehrenvoller, Führungsnation in der islamischen Welt zu sein, als Schlußlicht des Westens«.[94]

Die Befürchtungen erhielten um so größeres Gewicht, als Erbakan im Juni des folgenden Jahres Ministerpräsident wurde und damit erstmals in der Geschichte der Republik Türkei ein Islamist das Land regierte. Erbakan befand sich nun auf dem Gipfel seiner Macht. Doch wie stabil war diese Macht?

Trotz des großen Wahlsiegs besaß die Wohlfahrtspartei keine Massenbasis in der Bevölkerung. Nahezu 78 Prozent der Wählerstimmen verteilten sich auf andere Parteien. Der Vorsprung der Islamisten gegenüber den wichtigsten Konkurrenten war gering.

Nur knapp unterlegen war die konservative Mutterlandspartei des zurückgetretenen Ministerpräsidenten Mesut Yılmaz mit 19,6 Prozent der Wählerstimmen. Und mit fast gleicher Höhe von 19,1 Prozent folgte die ihr ideologisch verwandte Partei des Richtigen Weges, die von der früheren Ministerpräsidentin Tansu Çiller geführt wurde. Diese beiden konkurrierenden Parteien waren zunächst stark genug, um mit einer Koalitionsregierung Erbakan am weiteren Aufstieg zur Macht zu hindern. Er hätte noch lange vergeblich auf die Erfüllung seines Traumes warten müssen, wäre die Koalition nicht schon wenige Monate später wegen unüberbrückbarer politischer Rivalitäten zwischen Yılmaz und Çiller zerbrochen.

Jetzt erst konnte Erbakan Ministerpräsident werden. Aber er war darauf angewiesen, mit einer der beiden ungeliebten Parteien nun selbst eine Koalitionsregierung zu bilden. Und hierbei mußte er erhebliche Zugeständnisse machen. Das Bündnis der Wohlfahrtspartei mit der Partei des Richtigen Weges, das im Juni 1996 nach langen Hin und Her zustande kam, enthielt folgende Klausel: Erbakan müsse nach zwei Jahren das Amt des Ministerpräsidenten an Tansu Çiller abgeben, die bis dahin Außenministerin sei. Um jedoch überhaupt so lange diese Position halten zu können, mußte Erbakan zusätzlich einige ideologische Verrenkungen durchführen: Ausdrücklich hatte er sich öffentlich zum Laizismus und zum revolutionären Vorbild Atatürks zu bekennen – eine Haltung, die sich weder mit der Mehrheit seiner Gefolgsleute in der Partei noch seiner Wähler deckte. Daß es sich nur um ein Lippenbekenntnis handeln könnte, unterstellten ihm die politischen Gegner von vornherein. Entscheidend aber war, daß er sich angesichts seiner nur labilen Macht zu diesem Bekenntnis gezwungen sah.

Erbakan versuchte nun im folgenden eine schwierige Balance zwischen den offiziellen Bekenntnissen und seiner islamistischen Ideologie. Zunächst intensivierte er die diplomatischen Beziehungen zu den muslimischen Nachbarstaaten. Bevor er einer Regierung in Europa seine Aufwartung machte, absolvierte er einen Staatsbesuch im Iran und hob in vagen Andeutungen die Qualitäten einer »islamisch geleiteten Regierung« hervor. Und er kündigte an, seine Regierung werde die Beziehung zu Israel neu überdenken. Ein solches Ansinnen rührte an einem Tabu. Denn die Türkei war das einzige Land der islamischen Welt gewesen, das 1948 den Staat Israel kurz nach seiner Gründung diplomatisch anerkannt hatte. Zudem war Anfang der neunziger Jahre ein Abkommen ausgehandelt worden, nach Israel Wasser aus türkischen Staudämmen zu liefern und im Gegenzug militärische Logistik zu erhalten. Erbakan ließ durchblicken, dieses Abkommen mit Israel aufzukündigen, und erntete dafür Beifall in den arabischen Staaten.[95]

Nach nur einem halben Jahr im Amt spitzte sich für Erbakan die Situation bedrohlich zu. Anlaß war ein Vorfall zu Beginn des Jahres 1997. Ein islamistischer Bürgermeister der Wohlfahrtspartei veranstaltete in Sincan, einem Vorort von Ankara, ein Fest der »Jerusalem-Nacht«, zu der auch der Botschafter des Gottesstaates Iran eingeladen war. Der fromme Fundamentalist aus dem Iran rief während der Veranstaltung dazu auf, die Scharia in der Republik Türkei einzuführen. Drei Tage später rollten Panzer der türkischen Armee durch Sincan – zum Zeichen, daß das Militär eine derartige Bewegung sofort stoppen würde.[96] Erbakan reagierte auf den Vorfall mit vagen, zweideutigen Äußerungen, um einerseits das Militär zu beschwichtigen und andererseits die radikalen Islamisten unter seinen Anhängern nicht völlig vor den Kopf zu stoßen. Diese Haltung der Zweideutigkeit kennzeichnete seine Amtsführung über Monate hinweg.

Im Sommer 1997 war dann Erbakans vielpropagierte Neuorientierung hin zur »islamischen Welt« gegenstandslos geworden. Denn der Nationale Sicherheitsrat unter Führung des Militärs zwang ihn zum Rücktritt – mit der Begründung, er gefährde mit seiner Politik das Erbe Atatürks. Im Januar 1998 verbot das Verfassungsgericht außerdem die Wohlfahrtspartei als »verfassungsfeindlich«.

Wieder einmal hatte das Militär in die Politik eingegriffen. Es war nun – nach den Jahren 1960, 1971 und 1980 – das vierte Mal, daß ein Ministerpräsident gestürzt wurde. Und dieses Mal hatte, wie schon 1971, die bloße Drohung genügt, um die Regierung zum Rücktritt zu bewegen. Auf Gewalt konnte verzichtet werden.

Denn im Unterschied zu vielen anderen Ländern der islamischen Welt beugten sich die Islamisten dem Druck des Militärs. Der entmachtete Ministerpräsident ging daran, eine neue Partei mit dem Namen *Fazilet Partisi*, Tugend-Partei, zu gründen. Und dieser Partei gestattete die militärische Führung, erneut demokratisch um Wähler zu werben – solange die Partei ein Bekenntnis zum säkularen, laizistischen Prinzip des Staates ablegte. Erbakan beeilte sich, dieses Bekenntnis möglichst rasch öffentlich zu äußern.

Eine Mehrheit der entmachteten Islamisten schätzte die Situation sehr realistisch ein, um von vornherein gewalttätige Unruhen und Aufstände zu vermeiden. Diese Realisten wußten nur zu gut, daß ihnen in der Türkei für eine Mobilisierung zum Volksaufstand die Massenbasis fehlte. Einer Studie türkischer Sozialwissenschaftler der Bosporus-Universität in Istanbul zufolge, die 1996 veröffentlicht wurde, sehen nahezu 79 Prozent der befragten Türken keinen Zusammenhang zwischen Religion und Politik, ja lehnen entsprechend auch die Ideologie eines politischen Islam ab.[97] Eine derartige Haltung unterscheidet sich grundsätzlich von der in arabischen Ländern, wo ein wesentlich größerer Prozentsatz der Bevölkerung eine Verflechtung von Religion und Politik wünscht.

An dieser Umfrage zeigt sich, daß die Idee der Säkularisierung in der Türkei tiefer verankert ist als in jedem anderen Staat der islamischen Welt. Und damit wird auch offenkundig, daß die Wohlfahrtspartei ihren sensationellen Aufstieg nicht wegen, sondern trotz ihrer islamistischen Ideologie hatte zuwege bringen können. Populär wurde sie, weil sie auffälliger als alle anderen Parteien soziale Hilfsdienste zu bieten hatte. Kaum Beifall hatten dagegen Erbakans Äußerungen zu einem politischen Islam bei einem großen Teil der Bevölkerung gefunden – was dazu führte, daß Erbakan selbst sehr viel weniger populär war als seine Partei mit dem verheißungsvollen Namen *Refah*, Wohlfahrt. Das aber konnte zur Konsequenz haben, daß auch eine andere Partei, die keine betont islamistische Ideologie propagierte, die Wahlen gewinnen konnte, sobald ihr Sozialprogramm noch attraktiver erschien.

Genau dies zeigte sich bei den vorgezogenen Parlamentswahlen im April 1999. Ministerpräsident wurde nun Bülent Ecevit, der lange Zeit als Sozialdemokrat Vorsitzender von Atatürks Republikanischer Volkspartei gewesen war und 1987 die von ihm gegründete Demokratische Linkspartei führte. Ecevits betont säkulare Partei erhielt beeindruckende 22 Prozent der Wählerstimmen – sie wurde damit stärker, als es die islamistische Wohlfahrtspartei zur Zeit ihres größten Triumphes gewesen ist. Erbakans Tugend-Partei als Nachfolgeorganisation der Wohlfahrtspartei war hinter den Stimmenanteil sämtlicher säkularer Parteien zurückgefallen.

Unter dem Eindruck schwindender Popularität kam es in der Tugend-Partei zu schweren Auseinandersetzungen über die Frage, wie sehr denn der Islam als eine politische Ideologie instrumentalisiert werden soll. Auf der einen Seite bildete sich ein konservativer Flügel um den Parteigründer Erbakan, dessen Anhänger unverändert am Zukunftsmodell eines Staates mit einer engen Verflechtung von Religion und Politik festhielten. Auf der anderen Seite entstand ein sogenannter reformistischer Flügel, dessen Wortführer Recep Tayyip Erdoğan wurde. Erdoğan hatte vier Jahre lang als Oberbürgermeister von Istanbul die Megastadt äußerst effizient verwaltet und war als »pragmatischer Macher« weit über die Grenzen der religiös konservativen Anhänger hinaus populär geworden. Dieser »Macher« trat energisch dafür ein, den Islam nicht mehr zu politisieren, sondern man müsse Wähler auch jenseits des eigenen religiösen Spektrums suchen und gläubige Muslime mit betont säkularer Ausrichtung ebenso ansprechen können. Erdoğans Forderung führte zu erheblichen Spannungen mit Erbakan, der sich nach wie vor als politischer Ziehvater des Rebellen verstand. Eine Parteispaltung drohte – und damit eine weitere Schwächung der Ideologie eines politischen Islam.

Zum offenen Bruch zwischen Erbakan und Erdoğan kam es im Sommer 2001. Anlaß war ein Urteil des Verfassungsgerichts, das auf Druck der militärischen Führung nun auch die *Fazilet-Partisi*, die Tugend-Partei, wegen »islamistischer Umtriebe« verbot. Erbakan gründete daraufhin als Nachfolgepartei die *Saadet Partisi*, die Partei der Glückseligkeit. Er wollte mit diesem Namen auf die »glückselige« Zeit anspielen, als Prophet Mohammed noch die Gläubigen selbst regierte. Aber Erdoğan gehörte dieser Partei nicht mehr an: Er gründete zusammen mit seinem politisch wichtigsten Weggefährten Abdullah Gül eine Partei mit dem Namen *Adalet ve Kalkinma Partisi*, wovon sich das Kürzel AKP ableitet. Die deutsche Übersetzung lautet »Partei für Gerechtigkeit und Entwicklung«. Erdoğan und Gül verwarfen ausdrücklich alle ideologischen Programmpunkte einer »Islamisierung« der Gesellschaft und hoben als Schwerpunkte ihrer Politik soziale und wirtschaftliche Reformen hervor.

Diese Auseinandersetzung zwischen »islamistischen« und »islamischen« Parteigängern fand zunächst unbemerkt von der Öffentlichkeit statt. Daß der Konflikt eindeutig zugunsten der »islamischen« Partei Erdoğans endete und eine herbe Niederlage für die Ideologie des politischen Islam bedeutete, zeigte sich im November 2002. Bei den vorgezogenen Parlamentswahlen errang Erdoğans Partei für Gerechtigkeit und Entwicklung 34 Prozent der Wählerstimmen. Dagegen kam Erbakans Partei der Glückseligkeit nur auf dürftige 2,5 Prozent. Erdoğan konnte seinen triumphalen Wahlsieg gerade deshalb erringen, weil er sorgfältig alle islamistischen Parolen vermied.

Der »islamische« Politiker Recep Tayyip Erdoğan

Erdoğan bezeichnete sich im Wahlkampf des Jahres 2002 als »gläubigen Muslim«, der voll und ganz zu den Idealen einer »säkularen und laizistischen Demokratie«, zu der strikten Trennung von Religion und Politik, stehe. Seine Beziehung zu Gott sei »rein persönlich«, er betrachte Religion im Sinne der Verfassung als »Privatsache«.

Für die Gegner aber waren solche Aussagen nur Lippenbekenntnisse, wie sie zuvor schon der politische Ziehvater Erbakan abgegeben habe. Erdoğan sei ein »Wolf im Schafspelz«, der sein »wahres islamistisches Gesicht« erst zeige, sobald er genug Macht gewonnen habe. Und dann würde er versuchen, das Erbe Atatürks völlig aus der Staatsverfassung zu verdrängen, bis am Ende »iranische Verhältnisse« in der Türkei eingekehrt seien.

Bis heute sind die Diskussionen um die »wahren Absichten« des »gläubigen Muslim« Erdoğan nicht verstummt. Seine Persönlichkeit wie auch sein Lebenslauf sind jedoch zu vielschichtig, als daß die Vorwürfe seiner Gegner das Wesentliche treffen könnten.

Erdoğan entstammt einer sozialen Schicht, die nur oberflächlich die säkulare Gedankenwelt der Kemalisten verstand. Sein Vater, ein einfacher Seemann, war aus einer sehr traditionell geprägten Region der Schwarzmeerküste arbeitsuchend nach Istanbul zugewandert und hatte im übervölkerten Hafenviertel Kasımpaşa am östlichen Ufer des Goldenen Horns ein bescheidenes Auskommen gefunden. Dort wurde Erdoğan 1954 geboren. Daß Menschen seiner Herkunft einmal in das Machtzentrum der laizistischen Republik Türkei aufsteigen könnten, mußte in der Jugendzeit Erdoğans noch als völlig undenkbar erscheinen. Erdoğan erhielt seine Bildung nicht an einem staatlichen Gymnasium, sondern dem Willen seiner strenggläubigen Eltern gemäß an einem religiös geprägten Gymnasium, einer sogenannten Imam-Hatip-Schule. Schon eine derartige Ausbildung stempelte ihn aus der Sicht der kemalistischen Bildungselite zu einem minder qualifizierten Anwärter auf höhere Ämter, denn islamisch orientierte höhere Schulen waren ja lange Zeit von den säkularen Machthabern unterdrückt und schließlich, nur mit Rücksicht auf religiös konservative Wähler, halbherzig zugelassen worden. Anstatt europäischer Fremdsprachen steht an solchen Gymnasien das Arabische, die Sakralsprache des Korans, an erster Stelle.

Da Erbakans Nationale Heilspartei und später dessen Wohlfahrtspartei zu den wesentlichen Förderern der Imam-Hatip-Schulen gehörten, lag es nahe, daß Erdoğan in die Einflußsphäre dieser Parteien geriet. Mitte der siebziger Jahre trat er in die Jugendorganisation der Nationalen Heilspartei ein und wurde bereits nach weniger als einem Jahr zum Vorsitzenden des Jugendverbandes von Istanbul gewählt. Bei einem derart raschen Aufstieg konnte es nicht ausbleiben, daß Parteiführer Erbakan auf ihn aufmerksam wurde und ihn seither maßgebend förderte. Erbakan war es auch, der ihn in den inneren Kreis des Naqshbandi-Scheichs Mehmet Zahid Kotku einführte. Erdoğan genoß den Unterricht bei diesem Scheich gerade noch in dessen letzten Lebensjahren, denn 1980 starb Scheich Kotku.

Erdoğan wechselte von der staatlich diskriminierten Imam-Hatip-Schule zum Studium der Wirtschaftswissenschaften an die Marmara-Universität von Istanbul. Seit 1980 war er erfolgreich in der Privatwirtschaft tätig, bevor er sich in der Kommunalpolitik von Istanbul engagierte. Sehr bald zeigte sich seine Fähigkeit, in der Stadtverwaltung pragmatisch Probleme zu lösen und gleichzeitig durch große rhetorische Begabung Zuhörer anzusprechen. Die Folge war, daß er Anfang der neunziger Jahre zum populärsten Politiker seiner Heimatstadt wurde. Die islamistische Wohlfahrtspartei nominierte ihn daraufhin 1994 bei den Kommunalwahlen zum Spitzenkandidaten für das Amt des Oberbürgermeisters von Istanbul. Das Ergebnis dieser Wahl war sensationell. Mit Erdoğan hatte erstmals ein Anhänger aus der Schicht der religiös orientierten anatolischen Zuwanderer das höchste politische Amt der Megastadt Istanbul erreicht. Für die säkulare Elite der Türkei bedeutete die Kommunalwahl von 1994 schon deshalb einen Schock, weil auch in etlichen anderen großen Städten der Türkei erstmals islamistische Kandidaten der Wohlfahrtspartei Oberbürgermeister wurden. Aber Erdoğan als der prominenteste Gefolgsmann Erbakans war der politisch gewichtigste unter allen islamistischen Wahlsiegern.

Der neue Oberbürgermeister von Istanbul schien allerdings zu Beginn seiner Amtszeit die Befürchtungen einer westlich orientierten Oberschicht zu bestätigen, als er die erste Sitzung des Stadtrates mit einem Koranzitat eröffnete anstatt mit der einst von Atatürk eingeführten Schweigeminute. Auch bezeichnete er sich in einem Interview mit der türkischen Tageszeitung *Milliyet* als einen Befürworter der Scharia,[98] womit er zeigte, daß er sich damals noch wenig vom doktrinären Einfluß seines Mentors Erbakan gelöst hatte. Ähnlich problematisch erschienen einige Forderungen, mit denen er die Wahlversprechen gegenüber seinen traditionell gläubigen Anhänger einlösen wollte. Zukünftig dürfe in den Restaurants kein Alkohol mehr ausgeschenkt werden, in den Schulbussen seien Schülerinnen und Schüler streng nach Geschlechtern zu trennen, an Badestränden ebenfalls. Außerdem ermahnte er die Frauen Istanbuls, in der Öffentlichkeit ein Kopftuch zu tragen. Demonstrativ lebte seine eigene Frau dieses Beispiel vor, indem sie selbst nie ohne Kopftuch zu sehen war.

Aber der Oberbürgermeister ließ sofort wieder von seinen Forderungen ab, als ihm aus den Reihen der säkularen Gegner massiver Widerstand entgegenschlug. Und er tat das, was in der Folge ein Merkmal seines Erfolges geworden ist: Mit Verzicht auf alle religiös-politischen Parolen konzentrierte er sich pragmatisch auf eine völlig sachorientierte Politik.

Erdoğan gewann sehr rasch den Respekt seiner politischen Gegner, als es ihm in den vier Jahren seiner Amtszeit gelang, die seit langem anstehenden Sanierungsprogramme um vieles zügiger durchzuführen als die bisherigen Stadtoberhäupter. Erdoğans wichtigste Leistung war die Lösung des Wasserproblems. Während unter seinem unmittelbaren Vorgänger in vielen Stadtteilen das Wasser derart knapp war, daß die Bewohner am Tag nur ein bis zwei Stunden über die öffentlichen Leitungen mit Wasser versorgt werden konnten, gab es unter Erdoğans Amtszeit kaum mehr eine Unterbrechung der Wasserversorgung. Die Menge des in Istanbul täglich verbrauchten Wassers wurde vielmehr auf 1,7 Millionen Kubikmeter verdreifacht. Von 1994 bis 1998 ließ Erdoğan außerdem über zwei Millionen Quadratmeter neue Grünanlagen schaffen und rund 600000 Bäume pflanzen. Hinzu kam, daß er das Heizsystem von Braunkohle auf Gas umstellte, was die Luftqualität in der smogbelasteten Stadt erheblich verbesserte. Und indem er den Bau einer U-Bahn tatkräftig vorantrieb, konnte er die Staus im Berufsverkehr auf den Hauptverkehrsstraßen erheblich verringern. Außerdem war in seiner Amtszeit die Korruption erheblich zurückgegangen.[99]

Aber so pragmatisch und wendig Erdoğan auch die Geschicke der Stadt zu lenken vermochte – zwischendurch bekam er dann doch wieder Probleme mit zwiespältigen Äußerungen. Eine dieser Reden sollte ihm zum Verhängnis werden und seine Karriere zunächst abrupt beenden. Auf einer Wahlveranstaltung zitierte er einige Zeilen aus einem Gedicht des in der Türkei populären Dichters Ziya Gökalp:

»Die Moscheen sind unsere Kasernen,
die Kuppeln unsere Helme,
die Minarette unsere Bajonette,
die Gläubigen unsere Soldaten.«[100]

Es waren Äußerungen, die auf den ersten Blick als eine flammende »islamistische Volksverhetzung«, als Störung des sozialen Friedens anmuten, wie dann die Richter später in ihrer Anklage begründeten. Aber Erdoğan hatte geglaubt, er könne unbefangen diese verfänglichen Zeilen zitieren, weil der Dichter Gökalp gerade auch von säkularen türkischen Nationalisten geschätzt wird. Ziya Gökalp (1876-1924), gilt offiziell als der wegweisende Ideologe des modernen Türkentums, weil er bestrebt war, einen an arabischen Traditionen orientierten Islam zu »türkisieren«, und zwar bis in die Sprache hinein. Atatürk selbst hat Gökalps Buch *Die Grundlagen des Türkentums* sehr geschätzt und sich in etlichen Aspekten seiner Ideologie ausgerechnet auf dieses Buch gestützt.[101] Insofern konnten die zitierten Zeilen nur dann als »islamistisch« mißverstanden werden, wenn man sie aus dem Zusammenhang riß.

Erdoğan nutzte es allerdings wenig, nachträglich auf die »nationale türkische« Bedeutung des Dichters zu verweisen. Das Gericht, das je zur Hälfte aus zivilen und militärischen Richtern bestand, unterstellte ihm, den Dichter für »islamistische« Zwecke zu instrumentalisieren, zu mißbrauchen. Entsprechend hart fiel das Urteil aus: zehn Monate Gefängnis und lebenslanges Berufsverbot als Politiker. Es war ein juristisch äußerst fadenscheiniges Urteil, aber dem Gericht war es ohnehin nur darum zu tun, einen Vorwand zu finden, um einen der führende Köpfe der Wohlfahrtspartei politisch auszuschalten, zumal Erdoğan bei den Wählern um vieles populärer war als sein politischer Ziehvater Erbakan. Im September 1998 bestätigte das Gericht in einem Berufungsverfahren das Urteil. Erdoğan mußte sein Amt als Oberbürgermeister von Istanbul aufgeben und verbüßte eine Gefängnisstrafe, die auf vier Monate begrenzt wurde.

Der erzwungene Rücktritt bedeutete nicht nur für Erdoğan selbst eine tiefe Krise. Seine Partei insgesamt hatte zu jener Zeit mit großen Existenzproblemen zu kämpfen. Denn im Sommer 1997 war Ministerpräsident Erbakan auf Druck des Militärs gezwungen worden, nach nur einem Jahr von seinem Amt zurückzutreten. Und im Januar 1998 hatte das Verfassungsgericht die Wohlfahrtspartei wegen »staatsfeindlicher« Tendenzen verboten. Als Erdoğan aus dem Gefängnis entlassen wurde, hatte Erbakan zwar bereits wieder eine neue Partei, die *Fazilet Partisi,* Tugendpartei, gegründet – aber ihre Mitglieder waren äußerst zerstritten, auf welche Weise sie sich denn nach derartigen politischen Rückschlägen ideologisch neu orientieren sollten.

Im Gefängnis hatte Erdoğan, wie er später in Interviews zu erkennen gab, viel Zeit zum Nachdenken und fand endgültig zur Klärung seiner politischen Positionen. Was er bisher teilweise schon praktiziert hatte, wurde nun zur Leitlinie seines Handelns: Es sei falsch, den Islam zu politisieren; ein »islamisch« orientierter Politiker dürfe nur dafür eintreten, daß der Gläubige seine Religion »privat« ungehindert leben könne – Religion sei also ganz im Sinne der »säkularen« Republik als »Privatsache« zu betrachten. In Zukunft wolle er ausschließlich eine sehr pragmatisch orientierte Sozial- und Wirtschaftspolitik betreiben.

Das war das Rezept seiner im Sommer 2001 gegründeten Partei für Gerechtigkeit und Entwicklung, mit der er eineinhalb Jahre später in den Wahlkampf – die erste Bewährungsprobe für seine ideologische Neuorientierung – zog.

Erdoğans Reformpolitik mit etlichen Überraschungen

Am 4. November 2002 kam es zu vorgezogenen Neuwahlen, weil die Regierungskoalition unter dem sozialdemokratischen Ministerpräsidenten Bülent Ecevit an inneren Interessenkonflikten zerbrochen war. Im Hintergrund aber stand die Wirtschaftskrise, die im Verlauf des Jahres immer schlimmere Ausmaße angenommen hatte.

Schon im März 2002 mußten zahlreiche Inhaber von kleineren und mittleren Betrieben ihre Geschäfte schließen, weil sie die von den Banken geforderten horrenden Zinsen für Darlehen nicht mehr bezahlen konnten. Tausende Arbeiter und Angestellte wurden entlassen oder waren gezwungen, unbezahlten Urlaub zu nehmen, Tausende andere warteten wochenlang vergeblich auf die Auszahlung ihrer Löhne. Angesichts dieser bedrohlichen Situation war in den internationalen Medien immer häufiger die Rede vom »kranken Mann am Bosporus« – womit bewußt auf die Zeitspanne vor dem Zusammenbruch des Osmanischen Reiches angespielt wurde. Die Auslandsschulden der Türkei waren auf nahezu 100 Milliarden Dollar angestiegen, und wieder einmal schien ein Staatsbankrott in bedrohliche Nähe gerückt.[102]

Erdoğan zog mit seiner Partei für Gerechtigkeit und Entwicklung in einen Wahlkampf, in dem sich die Bevölkerung vorrangig für eine rasche Lösung der drängenden Wirtschaftsprobleme interessierte. Und Erdoğan errang mit seiner neugegründeten Partei einen Erdrutschsieg über die etablierten Parteien – eben weil er es besser als alle anderen verstand, wirtschaftliche Themen anzusprechen und konkrete Lösungen anzubieten. Er gewann also 34 Prozent der Wählerstimmen. Dagegen sackte die konkurrierende islamistische Partei der Glückseligkeit Erbakans auf 2,5 Prozent ab und war damit nicht mehr im Parlament vertreten. Aber schlimmer noch erging es Ecevits bisher regierenden Demokratischen Linkspartei, die bei den Wahlen von 1999 noch auf 22 Prozent der Wählerstimmen gekommen war – sie rutschte auf 1 Prozent ab. Auch die Koalitionspartner, die konservative Mutterlandspartei sowie die extrem nationalistische Partei der Nationalen Bewegung (MHP) scheiterten an der Zehn-Prozent-Klausel. Allein Atatürks Republikanische Volkspartei, CHP, konnte sich mit rund 19 Prozent der Wählerstimmen als Oppositionspartei im Parlament behaupten.

Die Partei Atatürks war nun die einzige, die weiterhin eindeutig die Interessen der urbanen, säkular und laizistisch denkenden Wählerschichten vertrat, unter anderem auch die der (unorthodoxen) Aleviten. Dagegen hatte Erdoğans Partei dafür geworben, ein Sammelbecken für die vielen »gläubigen« sunnitischen Muslime zu sein. Die »islamische« AKP hatte mehrheitlich Wähler angezogen, die in Dörfern und Kleinstädten wohnen oder die als Zuwanderer aus ländlichen Gebieten in den ärmeren Vierteln der rasch wachsenden Städte leben. Diese religiös konservativen Wähler, die noch einige Jahre zuvor in ihrer Mehrheit für die islamistische Partei Erbakans gestimmt hatten, sahen nun in Erdoğans Partei die Alternative, weil sich in ihr das demonstrative Bekenntnis zum Islam mit erheblich mehr Wirtschaftskompetenz verband. Attraktiv war die AKP allerdings auch für Protestwähler geworden, die zwar »säkular« denken, sich jedoch von der Mißwirtschaft und Korruption der etablierten säkularen Parteien zunehmend abgestoßen fühlten.

Dies war der bemerkenswerteste Umbruch bei der Parlamentswahl vom 4. November 2002: Sogar liberalere Wähler trauten plötzlich einer islamisch orientierten Partei noch eher als den bisherigen Parteien zu, die schwierigen sozialen Probleme der Türkei zu meistern. Die Protestwähler stießen sich nicht an dem ideologischen Prädikat »islamisch«. Dies bedeutete den eigentlichen Sieg Erdoğans: Es war ihm gelungen, den Wählern zu vermitteln, daß seine Partei in erster Linie marktwirtschaftlich ausgerichtet und daher für alle Türken, ob konservativ islamisch oder säkular, wählbar sei.

Erdoğan verfügte allerdings auch über eine beträchtliche Bandbreite an Gefolgsleuten, die einem sehr breitgefächerten Erwartungsprofil entsprachen: Neben religiös konservativen Kandidaten, die eine entsprechende Wählerschaft abzudecken hatten, gingen für die AKP auch Muslime ins Rennen, die als Fachleute in der Industrie, im Handel und im Verwaltungswesen Karriere teilweise sogar im Ausland gemacht hatten. Diese pragmatisch eingestellten Manager und Bankiers sollten Wähler ansprechen, die bisher strikt säkular orientierte Parteien bevorzugt hatten.

Zu einem herausragenden Repräsentanten dieser neuen Generation innerhalb der AKP war der 1956 in Istanbul geborene Unternehmer Cüneyt Zapsu geworden. Er war ein Gründungsmitglied der AKP und kannte Erdoğan seit den frühen neunziger Jahren; er wurde sogar Erdoğans Freund, als er 1994 dem damaligen Kandidaten für das Amt des Oberbürgermeisters Kontakte zu den großen Unternehmern Istanbuls hergestellt hatte. Im Wahlkampf 2002 diente er als wichtigster Berater Erdoğans und trug wesentlich dazu bei, daß die AKP einen pragmatisch orientierten Kurs der »Mitte« einschlug, ohne den religiösen Hintergrund zu verleugnen.

Es lohnt sich, den politischen Werdegang des jungen Unternehmers Cüneyt Zapsu näher zu betrachten, denn daran sehen wir, welche Entwicklung innerhalb der AKP selbst möglich war.

Zapsu stammte aus einer streng religiösen kurdischen Familie. Sein Großvater hatte sich als einer der großen Religionsgelehrten der Türkei einen Namen gemacht, hatte aber unter der streng laizistischen Regierung während der vierziger Jahre eine Gefängnisstrafe zu verbüßen, weil er darauf bestand, seine Kinder nicht in eine staatliche, sondern eine religiös orientierte Schule zu schicken. Dessen Sohn, Zapsus Vater, engagierte sich dann in der Demokratischen Partei des Ministerpräsidenten Adnan Menderes, weil Menderes das Ziel verfolgte, dem Islam wieder mehr Gewicht im öffentlichen Leben zu geben. Nach dem Militärputsch von 1960 floh Zapsus Vater mit seiner Familie ins Exil nach München, wo der Sohn Cüneyt Volkswirtschaft studierte. Eng befreundet war die Familie Zapsu später mit Ministerpräsident Turgut Özal.

Cüneyt Zapsu aber war schon sehr früh nicht mehr in das enge Korsett einer religiös konservativen Ausrichtung einzuordnen. Er wurde nicht nur Mitglied des einflußreichen türkischen Industriellenverbandes TÜSIAD, der sich immer wieder kritisch über Fehlentwicklungen in Wirtschaft und Politik äußerte, sondern auch Mitglied beim Wirtschaftsforum in Davos. Bei seinen Gegnern im säkular-nationalistischen Lager war Zapsu einerseits zum »Kommunisten« abgestempelt worden, weil er die Folterpraktiken des Geheimdienstes, der Polizei und des Militärs gegen politisch Andersdenkende anprangerte, andererseits zum »Separatisten«, weil er Verständnis für die Probleme der Kurden zeigte (und selbst Kurde ist).[103] Cüneyt Zapsu wurde aber zu einer Galionsfigur innerhalb jenes Flügels der AKP, der für mehr Rechtsstaatlichkeit in der Türkei und eine Machtbeschränkung des Militärs eintritt. Es ist jener Flügel, dem Erdoğan sowie sein Außenminister Abdullah Gül die größte Stoßkraft innerhalb der Partei gegeben haben.

Für Erdoğan bedeutete eine solch betont pragmatisch orientierte Wirtschaftspolitik jedoch auch ein beträchtliches Risiko. Seine Regierung wurde zuallererst am wirtschaftlichen Erfolg gemessen, sie würde also bei den nächsten Wahlen gnadenlos abgestraft, falls sie mit ihren Reformen scheiterte. Daß Erdoğan vier Jahre später vom Wähler triumphal im Amt bestätigt wurde, hat gerade damit zu tun, daß er die Türkei tatsächlich aus der Wirtschaftskrise führen konnte. Seit dem Jahr 2004 hatte die zuvor vom Staatsbankrott bedrohte Republik plötzlich Wachstumsraten von 5 bis 8 Prozent pro Jahr zu verzeichnen.

Aber bevor Erdoğan mit seiner Reformpolitik überhaupt beginnen konnte, hatte er eine schwerwiegende Barriere zu überwinden. Er mußte das Gerichtsurteil zur Revision bringen, das ihn 1998 mit einem lebenslangen Verbot politischer Führungsaufgaben belegte. Selbst den Wahlkampf konnte er nicht in dem Sinn führen, daß er als Kandidat für den Posten des Ministerpräsidenten antrat. Offiziell mußte er sowohl die Führung der Partei als auch das Regierungsamt seinem treuesten politischen Gefolgsmann Abdullah Gül überlassen. Um so bemerkenswerter war es, daß die Partei trotzdem überzeugend den Wahlkampf gewinnen konnte, und um so stärker wuchs nach dem Wahlsieg der Druck auf das Verfassungsgericht und das Militär, das Urteil zu revidieren. Es dauerte nur wenige Monate, bis das Urteil aufgehoben wurde. Erdoğan, vom Verdacht »islamistischer Agitation« freigesprochen, konnte im März 2003 offiziell das Amt des Ministerpräsidenten übernehmen, während Abdullah Gül in das Amt des Außenministers überwechselte. Diese beiden Politiker bestimmten nun mit strategisch sorgsam verteilten Rollen die Richtlinien der »islamischen« Partei.

Abdullah Gül entstammte einem ähnlich streng religiösem Milieu wie Erdoğan. Entsprechend tritt auch seine Frau in der Öffentlichkeit nur mit Kopftuch auf. Gül wurde 1950 als Sohn eines einfachen Handwerkers in Kayseri geboren, einer Provinzhauptstadt im zentralen Anatolien, die als Hochburg konservativ sunnitischer Orthodoxie sowie islamischer Gruppierungen gilt. Auch Gül hatte eine Imam-Hatip-Schule besucht und studierte anschließend an einer staatlichen Universität. Seine Doktorarbeit schrieb er über das Thema *Islam und Entwicklung*, wobei er sich vor allem auf die wirtschaftliche Entwicklung konzentrierte. Aber schon als Doktorand wandte er sich von den Prinzipien eines starr konservativen Fundamentalismus ab. Begünstigt wurde dieser Wandel dadurch, daß er zwei Jahre in London Wirtschaftswissenschaften studierte und sich mit westlichen Gesellschaftsformen auseinandersetzte. Anschließend war er Dozent in der Türkei, bevor er acht Jahre für die Islamische Entwicklungsbank in Saudi-Arabien arbeitete. Aufgrund dieser Tätigkeiten im Ausland spricht Gül sowohl fließend Englisch als auch Arabisch.

Ministerpräsident Erdoğan und sein Außenminister Gül waren die entscheidenden Exponenten, die das Parteiprogramm der AKP in der Öffentlichkeit vertraten. Beide verwarfen ausdrücklich alle ideologischen Ziele einer «Islamisierung« der Gesellschaft, bekannten sich zum Prinzip der »säkularen Demokratie« und hoben als Schwerpunkt ihrer Politik soziale und wirtschaftliche Reformen hervor. Mit dem Bekenntnis, »die Türkei nach Europa zu führen« – also in die Europäische Gemeinschaft zu integrieren – unterschieden sich Erdoğan und Gül kaum noch von den Zielsetzungen, wie sie Atatürks Republikanische Volkspartei vertrat. Erdoğan bot aber eine Überraschung, als er in Interviews zu verstehen gab, er wolle sich mit seiner »islamischen« Partei AKP am Vorbild christdemokratischer Parteien Europas orientieren und ihr ein ähnlich religiös-säkulares Gepräge, nur eben muslimisch-türkischen Zuschnitts, geben.

Aufschlußreich ist in diesem Zusammenhang ein Interview, das Murat Mercan, der Vizechef der AKP, im Oktober 2004 dem österreichischen Nachrichtenmagazin *Profil* gab. Mercan antwortete auf die Frage, weshalb seine islamische Partei ausgerechnet der Europäischen Volkspartei (EVP) mit ihrem betont christlichen Werten beitreten wolle:

> »Wir alle sind Demokraten, und es gibt keine Demokratie ohne Säkularismus. Wären die Christdemokraten nicht säkular, würden wir dort wirklich nicht hineinpassen. Denn die AKP ist eine säkulare Partei. Was uns mit den europäischen Konservativen vereint, sind die Werte der Tradition und der Familie. Das haben die Religionen

> gemeinsam, und das unterscheidet uns von Sozialdemokraten, Liberalen und Grünen.«

Und auf die Frage, wo der Platz der Religion in der Politik sei, erklärte er:

> »Sie [die Religion] kann als Inspiration dienen. Christlich-soziale Politiker mögen religiöser sein und öfter in die Kirche gehen als andere. Ihre Werte können vom Christentum abstammen, aber in der praktischen Politik von demokratischen Parteien darf Religion keine Rolle spielen.«[104]

Ein solch ausdrückliches Bekenntnis zur säkularen Gesellschaftsform unterscheidet sich erheblich von der islamistischen Ideologie. Deshalb findet die AKP auch kaum Zustimmung bei Islamisten, die gerade die enge Verflechtung von Religion und Politik zum Kern ihrer Zielsetzung machen. Die strikt säkular orientierten Gegner werfen der AKP allerdings vor, daß sie sich nur aus taktischen Gründen zum Säkularismus bekenne, letztlich aber eine Theokratie anstrebe. Die Maske werde fallen, sobald Erdoğan seine Macht abgesichert habe.

Aber Erdoğan, der schon als Oberbürgermeister von Istanbul zwischen 1994 und 1998 jenseits aller Ideologie sachbezogene Reformen in der Verkehrspolitik, der Armutsbekämpfung und der Umweltsanierung durchgesetzt hatte, handelte nun ähnlich pragmatisch in seinem neuen Amt. Der »islamische« Ministerpräsident leitete mehrere Reformen ein, die den Vorgaben der Europäischen Union entsprachen. Außenminister Gül verhielt sich bei den Beitrittsverhandlungen zur EU flexibler und legte eindeutiger ein Bekenntnis zu »europäischen Werten« ab, als dies seine betont kemalistisch orientierten Vorgänger taten.

Die Regierung Erdoğan zeigte sich vor allem in der Politik gegenüber ethnischen Minderheiten von vornherein um vieles beweglicher als die Kemalisten. Erdoğan brachte Bewegung in bisher beharrlich blockierte Reformbestrebungen. Seit dem 7. Juni 2004 war die kurdische Sprache in den Medien präsent. Was viele Jahrzehnte lang unter der Regierung strikt säkularer und sozialdemokratischer Parteien vehement verhindert wurde, konnte ausgerechnet unter einer islamisch orientierten Regierung möglich werden.

Zwar hatte schon die Vorgänger-Regierung unter Ministerpräsident Bülent Ecevit 2002 die Verwendung der kurdischen Sprache in den Medien zugelassen, aber die Verabschiedung dieses Gesetzes war erst nach vielen Streitigkeiten mit dem radikal-nationalistischen Koalitionspartner, der Partei MHP, möglich gewesen. Ecevit selbst – Sozialdemokrat und strammer türkischer Nationalist zugleich – hatte zu erkennen gegeben, daß er dieses Gesetz eigentlich nur unter dem Druck der EU in die Wege geleitet habe. Aber kaum hatte das Militär seine Bedenken angemeldet, hatte Ecevit auch schon wieder die Reform mit sehr rigiden Ausführungen abgewürgt. Erdoğan dagegen, mit einer satten absoluten Mehrheit ausgestattet und nicht mehr im gleichen Maß durch das Militär bedroht, ging die Reform entschiedener an. Zwar konnten auch seine Maßnahmen aus kurdischer sowie aus westeuropäischer Perspektive ebenfalls nur der bescheidene Anfang größerer Reformen sein, aber immerhin war nun ein erster Schritt getan. Eine konservativ-islamische Regierung tat sich hier leichter als eine nationalistisch-sozialdemokratische, denn für »islamisch« gesinnte Türken spielte das Ziel einer »Türkisierung« nicht die gleiche Rolle wie für ideologisch fanatisierte Nationalisten, die es unter den erklärten Anhängern Atatürks, auch unter Sozialdemokraten, um vieles mehr gibt als in der Partei Erdoğans.

Eine Reihe Überraschungen bescherte Erdoğan auch in der Außenpolitik. So vollzog er – in Zusammenarbeit mit Abdullah Gül – eine beachtliche Öffnung hin zur arabischen Welt. 2004 empfing er in Begleitung Güls, der ja fließend arabisch spricht, den syrischen Präsidenten Bashar al-Assad zu Gesprächen in Ankara. Erstmals seit Bestehen der Türkischen Republik 1923 war damit ein arabischer Regierungschef in die Türkei gekommen, dies auch noch aus Syrien, einem Staat, der in westlichen Ländern argwöhnisch als »Bedrohung«, von den USA gar als »Schurkenstaat« eingestuft wird. Als sensationell wurde diese Annäherung schon deshalb empfunden, weil seit dem Unabhängigkeitskampf der arabischen Völker gegen die osmanische Herrschaft Anfang des 20. Jahrhunderts die Beziehungen zwischen den Türken und den Arabern äußerst frostig gewesen sind.

Aber Erdoğan unterschied sich – was die weiteren Ereignisse zeigten – im Grundsätzlichen gerade auch hier von seinem politischen Ziehvater Erbakan. Während sich Erbakan völlig einseitig auf die islamischen Nachbarstaaten konzentriert und sich vehement gegen die Aufnahme der Türkei in die EU ausgesprochen hatte, pflegte Erdoğan intensive Kontakte nach beiden Seiten. Mehr noch: Während Erbakan entschieden nähere Kontakte zu Israel ablehnte, hielt Erdoğan nicht nur den Beitritt zur EU, sondern auch den Kontakt zu Israel für unverzichtbar. In einem Interview mit der saudi-arabischen Zeitung *Al-Yaum* bestätigte Erdoğan, daß seine Regierung mit Israel ebenfalls einen Vertrag über die Lieferung von Wasser abgeschlossen hatte, und begründete dies mit folgenden Worten:

> »Unsere Beziehungen zu Israel gründen auf ein langes gegenseitiges Verstehen zwischen Türken und Juden. Diese Beziehungen haben eine besondere Bedeutung und wir bemühen uns, in diesem Rahmen nach einem dauerhaften Frieden und einer dauerhaften Stabilität in der Region zu suchen. Diese Beziehungen hindern uns allerdings nicht daran, unsere Kritik, was die Palästina-Frage angeht, vorzubringen. In diesem Rahmen verurteilen wir aber auch die Angriffe gegen israelische Zivilisten und die Gewalt, mit der Israel gegen die Palästinenser vorgeht.«[105]

Erdoğan versuchte mit seiner Außenpolitik die bisherige einseitige Anbindung der Türkei an den »Westen« zu lockern, ohne nun umgekehrt sich allzu stark an den islamischen »Osten«, die arabische Welt und den Iran, zu binden. In der Hinwendung zu islamischen Ländern spielten zwar auch religiös-ideologische Erwägungen eine Rolle – und damit erfüllte Erdoğan die Erwartungen jener Wähler, die religiös konservativ dachten –, aber entscheidender waren wirtschaftliche Gesichtspunkte. Die Exporte türkischer Produkte in die Länder des Nahen Ostens haben sich von 2000 bis 2004 fast verdreifacht, und diese Entwicklung galt es durch gute Kontakte zu stabilisieren.[106]

Erdoğan bot einerseits den arabischen Staaten an, als »gläubiger Muslim« zwischen den verfeindeten Gruppierungen der islamischen Welt und dem »Westen« zu vermitteln, andererseits weigerte er sich, die politischen Führer der radikal-islamischen *Hamas* zu einem Gespräch zu empfangen. Er demonstrierte damit, daß seine Öffnung zum Nahen Osten nicht so weit ging, um sich als Erfüllungsgehilfe radikal-islamischer Interessensgruppen in der arabischen Welt vereinnahmen zu lassen. Unmißverständlich machte er klar, daß er als Führer einer islamischen Partei die Türkei nicht als ein im Nahen Osten angesiedeltes muslimisches Land betrachtet – sondern als ein »europäisches Land mit muslimischer Bevölkerung«.[107]

In vielerlei Hinsicht war es Erdoğan gelungen, eine geschickte Balance-Politik zu betreiben, ohne nun bei westlichen Staaten, und hier vor allem bei der EU, auf Widerstand zu stoßen. Das änderte sich aber schlagartig im Mai 2005, als die Regierung Erdoğan ein neues Gesetz zur Strafrechtsreform verabschiedete. Dieses Gesetz, das von Westeuropäern sowie einer schmalen liberal gesinnten türkischen Bildungsschicht heftig kritisiert wurde, brachte keineswegs, wie offiziell angekündigt, eine weitere Annäherung an die Wertvorstellungen der EU. Im Gegenteil: Bisherige Einschränkungen in der Meinungsäußerung wurden sogar verschärft. So drohte Journalisten, die sich kritisch über die Außenpolitik äußerten oder die Massaker an Armeniern als »Völkermord« bezeichneten, nun sogar eine höhere Gefängnisstrafe als zuvor. Mit bis zu vier Jahren Haft wurde bedroht, wer das »Türkentum« im Ausland »herabsetzt«. Eine weitere Verschärfung bedeutete, daß sich das Verbot eines kritischen Journalismus nicht nur auf die klassischen Medien wie Zeitung, Radio und Buch bezog, sondern darüber hinaus auch kritische Äußerungen im Internet strafbar machte.[108]

Mit einem derartigen Maulkorb-Gesetz für regierungskritische Journalisten folgte Erdoğan der autoritären Tradition früherer Regierungen und ließ bisherige Reformansätze rückblickend nur als halbherzig erscheinen. Aber eines war deutlich: Einen strikt »islamischen« Kurs verfolgte die Regierung Erdoğan auch hier nicht. Vielmehr ähnelte diese Politik zum Verwechseln der Haltung radikaler »säkularer« Nationalisten. Und der Verdacht liegt nahe, daß Erdoğan hier nicht nur die eigene Macht autoritär im herkömmlichen Stil absichern wollte, sondern darüber hinaus Zugeständnisse an die türkischen Nationalisten machte, um auch ihre Loyalität zu gewinnen.

Im April 2007 überraschte Erdoğan umgekehrt wieder durch seine tolerante Haltung gegenüber ethnischen wie auch religiösen Minderheiten. Als in der osttürkischen Stadt Malatya radikal-orthodoxe Sunniten zwei türkische und einen deutschen Christen brutal ermordet hatten, weil sie ihnen »Missionierung« in einem islamischen Land vorwarfen, fand der »islamisch orientierte« Ministerpräsident Erdoğan die passenden Worte – ganz im Gegensatz zum »säkular nationalistisch« orientierten Staatspräsidenten Ahmet Sezer. Erdoğan sagte:

> »Wir haben 36 verschiedene Völker und andere Religionen und Identitäten, die respektiert werden müssen. In Europa gibt es rund 6000 Moscheen. Wir müssen bei uns den Kirchen und Synagogen die gleiche Sicherheit geben.«

Dagegen sagte der strikt an den Idealen Atatürks ausgerichtete Staatspräsident Sezer nur:

> »Die Menschen müssen ihre Reaktionen demokratisch und gewaltfrei zeigen.«[109]

Während Erdoğan also die Vielfalt an Völkern und Religionen hervorhob und unterschiedslos ihnen gegenüber Respekt einforderte, ging sein kemalistischer Widersacher Sezer mit keinem Wort auf die Vielfalt ein. Sezer wünschte nur ein »gewaltfreies« Verhalten der Demonstranten und brachte hier stillschweigend zum Ausdruck, an der muslimisch-nationalen Identität der Türken in ihrer bisherigen Form festzuhalten – einer monolithischen Einheit anstelle der Vielfalt. Erdoğan tat sich mit der Toleranz gegenüber ethnischen Minderheiten und anderer Religionen leichter, eben weil der Islam ursprünglich keinen ethnisch motivierten Nationalismus kennt und Toleranz gegenüber anderen monotheistischen Weltreligionen vorschreibt.

Trotzdem müssen wir Fragezeichen setzen. Die säkularen Gegner werfen der AKP auch vor, daß gerade viele ihrer führenden

Politiker nicht an staatlichen Schulen, sondern an sogenannten Imam-Hatip-Schulen ausgebildet wurden. Die religiös orientierten Schulen würden eine Gefahr für die laizistische Staatsordnung bedeuten, eben weil sie den Laizismus durch eine mehr oder weniger islamistisch geprägte Ideologie in Frage stellen.

Diesen Vorwurf gilt es zu überprüfen.

Die wachsende Bedeutung der Imam-Hatip-Schulen

Imam Hatip ist mit »der predigende Imam« zu übersetzen. Ein solcher Name weist unmißverständlich auf die Funktion dieser Schulen hin: Sie dienen der Ausbildung von Predigern in Moscheen und haben damit eine völlig andere Aufgabe als die staatlichen Schulen, so zumindest die ursprüngliche Funktion. Aber sie haben im Verlauf der Jahrzehnte weitere Bereiche übernommen und wurden erst dadurch zum Streitpunkt zwischen Parteien mit strikt laizistischer und islamischer Ideologie. Aus den Ausbildungsstätten für Prediger sind religiös orientierte Gymnasien für eine breite Schicht konservativer Muslime geworden. Auf türkisch lautet der Name *Imam-Hatip-Lisesi* (wobei das französische Wort Lycée für Gymnasium prägend war).

Diese religiös geprägten Ausbildungsstätten sind keine Erfindung der Islamisten. Ihre Geschichte reicht bis in die Anfänge der Türkischen Republik. Nachdem Atatürk 1924 die Medresen (Koranschulen) abgeschafft hatte, waren den säkular ausgerichteten Mittelschulen sogenannte Imam-Hatip-Schulen angeschlossen worden, die vom laizistischen Staat streng kontrolliert wurden. Die Zahl dieser Institutionen sank allerdings in den Jahren 1924 bis 1929 wegen mangelnder Nachfrage von 29 auf 2, weshalb im Schuljahr 1931/32 alle Imam-Hatip-Schulen aufgelöst wurden, ohne daß Atatürks Behörden dafür einen Ersatz schufen. Desto mehr begannen in den folgenden Jahren Koranschulen im Verborgenen jenseits aller staatlichen Kontrolle zu wirken.[110]

An die Öffentlichkeit treten konnte dieses betont religiös orientierte Schulsystem erst wieder, als 1950 die oppositionelle Demokratische Partei unter der Führung von Adnan Menderes die Wahlen gewann. Unter Menderes kam es zu einer sogenannten

»Wiederbelebung islamischer Werte«. In diesem Zusammenhang konnten 1951 die Imam-Hatip-Schulen neu eröffnet und wie zuvor als gesonderter Zweig des staatlichen Schulsystems geführt werden. Seither ist das Wachstum dieser Schulen nicht mehr aufzuhalten. Hatten sich 1961 erst 4200 Schüler an 19 dieser Schulen auf den Beruf des Imam vorbereitet, waren es 1985 schon 229 000 Schüler an 716 Schulen.[111]

Diese erstaunlichen Wachstumszahlen innerhalb von nur 20 Jahren zeigen, wie stark das Bedürfnis nach einem religiös orientierten Schulsystem war, das sich auf Dauer nicht unterdrücken ließ. Der Wunsch nach einem solchen Unterricht beschränkte sich jedoch nicht nur auf Türken, die selbst Prediger an einer Moschee werden wollten. Vielmehr schickten bald auch viele traditionell denkende Eltern ihre Kinder in Imam-Hatip-Schulen, damit diese dort eine »islamische« Ausbildung erhalten. Besonders Mädchen wurden in derartige Schulen gegeben, weil es ihnen dort – im Gegensatz zu den vom Staat betriebenen säkular ausgerichteten Bildungsstätten – gestattet ist, ein Kopftuch zu tragen.

Aber bald entstand ein Problem: Eben weil an den religiös orientierten Schulen weit mehr Kinder ausgebildet wurden, als man Prediger benötigte, mußten diese Schulen einen neuen Status erhalten. Ohnehin war den Frauen das Amt eines Predigers in der Moschee verschlossen (zumindest galt dies noch bis vor wenigen Jahren), so daß die ursprünglich spezialisierte Form des Unterrichts hinfällig war. Angesichts des großen Andrangs von männlichen wie weiblichen Schülern wurde es demnach immer dringlicher, die Absolventen »islamischer« Schulen denen der staatlichen Schulen gleichzustellen, sonst wäre den »Religiösen« der Zugang nicht nur auf dem Arbeitsmarkt, sondern auch zu den Universitäten erheblich erschwert worden.

Die islamisch orientierten Politiker seit Adnan Menderes Mitte des 20. Jahrhunderts setzten sich entschieden für die Gleichstellung der Imam-Hatip-Schulen mit staatlichen Schulen ein. Und sie verstanden es alle mehr oder weniger, sich gerade in diesem Zusammenhang auch für die Anliegen der Frauen stark zu machen und ihnen eine bessere Bildung zu ermöglichen. Die Politiker kümmerten sich allerdings vorrangig um Frauen, die aufgrund ihrer strengen religiösen Überzeugung Kopftuch tragen und bei Parlamentswahlen ihre Stimme den Parteien mit konservativ islamischer Ideologie geben.

In den siebziger Jahren gelang dem islamistischen Politiker Necmettin Erbakan ein erster entscheidender Durchbruch, was den Status dieser Schulen betraf. Seine damalige Nationale Heilspartei hatte 1973 bei den Parlamentswahlen 11,8 Prozent der Wählerstimmen auf sich vereinigt und war damit politisch so stark geworden, daß der sozialdemokratische Ministerpräsident Bülent Ecevit nur dann eine Regierung bilden konnte, wenn er die Partei Erbakans in die Koalition einbezog. Der politische Preis dafür aber war: Ecevit mußte gestatten, daß die Islamisten das System der Imam-Hatip-Schulen weiter ausbauten, ohne staatliche Eingriffe fürchten zu müssen. In den folgenden Jahren waren dann die religiös orientierten Schulen immer mehr dem staatlichen Schulsystem angeglichen worden.

Seither qualifizieren sich Schüler der Imam-Hatip-Schulen im Rahmen einer vierjährigen Mittel- und einer dreijährigen Gymnasialausbildung nicht nur für die Laufbahn des einfachen Predigers und Imam. Vielmehr gestattet der beträchtlich erweiterte und qualitativ erheblich verbesserte Lehrstoff den Absolventen von Imam-Hatip-Schulen den Zugang zu allen Studiengängen der türkischen Universitäten mit Ausnahme der Militärakademie.[112] Diese Entwicklung wurde zwar für einige Jahre unterbrochen, als das Militär 1980 putschte, um den Machtzuwachs der islamistischen Nationalen Heilspartei sowie einiger extrem nationalistischen Parteien zu stoppen. Aber kaum hatte das Militär 1983 wieder demokratische Wahlen zugelassen, konnten sich die Imam-Hatip-Schulen weiterhin ungehindert ausbreiten. Turgut Özal förderte ebenfalls engagiert diesen religiös orientierten Schultyp.

Der syrisch-deutsche Politikwissenschaftler Bassam Tibi hat die Imam-Hatip-Schulen als »Instrumente der Entwestlichung« bezeichnet und schreibt ihnen eine »fundamentalistische Umwandlung der Türkei« zu. Seine Argumente sind hier kurz vorzustellen.

Zu den »Merkmalen der Entwestlichung«, so beurteilte Tibi 1994 in der *Frankfurter Allgemeinen Zeitung* die Situation,

> »gehört die Tatsache, daß Arabisch als Sprache des Korans die westlichen Sprachen im Ausbildungsprogramm ablöst. Derzeit lernen eine Million türkischer Schüler Arabisch als erste Fremdsprache in den Imam-Hatip-Schulen. Mit dieser allgemeinen Entwicklung hängt auch ein entscheidender Wandel in der Richtung der türkischen Elite zusammen. Ein neuer Typ einer islamisch orientierten Bildungselite lehnt die westlich gesinnte kemalistische Elite ab, ohne daß dies außerhalb der Türkei zur Kenntnis genommen wird.«

Diese Entwicklung werde, so Tibi, durch die Ministerialbeamten im türkischen Erziehungsministerium stark gefördert, weil sie, die die Lehrpläne der Imam-Hatip-Schulen ministeriell genehmigen, vorwiegend Erbakans fundamentalistischen Wohlfahrtspartei nahestünden.[113]

Eine solche Einschätzung, 1994 geäußert, scheint bis heute – zumindest auf den ersten Blick – nichts von ihrer Aktualität verloren zu haben. Vor allem scheint das Engagement gerade auch radikaler Islamisten für diesen religiös orientierten Schultyp Anlaß zu Mißtrauen zu bieten und zumindest kritische Wachsamkeit zu rechtfertigen. Aber genauer besehen können wir feststellen, daß die Imam-Hatip-Schulen bei ihren Zöglingen nicht in dem Maß, wie prophezeit, »Entwestlichung« zur Folge haben. Schließlich gehören auch viele Führungskräfte in Erdoğans AKP zu diesem »neuen Typ einer islamisch orientierten Bildungselite«, der seine Ausbildung an solch religiös orientierten Schulen abgeschlossen hat und von dort zum Studium an die Universität kam. Dies gilt an vorderster Stelle nicht nur für Ministerpräsident Erdoğan selbst, sondern auch für den zweiten starken Mann der AKP, Abdullah Gül. Aber gerade diese Absolventen von Imam-Hatip-Schulen praktizieren eine besonders »europafreundliche«, »westorientierte« Politik. Wenn auch die ideologische Ausrichtung der AKP mit manchen Fragezeichen versehen werden muß, so ist doch inzwischen eines unbestritten: Eine Ausbildung an einer Imam-Hatip-Schule muß nicht die vielbeschworene »Abkehr vom Westen« zur Folge haben.

Eine »Entwestlichung« mit bedenklichen Spätfolgen findet auch nicht schon dadurch statt, daß an Imam-Hatip-Schulen das

Arabische als erste Fremdsprache gelehrt wird, wogegen westliche Sprachen aus ihrer absolut dominierenden Rolle verdrängt werden. Denn ein Teil der künftigen türkischen Bildungsschicht wird auf diese Weise nur wieder das Arabische als die Sprache des Korans kennenlernen und damit differenzierter mit dem Erbe arabisch-islamischer Überlieferung umgehen können. Sie wird dadurch auch besser in der Lage sein, eine emotionale Brücke zu den Muslimen der arabischen Nachbarstaaten zu schlagen. Die rabiate Konsequenz, mit der türkische Nationalisten in der Nachfolge Atatürks versuchten, alles Arabische aus der türkischen Kultur zu tilgen und völlig einseitig durch eine »Westorientierung« zu ersetzen, wird damit gemildert und könnte – bei gutem Willen – einer ausgewogeneren Haltung weichen.

Entscheidend ist für die politische Zukunft der Türkei allerdings, daß es zu einem demokratischen Nebeneinander der beiden Schulsysteme kommen müßte – und nicht zu einem ideologischen Grabenkampf, in dem ein säkulares und ein islamisches Bildungssystem als unvereinbar angesehen werden.

»Das Tal der Wölfe«. Der große Filmerfolg

Im Februar 2006 rückte ein türkischer Spielfilm mit dem Titel *Das Tal der Wölfe* in die Schlagzeilen der deutschen Presse. Weshalb die Aufmerksamkeit in westlichen Medien?

Dieser Film hatte alle Zuschauerrekorde in der Türkei gebrochen, eine Million Menschen soll ihn bereits in den ersten drei Tagen gesehen haben. Die Begeisterung reicht sogar in die höchsten politischen Ränge. Ministerpräsident Erdoğan hatte sich *Das Tal der Wölfe* privat vorführen lassen und gab seine Begeisterung in Interviews an die Öffentlichkeit weiter.[114] Diese Empfehlung eines populären Ministerpräsidenten heizte den Massenansturm noch einmal an. Aber auch in Deutschland hatte der Film bei einem türkischen Publikum durchschlagenden Erfolg. Die Premiere in Köln am Abend des 8. Februar 2006 fand in zehn Kinosälen gleichzeitig statt. Außerordentlich gut besucht war der Film über viele Wochen ebenso in Wien, wo ich ihn in der türkischen Originalversion mit deutschen Untertiteln gesehen habe.

Es ist kein Werk von künstlerischem Rang, sondern unter die Kategorie »Blockbuster« einzureihen, deutlich vom Vorbild entsprechender Hollywood-Filme inspiriert. Wegen der aufwendigen Spezialeffekte ist es der teuerste Spielfilm, der je in der Türkei produziert wurde. Aber die Aufmerksamkeit in westlichen Medien ist notwendig, denn es ist ein Film mit aggressiv politischer Tendenz. Kritiker des deutschen Sprachraums werfen dem Film überwiegend einen gefährlichen Anti-Amerikanismus vor, wo es zu einem ideologischen Schulterschluß extrem türkischer Nationalisten mit Islamisten komme. Verwiesen wird hierbei auf die Tatsache, daß auch mehrere säkulare Nationalisten den Film schlecht beurteilten. So ist im türkischen Massenblatt *Milliyet* zu lesen:

> »Das Hauptmenü besteht aus Nationalismus, über den eine volle Kanne islamische Sauce gekippt wird.«[115]

Die hier angesprochene Koppelung von »antiwestlichem« Nationalismus und »islamistischer« Ideologie ist für uns aus zweierlei Gründen interessant. Zum einen sollte die Meinungsumfrage eines amerikanischen Instituts zu denken geben, daß in keinem anderen Staat der islamischen Welt das Ansehen der USA einen derartigen Tiefpunkt wie in der Türkei erreicht hat. Die Abneigung richtet sich hierbei allerdings nicht gegen das amerikanische Volk und den sogenannten American Way of Life, denn nach wie vor bringt ein Studium an einer amerikanischen Universität hohes Prestige in der Türkei (auch Erdoğan läßt seine Töchter in den USA studieren). Aber gerade noch 9 Prozent der Türken haben von der als »imperialistisch« und »anti-islamisch« eingestuften Nahost-Politik des US-Präsidenten George W. Bush eine gute Meinung. Nur noch 2 Prozent empfinden für Bush persönliche Sympathie. Sogar der in der Türkei vielgeschmähte Osama Bin Laden genießt mit 5 Prozent noch mehr Zustimmung.[116] Unser Interesse verdient der Film jedoch auch, weil sich Ministerpräsident Erdoğan als Führer einer »gemäßigt islamischen« Partei begeistert geäußert hat. Spiegelt also *Das Tal der Wölfe* manches von der politischen Weltsicht Erdoğans und der AKP wider?

Der türkische Originaltitel veranschaulicht deutlicher als der deutsche die politische Tendenz: *Kurtlar vadisi Irak*. Das Wort *Kurt* im Singular bedeutet »Wolf« und weckt Assoziationen zu *Bozkurt*, dem »Grauen Wolf«, dem mythischen Fabeltier, mit dem die Ursprungslegende der Turkstämme verbunden ist: Ein grauer Wolf soll einst den türkischen Stämmen den Weg nach Westen gewiesen haben, wo sie im islamischen Kulturraum große Reiche errichteten. Daß dann aber im türkischen Originaltitel noch der Staatsname Irak hinzugefügt ist, gibt dem Film die eigentliche Brisanz.

Schauplatz der Filmhandlung ist der nördliche Teil des Irak im Sommer 2003, als die irakischen Kurden nach dem Sturz Saddam Husseins durch den Einmarsch amerikanischer Truppen erstmals sich selbst autonom regieren konnten. Der Film nimmt zum Ausgangspunkt ein für die Türken traumatisches Ereignis: Elf türkische Offiziere, die mit ihren Soldaten in die Kurden-Region des Irak vorgerückt waren, wurden im Juli 2003 von amerikanischen Soldaten verhaftet und beschuldigt, terroristische Anschläge auf die kurdische Verwaltung geplant zu haben. Die Verhafteten wurden zwar nach wenigen Tagen wieder freigelassen, aber für die türkische Öffentlichkeit bedeutete die amerikanische Aktion einen tiefen Schock. Das Ereignis signalisierte mit bisher nicht gekannter Deutlichkeit, wie schroff die Interessengegensätze zwischen Amerikanern und Türken über die Zukunft der Kurden im Nordirak sind. Für die Türken erschien es als eine Bedrohung, daß die irakischen Kurden durch Förderung der Amerikaner einen eigenen Staat bekommen würden – und diese Entwicklung auch den Kurden in der östlichen Türkei entsprechend Auftrieb geben könnte. Die amerikanische Regierung setzte sich, so suggeriert der Film, über solche türkischen Befürchtungen erstmals bedenkenlos hinweg.

Im Film ist dazu eine Handlung konstruiert, die in erster Linie dem verletzten nationalen Ehrgefühl der Türken Rechnung trägt. Ein türkischer Geheimagent – eine Mischung aus Rambo und James Bond – wird mit zwei Begleitern in den Nordirak gesandt; er soll den amerikanischen Kommandanten töten, der die Verhaftung der türkischen Offiziere veranlaßt hatte. Dies gelingt auch nach vielerlei siegreichen Kämpfen gegen eine erdrückende Übermacht amerikanischer sowie kurdischer Söldner. Daß hier die Amerikaner und die Kurden mit allen nur denkbaren Negativklischees behaftet sind, versteht sich in einem Actionfilm wie diesem von selbst. Sämtliche Amerikaner erscheinen wie seelenlose Kampfmaschinen, die Kurden als stupide Vasallen amerikanischer Befehlshaber.

Einen beklemmenden Höhepunkt bilden Szenen im berüchtigten Gefängnis Abu Ghraib, in dem amerikanische Soldaten gefangene Iraker foltern. Akribisch werden von den Filmemachern Szenen der Erniedrigung der Gefangenen nachgestellt, wie sie ein Jahr zuvor durch die Weltpresse gingen und zu Recht für internationale Empörung sorgten. Die Szenen selbst sind nicht unsachlich polemisch, denn sie werden durch Fakten auch in westlichen Presseberichten bestätigt. Problematisch wird es jedoch, wenn der amerikanische Kommandant als Hauptbösewicht des Films mit seiner Vision von »Kreuzzug« aufdringlich als Parallelfigur zu George W. Bush und damit zum frömmelnden Fundamentalisten stilisiert wird. Eine solch plakative Gestaltung veranlaßte westliche Kritiker, den Film als antiwestliche Propaganda auf dem Niveau undifferenzierter Klischees anzuprangern. Aber bei solchen Vorwürfen sollten sie der Fairness halber wenigstens hinzusetzen, daß umgekehrt westliche Actionfilme im Stil von Rambo und James Bond muslimische Bösewichter mit nahezu austauschbaren Versatzstücken darstellen.

Der Film wäre allerdings für uns im Westen nicht weiter interessant, wenn er sich nur auf diese thematische Ebene beschränkte. Es gilt noch zu klären, was mit der bereits zitierten »vollen Kanne islamischer Sauce« gemeint ist. Auf dieser zweiten Ebene – die auf die politische Grundhaltung des Ministerpräsidenten Erdoğan abzielt – wird die Filmhandlung differenzierter und geht wesentlich über das Niveau hinaus, das wir von entsprechenden »Rambo«-Filmen westlicher Machart kennen.

Der Hauptrepräsentant »islamischer« Ideologie ist im Film ein Derwischscheich, dessen Bruderschaft nicht mit Namen genannt wird. Brisant an dieser Gestalt ist von vornherein, daß Derwischbruderschaften ja in der Türkei bis heute strikt verboten sind, wogegen sie im Irak besonders auf die kurdische Bevölkerung nach wie vor starken Einfluß ausüben. Dieser Scheich erscheint in seinem Äußeren betont traditionell, er trägt Turban und Kaftan, sein Gesicht ist von einem langen grauen Bart umrahmt. Gerade er bildet im Film den religiös-politischen Wegweiser. Er ermuntert die Muslime, stark im Glauben und stark im Kampf gegen ausländische »Aggressoren« zu sein. Aber er verurteilt Selbstmordattentate als »unislamisch« und »unmenschlich«. Zum Beleg, daß der Film es ernst mit dieser Verurteilung meint, wird wenig später ein irakischer Selbstmordattentäter gezeigt, der an amerikanischen Soldaten seine ermordete Familie rächt. Die Explosion reißt auf dem belebten Markt nicht nur Amerikaner in den Tod, sondern auch zahlreiche unschuldige Kurden und Araber. Gnadenlos verharrt die Kamera auf den blutüberströmten Leichen vor allem von Frauen und Kindern mit der Absicht, beim Publikum Reaktionen des Abscheus hervorzurufen.

Der Derwischscheich gibt darüber hinaus auch Urteile ab, mit denen er sowohl in Gegensatz zur Geisteshaltung engstirniger orthodox gläubiger Muslime gerät als auch zum Denken verbohrter türkischer Nationalisten. Er sagt, die Muslime sollten endlich ihre Streitereien darüber beilegen, ob der sunnitische oder schiitische Glaube der richtige sei. Auch sollten die Türken, Araber und Kurden endlich aufhören, sich wegen ethnischer und politischer Gegensätze zu bekämpfen. Sie alle sollten sich vielmehr ihrer Gemeinsamkeit als Muslime bewußt sein, denn nur diese Einigkeit mache sie stark im Kampf gegen »ausländische Aggressoren«. Das Wort »Christen« wird in diesem Zusammenhang vermieden. Der Kampf soll nur gegen jene gehen, die im Stil christlicher Kreuzzüge muslimische Völker bekämpfen.

Aber das aufregendste Signal sendet der Derwischscheich, indem er von »Kurden« spricht, was jahrzehntelang in einem türkischen Spielfilm undenkbar war. Ja, er hebt Kurden als Muslime auf die gleiche Ebene mit Türken und Arabern. Der Film geht noch einen Schritt weiter. Plötzlich gibt einer der Haupthelden des Films zu erkennen, daß er selbst Kurde ist. Es ist einer der drei Geheimagenten, die im Feindesland heroisch für die »türkische Sache« kämpfen. Seine beiden Mitstreiter sind im ersten Moment fassungslos, weil er, wie sie sagen, doch »sehr sympathisch« sei. Im weiteren Verlauf des Films sind die Zuschauer gezwungen, einen Kurden als Sympathieträger zu empfinden. Er spricht zwar den ganzen Film über nur Türkisch – und erfüllt damit eine der wesentlichen Voraussetzungen türkisch nationaler Erwartung –, aber neu ist, daß sich dieser »Türke« ungeniert als »Kurde« bezeichnen kann. Hier durchbricht ausgerechnet ein Actionfilm mit ungeheurer Publikumswirkung das lang gehegte Tabu.

In solchen Szenen wird eine Parallele zu einer Vergangenheit hergestellt, in der es die schroffen ethnischen Abgrenzungen ebenfalls nicht gab: im Vielvölkerstaat des Osmanischen Reichs. Für türkische Nationalisten, denen es um ethnische »Reinheit des Türkentums« geht, bedeutet eine solche Parallele eine Provokation. So kann die herablassende Ablehnung, wie sie die türkische Massenzeitung *Milliyet* dem Film entgegenbrachte, aus einem neuen Blickwinkel heraus verstanden werden. Der Journalist dieser säkular orientierten Massenzeitung schreibt zwar relativ neutral von »Nationalismus«, aber sehr emotionsgeladen von »islamischer Sauce«. Am wenigsten können Journalisten wie er die »islamische« Tendenz akzeptieren, daß Muslime über die Schranken des türkischen Nationalismus hinaus zu einer religiös motivierten Einheit mit anderen muslimischen Völkern gelangen sollten.

Und doch bietet dieser Film, was das Kurden-Problem angeht, auch für Nationalisten – zumindest der gemäßigten Richtung – eine Lösung: Negativ charakterisiert bleiben alle Kurden, die einen eigenen Staat wünschen und für dieses Ziel auf die Hilfe der »imperialistischen Großmacht« USA bauen. Positiv dargestellt sind letztlich nur Kurden, die wie der Geheimagent sich zwar als Kurden bezeichnen, aber eben doch nur türkisch sprechen und sich im Dienst des türkischen Nationalismus engagieren.

Das Tal der Wölfe, nach den Prinzipien des Actionfilms handwerklich perfekt gemacht, greift viele brennende Gegenwartsfragen auf, die das türkische Publikum beschäftigen, und gerade das macht den überwältigenden Massenerfolg aus. Dem Erfolg tut es keinen Abbruch, daß im Film nationalistische und »islamische« Ideologien teilweise widersprüchlich nebeneinanderstehen und gedanklich nicht wirklich zu einer Synthese geführt werden. Im

Gegenteil: Gerade diese Vielfalt letztlich unvereinbarer Versatzstücke schafft für ein breites Publikum einen sehr unterschiedlichen Zugang, sich mit emotional aufgeladenen Geisteshaltungen zu identifizieren. Der Film ist damit ein beredter Ausdruck für die Erwartungshaltung eines breiten Publikums – in der von zahlreichen Widersprüchen geprägten Umbruchsituation der Türkei am Beginn des 21. Jahrhunderts.

Frauenrechte und Religion

Islamische Tradition und Reformen

Daß ich ausgerechnet in Wien 2007 einen exemplarischen Anschauungsunterricht bekommen würde, was ein konservativer Türke über Frauen denkt, überraschte mich.

Der Anlaß war eine Fahrt in einem Wiener Bus. Meine Frau und ich saßen direkt hinter dem Chauffeur, ohne zu ahnen, daß es ein Türke war. Wir stritten uns, ob wir bei unserer Hast in die richtige Buslinie eingestiegen seien, und nach einigen Minuten stellte sich heraus, daß ich zu Recht behauptet hatte, dies sei der falsche Bus. Der Chauffeur hatte unseren Wortwechsel aufmerksam verfolgt, denn bei der nächsten Haltestelle drehte er sich vor der Weiterfahrt nach uns um, sah meine Frau vorwurfsvoll an und sagte zu ihr mit hochgehobenem Zeigefinger: Die Frau solle auf den Mann hören, der Mann habe immer recht. Der feierliche Ernst, mit dem er diese Mahnung von sich gab, verblüffte uns. Er schien sichtlich irritiert, daß meine Frau mir so heftig wie auch ausdauernd widersprochen hatte, und übte nun Männer-Solidarität, indem er an meiner Stelle die doch so dringend notwendig erscheinende Zurechtweisung aussprach. Aus Neugier und auch um der Szene die Peinlichkeit zu nehmen, fragte ich ihn, aus welchem Land er komme. Der schnauzbärtige Mann antwortete, er sei Österreicher. – Aber in welchem Land er zuvor gelebt habe? – In der Türkei. Er wohne schon seit 15 Jahren in Wien.

Die eineinhalb Jahrzehnte in Österreich hatten also an seiner Einstellung gegenüber Frauen wenig geändert. Dies zeigt, wie nachhaltig solche Denkweisen über lange Zeit auch in fremden Kulturräumen wirken können. Aber wie repräsentativ sind derartige Äußerungen für die Türkei insgesamt?

Diese Frage stellt sich vor dem Hintergrund, daß es in der Republik Türkei immerhin zahlreiche Frauen mit bemerkenswerter beruflicher Karriere gibt. Eine Frau hat es gar bis an die Spitze der politischen Macht geschafft: Tansu Çiller. Die 1946 in Istanbul geborene Tochter aus reichem Haus hatte zunächst ein Wirtschaftsstudium in Istanbul, dann in den USA absolviert, wo sie promoviert wurde. Anschließend wirkte sie als Wirtschaftsprofessorin an der Bosporus-Universität von Istanbul, einer Elite-Universität, sowie als Beraterin bei der Weltbank, bevor sie in die Politik ging. Tansu Çiller war eine von den nur 8 Frauen unter 450 Abgeordneten im türkischen Parlament. Aber mit dem Sonderparteitag der konservativen Partei des Richtigen Weges wurde sie, die bisherige Ministerin für Wirtschaftspolitik, 1993 zur neuen Vorsitzenden und schließlich zur ersten Ministerpräsidentin der Republik Türkei gewählt.

Tansu Çiller übte dieses Amt von 1993 bis 1995 aus. Ihre politische Bilanz ist umstritten, denn der Vorwurf von Korruption lastete schwer auf ihr. Sie war jedoch fähig, es in einer von Männern dominierten Gesellschaft in die höchsten Etagen nicht nur des akademischen Lehrbetriebes und des Wirtschaftslebens, sondern auch der Politik zu schaffen. Frauenemanzipation ist also möglich in der Türkei, so signalisiert es dieser steile Aufstieg der Frau Çiller. Um so beeindruckender wirkt dies, weil Tansu Çiller einer konservativen Partei zuzurechnen ist, die sich für eine stärkere Geltung des Islam im öffentlichen Leben einsetzt. Frauenemanzipation wird damit auch im Umkreis konservativ islamischer Schichten bereits bis zu einem gewissen Grad toleriert.

Für die Türkei trifft zu, was in mehreren anderen Ländern der islamischen Welt, so in Ägypten, Syrien, Iran, Irak, Libanon und Tunesien, ebenfalls zu beobachten ist: Frauen sind zumindest in Lehramts- oder Arztberufen genauso häufig wie Männer vertreten. Im Bereich der Politik ist das jedoch anders: Von den 550 Abgeordneten im türkischen Parlament sind nur 50 Frauen; das entspricht 9,1 Prozent. Diese neuen Zahlen aus dem Jahr 2007 bedeuten zwar eine erhebliche Verbesserung gegenüber dem Jahr 1993, wo unter 450 Abgeordneten nur 8 Frauen vertreten waren,ja, es bedeutet auch eine beträchtliche Steigerung gegenüber der Legislaturperiode von 2002 bis 2007; dort waren es nur 25 Frauen. Aber der Anteil der Frauen im Parlament des EU-Kandidaten Türkei macht weiterhin lediglich einen Bruchteil des

EU-Durchschnitts aus. Die Kluft der Geschlechter auf lokaler Ebene ist noch deutlicher. So waren im Jahr 2007 unter den 3225 gewählten türkischen Bürgermeistern nur 18 Frauen zu finden – das sind 0,56 Prozent. Im EU-Raum liegt der Durchschnitt bei 20 Prozent. Rund 19 Prozent der türkischen Frauen können weder lesen noch schreiben. Im kurdischen Südosten, dem sozial am meisten vernachlässigten Gebiet der Türkei, ist schätzungsweise fast die Hälfte der Frauen analphabetisch.[117] Bei den türkischen Männern ist es erheblich besser: Nur 8 Prozent sind Analphabeten, so lautete bereits 1995 ein Bericht des Statistischen Jahrbuches der UNESCO.

Angesichts solcher Daten stellt sich für westliche Beobachter die Frage, ob denn die soziale Benachteiligung der Frauen deshalb so hartnäckig erhalten bleibt, weil durch einige Aussagen im Koran hierfür die Strukturen vorgegeben sind. Werfen wir kurz einen Blick auf die meist zitierten Suren.

Eindeutig heißt es in der 4. Sure *Al Nisa* (»Die Frauen«), Vers 34: »Die Männer sollen vor Frauen bevorzugt sein, weil Gott die einen vor den anderen mit Vorzügen begabte.« Und im selben Vers ist zu lesen, daß der Mann die Frau bei Ungehorsam in ihre Gemächer sperren und sie »züchtigen« darf. Wenn auch inzwischen einige Korangelehrte meinen, das arabische Wort *daraba*, »schlagen«, »züchtigen«, sei falsch interpretiert und müsse als »ermahnen« oder »scharf zurechtweisen« aufgefaßt werden, so bedeutet selbst diese Milderung ein einseitiges Herrschaftsverhältnis. Ohnehin verstehen zahlreiche Korangelehrte und mit ihnen viele Muslime die Anweisung im herkömmlichen Sinn. Daher hat sich die landläufige Tradition verfestigt, daß nicht wenige Frauen von ihren Männern in Berufung auf den Koran »bei Ungehorsam« geschlagen werden dürfen.

Die Unterordnung der Frau unter die Vorherrschaft des Mannes ist auch dadurch im Koran festgeschrieben, daß ein Mann als der traditionelle Ernährer der Familie Anspruch auf doppelt so viel Erbschaft hat wie die Frau (4. Sure, Vers 11). Auch darf ein Mann bis zu vier Frauen heiraten – umgekehrt die Frau nur einen Mann. Das Vorrecht des Mannes ist jedoch dadurch eingeschränkt, daß er verpflichtet ist, alle seine Gattinnen gleich gut zu behandeln, das heißt, ihnen auch materiell den gleichen Komfort zu bieten. Gelingt ihm dies nicht, muß er sich mit weniger Frauen, ja mit einer Frau zufrieden geben (4. Sure, Vers 4). Gleichheit zwischen Mann und Frau gibt es nur außerhalb der sozialen Zwänge: Beide Geschlechter haben bei richtigem Glauben und gutem Lebenswandel dieselbe Chance, ins Paradies zu gelangen (4. Sure, Vers 124; 16. Sure, Vers 97; 40. Sure, Vers 40).

Manche Gewohnheiten, die Frauen zu benachteiligen, haben sich allerdings erst Jahrzehnte oder Jahrhunderte nach Mohammeds Tod eingebürgert und sind weder auf »Gottes Offenbarung« im Koran noch auf mündlich überlieferte Aussagen des Propheten zurückzuführen, so etwa die Vorschrift, daß Frauen in der Moschee nur strikt abgesondert beten dürfen. So auch, daß Frauen im öffentlichen Leben möglichst nicht mitbestimmen sollen, sondern sich als Gattin und Mutter ausschließlich auf ein dienendes Leben zu konzentrieren haben. Einige Frauen Mohammeds entsprachen gerade nicht dieser einengenden Rolle. Allen voran gilt dies für seine erste Ehefrau Chadidscha, die als Geschäftsführerin eines Handelshauses in Mekka Karawanen bis nach Syrien zusammenstellte. Mohammed war in seinem Verhalten gegen Frauen fortschrittlicher als die spätere islamische Tradition. Ein Sozialrevolutionär war er trotzdem nicht. So befreite er die Frauen zwar aus der völligen Rechtlosigkeit, unter der sie in Arabiens vorislamischer Beduinengesellschaft zu leiden hatten, aber er gab ihnen nicht die Gleichheit vor dem Gesetz, sondern milderte nur bestimmte Mißstände ab.[118]

Kritisch denkende Muslime berufen sich in diesem Zusammenhang auf den »liberalen Propheten« und lehnen alle Traditionen ab, die nicht ausdrücklich durch Aussagen des Korans zu belegen sind. Sie bieten so zumindest einige Voraussetzungen, um die Frauen vom Druck »verfälschter« islamischer Tradition zu befreien. Sie stoßen allerdings auf den Widerstand strikt traditionsgeleiteter Muslime, die ausgerechnet solche späteren, für Frauen nachteiligen sozialen Entwicklungen unreflektiert auch noch als »von Gott gewollt« bezeichnen.

Für die Reformer im Geist Atatürks waren derartige Unterscheidungen jedoch unerheblich, ob spätere Traditionen durch den Koran gerechtfertigt sind oder eine »Verfälschung« bedeuten. Aus ihrer Sicht sind sozial-religiöse Gebote des Korans ohnehin keine »Offenbarung Gottes«, sondern nur Anweisungen aus arabischer Beduinentradition. Um so unbedenklicher können demnach solche Anweisungen im Namen des Fortschritts (der an den Standards der westlichen Zivilisation orientiert ist) beseitigt werden.

Die Republik Türkei hat schon früher als alle anderen islamisch geprägten Staaten politische Maßnahmen zur »Befreiung der Frau« aus »traditionellen Fesseln« ergriffen. Schon 1926 hatte Atatürk gegen die Scharia Gesetze zur Emanzipation der Frauen durchgesetzt, und 1934 führte er für Frauen das aktive und passive Wahlrecht ein. Damit wurde die Türkei zum ersten Land der islamischen Welt, in dem Mann und Frau in Teilbereichen rechtlich gleichgestellt wurden und Frauen überdies wählen durften. Ähnliche Reformen folgten in anderen Staaten erst 20 bis 40 Jahre später: 1956 setzte Gamal Abd an-Nasser in Ägypten das Frauenwahlrecht durch, wenngleich er zögerte, die Frau auch familienrechtlich dem Mann gleichzustellen. 1957 folgte im unabhängig gewordenen Tunesien Habib Bourguiba mit der entsprechenden Reform, 1963 Schah Mohammed Reza Pahlevi im Iran, Ende der sechziger Jahre die Baath-Sozialisten im Irak, 1971 der Baath-Sozialist Hafis al-Assad in Syrien. Schließlich war Anfang der achtziger Jahre in den meisten islamischen Staaten das Frauenwahlrecht üblich geworden, sogar in dem von Ajatollah Khomeini regierten Gottesstaat Iran. Eine Ausnahme bildeten nur Saudi-Arabien und das von den Taliban beherrschte Afghanistan.

Aber allen Staaten haftete der Ruf an, nur halbherzig die Frauen aus bisher einengenden Traditionen befreit zu haben. In welchem Maß gilt dies auch für die Türkei?

Die Gesetze, die Atatürk 1926 zur »Befreiung der Frauen« erließ, waren – an den Zeitumständen gemessen – im Kern sehr fortschrittlich. Damals wurde dem Mann die Erlaubnis entzogen, mehrere Frauen zu heiraten, und den Frauen wurde erstmals gestattet, sich auf eigenen Wunsch vom Gatten scheiden zu lassen (was bisher auf der Basis der Scharia nur dem Mann möglich war). Darüber hinaus wurde den Mädchen die Möglichkeit der höheren Schulbildung, also auch der Zugang zu Universitäten, eröffnet, ebenso der Einstieg ins Berufsleben. Aber die neuen Gesetze, die nach dem Vorbild des französischen *Code civil* ausgearbeitet waren, behielten andererseits viele traditionelle Elemente. So blieb der Mann »Oberhaupt der Familie«, und bei einer Scheidung konnte die Frau nur jenes Eigentum behalten, das unter ihrem Namen registriert war, und dies hieß häufig: fast nichts. Zwar wurde den Frauen 1934 das aktive und passive Wahlrecht eingeräumt, und damit hatte die rechtliche Gleichstellung von Mann und Frau offiziell ihren Abschluß gefunden. Aber es blieben weiterhin Gesetzeslücken, durch die viele Bestandteile des traditionellen Familienrechts und entsprechend die soziale Benachteiligung der Frauen weiterlebten.

Die noch immer mühsame Frauenemanzipation

Im November 2001, unter der Regierung des sozialdemokratischen Ministerpräsidenten Bülent Ecevit, wurde ein neues Zivilgesetzbuch verabschiedet, um bisherige Mängel des Familienrechts zu korrigieren. »Eine Revolution für Frauen«, titelte nun die türkische Tageszeitung *Hürriyet*, »Abschied von der Männerherrschaft«, die zweite große Tageszeitung *Milliyet*.[119]

Dies verrät, wie sehr in der Türkei zumindest von einer liberalen Bildungsschicht die Mängel der bisherigen Gesetzgebung registriert wurden. Das neue Gesetz räumte den Frauen erstmals das Recht ein, ohne Einwilligung des Ehemannes außerhalb des Hauses zu arbeiten. Damit wurde endgültig festgeschrieben, was ein Gericht den Frauen schon 1994 offiziell per Entscheid zugestanden hatte – was aber durch andere Bestimmungen einer konservativ geprägten Gesellschaft weiterhin blockiert wurde.

Nun hatten die Frauen sogar bei einer Scheidung das Anrecht auf eheliches Vermögen zu gleichen Teilen. Diese neue Regelung hilft den Frauen, sich aus einer unerträglich gewordenen Ehe zu lösen. Denn bisher ertrugen Frauen häusliche Gewalt oft nur deshalb, weil sie befürchteten zu verhungern, wenn sie den Ehemann verließen, so die Auskunft einer türkischen Selbsthilfegruppe für geschiedene Frauen.[120]

Das sind entscheidende Fortschritte, um die Türkei im Familienrecht schrittweise den Normen in Westeuropa anzupassen. Dabei sind in mancher Hinsicht auch schon die von Atatürk eingeleiteten Reformen nachhaltig: Kaum ein Türke würde heute mehr fordern, daß gemäß der Scharia die Zeugenaussage einer Frau vor Gericht nur halb so viel gilt wie die eines Mannes, auch nicht, daß eine Frau nur halb so viel erbt wie ein Mann. Aber solche Fortschritte dürfen nicht darüber hinwegtäuschen, daß viele andere Reformmaßnahmen – und hier gerade auch die Neuerungen des Jahres 2001 – nur eine Minderheit der gut ausgebildeten Bevölkerung in den modernen Ballungsräumen erreichen.

Hinzu kommt ein weiteres Problem. An der traditionellen Auffassung, daß die Frau ein sexuell übermächtiges Wesen darstellt und entsprechend streng durch Verbote kontrolliert werden muß, hat sich bis heute wenig geändert. Für diese Auffassung steht der arabische Ausdruck *fitna*. Seine Bedeutung reicht von »Versuchung«, »verführerische Schönheit« bis hin zu »Aufruhr«, »Aufstand«, »Unfrieden«, »Chaos«. Der Ausdruck findet sich entsprechend im Türkischen und lautet dort *fitne*.[121]

Wenn auch der Prophet Mohammed an den Frauen die sexuelle Anziehungskraft lobte und eine positive Einstellung zur Erotik zeigte, dürfen die Gläubigen doch nach seinen Anweisungen die sexuellen Freuden nur in der Ehe genießen. Um so mehr Kontrollmechanismen mußten eingerichtet werden, die dazu dienten, daß niemand außerhalb der Ehe »Körperfreuden« auslebte. Die Strafen für Geschlechtsverkehr vor der Ehe oder für eheliche Untreue waren oder sind in vielen Ländern der islamischen Welt ebenso streng und barbarisch, wie sie es im christlichen Europa bis ins Zeitalter der Aufklärung waren. Und wie einst im christlichen Abendland waren und sind auch im islamischen Kulturraum die Frauen ungleich härter von Strafen wegen sexueller Verfehlung bedroht, weil die Männer vor allem in den Frauen die Ursachen der »Verführung« sehen.

Offiziell sind in der Türkei derartige Strafen spätestens nach der Verabschiedung des neuen Familienrechts im Jahr 2001 völlig ungesetzlich. Aber die Realität sieht anders aus. Frauen werden noch immer geschlagen, eingesperrt – oder noch schlimmer:

hingerichtet – und dies oft nur auf den bloßen Verdacht hin, daß sie sich nicht an die archaischen Moralvorstellungen ihrer Großfamilie halten. Gerade weil die staatlichen Gerichte solche »Vergehen« der Frauen nicht ahnden, werden vielerorts die Familien aktiv und schaffen »Ordnung« nach ihren Vorstellungen.

Fünf Jahre nach Verabschiedung des neuen Familienrechts können wir eine Information der deutsch-türkischen Journalistin und Schriftstellerin Dilek Zapçıoğlu lesen, die am 10. Juli 2007 im deutschen Nachrichtenmagazin *Der Spiegel* veröffentlicht wurde:

> »Die Zahlen sind alarmierend: Laut jüngster Polizeistatistik wird in der Türkei alle drei Minuten eine Frau geschlagen oder mißhandelt. Die Zahl der weiblichen Opfer ist um 76 Prozent auf rund 73 000 gestiegen.[...] Die Untersuchung umfaßt den Zeitraum von 2005 und 2006. [...[Insgesamt registrierte die Polizei in den beiden Jahren mehr als 333 000 »mit Gewalt verbundene Straftaten« gegen Frauen.[...] Mit 5852 Fällen im Jahr 2006 hat sich die Zahl der Selbstmordversuche von Frauen und Mädchen im Vergleich zum Vorjahr ungefähr verdoppelt.«[122]

Worin besteht nun das Vergehen dieser Frauen, daß sie derartige Gewalt erleiden müssen? Oft sind es Frauen, die sich gegen die Zwangsehe mit einem Mann wehren und damit der unantastbaren Entscheidung des Familienrats widersprechen, oder solche, die ihren Ehemann verlassen, um mit einem anderen Mann zusammenzuleben. Oder es sind junge unverheiratete Mädchen, die mit einem jungen Mann flirten und damit »ihre Jungfräulichkeit gefährden«; oder Frauen, die von einem Mann vergewaltigt werden und als entehrt gelten, wenn der Vergewaltiger sie nicht heiratet. Hat die Frau Glück, kommt sie mit einer Tracht Prügel davon, aber häufiger ist, daß sie von ihrem Vater oder einem ihrer Brüder getötet wird, weil nur so die »Ehre der Familie« wiederhergestellt werden kann. In der Regel wird nicht den beteiligten Männern die Hauptschuld gegeben, sondern den Frauen, weil sie nicht sorgfältig genug ihre erotischen Reize verborgen haben. Daher verurteilten die Gerichte viele Jahrzehnte lang den Vergewaltiger oder den Mörder der Frau meist »verständnisvoll« zu einer nur geringfügigen Strafe.

Die noch immer häufige Tradition der Zwangsehe führt oft auch zu einer anderen tragischen Konsequenz: Junge Frauen begehen Selbstmord, um der Entscheidung des Familienrates oder der bei Verweigerung drohenden Tötung zu entkommen. Dies geschieht vor allem im Osten der Türkei, wo die autoritären Strukturen der Großfamilie viel starrer erhalten sind als in der Westtürkei. Die Großfamilie sieht oft keinen anderen Weg, selbst den Vergewaltiger als künftiges Mitglied ihrer Gemeinschaft zu akzeptieren, weil entjungferte Frauen sonst keinen Mann mehr finden.[123] Die Morde aus »verletzter Ehre« (auch »Ehrenmorde« genannt) werden allerdings mittlerweile von der Gesetzgebung keineswegs mehr so nachsichtig wie noch vor wenigen Jahren beurteilt. Da die Gesetze inzwischen voll und ganz den EU-Normen angepaßt wurden, gilt die »verletzte Ehre« des männlichen Familienmitglieds nicht mehr als strafmildernder Grund. Mord ist Mord, entscheiden die Richter, und es spielt keine Rolle, aus welchem Antrieb er begangen wurde. Die Täter haben seither mit hohen Gefängnisstrafen rechnen.[124]

Weshalb aber, so müssen wir angesichts der zügigen Modernisierung im Rechtswesen fragen, nimmt in der Türkei die Zahl dieser archaischen Morde trotzdem eher zu als ab? Hier kommen wir zu einem Problem, das nicht nur für die Türkei charakteristisch ist.

Gerade weil die Modernisierung voranschreitet, nimmt die Zahl der Gewaltverbrechen an Frauen zu. Denn die Information über veränderte Gesetze zugunsten der Frauen dringt inzwischen unaufhaltsam bis in die entferntesten Dörfer, ebenso zeigen Fernsehbilder das freiere Leben der Frauen in Großstädten der Westtürkei. Allein in Istanbul gibt es Zehntausende unverheiratet zusammenlebende Paare. Für die meisten Menschen aus der Provinz ist dieser »westliche Lebensstil« ein Skandal. Die Flut aufwühlender Informationen erschüttert in den Regionen des östlichen und südöstlichen Anatolien bisher weitgehend unreflektierte patriarchalische Traditionen. Ehrenmorde ereignen sich zwar zu mehr als 50 Prozent in modernen Ballungszentren westtürkischer Städte, aber oft in Familien, die arbeitsuchend aus dem Osten und Südosten Anatoliens zugewandert sind – und sich durch die freieren Lebensgewohnheiten in der Westtürkei um so stärker einem Kulturschock ausgesetzt fühlen. In ihrer Hilflosigkeit sehen diese noch in mittelalterlicher Tradition lebenden Muslime keinen anderen Ausweg, als die Herausforderung einer unverstandenen Moderne mit Gewalt abzuwehren. Hierbei kann auch ein verschärftes Strafmaß die Täter nicht von der »Wiederherstellung ihrer Ehre« abhalten.[125]

Höhere muslimische Geistliche grenzen sich mehr oder weniger scharf gegen solche Ehrenmorde ab und bezeichnen sie als »unislamisch«, weil sie nicht aus dem Koran abzuleiten sind. Aber das heißt noch nicht, daß alle Geistlichen Gewalt gegen Frauen kompromißlos ablehnen. Es ist in diesem Zusammenhang auf die Äußerung eines religiös-politisch sehr einflußreichen Beamten hinzuweisen, nämlich des Präsidenten der vom Staat installierten Religionsbehörde *Diyanet.* Nach einem Bericht der türkischen Tageszeitung *Hürriyet* sagte er im Januar 1995: Nach dem Koran seien Schläge gegenüber Frauen »kein Gebot« und würden deshalb nicht gebilligt. Andererseits dürften Frauen im Einklang mit dem Koran geschlagen werden, »wenn dadurch der Fortbestand der Familie gewährleistet« sei.[126]

Der Begriff »Fortbestand« ist frei interpretierbar. Das kann heißen: die Frau in eine Ehe zwingen, weil es den wirtschaftlichen Interessen der Großfamilie dient; die Frau strikt von allen Kontakten mit fremden Männern fernhalten, weil dies die »Ehre« der Familie rettet; die Frau in eigenen Willensäußerungen hemmen, weil nur so die »Harmonie« in der Familie erhalten werden kann. Daß bei entsprechenden Verstößen Schläge als angemessen erscheinen, eröffnet die Möglichkeiten hin zu immer mehr Gewalt: Von bloßer körperlicher Züchtigung hin zur familiär angeordneten Hinrichtung ist es ein fließender Übergang. Um so bedenklicher muß es stimmen, daß ein solches religiöses Gutachten nicht irgendein beliebiger Korangelehrter erstellte, sondern ausgerechnet der Präsident des Staatsamtes für Religionsangelegenheiten – also ein Gutachten mit höchster allgemeinverbindlicher Autorität.

Dann aber gibt es doch wieder Anzeichen, die einer konservativen Beharrung widersprechen. Dies gilt gerade auch für religiöse Würdenträger selbst. In ihren Reihen existiert seit wenigen Jahren eine Reformbewegung, die sich engagiert dafür einsetzt, daß Frauen in Moscheen predigen und religiösen Unterricht erteilen dürfen. Weibliche Imame predigen inzwischen in Moscheen sowohl in der Türkei selbst als auch in einigen vom türkischen Staat betreuten Moschee-Gemeinden Deutschlands. Eine solche Neuerung ist aus der Sicht traditionalistisch orientierter Muslime pure Ketzerei und gilt als »unislamisch«. Seit nahezu 1400 Jahren war das islamische Predigeramt ein unantastbares Privileg der Männer.

Allerdings sind schon seit mehr als einem Jahrzehnt in vielen Teilen der islamischen Welt heftige Diskussionen über diese strittige Frage zu beobachten. Sie erinnern in ihrem Kern an die Auseinandersetzungen, die in der katholischen Kirche darüber geführt werden, ob Frauen zum Priesteramt zugelassen werden sollen oder nicht. Aber religiöse Behörden des Islam können bei derart schwerwiegenden Entscheidungen beweglicher reagieren als die der katholischen Kirche, denn jede geistliche Führung der einzelnen muslimischen Staaten kann autonom Reformen einleiten. Weder der sunnitische noch der schiitische Islam kennen eine zentral übergeordnete Institution mit einem Imam an der Spitze, die etwa wie der Vatikan und der Papst für die eigene Religionsgemeinschaft weltweit richtungsweisende Reformen in Gang setzen oder blockieren könnte. Selbst die Al-Azhar-Universität in Kairo, die von westlichen Beobachtern gern als »Vatikan des Islam« bezeichnet wird, besitzt nicht eine derartige Macht; ihr Scheich als das geistliche Oberhaupt kann zwar religiöse Gutachten für die sunnitischen Muslime weltweit erstellen, aber sie gelten nur als Empfehlung und sind nicht bindend.

Es ist kein Zufall, daß die Türkei der erste Staat der islamischen Welt ist, in dem Frauen das Amt des Imam ausüben dürfen. Denn die dort von einem strikt säkularen und laizistischen Staat installierte (sunnitische) Religionsbehörde *Diyanet* ist in keiner Weise mehr durch die traditionelle Orientierung an Teilen der Scharia gehemmt. Es ist allerdings jene Religionsbehörde, deren Präsidenten ich mit einem bedenklichen Zitat über das Züchtigungsrecht gegen Frauen aus dem Jahr 1995 vorgestellt habe. Dieselbe Institution hat aber mit dem seit 2002 amtierenden Präsidenten Dr. Ali Bardakoğlu die entscheidenden neuen Akzente gesetzt. Bardakoğlu begründete im Juli 2004 seine Haltung, Frauen als Imame sowie als Stellvertreter der übergeordneten Müftis in Moscheen einzusetzen, mit folgenden Worten:

> «Die Botschaft der Religion unterscheidet niemals zwischen Geschlechtern und Klassen.«

Er bezog sich hierbei auf den Koran, der schon vor 1400 Jahren die »Gleichheit« der Geschlechter zum Ausdruck gebracht habe.[127] Allerdings ist diese Neuerung nicht ohne Einschränkung: Frauen sind als Imame hauptsächlich nur für Frauen-Gottesdienste zuständig, entsprechend auch ausschließlich für die religiöse und soziale Beratung von Frauen. Nur in seltenen Ausnahmen ist es weiblichen Imamen gestattet, einen Gottesdienst zu leiten, zu dem auch Männer kommen.[128] Zu groß ist noch immer der Widerstand vieler Männer gegen diese Neuerung.

Trotzdem ist es ein beachtlicher Schritt, um die Stellung der Frauen gerade in sozial-religiöser Hinsicht aufzuwerten. In der islamischen Welt ist bisher kaum eine ähnliche Entwicklung zu beobachten. Eine Ausnahme bildet Marokko, wo es der in Frankreich ausgebildete Sultan Mohammed VI. seit 2005 Frauen gestattet, sich an theologischen Instituten auf das Amt des Imam vorzubereiten (weswegen er gegen beträchtliche Widerstände vieler traditionalistisch orientierter Muslime anzukämpfen hat). Ein ähnlicher Umbruch ist auch in Ägypten sowie in etlichen islamischen Regionen Indiens zu registrieren. Aber damit endet schon die Reihe der Beispiele.

In der Türkei gab es zu Beginn des Jahres 2008 allerdings wieder sehr widersprüchliche Signale. Nachdem im Juli 2007 Ministerpräsident Erdoğan nach seinem überwältigenden Wahlsieg eine neue, moderne und liberale Verfassung versprochen hatte, waren Informationen über Teile des Entwurfs – auf die Situation der Frauen bezogen – in die Öffentlichkeit gesickert. Vertreterinnen von Frauenbewegungen protestierten sofort bei der Lektüre der entsprechenden Passagen. Der neue Artikel 9 definierte die Frauen als eine besonders schutzbedürftige Gruppe und rückte sie damit auf gleiche Ebene mit Kindern, Greisen und Behinderten. Dieser Artikel sollte an die Stelle einer Verfassungsänderung im Jahr 2004 treten, die erstmals in der Türkei die volle Gleichstellung von Mann und Frau garantierte. Erdoğan, der nach vielen ideologischen Auseinandersetzungen mit politischen Weggefährten seine Partei AKP als eine »Partei der Mitte« definierte, gab in der Frauen-Frage dann doch wieder dem islamisch konservativen Teil seiner Gefolgschaft nach.[129]

Für diese Männer, die ihre geistigen Wurzeln im politischen Islam haben, beschränkt sich der Aufgabenbereich der idealen Frau in erster Linie auf das Haus: Die ideale Frau ist eine gute Gattin und vor allem eine gute Mutter. Wenn auch Mitglieder der »islamisch« orientierten AKP in der Regel befürworten, daß ihre Töchter und Frauen studieren – und sie mit solchen Wünschen erstaunlich modern wirken –, so denken sie hier weniger an die geistige Selbstverwirklichung der Frau nach dem Vorbild einer westlichen Frauenemanzipation. Im Vordergrund steht für sie, daß gebildete Frauen eher in der Lage sind als ungebildete, ihren Kindern (und hier vor allem ihren Söhnen) eine gute Ausbildung zu ermöglichen.[130]

Der Frau wird hier im traditionellen Sinn gewährt, Hüterin des Hauses zu sein. Innerhalb des Hauses genießen Frauen – vor allem wenn sie älter sind (und Söhne geboren haben) – eine Autorität, die ihnen ein traditionsgeleiteter Muslim außerhalb des Hauses nicht zugesteht.

Wie »islamisch« ist die Unterdrückung der Frau?

Gerade in unserer unmittelbaren Gegenwart sind wir daran gewöhnt, unterdrückte Frauen vor allem im islamischen Kulturraum wahrzunehmen. Mehr noch: Nach landläufiger Meinung in Europa wie in Nordamerika scheint der Islam jene Religion zu sein, die schon aufgrund ihrer Aussagen durch den Koran und die Scharia die schlimmsten Voraussetzungen liefert, um Frauen zu beherrschen und sie von der Gleichberechtigung fernzuhalten.

Wie realitätsfern solche Urteile – oder besser gesagt: Vorurteile – sind, zeigt bereits ein Blick auf das vielzitierte Problem der Zwangsehe. Dieses tatsächlich weit verbreitete Phänomen ist keineswegs auf Muslime beschränkt. Laut einer in Wien 2007 in Auftrag gegebenen Studie über das soziale Verhalten von Zuwanderern aus fremden Kulturräumen werden in Österreichs Hauptstadt pro Jahr rund 35 Zwangsehen arrangiert (die Dunkelziffer könnte um etliches höher sein). Aber die Betroffenen sind eben nicht nur Muslime und bleiben erst recht nicht auf Türken beschränkt. Vielmehr finden sich Zwangsehen ebenso häufig bei zugewanderten Griechen, Christen also, wie auch bei Mazedoniern und Albanern (von denen viele ebenfalls Christen sind), darüber hinaus bei Indern und Tamilen.[131] Die hier genannten Christen gehören zwar durchweg zur Ostkirche, die nicht vom Geist der westeuropäischen Aufklärung berührt wurde, aber nahezu das gleiche Verhalten zeigen immer noch auch Christen der lateinischen Westkirche, etwa in Süditalien, besonders Sizilien, und in Teilen Spaniens.

Bei meiner ersten Reise quer durch Asien 1964 und 1965 konnte ich mich selbst davon überzeugen, daß viele hauptsächlich dem Islam angelastete frauenfeindliche Traditionen genauso ausgeprägt in völlig anderen Kulturräumen zu finden sind. Zuerst fielen mir im hinduistischen Indien verblüffende Gemeinsamkeiten mit islamischen Tabus auf. Unterwegs im Bus oder der Eisenbahn saßen Frauen stets strikt getrennt von den Männern. Und ich beging auch in Indien zunächst einmal den Fauxpas, einer Frau zur Begrüßung die Hand entgegenzustrecken, was die Betroffene mit schamhaft gesenktem Blick ignorierte. Und der nächste Fauxpas: Aus westlich verstandener Höflichkeit erkundigte ich mich bei einem Hindu nach dem Befinden seiner Frau; der Mann »überhörte« diese Frage mit peinlich zusammengepreßten Lippen. Ähnlich wie bei vielen Muslimen stieß ich auch bei vielen Hindus auf Unverständnis, als ich ihnen erklärte, in Europa wählten die meisten Söhne und Töchter ohne Vermittlung ihrer Eltern den Ehepartner selbst. – Auch die Töchter? – Auch die Töchter! Ein ratloseres Schweigen hätte ich auch bei traditionell orientierten Muslimen nicht ernten können.

Was traditionell denkende Hindus von individuellen Entfaltungsspielräumen der Frauen halten, zeigt sich besonders augenfällig im *Gesetzbuch des Manu*, einer der heiligsten Schriften der Hindus (aus dem 1. Jahrhundert vor unserer Zeitrechnung): Eine Frau dürfe niemals selbständig handeln, sie habe stets abhängig von einem Mann zu sein, zuerst als Tochter von ihrem Vater, dann als Gattin von ihrem Ehemann und schließlich als Witwe von ihren Söhnen.[132]

Im fernöstlichen, konfuzianisch geprägten Kulturraum wie auch bei den Buddhisten entdeckt man weitere verblüffende Parallelen. So heißt es in der Sippenordnung des Konfuzius (die im 12. Jahrhundert zu ihrer schärfsten frauenfeindlichen Form gefunden hat): Die Frau habe sich strikt an die »Drei Gehorsamkeiten« zu halten – als Tochter habe sie dem Vater, als Gattin dem Ehemann und als Witwe den Söhnen zu gehorchen.[133] Im Buddhismus ist die Geringschätzung der Frauen schon beim Begründer der Weltreligion zu finden. Buddha wehrte sich entschieden dagegen, daß Frauen im öffentlichen Leben eine bedeutsame Rolle einnehmen, weil Frauen in ihrem Wesen den Männern weit unterlegen seien.[134]

Keine heilige Überlieferung, ob nun bei den Hindus, Konfuzianern oder Buddhisten, billigt den Frauen autonome Entfaltung zu. Und um so leichter läßt sich dort bis heute in großen Teilen der Bevölkerung die Tradition aufrechterhalten, daß es den Frauen verwehrt bleibt, den Ehemann nach eigenem Gutdünken auszuwählen. Entsprechend wird ein eigenmächtiges Verhalten der Frauen mit strengen Strafen geahndet, während Männer größere Freiheiten genießen.[135]

Aber wie schon für den islamischen Kulturraum kann man auch für die anderen orientalischen Kulturräume feststellen, daß derart frauenfeindliche Traditionen ihren Ursprung nicht in den heiligen Schriften haben. Vielmehr bestanden patriarchalische Lebensformen schon lange vorher und wurden in den heiligen Schriften akzeptiert, wobei schlimme Auswüchse oft nur gemildert wurden. In späteren Jahrhunderten wurden solch gemilderte patriarchalische Hierarchien durch den Einfluß älterer – resistent gebliebener – Traditionen wieder verschärft.

Unser christlich-abendländischer Kulturraum war über viele Jahrhunderte durch ähnliche sozial-religiös geprägte Prinzipien strukturiert. Auch die Christen forderten mehrheitlich von ihren Frauen strikte Unterordnung. Sie konnten sich hierbei auf die Autorität des Apostels Paulus berufen, der im 5. Kapitel des Epheser-Briefes, Vers 22-24, folgende Ermahnung schrieb:

> »Ihr Frauen, ordnet euch euren Männern unter! Dadurch zeigt ihr, daß ihr euch dem Herrn unterordnet. Denn der Mann steht über der Frau, so wie Christus über der Gemeinde steht. [...] Wie nun die Gemeinde Christus unterordnet ist, so müssen sich auch die Frauen ihren Männern unterordnen.[136]

Und wenn es darum geht, Frauen die Erlaubnis zum Priesteramt abzusprechen, wie es besonders restriktiv noch immer durch die Leitung der katholischen Kirche geschieht, finden sich ebenfalls schon bei Paulus die passenden Worte: So ist im ersten Paulus-Brief an Timotheus, 2. Kapitel, Vers 11-14, zu lesen:

> »Einer Frau aber gestatte ich nicht, daß sie lehre, auch nicht, daß sie des Mannes Herr sei, sondern still sei.«

Oder im ersten Brief an die Korinther, 14. Kapitel, Vers 34:

> »Laßt eure Frauen schweigen in der Gemeinde.«

Heute sind sich allerdings Theologen und Kulturwissenschaftler nicht mehr einig, ob Sätze wie diese tatsächlich dem Apostel Paulus zugeschrieben werden können oder ob sie nicht erst ein bis zwei Jahrhunderte später in die Texte eingefügt wurden. Entscheidend ist aber, daß solche Sätze, durch die Autorität der Heiligen Schrift bekräftigt, in einer ohnehin patriarchalisch geprägten Gesellschaft eminent geschichtsmächtig wurden. Die Kirche jedenfalls hat während vieler Jahrhunderte solche Anweisungen propagiert und oft Bibeltexte ignoriert, in denen Jesus die Frauen keineswegs in derart strikte Hierarchien eingeordnet wissen wollte.

Vergleicht man die soziale Praxis im islamischen Orient und im christlichen Okzident, so kann man – was die Beziehung zwischen Mann und Frau betrifft – bis in die frühe Neuzeit im Kern keine gravierenden Unterschiede feststellen. Hier wie dort war für die Ehe nicht persönliche Zuneigung entscheidend, sondern der wirtschaftliche Nutzen; hier wie dort bestimmten die Eltern oder der Rat der Großfamilie über die Wahl des Ehepartners; hier wie dort durfte sich der Mann größere sexuelle Freiheiten herausnehmen als die Frau. Es gab zwar in der Ehe solcher Christen auch Zärtlichkeit und Liebe, aber sie brauchten nicht vorausgesetzt zu werden; es gab zwar auch selbstbewußte Frauen, die innerhalb einer männerbestimmten Welt eine bedeutsame Rolle zu spielen vermochten, aber sie waren die Ausnahme. Solche Ausnahmen gab und gibt es genauso im islamischen Kulturraum.

Erst im Zeitalter der Aufklärung und der industriellen Moderne bahnte sich für Frauen des Okzidents ein grundsätzlicher sozialer Wandel an, und es wurden jene Unterschiede zu »östlichen«, sogenannten orientalischen Hochkulturen geschaffen, wie wir sie heute kennen. Die Aufklärung selbst kann zwar mit ihrem Anspruch, gleiche Rechte für alle Menschen jenseits von Rasse, Volk und sozialem Stand zu verwirklichen, ihre christlichen Wurzeln nicht verleugnen (mehrere Aufklärer waren bekennende Christen). Aber derartige Ideale waren trotzdem nur gegen den Willen der Kirchen durchzusetzen, weil kirchliche Machthaber sich lange Zeit jeder Emanzipation widersetzten.

Erste Ansätze, die Gleichberechtigung der Frauen per Gesetz herzustellen, gehen in Europa auf die Französische Revolution von 1789 zurück. Aber weitergehende Maßnahmen folgten dann erst während des 20. Jahrhunderts. Seit 1908 dürfen in Deutschland erstmals Frauen an der Universität studieren (1889 war in Berlin das erste Mädchengymnasium gegründet worden). Das Wahlrecht für Frauen wurde in Deutschland und Österreich 1918 eingeführt. Die USA, die schon seit 1786 eine demokratische Verfassung mit bürgerlicher Freiheit besitzen, konnten sich erst 1920 zum Frauenwahlrecht durchringen. In der Republik Frankreich geschah dies erst 1944 – also ausgerechnet dort, wo die Französische Revolution die ersten weitreichenden Signale einer Modernisierung setzte. Frankreich hat also das Frauenwahlrecht sogar zehn Jahre später als die Türkei verabschiedet. Atatürk erließ schon 1934 ein entsprechendes Gesetz. Griechenland folgte erst 1952 und die Schweiz gar erst 1971.

Allerdings wirken in westlichen Industriestaaten die Reformen aufgrund völlig anderer politischer und sozialer Rahmenbedingungen viel nachhaltiger als bisher in islamisch geprägten Staaten.

Das Kopftuch in seiner religiös-politischen Dimension

Das Kopftuch muslimischer Frauen ist in der Türkei ein Streitthema, seit Atatürk dieses Kleidungsstück als Symbol eines rückständigen Islam abgelehnte. Frauen mit diesem traditionellen Stück Stoff gelten nach offiziellem Verständnis der Kemalisten als Personen, die sich noch nicht aus den vielen Unterdrückungsmechanismen gelöst haben, wie sie die islamische Tradition vorgab. Politiker aber, die sich in Opposition zu den Kemalisten für das Tragen des Kopftuches einsetzen, geraten in den Verdacht, die Unterdrückung der Frauen zu verteidigen und selbst davon zu profitieren.

Diese Auseinandersetzung dauert in der Türkei nun schon viele Jahrzehnte, ohne daß sie an Schärfe verloren hat. Denn die Zahl der Kopftuch tragenden Frauen hat keinesfalls abgenommen, sondern ist gestiegen, gerade auch in den größeren Städten der Westtürkei, wo die säkulare Revolution der Kemalisten sich viel stärker durchgesetzt hat als im östlichen Anatolien.

Wo liegen die Ursachen? Zu dem veränderten Erscheinungsbild in westtürkischen Städten haben vor allem zwei Gruppierungen von Frauen beigetragen: Zum einen Frauen aus notleidenden Dörfern, deren Familien seit den siebziger und achtziger Jahren massenweise in Großstädte abwanderten und dorthin viele ihrer traditionellen Sitten, entsprechend auch ihre ländliche Kleidung, mitbrachten. Ganze Stadtviertel, besonders aber Altstadtbezirke sowie Randzonen mit Elendsbehausungen, vermitteln auf diese Weise zunehmend den Charakter eines dörflichen Traditionalismus. Daneben aber gibt es eine stark wachsende Gruppierung von Frauen der klein- wie auch großstädtischen Mittelschicht, die das Kopftuch mit der demonstrativen Überzeugung trägt, daß dies die Religion vorschreibe und »Gott es will«. Diese neuere Entwicklung in den Städten ist im Zusammenhang mit der sogenannten Islamisierung zu verstehen.

Nach wie vor hat sich allerdings nichts daran geändert, daß Frauen mit Kopftuch und sonstiger traditioneller Kleidung zumindest in den modernen Stadtzentren eine Minderheit bilden. Aber selbst dort, wo Frauen oft mit Kopftuch auftreten, bleibt das Erscheinungsbild widersprüchlich. Genauer gesagt heißt das: Bei weitem nicht alle Merkmale passen in das bei uns im Westen weit verbreitete Klischee, daß es sich bei Frauen mit Kopftuch durchweg um scheue, unterwürfige und unterdrückte Geschöpfe handelt.

Einen ersten irritierenden Eindruck bekommen viele westliche Beobachter, wenn sie Frauen mit Kopftuch einträchtig neben Frauen mit offenem Haar gehen sehen, die einen mit langen Mänteln bekleidet, die anderen mit offenen Blusen und kurzen Röken oder engen Jeans. Solche Frauen gehen teilweise miteinander in fröhlichem Gespräch oder gar Arm in Arm, anscheinend miteinander befreundet. Das widerlegt die bei uns weit verbreitete Annahme, daß das Kopftuch als religiöses Symbol die türkische Bevölkerung in zwei unversöhnliche Gruppierungen mit völlig unterschiedlichem Verhaltenskodex spaltet.

Ich sprach in Köln mit einem türkischen Imam, der das Tragen eines Kopftuches als religiöse Pflicht der Frauen betrachtet. Aber im Verlauf des Gesprächs gestand er, daß sich nicht einmal in seiner eigenen Verwandtschaft alle Frauen an diese »religiöse Pflicht« hielten. Seine Schwester habe noch nie ein Kopftuch getragen. – Und wie verkrafte er eine derartige Weigerung? – Gott überlasse dem Menschen die Entscheidung, es gebe keinen Zwang im Glauben. Er lächelte etwas verlegen, als er hinzufügte: Außerdem sei sie seine Schwester, er liebe seine Schwester. Dann sagte er nach einer weiteren kurzen verlegenen Pause: Sicherlich gelange seine Schwester noch zur Einsicht.

Das sind versöhnliche Töne. Andererseits dürfen wir das Konfliktpotential nicht unterschätzen, das eben doch zwischen einzelnen Gruppierungen besteht. In Behörden und im Parlament ist den Frauen das Kopftuch ebenso verboten wie in Schulen und Universitäten. Verstöße gegen das Verbot können zur Entlassung aus dem öffentlichen Amt sowie zu einem Ausschluß von der Schule oder der Universität führen. Erdoğan gelang es zwar im Februar 2008, das Kopftuchverbot zumindest an den Universitäten aufgrund der politischen Stärke seiner Partei aufzuheben. Aber das Verfassungsgericht annullierte im Juni das Gesetz, was zeigt, daß das Kopftuch als religiös-politisches Symbol weiterhin Anlaß zu heftigen Auseinandersetzungen bietet.

Ist das Kopftuch ein religiös vorgeschriebenes Kleidungsstück – oder nur eine altertümliche Tradition, die sich ohne tiefere Konflikte mit den Weisungen des Korans beseitigen ließe?

Eine solche Frage berührt ein heikles Problem, das bis heute in allen islamischen Gesellschaften – und hier eben auch in der Türkei – einerseits eine religiöse, andererseits auch eine politische Dimension hat. Denn mit dem Kopftuch, und im weiteren Sinn mit der Verhüllung, verbinden sich zahlreiche Regeln, die die Rolle der Frauen im sozialen Leben einengen. Was steht im Koran?

Nirgends im Koran ist eindeutig vorgeschrieben, daß Frauen ihr Haar mit einem Kopftuch bedecken müßten, erst recht nicht, daß sie die untere Gesichtshälfte oder gar das ganze Gesicht zu verhüllen hätten. In den Koran-Suren 24,31 und 33,59 finden sich lediglich die sehr vage gehaltenen Anweisungen, die Frau müsse in der Öffentlichkeit ihren Körper so weit bedecken, daß ihr Anblick fremde Männer sexuell nicht aufreize. Über die Details der Bedeckung streiten sich die Korangelehrten bis heute. Und so bleibt es gerade in der Türkei nicht aus, daß eine Reihe Theologen das Kopftuch keinesfalls als ein religiös zwingend vorgeschriebenes Kleidungsstück propagiert. Entsprechend finden sich in der Türkei zur Genüge Frauen, die sich als »gläubige Muslima« bezeichnen, aber kein Kopftuch tragen.

Es gibt in der Türkei allerdings verschiedene Formen der Verhüllung für Frauen, und entsprechend unterschiedlich ist auch die Geisteshaltung. Am häufigsten bestimmt das Bild der Öffentlichkeit nach wie vor das traditionelle Kopftuch, das vorn oder im Nacken mit einem Knoten zusammengebunden wird. Es wird bevorzugt von Bäuerinnen und Frauen in anatolischen Kleinstädten sowie großstädtischen Slumsiedlungen getragen, wo bäuerliche Zuwanderer wohnen. Deren Widerstand gegen »Verwestlichung« ist meist unreflektiert. Sie alle halten an altgewohnter Tradition fest, weil es angeblich »immer so war«, ohne daß sie das Problembewußtsein besäßen, über politische Instrumentalisierung von Traditionen nachzudenken.

Anders bei der städtischen Mittelschicht: Dort handelt es sich um einen mehr oder weniger reflektierten Widerstand, der sich aus der Befürchtung nährt, daß eine »radikale Verwestlichung« die islamische Kultur in ihrer Substanz bedroht. Bei solchen Frauen hat sich während der letzten 20 bis 30 Jahre eine andere Form des Kopftuches durchgesetzt: der sogenannte *Türban*. Dieses Tuch wird, einem Turban ähnlich, um den ganzen Kopf gewickelt, so daß außer dem Haar auch der Hals und Kinn bedeckt wird und das Gesicht nur nach vorn offen bleibt.

Solche Frauen der städtischen Mittelschicht verfügen in immer größerem Ausmaß über Bildung, ja drängen zum Studieren an die Universität. Aber es handelt sich hier teilweise um Frauen, deren Mütter kein Kopftuch tragen. Nicht wenige Töchter gehen also in bewußtem Protest zum sogenannten *Türban* über. Hierzu paßt, daß während der letzten 30 bis 40 Jahre die Zahl der sogenannten Imam-Hatip-Schulen sprunghaft gestiegen ist. In diesen Schulen ist – im Gegensatz zu staatlichen Schulen – das Kopftuch nicht nur ausdrücklich erlaubt, sondern sogar gewünscht.

Wie traditionell, wie unterwürfig sind solche Frauen?

Sie unterscheiden sich sowohl von den Bäuerinnen, die sich unreflektiert allen vorgegebenen sozialen Einschränkungen unterwerfen, als auch von strikt säkular orientierten Studentinnen. *Türban*-Frauen demonstrieren einerseits mit ihrem Willen zu höherer Schulbildung und beruflicher Karriere, daß sie gegen lähmende Traditionen ankämpfen – andererseits aber, daß sie keineswegs dem Vorbild westlicher Frauenemanzipation nacheifern wollen. Solche bildungswillige Frauen aus den religiös geprägten Imam-Hatip-Schulen setzen sich zwar mehr oder weniger kritisch mit der Überlieferung des Korans auseinander und betonen meist, daß Gott die Frauen den Männern menschlich als gleichwertig ansehe. Sie stellen aber andererseits die im Koran propagierten sozialen Vorrechte des Mannes nicht in Frage.

Diese Frauen betrachten die Verdrängung der religiös konservativen Lebensform aus der Öffentlichkeit als »Diktatur« einer schmalen »verwestlichten« Elite. Gegen den kollektiven Druck säkularer Reformer erheben sie die Forderung nach islamischer Individualität. Es soll den Frauen überlassen bleiben, ob sie das Kopftuch tragen wollen oder nicht – die individuelle Wahlmöglichkeit bedeutet »Demokratie«, das Verbot »Diktatur«. Es kommt damit eine paradoxe Verkehrung jener Fronten zustande, wie wir sie zu sehen gewohnt sind: »Verwestlichung« ist bei uns eher mit »Demokratisierung« verbunden, »Islamisierung« mit »kollektivem Druck«.

Die Streitfrage, ob eine muslimische Frau das Kopftuch als Ausdruck eines »wahrhaft muslimischen« Glaubens tragen soll oder nicht, wurde politisch brisant seit den Wahlerfolgen der Parteien mit »islamisch« orientierter Ideologie. Die Ehefrau des Ministerpräsidenten Erdoğan ist in der Öffentlichkeit stets mit dem *Türban* zu sehen, ebenso die Ehefrau des Außenministers und späteren Staatspräsidenten Abdullah Gül. Eine derartig offensive Demonstration ist neu in der Geschichte der als säkular und laizistisch definierten Republik Türkei. Und zugespitzt hat sich die Situation, als die Regierung Erdoğan sich vehement dafür einsetzte, daß das von Atatürk 1926 erlassenen Kopftuchverbot an Schulen und Universitäten sowie im Parlament aufgehoben wird, um endlich konsequent jeder Muslima gemäß ihrem religiösen Gewissen völlige Freiheit zu gewähren. Soll mit derartigem »islamischen« Engagement die türkische Frau wieder stärker in traditionelle Zwänge eingebunden werden?

Aufschlußreich ist hier die Haltung des Ministerpräsidenten Erdoğan. Seine beiden Töchter werden nicht von Bildung ferngehalten. Sie haben an Imam-Hatip-Schulen ihr Abitur gemacht und besuchen die Universität – allerdings nicht in der Türkei, weil dort in staatlichen Ausbildungsstätten der *Türban* verboten bleibt, sondern in den USA.[137]

Die Zahl der *Türban*-Frauen hat sprunghaft zugenommen, seit Erdoğans AKP 2002 ihren eindrucksvollen Wahlsieg errang. Nach aktuellen Untersuchungen hat sich die Zahl der *Türban*-Frauen seit 2003 mehr als vervierfacht und lag 2007 bei 11 Prozent. Inzwischen gilt der *Türban* als eine Demonstration der neuen türkischen Mittelschicht, die vom Wirtschaftsaufschwung ebenso profitiert wie von ihrer Nähe zur regierenden Partei AKP. Insgesamt ist während der letzten vier Jahre in der Türkei die Zahl der Frauen, die den Kopf mit einem Tuch bedecken, von 65 auf 70 Prozent gestiegen.[138]

Kritiker aus den Reihen der Kemalisten sehen gerade in der Demonstration des *Türban* ein weiteres augenfälliges Indiz, daß die AKP die türkische Gesellschaft immer weiter von den Prinzipien eines modernen Staatswesens wegführen will. Daß jedoch diese »islamische« Partei vielschichtiger ist, als es ihre Gegner wahrhaben wollen, zeigte sich in den folgenden Jahren.

Am Scheideweg

Laizistische und »islamische« Parteien im Machtkampf

Im Juli 2003 beschloß das türkische Parlament ein Gesetz, das einen Wendepunkt in der Geschichte der Republik Türkei bedeutete. Die Macht des Nationalen Sicherheitsrats – und damit auch die Macht der militärischen Führung – wurde beschnitten. Künftig sollte es für die Generäle keine verfassungsrechtliche Grundlage mehr geben, um als »Hüter der Verfassung« einen Ministerpräsidenten zum Rücktritt zu zwingen oder gar durch einen Putsch zu stürzen.

Bemerkenswert war an dieser Entscheidung, daß sie nicht nur von der »islamischen« AKP getragen wurde, die das Militär am ehesten zu fürchten hatte – sondern auch von der Republikanischen Volkspartei, die sich der kemalistischen Führungselite des Militärs besonders verbunden fühlte. Weshalb eine derartige Geschlossenheit über alle politischen Gegensätze hinweg? Der Druck der EU hatte zu dieser einschneidenden Neuerung beigetragen. Die europäischen Staaten würden keinem Land den Beitritt zur EU ermöglichen, in dem das Militär die Regierung bevormundet. Auf den ersten Blick überraschte aber auch, daß die Generäle selbst die Entscheidung des Parlaments akzeptierten. Sie beugten sich ebenfalls dem Druck, weil sie genauso an einer engen Verbindung mit dem industriell hochentwickelten Westeuropa interessiert waren. Doch wie ehrlich war ihre Zustimmung?

Viele westliche wie auch türkische Beobachter waren von Anfang an skeptisch, und sie konnten sich vier Jahre später bestätigt fühlen. Im April 2007 trat die militärische Führung erneut an die Öffentlichkeit, um sich als »Hüter der Verfassung« in das politische Geschehen einzumischen.

Den Anlaß lieferte die Wahl des nächsten Staatspräsidenten. Die 17jährige Amtszeit von Ahmet Necdet Sezer endete im Mai 2007. Sezer, der ehemalige Vorsitzende des Verfassungsgerichts, war ein entschiedener Kemalist und daher ein strikter Gegner aller islamisch orientierten Parteien. Immer wieder hatte er mit seinem Veto Gesetzesvorlagen von Erdoğans AKP blockiert. Im April 2007 bot sich nun aber für die AKP die Chance, mit ihrer satten Mehrheit im Parlament spätestens beim zweiten Wahlgang einen Kandidaten ihrer eigenen Partei durchzubringen. Erdoğan überlegte anfangs, ob er selbst kandidieren solle, aber wegen des erwarteten Widerstandes der Kemalisten ließ er seinen Außenminister Abdullah Gül antreten. Gül verfehlte zwar beim ersten Wahlgang am 27. April, wie erwartet, die erforderliche Zweidrittelmehrheit, aber spätestens beim dritten Wahlgang, bei dem die einfache Stimmenmehrheit genügte, wäre ihm der Sieg sicher gewesen. Damit würde dieselbe Partei sowohl den Ministerpräsidenten als auch den Staatspräsidenten stellen – und weil dieser Machtzuwachs ausschließlich einer islamisch orientierten Partei zugute kam, hätten die Kemalisten erheblich an politischem Einfluß verloren.

Um diese Entwicklung doch noch aufzuhalten, meldete sich die militärische Führung zu Wort. In der Nacht vom 27. auf den 28. April stellte der Generalstab eine ungewöhnlich scharf formulierte Botschaft ins Internet: Die Armee könne nur einen Staatspräsidenten akzeptieren, der sich nicht nur nach außen hin »mit Worten«, sondern auch »mit seiner Persönlichkeit« dem Laizismus verbunden fühle. Niemand solle vergessen, daß die Armee »entschiedene Verteidigerin des Laizismus« sei.[139] Der Generalstab vermied natürlich in seiner Botschaft das Wort »Putsch«, aber eine derart eindeutige Drohung war nicht nötig, um in der Öffentlichkeit entsprechend verstanden zu werden und stürmische Reaktionen auszulösen.

Während der folgenden Tage formierten sich in Ankara vor dem Mausoleum Atatürks sowie in den Straßen Istanbuls und anderer großer türkischer Städte Demonstrationen mit mehreren hunderttausend Menschen und einem Meer wogender roter Nationalflaggen. Die Demonstranten skandierten: «Wir sind die Soldaten Atatürks«, »Die Türkei ist laizistisch und wird es bleiben«. Ihre Redner begrüßten unter dem tosenden Beifall der Versammelten die indirekte Putschdrohung des Militärs. Denn allein das Militär, so argumentierten sie, könne die Islamisierung der Türkei verhindern. Sobald ein Mitglied der AKP Staatspräsident sei, lasse diese Partei ihre demokratische Maske fallen und zeige ihr wahres Gesicht, sie werde ihre erweiterte Machtfülle nutzen, um die laizistische Struktur des Staates aufzulösen. Die Redner waren vorwiegend Vertreter der Republikanischen Volkspartei. Organisiert waren diese Kundgebungen von einem »Verein zur Pflege des Gedankenguts Atatürks«, der hauptsächlich von ehemaligen Offizieren geführt wird.

Zu einer weiteren Zuspitzung in dieser emotional aufgeheizten Atmosphäre kam es, als das Verfassungsgericht Anfang Mai den ersten Wahldurchgang nach dem relativen Sieg des Kandidaten Gül für ungültig erklärte mit der fadenscheinigen Begründung, es hätten bei der Abstimmung mindestens zwei Drittel der Abgeordneten anwesend sein müssen. Das widersprach jedoch der bisherigen Norm, denn demnach hätte in der Vergangenheit kein einziger Staatspräsident gewählt werden können. Die juristische Haltbarkeit des Urteilsspruchs zweifelten nicht nur die Anhänger der AKP an, sondern ebenso zahlreiche liberale Intellektuelle in der Türkei und ohnehin Rechtsexperten in Westeuropa. Der Verdacht war zwingend, daß dieses juristisch unseriöse Urteil nur auf Druck des Militärs zustande gekommen war.

Mitte Mai veröffentlichten rund 500 türkische Intellektuelle eine Erklärung gegen die Putschdrohung des Militärs.

> »Wir glauben nicht«, hieß es dort, »daß die laizistische Republik durch Memoranden des Militärs gestärkt wird, sondern nur durch mehr Demokratie.«

Diese Kritiker des Militärs wandten sich gegen die vielfach verbreitete Propaganda, daß von der »islamischen« AKP eine »Gefahr für die Demokratie« ausgehe, und betonten dagegen, die größte Gefahr komme vom Militär, das versuche, verschiedene religiöse, ethnische und soziale Gruppierungen von der politischen Integration fernzuhalten.[140]

Um einen Ausweg aus der politisch verfahrenen Situation zu finden, kamen die zerstrittenen Parteien zu der Lösung, die für den November 2007 vorgeschriebenen Parlamentswahlen auf den

22. Juli 2007 vorzuverlegen. Der Nationale Sicherheitsrat stimmte diesem Vorschlag zu. Laizistische wie islamische Gruppierungen hofften gleichermaßen, daß die Wahl die politischen Gewichte zu ihren Gunsten verlagern würde.

Die Monate bis zur vorgezogenen Parlamentswahl waren durch den erbitterten ideologischen Grabenkampf von 14 rivalisierenden Parteien geprägt. Aber dominierend waren auf der einen Seite die CHP, Atatürks Republikanische Volkspartei, sowie die rechtsradikale, ultranationale MHP (berüchtigt durch ihre »Grauen Wölfe«) – und auf der anderen Seite Erdoğans AKP. Es waren jene drei Parteien, denen die Meinungsumfragen angesichts der hohen Zehn-Prozent-Hürde allein den sicheren Einzug ins Parlament voraussagten.

Die CHP fokussierte ihren Wahlkampf nun vollends auf die untergründige Angst vieler säkular und laizistisch orientierter Türken: Letztlich strebten die konservativ islamischen Politiker eine Diktatur nach dem ideologischen Muster des Mullah-Regimes im Iran oder den Vorstellungen arabischer Fundamentalisten an. Man solle sich nicht täuschen lassen durch die Behauptungen der »Religiösen«, sie wollten »islamische Sitten«, etwa das Tragen des Kopftuches in Universitäten oder die Aufwertung religiöser Gymnasien ausschließlich auf demokratischem Weg erreichen. Die AKP würde sich nur solange nominell zur strikten Trennung von Religion und Staat bekennen, wie ihr die Macht fehle, die Forderung nach einem islamisch strukturierten Staat mit Gewalt durchzusetzen. Man brauche zur Kontrolle dieser »rückwärts gewandten Frommen« einen überzeugten Laizisten als Staatspräsidenten. Allein die CHP sei ein Garant dafür, daß es bei dem bisherigen demokratischen Gleichgewicht – und damit einer streng laizistischen Staatsordnung – bleibe.

Die CHP warf den »Islamisten« der AKP außerdem vor, nicht im nationalen Sinn Atatürks die Interessen des türkischen Volkes zu vertreten. Das hieß: nicht »türkisch« genug zu sein. Erdoğan gebe viel zu sehr dem Druck der EU nach, indem er etwa den Kurden schrittweise kulturelle Autonomie zubillige und diesen damit helfe, sich als eigene Volksgruppe zu verstehen und sich vom »Türkentum« abzuspalten. Die AKP sei nicht die geeignete

Partei, die mit der EU hart genug verhandeln könne, um »Identität, Werte und Ehre der Türkei« zu wahren.

Solche Parolen machten deutlich, daß die CHP sich in ihrer Programmatik gewandelt hatte. Atatürks Partei, die sich in den siebziger und achtziger Jahren unter der Führung von Bülent Ecevit vorrangig als »sozialdemokratisch« definiert und einen Beitritt zur EU ohne Einschränkung bejaht hatte, war seit Mitte der neunziger Jahre unter der Führung von Deniz Baykal zu einem radikal nationalistischen Kurs zurückgekehrt. Und gerade weil dieser verschärfte Nationalismus auf Kritik der EU stieß, war es für die neue Parteiführung die logische Konsequenz, auf Distanz zum » Diktat der EU« zu gehen.

Ähnlich, wenn auch im Ton schärfer, agierte die MHP, Partei der Nationalistischen Bewegung, die, von Alparslan Türkeş gegründet, die extremste Form des türkischen Nationalismus vertritt. Ihre Wahlkampfredner warnten einerseits vor einer schleichenden Entwicklung zu einer »islamischen Diktatur« und andererseits vor einem Ausverkauf nationaler Interessen an die EU, sollte die AKP an der Regierung bleiben. Erdoğan sei im Kampf gegen »untürkische« Gruppierungen zu lasch, es gelte sowohl gegenüber Kurden als auch Griechen und Armeniern eine entschieden härtere Haltung zu vertreten, um die Identität des »Türkentums« zu wahren. Da die EU den türkischen Staat zu einer derart nachgiebigen Politik im Umgang mit »Separatisten« dränge, sei ein Beitritt zur EU strikt abzulehnen.

Beide Parteien, die CHP wie die MHP, gaben zu erkennen, daß sie zu einer Regierungskoalition bereit seien – was den Wählern bei der Ähnlichkeit der Parolen plausibel erschien. Beide Parteien waren sich nicht nur einig in ihrem Unbehagen an dem völkerrechtlichen »Diktat« der EU, sondern auch in der Bereitschaft, dem Militär das Recht zuzugestehen, bei einer »Gefährdung der nationalen Sicherheit« in die Politik einzugreifen. Was weniger verschlüsselt bedeutete: im äußersten Notfall eben doch einen Militärputsch gegen eine »unzuverlässige« Regierung zu billigen.

Die AKP antwortete auf die säkular-nationalistische Wahlkampfrhetorik der CHP und MHP, sie selbst halte strikt an der Trennung von Religion und Politik fest. Aber sie trete für »mehr

Demokratie« ein, was die »privaten« Bedürfnisse religiöser Menschen betreffe. So solle es zukünftig durch eine demokratische Mehrheitsentscheidung im Parlament möglich sein, Frauen in den Universitäten das Tragen des Kopftuchs zu erlauben. Es könne nicht weiterhin so sein, daß eine »Minderheit« (angespielt wurde hier auf die Wahlniederlage der kemalistischen CHP), einer »Mehrheit« (den Wahlsiegern der islamisch orientierten AKP im Jahr 2002) bis in Einzelheiten die Form ihrer religiösen Praxis vorschreibe.

Zum eigentlichen Wahlkampfthema wurde für die AKP allerdings nicht der ideologische Streit zwischen »Religiösen« und »Laizisten«, sondern schlichtweg der Erfolg in der Wirtschaftspolitik. Auf diesem Sektor hoffte die AKP jene Vielzahl von Wählern anzusprechen, denen es in erster Linie um die ökonomische Zukunft des Landes, um das eigene wirtschaftliche Wohlergehen oder gar das bloße soziale Überleben ging. Gerade mit Wirtschaftsthemen konnte die AKP weit über ihre traditionelle Wählerschicht hinaus säkular orientierte Türken beeindrucken. Wenn es auch der Regierung Erdoğan bisher nicht gelingen konnte, die große soziale Kluft zwischen den ökonomisch aufstrebenden Ballungsräumen und dem arm gebliebenen Hinterland zu mildern – und hier unterschied sich Erdoğans Bilanz nicht von der seiner Vorgänger –, so war doch in der anatolischen Provinz eine neue kaufkräftige Mittelschicht entstanden. In den letzten fünf Jahren hatte sich dadurch das Pro-Kopf-Einkommen der Türkei nahezu verdoppelt, und das jährliche Wachstum bewegte sich bei rund 7 Prozent.

Erdoğan achtete darauf, daß für die AKP einerseits Muslime mit strikt religiösem Hintergrund kandidierten und damit weiterhin den traditionell konservativen Wählerblock ansprachen – andererseits aber Muslime, die als Unternehmer oder als Investmentbanker teilweise im Ausland Karriere gemacht hatten und ein weiteres Wirtschaftswachstum garantieren sollten. Mit dieser Doppelgleisigkeit hatte Erdoğan bereits 2002 den Wahlsieg errungen und hoffte den Erfolg jetzt noch auszuweiten.

Eine Außenseiterposition zwischen diesen beiden ideologischen Blöcken »nationalistisch-laizistischer« und »islamisch-säkularer« Ideologien nahm die Partei der Demokratischen Gesellschaft (DTP) ein. Ihre Kandidaten waren ausschließlich Kurden – entsprechend vertrat sie, die im Südosten Anatoliens ihr größtes Wählerpotential besaß, vehement die Interessen der ethnischen Minderheit. Von der Ideologie her war sie strikt laizistisch orientiert wie die CHP und definierte sich ebenfalls als »sozialdemokratisch«. Aber sie stand in schroffem Gegensatz zur CHP wegen deren anti-kurdischer Politik. Deutlich grenzte sich die DTP auch gegen die AKP ab, weil sie eine eindeutige Interessenvertretung für die ethnische Minderheit eigentlich nur von einer »rein kurdischen« Partei für möglich hielt.

Chancen für einen Einzug ins Parlament schienen dieser Kurden-Partei allerdings von vornherein verwehrt, weil sie an der Zehn-Prozent-Hürde scheitern würde. Diese für europäische Verhältnisse ungewöhnlich hohe Hürde war 1982 in der Verfassung auf Druck des Militärs vor allem deshalb verankert worden, um den Einzug kurdischer Parteien ins Parlament auf Dauer zu verhindern. Trotzdem konnte sich die kurdische DTP Chancen auf politische Einflußnahme nach den Wahlen am 22. Juli ausrechnen. Denn sie benutzte einen Trick, um die Zehn-Prozent-Hürde zu umgehen. Sie stellte zahlreiche unabhängige Kandidaten auf, die, wenn sie in ihrem Wahlkreis die absolute Mehrheit errangen, einen Sitz im Parlament erhielten. Und falls es der DTP gelingen konnte, sogar 20 solcher unabhängiger Kandidaten zum Sieg zu verhelfen, so war es den »Unabhängigen« per Verfassung erlaubt, im Parlament eine Fraktion zu bilden. Meinungsumfragen sagten eine solche Möglichkeit voraus, und so würde erstmals in der Geschichte der Republik Türkei eine kurdische Partei eine Fraktion stellen, die bei Abstimmungen im Parlament mitwirken konnte. Auch diese Perspektive war ein Grund, dem Ereignis der vorgezogenen Parlamentswahl mit Spannung entgegenzusehen.

Säkulare Sympathisanten der »islamischen« AKP

Die Parlamentswahl am 22. Juli 2007 gewann die AKP mit fast 47 Prozent der Stimmen und konnte damit ihr triumphales Ergebnis des Jahres 2002 noch um nahezu 12 Prozent steigern. In absoluten Zahlen wählten diese Partei nun 6 Millionen Türken mehr als fünf Jahre zuvor.

Die CHP aber hatte mit 20 Prozent der Wählerstimmen nur wieder jenes magere Ergebnis erreicht, das sie schon 2002 als schmerzliche Niederlage gegen die »rückständig Religiösen« empfunden hatte. Dagegen konnte die rechtsradikale MHP von der wachsenden Radikalität des Nationalismus profitieren und mit rund 14 Prozent Wählerstimmen die Rückkehr ins Parlament schaffen. Bedenklich an diesem Erfolg war, daß die MHP in ihrer Mandatsstärke nahe an die CHP herangerückt war. Diese beiden Parteien mit ihrer stark nationalistischen Tendenz bildeten damit die einzige Opposition gegen die AKP, denn alle anderen Parteien waren an der Zehn-Prozent-Hürde gescheitert.

Der eigentliche Verlierer dieses Wahlkampfes war das Militär. Zu groß war die Zahl derer, die mit ihrem Votum für die AKP den Anspruch der militärischen Führung zurückwiesen, weiterhin in die Politik einzugreifen und einer islamisch orientierten Partei mit Putsch zu drohen. Wie ließ sich ein solches Ergebnis bewerten? War etwa nahezu die Hälfte aller türkischen Wähler zu »Islamisten«, zu radikalen Muslimen mit dem Wunsch nach einer »Scharia-Diktatur« geworden? Die Propaganda der laizistisch-nationalistischen Gegner hatte mit exakt solchen Schlagworten die Sympathisanten der AKP einem Generalverdacht ausgesetzt.

Schon die in der internationalen Presse veröffentlichten Fotos von jubelnden Frauen zum Wahlsieg der AKP widerlegten die gezielte Panikmache, daß nun ein entscheidender weiterer Schritt zur »Islamisierung« der Türkei bevorstehe. Viele Fotos zeigten zwar Frauen mit Kopftuch und vermittelten den Eindruck, es handle sich hier ausschließlich um Sympathisanten aus ländlichen Gebieten oder einer konservativ-islamisch geprägten Mittelschicht anatolischer Städte. Oft aber waren sogar auf denselben Bildern auch Frauen ohne Kopftuch zu sehen, dem äußeren Erscheinungsbild nach eher einer urbanen, säkular und laizistisch orientierten Mittelschicht zuzurechnen. Solche Fotos vermitteln einen ersten Eindruck von einer Umschichtung im Wählerverhalten, wie sie so deutlich in den Prognosen nicht vorhergesagt war.

Im Juli 2007 war es der AKP noch erheblich besser als fünf Jahre zuvor gelungen, auch für Protestwähler aus der strikt säkular orientierten Bildungsschicht attraktiv zu werden. Jetzt erst habe es eine historisch zutiefst folgenreiche Verschiebung im Wahlverhalten gegeben, so lautete der übereinstimmende Kommentar türkischer Intellektueller, die selbst überwiegend säkular denken. Liberale und sogar Linke der städtischen Mittelschicht hatten erstmals in größerer Zahl der AKP ihre Stimmen gegeben, obwohl sie ideologisch deren »islamischen« Zielen fernstehen. Den Ausschlag für diesen Wandel gab die Frustration über den starren Nationalismus besonders der CHP, Atatürks Republikanischer Volkspartei, denn sie hatte sich im Wahlkampf ideologisch beträchtlich der rechtsradikalen MHP angenähert. Hinzu kam, daß beide Parteien gleichermaßen einen Militärputsch befürworteten. Einer der führenden Intellektuellen, der Historiker Murat Belge, der als Graue Eminenz der Liberalen in der Türkei gilt, kommentierte stellvertretend für viele andere: Ihn beunruhigten nicht etwa die 47 Prozent Stimmen für die konservativ-islamische AKP, sondern vielmehr die 36 Prozent, welche die CHP und die MHP zusammen erhalten hätten.[141] Aus solchen Worten sprach die Enttäuschung eines säkular orientierten Intellektuellen, der selbst zwar weiterhin der AKP mißtraute, aber von ihr trotzdem noch eher Reformschritte hin zu »mehr Demokratie« erwartete als von der alteingesessenen kemalistischen Elite mit ihrer engen Bindung an ein putschbereites Militär.

Eine Überraschung im Wahlverhalten lieferten auch die Kurden. Im Südosten der Türkei, ihrem Hauptsiedlungsgebiet, konnte die AKP ihren Stimmenanteil gegenüber dem November 2002 mehr als verdoppeln. Mit 53 Prozent der Wählerstimmen feierte sie dort ihren landesweit größten Triumph. Das ist ein verblüffendes Resultat, hatte sich doch für die Kurden eine Alternative mit einer eigenen kurdischen Partei geboten: der sozialdemokratisch orientierten Partei der demokratischen Gesellschaft (DTP), die vorrangig die Interessen der ethnischen Minderheiten vertritt. Der DTP gelang es zwar, 22 unabhängige Kandidaten ins Parlament zu bringen und damit eine Fraktion zu bilden, aber dieser Erfolg blieb dadurch beeinträchtigt, daß die AKP die kurdische

Interessenpartei DTP in der Wählergunst der Kurden weit überrundet hatte. Wie das?

Erdoğan war der erste Ministerpräsident der Türkei, der – gegen den Widerstand der kemalistischen CHP sowie der ultranationalen MHP – zumindest einige Reformen zugunsten einer kulturellen Autonomie der Kurden durchsetzte. Und er versicherte als erster ranghoher Politiker ausdrücklich, daß ein türkischer Staatsbürger Kurde bleiben könne, ohne sich ausschließlich Türke nennen zu müssen. Diese Grundsatzerklärung war für viele Kurden ein Signal, in der AKP einen neuen Hoffnungsträger auch ihrer Interessen zu sehen. Und da Erdoğans Regierungspartei einige wirtschaftliche Sanierungsprogramme in den meist bettelarmen kurdischen Regionen eingeleitet hatte, erschien die AKP vielen der dort lebenden Wähler verlockender als die kurdische Interessenpartei DTP, der es an solchen Möglichkeiten aus Mangel an Macht und Geld fehlte.

Eine weitere Überraschung im Wahlverhalten lieferten die Aleviten. Diese religiöse Minderheit einer schiitischen Gruppierung, die unter orthodoxen Sunniten oft genug als »unislamisch« beschimpft wird, hatte bisher überwiegend für die CHP oder eine andere geistig verwandte laizistisch orientierte Partei gestimmt. Denn die Aleviten glaubten sich von den »Laizisten« eher beschützt als von den »Religiösen«. Aber diesmal hatten sogar fünf Aleviten als Abgeordnete auf den Wählerlisten der AKP kandidiert, was bisher unvorstellbar war. Dabei weigerte sich Erdoğan doch lange Zeit, die Aleviten als Gesprächspartner auf religiöser Ebene zu akzeptieren.[142] Aber unvergessen ist für Aleviten auch, daß die CHP im Bündnis mit dem Militär sowie der konservativen Mutterlandspartei dazu beitrug, Aleviten seit 1982 zur Teilnahme am sunnitischen Religionsunterricht zu zwingen.[143] Die Kehrtwende bei den Wahlen vom 22. Juli 2007 ist, daß die Aleviten trotz ihrer Vorbehalte gegen die AKP dieser Partei den Vorzug gaben, weil sie jetzt von ihr am ehesten eine Verbesserung ihrer Situation erwarteten.

Eine Überraschung im Wahlverhalten lieferten aber auch die Christen. Über viele Jahre hatten türkische Staatsbürger mit christlichem Bekenntnis, ob nun armenisch oder griechisch-orthodox, ebenfalls vorwiegend die CHP gewählt, weil sie nur dieser betont säkular und laizistisch orientierten Partei zutrauten, die Religionsfreiheit christlicher Minderheiten gegenüber »radikalen Islamisten« aufrechtzuerhalten. Aber je mehr nationalistische Scharfmacher in den Reihen der CHP die Stimmung gegen die Armenier und Griechen anheizten, weil diese Staatsbürger von ihrer innersten Überzeugung her eigentlich »keine Türken« seien, sondern eher mit dem »türkenfeindlichen« Ausland sympathisierten – desto mehr rückten die Christen in der Türkei von der CHP ab. Aufschlußreich ist die Analyse des Armeniers Etyen Mahçupyan, Chefredakteur der armenischen Wochenzeitung *Agos* in Istanbul und Nachfolger von Hrant Dink. Den Mord an seinem Vorgänger im Januar 2007 lastete Mahçupyan nicht »fanatischen Muslimen« an, sondern »fanatischen Nationalisten«, und er folgerte: Es gebe zwar türkische Nationalisten, die sich demonstrativ zum Islam bekennen, aber gefährlich seien sie nicht wegen ihres Glaubens, sondern wegen ihres Nationalismus. Auf die Parlamentswahl am 22. Juli angesprochen, antwortete er:

> »Ganz ehrlich, wir Christen ziehen es vor, eher unter einer konservativ-muslimischen Regierung zu leben als unter einer national-säkularen Regierung.«

Der armenische Christ Etyen Mahçupyan hat schon zweimal die AKP gewählt. Auch der Sprecher der griechisch-orthodoxen Minderheit, Pater Dositheos, begründete seine Vorliebe für die AKP ähnlich, indem er sich auf die Morde an Christen im Frühjahr 2007 bezog:

> »Die Mörder der christlichen Missionare sind Nationalisten, die den Islam benutzen, aber auf jeden Fall aus dem nationalistischen Spektrum stammen.«[144]

Viele türkische Christen loben an der AKP, daß sie die christlichen Minderheiten zumindest im Rahmen der vom Koran vorgeschriebenen Toleranz respektiert und sie weniger an der Ausübung ihrer Religion hindert als die CHP.

Ob nun säkular gesinnte Städter oder Kurden, Aleviten oder Christen – bei allen Gruppierungen zeigte sich eine Gemeinsamkeit im Wahlverhalten: Sie standen für ein wachsendes Mißtrauen gegenüber den herkömmlichen laizistisch-nationalistischen Parteien sowie dem Militär mit seiner unverändert angemaßten Rolle als »Wächter der laizistischen Staatsordnung«. So viel Mißtrauen gab es bisher nicht. Es eröffnete der AKP weitere Möglichkeiten, ihre Macht auszubauen.

Der neue Staatspräsident – Ein Verfassungsfeind?

Der 28. August 2007 bedeutet eine zusätzliche historische Zäsur in der Geschichte der Republik Türkei. An diesem Tag wurde Abdullah Gül, der Außenminister aus den Reihen der AKP, nach dem dritten Wahlgang vom Parlament in das Amt des Staatspräsidenten gewählt.

Es war zwar von vornherein zu erwarten, daß Gül in den ersten beiden Wahlgängen die erforderliche Mehrheit verfehlte, aber im dritten Wahlgang genügte die absolute Mehrheit der AKP-Abgeordneten. Überraschende Hilfe bekam Gül außerdem von der ultra-nationalistischen MHP. Obwohl diese Partei einen erbitterten Wahlkampf gegen die AKP geführt hatte, kündete ihr Führer Devlet Bahçeli an, die 71 Abgeordneten der MHP wollten, um die Staatskrise nicht unnötig zu verlängern, bei der Wahl im Parlament anwesend sein und sich der Stimme enthalten. Dasselbe verkündeten die 22 Abgeordneten der Kurden-Partei DTP. Damit war die vorgeschriebene Teilnehmerzahl von 367 Parlamentsmitgliedern garantiert. Allein die CHP beharrte auf ihrem bisherigen Boykott, aber sie hatte mit ihren 112 Abgeordneten keine Chance, durch ihre Abwesenheit Güls Wahl zu verhindern.

Die AKP hatte nun doch noch ihr Ziel erreicht, das höchste Amt im Staat mit einem profilierten Politiker aus den eigenen Reihen zu besetzen. Das hatte erhebliche Konsequenzen. Weil nun diese »islamische« Partei sowohl den Ministerpräsidenten als auch den Staatspräsidenten stellte, entfiel die bisherige Kontrollfunktion durch einen strikt kemalistischen Politiker. Was also konnte unter diesen veränderten Rahmenbedingungen weiterhin vom ideologischen Erbe Atatürks bleiben?

Abdullah Gül, einst ein Parteigänger des politischen Islam unter Erbakan, beteuerte, daß er ein »Präsident für alle Türken« sein wolle und sich penibel an die vorgegebenen Prinzipien des Laizismus halten werde. Aber er machte genauso unmißverständlich klar, daß er sich auch für Gläubige einsetzen werde, damit sie ohne Einschränkung ihre religiösen Traditionen leben könnten. Damit spielte er auf das Kopftuch-Verbot in staatlichen Institutionen an, das im Wahlkampf polemisch zu einer existentiellen Entscheidungsfrage zwischen »Laizismus« und »Islamismus« hochgespielt worden war. Staatspräsident Gül würde kein Veto einlegen, wenn die AKP mit ihrer großen Mehrheit im Parlament das Kopftuchverbot an Universitäten aufheben sollte. Aus der Sicht entschiedener Kemalisten bedeutete gerade dies einen Tabubruch: Sie sahen damit den Laizismus in seinen Grundfesten erschüttert. Aber unbeeindruckt von diesbezüglichen Protesten deutete Gül in seiner Einstandsrede an, daß er auch Frauen mit Kopftuch zu Gesprächen in seinem Amtssitz empfangen werde. Gül konnte es wagen, derart unverblümt zu sprechen, denn er stützte sich auf eine Meinungsumfrage, daß es nur rund 20 Prozent der Türken stört, wenn die Gattin des neuen Staatspräsidenten den von den Laizisten geächteten *Türban* trägt.[145]

Ein Problem allerdings beschäftigte viele Türken sowie die Weltöffentlichkeit unmittelbar vor der Wahl Güls zum Staatspräsidenten: Wie würde sich die militärische Führung nun verhalten? Diesmal drohte das Militär nicht mit Putsch. Zu tief saß der Schock über die Wahlniederlage jener Parteien, die sich offen für eine politische Einmischung des Militärs oder gar einen Putsch ausgesprochen hatten. Allerdings hatte der Generalstab wenige Stunden vor der Wahl Güls zum Staatspräsidenten noch einmal die frühere Warnung verlauten lassen: Die Streitkräfte seien weiterhin entschlossen, die Demokratie und die Trennung von Staat und Religion zu verteidigen. Denn die »Zentren des Bösen« würden nach wie vor versuchen, die Grundfesten der laizistischen Republik zu zersetzen.[146] Bei solch formelhaften, schon sattsam bekannten Erklärungen blieb es dann aber.

»Haltet endlich den Mund!« Diese Erklärung kam von Ali Bayramoğlu, einem prominenten säkularen Intellektuellen, und richtete sich gegen Verlautbarungen von Generälen, die versteckt eben doch auf der politischen Mitsprache des Militärs, ja auf politischem Eingreifen beharrten.[147] Daß ein prominenter Intellektueller wie er, der entschieden für einen säkularen Staat eintritt, sich nun genauso entschieden gegen die Ansprüche des Militärs wandte, wurde von der kemalistischen Elite als Alarmsignal verstanden. Die bisherige Achse zwischen Atatürks Republikanischer Volkspartei und dem Generalstab war weder bei säkular gesinnten Intellektuellen noch in breiten Bevölkerungsschichten weiterhin populär.

Stockender Reformprozeß

Drei Monate nach der Parlamentswahl vom 22. Juli 2007 diskutierte ich mit einem türkischen Lehrer im Raum Mannheim-Ludwigshafen über die aktuelle Situation. Interessant war hierbei, wie der liberale Muslim die beiden stärksten Parteien der Türkei einschätzte.

Er, ein Angehöriger der kemalistisch orientierten Bildungsschicht in Istanbul, war vor rund acht Jahren als Student nach Deutschland gekommen und hier geblieben, weil er sich mit der politischen Situation seines Heimatlandes immer weniger identifizieren konnte. In seiner Jugend habe er die CHP gewählt, aber seit einigen Jahren tue er sich schwer, die Politik dieser Partei zu akzeptieren. Er habe volles Verständnis dafür, daß sich die Mehrheit der Türken jetzt für die AKP entschieden habe. Dabei sei das Prinzip des laizistischen Staates, wie es die Kemalisten propagierten, absolut richtig. Aber wie konsequent halte denn die CHP selbst an diesem Prinzip fest? Sie habe doch eine staatlich gelenkte Religionsbehörde geschaffen, die den Muslimen bis in Einzelheiten vorschreibe, wie sie den Islam zu leben hätten. – Ob er von der AKP die Lösung solcher Probleme erwarte? – Man müsse wachsam sein, in welche Richtung sich diese Partei bei ihrer jetzigen Machtfülle entwickle. Es könne sehr wohl sein, daß sie ihr Versprechen »mehr Demokratie« vergesse, sobald sich die Chance biete, ihre Vorstellung vom Islam mit Gewalt durchzusetzen.

Der biographische Hintergrund des türkischen Lehrers ist angesichts solcher Erklärungen aufschlußreich. Er erzählte, in seinem Elternhaus spiele Religion keine große Rolle, sein Vater wie seine Mutter gingen kaum einmal in die Moschee, höchstens zu seltenen Anlässen. Auch trügen weder seine Mutter noch seine Großmutter ein Kopftuch, sie hielten dies für eine Sache von ungebildeten, rückständigen Leuten. – Ob seine Eltern den Fastenmonat Ramadan einhielten? – Nein. – Und er? – Ja, er halte sich an die Fastengebote, antwortete er zu meiner Überraschung. – In Deutschland? – Ja, auch in Deutschland, das mache keinen Unterschied.

Seine türkische Frau, die neben ihm saß, bestätigte dies. Sie stammt aus einer religiös orientierten Bildungsschicht und sie erklärte, das Fasten sei religiöse Pflicht. Sie trug kein Kopftuch. Daher fragte ich sie, ob sie das Tragen des Kopftuchs nicht auch für eine religiöse Pflicht halte? Sie antwortete: Nirgends im Koran finde sich eine eindeutige Vorschrift. Weshalb also solle man von einer religiösen Pflicht sprechen? Jede Frau solle nach eigenem Gutdünken entscheiden. Ein Verbot des Kopftuchs, wie es die Kemalisten an Schulen und im Parlament strikt aufrechterhielten, sei falsch. Überhaupt sei Zwang in politischen wie religiösen Fragen ein Problem. Viel zu viele Gesetze würden in der Türkei nur mit Zwang durchgesetzt. In dieser Hinsicht seien bisher alle Parteien gleich.

Hier äußern sich zwei türkische Staatsbürger, die den Laizismus der Kemalisten für unabdingbar halten. Aber sie sind religiös und wählen inzwischen eine »islamische« Partei, die sie allerdings auch mißtrauisch beobachten. Wie lassen sich derartige Äußerungen in die uns vertraute Frontstellung von »säkular« und »islamisch« einfügen?

Zu diesem Gespräch paßt, was die Deutschtürkin Lale Akgün, SPD-Abgeordnete des deutschen Bundestags und Islam-Beauftragte, über die gegenwärtige Situation in der Türkei sagt:

»Eine Schwarz-Weiß-Einteilung der türkischen Gesellschaft in zwei Lager – Scharia versus Demokratie – ist verfehlt. Diese Blockbildung ist vielmehr [...] ein Totschlagargument der Träger der Staatsideologie, die um ihre Macht fürchten. Nicht der Laizismus ist in Gefahr, sondern das 85-jährige Machtmonopol der [...] kemalistischen Eliten. Ein letztes Aufbäumen, glaube ich. Pluralisierung und Demokratisierung sind so weit vorangekommen, daß sich die Türkinnen und Türken nicht mehr das Denken verbieten lassen.«[148]

Zu den Paradoxien der letzten Jahrzehnte gehört es, daß ausgerechnet islamisch orientierte Politiker mit deutlicher Kritik an den Positionen der Kemalisten heute ideologisch beweglicher und pragmatischer sind als die betont säkularen Nationalisten. Nicht die CHP plädiert inzwischen für erweiterte demokratische Befugnisse und eine Machtbeschränkung des Militärs, sondern die AKP. Nicht die CHP ist heute die entschiedenste treibende Kraft für einen Beitritt zur EU, sondern wiederum die AKP. Die »islamische« Partei hat in den ersten sechs Jahren ihrer Regierung keineswegs gegen die Prinzipien des Laizismus verstoßen. Vielmehr hat sie 2007 in ihren Wahlversprechen einen demokratischen Pluralismus nicht nur für religiöse, sondern auch für ethnische Gruppierungen wie die Kurden in Aussicht gestellt. Und damit erscheint sie plötzlich »westlicher« als die von Atatürk gegründete Partei. Immer deutlicher kristallisiert sich heraus, daß die Ideologie eines säkularen Nationalismus – die doch aus Europa importiert wurde – weniger in die »europäische Wertegemeinschaft« zu integrieren ist als eine reformbereite und pragmatisch bewegliche »islamische« Bewegung. Denn ein Nationalismus, der sich zur Ideologie eines intoleranten Türkentums fanatisiert hat und jede ethnische Vielfalt brutal unterdrückt, weist eine fatale Verwandtschaft zu jenem faschistischen Typ von Nationalismus auf, den wir in Westeuropa vor einem halben Jahrhundert überwunden haben.

Eine offene Frage bleibt allerdings, inwieweit die mit absoluter Mehrheit regierende AKP ihren propagierten »Weg nach Europa« konsequent fortsetzt. Mißtrauen gegenüber dieser Partei äußern nicht nur viele ihrer politischen Gegner in der Türkei, sondern teilweise auch jene, die die AKP aus Mangel an einer überzeugenden Alternative gewählt haben. Diese Partei hat zwar in ihrer ersten Legislaturperiode von 2002 bis 2007 mehr als jede andere türkische Partei zuvor dringend nötige Reformen eingeleitet, um den Beitritt zur EU zu ermöglichen. Aber das erste Jahr nach dem Wahlsieg 2007 ließ sie jeden weiteren Schwung vermissen.

Die Beseitigung des berüchtigten Paragraphen 301 mit seiner »Herabwürdigung des Türkentums« ist eine Grundvoraussetzung für eine weitere Demokratisierung der Türkei. Aber konkrete Schritte ließen monatelang auf sich warten. Häufig wurden immer noch Gerichtsurteile wie jenes gefällt, das Ende Januar 2008 gegen den türkischen Professor für Politologie, Attila Yayla, an der Universität Ankara erging: 15 Monate Haft auf Bewährung. Das Vergehen war, daß er in einer Rede die Regierungszeit Atatürks als »in gewisser Hinsicht rückschrittlich« bezeichnete und außerdem sagte, die zahlreichen Statuen und Portraits des Staatsgründers wirkten auf Europa »befremdlich«.[149] Ähnliche Urteile drohten weiterhin genauso Personen, die sich kritisch über den türkischen Islam sowie betont negativ über die Regierung Erdoğan äußern. Nicht zufällig gibt es auch in der AKP Gruppierungen, die sich einer Reform des Paragraphen 301 widersetzen. Die Zahl der unter diesem Gesetz verfolgten Personen hat sich 2006 verdoppelt. Dies ist Ende 2007 im Bericht der EU-Kommission zu lesen, der damit der Regierung Erdoğan ein schlechtes Zeugnis ausstellt.[150] Als dann Ende April 2008 schließlich eine Reform des Paragraphen 301 beschlossen wurde, erwies sich diese Änderung als nur sehr halbherzig.

In der Neufassung des Gesetzes war zwar nicht mehr von der »Herabwürdigung des Türkentums« die Rede, aber doch von der »Herabwürdigung der türkischen Nation«. Wie bisher dürfen der Staat, das Parlament, die Regierung, das Justizwesen, die Sicherheitskräfte und das Militär nicht »verächtlich gemacht« werden. Was im Klartext heißt: Betont kritische Kommentare zu politischen Fehlentwicklungen wurden weiterhin kriminalisiert. Daran änderte auch nichts die Tatsache, daß die Höchststrafe von drei auf zwei Jahre Gefängnis gemildert wurde. Auch bedeutete es keinen grundsätzlichen Wandel, daß nun zur Einleitung eines Untersuchungsverfahrens eine besondere Erlaubnis des Justizministeriums eingeholt werden mußte, um die Willkür von einzelnen Amtspersonen zu verhindern.

Erdoğan versuchte hier einerseits der Europäischen Union guten Willen zu signalisieren und wollte andererseits die strikt nationalistisch gesinnten Anhänger der MHP und der CHP sowie das Militär nicht allzusehr provozieren. Das Ergebnis war, daß seine Regierung sowohl von den Westeuropäern als auch von der nationalistischen Opposition Kritik erntete: Den einen ging die Reform nicht weit genug, den anderen erschien sie bereits als ein »Verrat an der Identität der Türkei«.

Erdoğan zögerte auch, die Kurden bei ihrem Wunsch nach kultureller Autonomie weiter tatkräftig zu unterstützen. Daher hat Emine Ayna, eine der beiden Führungskräfte der kurdischen Partei DTP, sechs Monate nach der Wahl im Dezember 2007 ihre Enttäuschung geäußert: Die Ideologie des türkischen Staates sei sich bis zum heutigen Tag gleich geblieben, man müsse ethnisch Türke sein, um einen Rechtsstatus zu haben. Alle bisherigen Reformen der AKP seien äußere Kosmetik gewesen, hätten aber nicht wirklich die Situation der Kurden und anderer ethnischer Minderheiten verbessert.[151]

Unbeirrbar verfolgte die Regierung Erdoğan dagegen die Absicht, für Frauen die Freigabe des Kopftuchs an Universitäten durchzusetzen. Am 9. Februar 2008 stimmten im türkischen Parlament 411 der 550 Abgeordneten der Gesetzesvorlage der AKP zu. Eine derart überwältigende Mehrheit kam zustande, weil auch die oppositionelle MHP das Gesetz akzeptierte, schließlich hat diese radikal-nationalistische Partei unter ihren Anhängern ebenfalls religiös konservative Muslime, für die es ein solches Wahlversprechen einzulösen gilt. Staatspräsident Abdullah Gül unterzeichnete – im Gegensatz zu seinem Vorgänger Ahmet Sezer – das Gesetz, und damit war die Blockade, die seit 1982 bestand, aufgehoben. Schwierigkeiten gab es dann aber, den Parlamentsbeschluß in die Praxis umzusetzen. Nur 18 von den insgesamt 115 türkischen Universitäten gestatteten in den folgenden Monaten, daß Frauen mit Kopftuch die Hörsäle betraten. Die für die Weigerung verantwortlichen Rektoren waren nahezu alle noch durch den strikt kemalistischen Staatspräsidenten Sezer ernannt worden, entsprechend streng sind sie selbst an den Grundsätzen Atatürks orientiert. Der von Staatspräsident Gül neu eingesetzte

Leiter des Rates für Hochschulbildung drohte den Rektoren mit strafrechtlichen Konsequenzen, aber die Gemaßregelten antworteten darauf, er überschreite seine Befugnisse.[152]

Eine andere Gesetzesvorlage war weniger umstritten. Am 20. Februar 2008 verabschiedete das Parlament in Ankara mit großer Mehrheit – diesmal auch mit Stimmen der oppositionellen CHP – den lang erwarteten Beschluß, christlichen Minderheiten ihr vom Staat beschlagnahmtes Eigentum zurückzugeben. Allerdings ließ sich die große Einigkeit über Parteigrenzen hinweg nur erzielen, weil die EU-Kommission schon vor einigen Jahren der türkischen Regierung klargemacht hatte, daß es ohne Reformen auf diesem Sektor keine Mitgliedschaft in der EU geben könne. Trotzdem weist das Gesetz auch nach seiner Verabschiedung noch einen gravierenden Mangel auf: Es sind, so kritisieren die betroffenen christlichen Organisationen, für Grundstücke und Immobilien keine Entschädigungen vorgesehen, die vom Staat bereits weiterverkauft wurden.[153]

Mitten in dieser schwierigen Phase von umstrittenen Gesetzesbeschlüssen mußte sich die Regierung Erdoğan wieder verstärkt mit ihren gefährlichsten Gegnern auseinandersetzen. Am 15. März brachte der kemalistisch orientierte Generalstaatsanwalt Abdurrahman Yalçinkaya einen Verbotsantrag gegen die AKP mit der Begründung ein, diese Partei sei ein »Kristallisationspunkt antisäkularer Aktivitäten« und arbeite an der Errichtung einer »islamischen Republik«. Anlaß bot ihm die Zulassung des Kopftuchs an Universitäten. Er forderte ein fünfjähriges Politikverbot für 71 führende Parteimitglieder, darunter Ministerpräsident Erdoğan und Staatspräsident Gül. Am 31. März akzeptierte der Verfassungsgerichtshof, wo acht der elf Richter von Staatspräsident Sezer ernannt wurden, den Antrag. Und die Situation verschärfte sich, als die Richter Anfang Juni das Gesetz zur Freigabe des Kopftuchs an Universitäten als »verfassungswidrig« einstuften und annullierten. Damit wuchs die Wahrscheinlichkeit, daß ein Verbot der „islamischen" Partei folgen könnte. In der Weltöffentlichkeit löste dieses Vorgehen zunächst ungläubiges Staunen aus. Zwar sind seit dem Bestehen der Republik Türkei schon 26 Parteien verboten worden, aber im Fall der AKP würde dies zu einer tiefgehenden Staatskrise führen, denn diese Partei war ja von nahezu 47 Prozent der Bevölkerung gewählt worden und konnte sich über ihre religiös-traditionelle Wählerschaft hinaus auf wirtschaftsliberale und pro-europäische Schichten stützen. »Justizputsch« nannten AKP-nahe Journalisten in diesem Fall die reibungslose Zusammenarbeit von Generalstaatsanwalt und Verfassungsgerichtshof.[154]

Die Anspielung auf »Putsch« veranschaulicht die Tragweite. Aus europäischer Sicht mag das Vorgehen der Justiz wie eine Posse anmuten, aber auf türkische Verhältnisse bezogen sieht es anders aus: Die Institutionen von Generalstaatsanwalt und Verfassungsgericht haben intensive Verbindungen zur militärischen Führung. Würde die Justiz tatsächlich ein derartiges Verbot aussprechen, dann hätten die Generäle einen Vorwand, diesem Gerichtsurteil mit einer weiteren Drohung eines Militärputsches Nachdruck zu verleihen und sich wieder als der eigentliche »Hüter der Verfassung« zu präsentieren. Aber eine derartige Zuspitzung – mit unvermeidlichen Neuwahlen und beträchtlich erhöhten politischen Spannungen – könnte die EU-Beitrittsverhandlungen ernsthaft gefährden, wenn nicht gar beenden, denn wieder würde sich die Labilität der türkischen Demokratie erweisen. Populär ist das Verbotsverfahren nicht, die Mehrheit der Türken lehnt es ab, ebenso der Unternehmensverband TÜSIAD wie auch die Vertreter der griechisch-orthodoxen Kirche.[155]

Es kam nicht zu diesem Verbot. Am 30. Juli wies der Verfassungsgerichtshof den Antrag des Generalstaatsanwalts zurück. Die Entscheidung fiel äußerst knapp aus, denn sechs der elf Richter hielten am Verbot fest, und hätte sich ihnen ein siebter angeschlossen, dann wäre die erforderliche Mehrheit zustande gekommen, um die Regierung Erdoğan zu stürzen. Unter den Verfassungsjuristen fand sich die nötige Anzahl nur, um die staatliche Finanzhilfe für die AKP auf Dauer eines Jahres zur Hälfte zu kürzen, was der Gerichtsvorsitzende als »ernste Verwarnung« bezeichnete. Die Furcht vor einem politischen Vakuum, schweren Unruhen und einer Wirtschaftskrise hielt selbst einige der strikt kemalistisch orientierten Richter davon ab, weiterhin ein radikales Vorgehen gegen die „islamische" Partei zu unterstützen. Aber die Tatsache, daß das Schicksal einer demokratisch gewählten Regierung letztlich von einer kleinen Gruppe ideologisch sehr einseitiger Juristen abhing, rückte wieder einmal die strukturellen Probleme der türkischen Demokratie vor Augen.

Die Regierung Erdoğan hatte ihre schlimmste Gefährdung überstanden. Allerdings entstanden Schwierigkeiten auch durch völlig anders geartete Gegner: die Gewerkschaften. Der Konflikt hatte sich schon vor Monaten angebahnt, weil Erdoğan unter dem Druck des Internationalen Währungsfonds starke Einschnitte bei sozialen Vergünstigungen von Arbeitern und Angestellten sowie Beamten der unteren Einkommensklassen beschloß. Durch dieses neue Gesetz drohten die Unterschiede zwischen Reich und Arm sich erheblich zu verschärfen. Die Enttäuschung der Gewerkschaften wuchs sich zur Erbitterung aus, als die AKP-Regierung schroff auf die Kritik an den problematischen Folgen ihrer Sozialpolitik reagierte und einige Gewerkschaftsführer vorübergehend verhaften ließ.

Am 1. Mai eskalierte der Konflikt, nachdem die Gewerkschaftsverbände für diesen Tag zu einer Großdemonstration auf dem Taksim-Platz in Istanbul aufgerufen hatten. Die Regierung verbot die angekündigte Veranstaltung mit dem fadenscheinigen Argument, ein Verkehrschaos und geplante Provokationen würden zur einer »Gefahr« für die Öffentlichkeit. Aber die Gewerkschaften bestanden trotz immer stärkerer Drohungen aus Regierungskreisen auf der Kundgebung. Und so kam es in Istanbul am 1. Mai zu schweren Unruhen, als ein massives Aufgebot an Polizei und Sicherheitskräften schon am frühen Morgen brutal gegen Demonstranten vorging.

Das Ausmaß der Mai-Unruhen lenkte den Blick auf ein weiteres Versagen der Politik. An diesem 1. Mai 2008 verlor nicht nur die AKP-Propaganda »mehr Demokratie« einiges an Glaubwürdigkeit, sondern auch das gepriesene »Wirtschaftswunder«. Es gab zwar weiterhin ein eindrucksvolles Wachstum von 6 bis 8 Prozent, aber es war nicht zu übersehen, daß diese Entwicklung nur einen Teil der Bevölkerung erreichte. Ein solcher Prozeß konnte, wie schon öfter in der Geschichte der Türkei, erste Anzeichen einer neuen Wirtschaftskrise signalisieren.

Ob sich die Türkei in den folgenden Jahren weiter auf Europa zubewegt, bleibt angesichts einer solch zwiespältigen Bilanz ungewiß. Manche Skeptiker gehen sogar schon so weit zu glauben, die Bewegung »nach Europa« werde bald zum Stillstand kommen und die Türkei das Schwergewicht ihrer Politik auf die benachbarten muslimischen Staaten verlagern. Die Statistiken scheinen den Skeptikern recht zu geben. Waren 2004 noch 73 Prozent der Türken der Meinung, ihr Land solle den Beitritt zur EU anstreben, so waren es im November 2006 gerade noch knapp über 50 Prozent.[156] Und fast noch ein weiteres Jahr später, im September 2007, war die Zustimmung auf nur noch 40 Prozent gefallen. Daß die Türkei tatsächlich einmal Mitgliedstaat der EU sein werde, glaubten zu diesem Zeitpunkt nur noch 26 Prozent der Türken.[157]

Was nun? In dieser verfahrenen Situation wäre es um so dringender, daß es zur jetzigen Machtfülle der islamisch orientierten AKP eine starke Opposition säkular und laizistisch orientierter Parteien gäbe. Aber den bereits vorhandenen Parteien solcher Ausrichtung fehlt es gegenwärtig an herausragenden Politikern, die in der Lage wären, die modernen Schlagworte mit konkreten Inhalten zu füllen. Es muß jene unselige Situation beseitigt werden, daß als Gegengewicht zu einer konservativ orientierten Religion nur ein quasi-religiöser Kult um Atatürk und dessen »Laizismus« mit ebenfalls starr dogmatischen Wesenszügen maßgebend ist.

Ich habe an vielen Beispielen zu erläutern versucht, welche Fehlentwicklung das von Atatürk propagierte Prinzip des Laizismus im Verlauf der Jahrzehnte genommen hat. So ist keine eindeutige Trennung von Religion und Politik zustande gekommen, weil der Staat massiv ideologische Vorgaben eines religiös verbrämten Nationalismus sogar für den Religionsunterricht liefert. Auch bleibt es den ethnischen Minderheiten weiterhin versagt, gleiche Rechte einer kulturellen Entfaltung zu genießen. Atatürk hat zwar verkündet, daß nach einer anfänglichen Phase der Erziehungsdiktatur eine schrittweise Demokratisierung stattfinden müsse, und im Vergleich zu vielen anderen islamisch geprägten Ländern hat die Türkei hier auch beträchtliche Fortschritte erzielt. Aber die von Atatürk vorgegebene »Türkische Moderne« ist, wenn wir sie an unseren westlichen Maßstäben messen, nur eine halbe Moderne. Denn ihr fehlt ein wesentliches Element: der Pluralismus. Wenn auch die türkische Gesellschaft faktisch in zahlreiche religiöse, ethnische, politische und soziale Gruppierungen aufgespalten ist, handelt es sich um einen unfreiwilligen Pluralismus, dem letztlich die Anerkennung verweigert wird. Gerade Parteien, die sich offiziell dem Säkularismus und Laizismus verschrieben haben, müßten die nötigen Reformschritte unternehmen, um diesem Pluralismus die nötige politische Entfaltung zuzubilligen.

Für die Kemalisten der strikt orthodoxen Richtung bestehen hier beträchtliche Barrieren. Sie sind zwar auf „Europa" hin orientiert, aber es ist jenes Europa der zwanziger und dreißiger Jahre, das Atatürk vor Augen hatte: Staaten, in denen der Nationalismus teilweise als sehr intolerante Ideologie wirkte und eine demokratische Vielfalt nicht denselben Stellenwert wie heute besaß. Die kemalistische Elite tut sich daher schwer, die Transformation Westeuropas seit den fünfziger Jahren hin zu mehr Pluralismus und Demokratie zu verstehen. Und so kommt es, daß die orthodoxen Anhänger Atatürks immer mehr zu einem Europa auf Distanz rücken, das nicht ihren Vorstellungen entspricht.

Doch weil die Entwicklung zu einer „Türkischen Moderne" auf halbem Weg stehen geblieben ist, erscheint die Situation so schwierig. Die Türkei hat noch immer nicht den Ausgleich zwischen religiöser Tradition und Modernisierung gefunden. Daß es zu einem lebendigen Dialog zwischen den einzelnen Gruppierungen kommt, ist eine unabdingbare Voraussetzung für die pluralistische Demokratie.

Solange solche Probleme nicht gelöst sind, ist ein Beitritt der Türkei zur EU nahezu unmöglich. Denn es fehlt als Vorbedingung die Angleichung an das europäische – oder genauer gesagt: westeuropäische – Rechtssystem. Nicht der Islam als die »andere Religion« ist der entscheidende Hinderungsgrund, sondern ein noch nicht ausgereiftes pluralistisches Gesellschaftssystem. Europäische Staaten sind aufgerufen, weiterhin glaubhaft für die Türkei eine Perspektive zu einem EU-Beitritt zu liefern, denn gerade dies kann ein Anreiz sein, daß die Türkei den Reformprozeß in Richtung Pluralismus beschleunigt.

Umgekehrt haben aber auch viele Bürger westeuropäischer Staaten Schwierigkeiten, sich an den Gedanken eines EU-Beitritts der Türkei zu gewöhnen. Denn selbst wenn die nötigen Demokratie-Reformen in der Türkei vollzogen wären, so scheint der Islam vielen Westeuropäern noch immer eine »nicht zu uns passende Religion« zu sein. In diesem Fall sind wir selbst dazu aufgerufen, uns an das Prinzip einer pluralistischen Demokratie zu halten. Wir müssen endlich die Tatsache akzeptieren, daß Europa längst schon ein multikulturelles und multireligiöses Gebilde ist. Glaubhaft bleiben die Europäer nur, wenn es ihnen gelingt, nun zusätzlich auch ein islamisch geprägtes Land in das kulturell pluralistische Europa einzufügen.

Ein solcher Schritt hätte Signalwirkung nicht nur für die ohnehin schon rund 15 Millionen in Europa lebenden Muslime – und die schon über 3 Millionen Türken im deutschen Sprachraum –, sondern auch für die islamische Welt insgesamt. Den ideologischen Scharfmachern auf westlicher wie auf islamischer Seite würde damit das wesentliche Argument entfallen, daß zwischen dem abendländischen und dem islamischen Kulturraum ein unüberbrückbarer Gegensatz besteht – und damit ein Dauerkonflikt auch für die ferne Zukunft programmiert wäre. Die Türkei könnte sich zu einem Modellfall entwickeln, daß Islam und westliche Kultur, unter dem Vorzeichen eines kulturellen Pluralismus, vereinbar sind.

Es bleibt allerdings noch die Frage, ob sich die EU nicht damit überfordert, ein wirtschaftlich so labiles Land wie die Türkei in ihre Gemeinschaft aufzunehmen. Aber diese Frage stellt sich ebenfalls bei vielen Ländern in Osteuropa. Was dagegen die politisch-religiösen sowie kulturellen Probleme der Türkei angeht, besteht – wenn wir im Zeitraum von Jahrzehnten denken – Anlaß zu vorsichtigem Optimismus.

ANHANG

Anmerkungen

WIE FERN IST UNS DIE TÜRKEI?
Probleme und Mißverständnisse

1 Wolf Hütteroth: Die Türkei – Land zwischen Armut und Reichtum. In: Gehl: Die Türkei. Nur im Vorhof Europas?, S. 80f.
2 Antonia Naval: Im Osten geht die Sonne auf. In: Die Presse, 18. 10. 2007, S. 9.
3 Latzke: Türkei, S. 22.
4 Zitiert nach Binan Tobrak: Der Islam in der Türkei heute. In: Özuguz: Religion – ein deutsch-türkisches Tabu?, S. 63f.
5 Pamuk: Schnee, S. 113f.
6 Pamuk: Istanbul, S. 206 u. 209f.

»AUF NACH EUROPA!«
Die verordnete Revolution und ihre Widersprüche

1 Rill: Atatürk, S. 80f.
2 Zitiert nach Birgit Cerha: Atatürks Revolution blieb unvollendet. In: Salzburger Nachrichten, 24.10.1998.
3 Seufert/ Kubaseck: Die Türkei, S. 87.
4 Rill: Atatürk, S. 80.
5 Ebd. S. 80.
6 Ebd. S. 83.
7 Ebd. S. 107.
8 FAZ, 30. 12. 1994, S. 8.
9 Werle / Kreile: Renaissance des Islam. Das Beispiel Türkei, S. 28.
10 Ebd. S. 27.
11 Vgl. hierzu die ausführliche Analyse in Grunebaum: Islam II. Die islamischen Reiche nach dem Fall von Konstantinopel, S. 130f.
12 Seufert / Kubaseck: Die Türkei, S. 150.
13 Zitiert nach Dietl: Heiliger Krieg für Allah, S. 59.
14 Ebd. S. 61.
15 Vgl. hierzu die ausführliche Darstellung bei Gerhard Schweizer: Islam und Abendland; Iran. Drehscheibe zwischen Ost und West.
16 Rill: Atatürk, S. 125.
17 Ebd. S. 134.
18 Zitiert nach Helmar Dumbs: Machtfaktor Militär. Von Atatürk bis heute. In: Die Presse, 21. 7. 2007, S. 2.

19 Vgl. hierzu die ausführliche Darstellung im Abschnitt: Laizistische und »islamische« Parteien im Machtkampf.
20 Vgl. ebd.
21 Johannes Langer u. Martin Staudinger: Unter General-Verdacht. In: Profil, 16. 7. 2007, S. 48.
22 Umbesetzung in der türkischen Armeespitze. In: NZZ, 7. 8. 1998, S. 3.
23 Rill: Atatürk, S. 14.
24 Ebd. S. 16.
25 Gronau: Türkei, S. 399.
26 Rill: Atatürk, S. 15.
27 Herbert Langsner: Die erste Verdrängung. In: Profil, 18. 4. 1988, S. 72f.
28 Latzke: Türkei, S. 102.
29 Rainer Hermann: Kein Weg zum Dialog. In: FAZ, 21. 3. 2001, S. 16.
30 Sonntag Aktuell, 31. 10. 1982, S. 4.
31 NZZ, 1. 2. 2007, S. 2.
32 NZZ, 28. 2. 2007, S. 4.
33 Jan Keetman: Erfolgte Journalisten-Mord im Auftrag der Polizei? In: Die Presse, 3. 7. 2007, S. 5.
34 Diese Angabe entnehme ich der Fernsehdokumentation »Christen in Istanbul«, Bayern, 20. 2. 2001.
35 Publik-Forum, 26. 1. 2007, S. 45.
36 Armenische Kirche in der Türkei als Museum wieder geöffnet. In: NZZ, 30. 3. 2007, S. 5.
37 Ebd.
38 Ebd.
39 Rill: Atatürk, S. 71.
40 Latzke: Türkei, S. 61.
41 Vgl. hierzu die ausführliche Darstellung im Abschnitt: Erschwerte Bedingungen für Christen in der »säkularen« Türkei.
42 Türkisch-Griechische Beziehungen. Die türkische Minderheit in Westthrakien (Februar 2001). Botschaft der Republik Türkei in Berlin, http://www.tcberlinbe.de.
43 Profil, 30. 8. 1999, S. 119.
44 Asiye Balikci / Dimitros Hrissanthou: Die griechisch-türkische Freundschaft. In: Katsikaris: Türkei-Europa, S. 74.
45 Ebd. S. 69.
46 Ebd. S. 72f.
47 Der Spiegel 8/90, S. 1993.
48 Werle / Kreile: Renaissance des Islam. Das Beispiel Türkei, S. 90.
49 Ebd.
50 Alparslan Türkeş: Milli Doktrin (Istanbul 1973), S. 42.
51 Werle / Kreile: Renaissance des Islam, S. 92.
52 Ebd. S. 91.
53 Vgl. Der Standard, 7. 6. 2004, S. 6, u. Die Presse, 22. 4. 2006, S. 7.
54 Wolfgang Günter Lerch: War Atatürk ein Separatist? Türkische Zeitung macht in der Kurdenfrage eine Entdeckung. In: FAZ, 16. 11. 1987.

55 NZZ, 13.6.2000, S. 10.
56 Seufert / Kubaseck: Die Türkei, S. 153f.
57 Ferner: Kulturschock Türkei, S. 86.
58 Seufert / Kubaseck: Die Türkei, S. 155.
59 Kurden: Wende ins Völkische. In: Der Spiegel, 17/97, S. 145.
60 NZZ, 5.2.1997, S. 7.
61 NZZ, 1.2.2007, S. 2.
62 Die Presse, 13.4.2007, S. 6.
63 Jan Keetman: Generäle als Störenfriede des EU-Beitritts. In: Die Presse, 4.5.2007.
64 Wieland Schneider. »Die Ideologie des Staates ist gleich geblieben«. In: Die Presse, 13.12.2007, S. 9.

»ZURÜCK ZUM ISLAM!«
Tradition und Verwestlichung unter neuen Vorzeichen

1 Rainer Hermann: Der Status der nicht-muslimischen Minderheiten in der Türkei. In: Leggewie: Die Türkei und Europa, S. 109.
2 Otfried Höffe: Das Übermorgenland. So schnell wird die Türkei nicht europäisch. In Leggewie: Die Türkei und Europa, S. 177.
3 Lewis: Die Welt der Ungläubigen, S. 176–179.
4 Pamuk: Istanbul, S. 202.
5 Michael Thumann: Ein Volk, ein Staat, ein Krieg. In: Die Zeit, 22.11.2007.
6 Pamuk: Istanbul, S. 202.
7 Rainer Hermann: Der Status der nichtmuslimischen Minderheiten in der Türkei: In: Leggewie: Die Türkei und Europa, S. 111.
8 Matthias Kopp: Zwischen Kreuz und Halbmond. Vortrag in der Katholischen Akademie Trier, 16.2.2006.
9 Peter Wensierski: Prüfstein Toleranz. In: Der Spiegel 12/2008.
10 Götz Nordbruch: Jesus war eigentlich ein guter Muslim. In: Publik-Forum, Nr. 7, 2006, S. 59.
11 Jörg Lau: Massaker für den Islam. In: Die Zeit, 26.4.2007, S. 14.
12 Jan Keetman: Verdacht: Behörden in Christen-Morde verwickelt. In: Die Presse, 7.12.2007, S. 9.
13 Jörg Lau: Massaker für den Islam. In: Die Zeit, 26.4.2007, S. 14.
14 Ebd.
15 Die Presse, 10.7.2007, S. 3.
16 Hansgeorg Hermann: Im Namen des Erzbischofs. In: NZZ, 28.7.2007, S. 26.
17 Ebd.
18 Ebd.
19 Ebd.
20 Ali Ertan Toprak: Ich habe Deutschland umarmt. In: Die Zeit, 13.4.2008, S. 7.

21 Yücelen: Was sagt der Koran dazu?, S. 9.
22 Vgl. hierzu die ausführliche Darstellung in Gerhard Schweizer: Syrien. Religion und Politik im Nahen Osten, S. 24 –30.
23 Gerhard Schweizer: Islam und Abendland. Geschichte eines Dauerkonflikts, S. 95–108; Syrien. Religion und Politik im Nahen Osten, S.149–196; Iran. Drehscheibe zwischen Ost und West, S. 109–151.
24 Öztürk: Der verfälschte Islam, S. 191.
25 Ebd. S. 7.
26 Ebd. S. 106–110, 182.
27 Ebd. S. 29f.
28 Ebd. S. 31.
29 Ebd. S. 123.
30 Ebd. S. 32.
31 Ebd. S. 137f.
32 Ebd. S. 37.
33 Öztürk: Rumi und die islamische Mystik, S. 7.Vgl. hierzu auch die ausführliche Darstellung über Celaleddin Rumi bei Gerhard Schweizer: Der unbekannte Islam. Sufismus - die religiöse Herausforderung, S. 22–34 u. S. 49–111.
34 Öztürk: Rumi. S. 130. Im selben Buch finden sich weitere sehr anschauliche Belege zu der hier erörterten Problematik: S. 61ff, 87 ff, 91, 109, 128f.
35 Rainer Hermann: Erneuerer. In: FAZ, 21. 10. 2002, S. 12.
36 Rainer Hermann: Den Islam europafähig machen. In: FAZ, 25. 9. 2000, S. 16.
37 Vgl. hierzu Ursula Spuler-Stegemann: Türkei. In: Ende/Steinbach: Der Islam in der Gegenwart, S. 239 u. 875.
38 Martin Spiewack: Allahs scheuer Bote. In: Die Zeit, 1. 3. 2007, S. 36.
39 Abu Zaid, Nasr Hamid: Ein Leben mit dem Islam (Freiburg 2001), S. 116ff.
40 Vgl. hierzu die ausführliche Darstellung bei Gerhard Schweizer: Islam und Abendland, S. 219ff und Der unbekannte Islam, S. 158ff.
41 Bassam Tibi: Euro-Islam. Hilfe für die Integration. Unter dem Internet-Stichwort Euro-Islam.
42 Vgl. hierzu den Bericht in: Der Standard, 16. 6. 2003, S. 2.
43 Vgl. hierzu Gerhard Schweizer: Islam und Abendland. S. 338ff.
44 Michael Fleischhacker: »Wiener Schule« des Reform-Islam. In: Die Presse, 24. 9. 2007, S. 9.
45 Ednan Aslan: Scharia und Demokratie. In: Die Presse, 15. 2. 2008, S. 41.
46 Die Presse, 24. 9. 2007, S. 9.
47 Amalia van Gent: Schlammschlachten und populistische Rhetorik im türkischen Wahlkampf. In: NZZ, 20. 7. 2007, S. 5.
48 Vgl. hierzu den Abschnitt: Die Rolle des Militärs als »Hüter der Verfassung«.
49 Werle/Kreile: Renaissance des Islam. Das Beispiel Türkei, S. 50.

50 Ebd. S. 49.
51 Leben wie vor tausend Jahren. Heiko Flottau in der Süddeutschen Zeitung, 21.6.1982.
52 Vgl. hierzu den Abschnitt: Erschwerte Bedingungen für Christen in der »säkularen« Türkei.
53 Werle/Kreile: Renaissance des Islam. Das Beispiel Türkei, S. 93.
54 Ebd. S. 98.
55 Ebd. S. 10.
56 Ebd. S. 101.
57 Der Spiegel, 14/1989, S. 184.
58 Otto Luchterhandt: Der türkisch-armenische Konflikt und die Europafähigkeit der Türkei. In: König/Sticking: Gehört die Türkei zu Europa?, S. 111.
59 Werle/Kreile: Renaissance des Islam. Das Beispiel Türkei, S. 105f.
60 Ebd.
61 Frankfurter Rundschau, 25.10.1984.
62 Steinbach: Geschichte der Türkei, S. 56.
63 Eine moderne Republik: Die Türkei. In: Der Spiegel, 11/1990, S. 281.
64 Werle/Kreile: Renaissance des Islam. Das Beispiel Türkei, S. 113.
65 Der Spiegel, 14/1989, S. 184.
66 Schöning-Kalender: Mobilität und Mobiliar. Binnenmigranten in Istanbul, S. 36f.
67 Ebd. S. 38.
68 Schmitt: Türkei, S. 33.
69 Roth/Taylan: Die Türkei – Republik unter Wölfen, S. 59.Vgl. auch Dorn: Zentralanatolien, S. 77f.
70 Roth/Taylan: Die Türkei – Republik unter Wölfen, S. 59.
71 Schöning-Kalender: Mobilität und Mobiliar, S. 35.
72 Ebd. S. 39.
73 Wolf Hütteroth: Die Türkei – Land zwischen Armut und Reichtum. In Gehl: Die Türkei. Nur im Vorhof Europas?, S. 78.
74 Türkei. Wie ein Wundbrand. Der Vormarsch der Fundamentalisten. In: Der Spiegel, 12/1990, S. 236.
75 Gerd Höhler: Gibt es bald wieder Freitagsgebete in der Hagia Sophia? In: Stuttgarter Zeitung, 15.8.1996, S. 4.
76 Unter Halbmond und Stern. In: Stuttgarter Zeitung, 3.8.1984.
77 Diagonal. Stadtporträt Ankara. Eine Sendung des ORF am 7.7.2006.
78 Zitiert nach König/Sicking: Gehört die Türkei zu Europa?, S. 108.
79 Özuguz: Religion – ein deutsch-türkisches Tabu?, S. 101.
80 Otto Luchterhandt: Der türkisch-armenische Konflikt und die Europafähigkeit der Türkei. In: König/Sticking: Gehört die Türkei zu Europa? S. 111.
81 Jan Keetman: Ankara ignoriert Straßburger Gerichtsurteil. In: Die Presse, 12.10.2007, S. 9.
82 Ursula Spuler-Stegemann: Türkei. In: Ende/Steinbach: Der Islam in der Gegenwart, S. 244.

83 Ebd.
84 Diese Information entnahm ich dem Vortrag »Die Naqshbandiya. Deutschlands stärkste Sufi-Bewegung« von Annabelle Böttcher auf der Tagung »Islam in Deutschland« am 23.6.2 2004 in der Katholischen Akademie Trier.
85 Werle/Kreile. Renaissance des Islam. Das Beispiel Türkei, S. 42.
86 Böttcher: Die Naqshbandiya. Vgl. hierzu auch: Ursula Spuler-Stegemann: Türkei, S. 234f.
87 Charlotte Wiedemann: Republik contra Religion. Dossier Türkei. In: Die Zeit, 10. 8. 2006. S. 14.
88 Vgl. hierzu Lemmen: Islamische Verbände und Vereine in Deutschland, S. 44f.
89 Ebd.
90 Böttcher: Die Naqshbandiya. Deutschlands stärkste Sufi-Bewegung.
91 Ebd.
92 Ebd.
93 Vgl. hierzu Özuguz: Religion – ein deutsch-türkisches Tabu? S. 111 u. 114.
94 »Türken keine Sklaven des Westens«. In: Salzburger Nachrichten, 27. 12. 1995, S. 6.
95 Mona Naggar: Die Türkei. Das »Trojanische Pferd« Europas? In: Katsikaris: Türkei Europa, S. 99.
96 Jan Keetman: Einer, der sich in die Mitte drängt. In: Die Presse, 23. 7. 2007, S. 5.
97 Binnaz Tobrak: Der Islam in der Türkei heute. In Özuguz: Religion – ein deutsch-türkisches Tabu?, S. 63f.
98 Reformer oder Wolf im Schafspelz. In: Die Welt, 22. 9. 1994.
99 Rainer Hermann: Pragmatisch, provozierend und provinziell. In: FAZ, 7. 11. 2002, S. 6.
100 Zitiert nach FAZ, 25. 9. 1998, S. 7.
101 Wolfgang Günter Lerch: Glühbirne und sechs Pfeile. In: FAZ, 5. 11. 2002, S. 3.
102 Tiefe Vertrauenskrise in der Türkei. In: NZZ, 30. 3. 2001, S. 5.
103 Rainer Hermann: Ideenlieferant. In: FAZ, 6. 1. 2003, S. 10.
104 »Die Alternativen sind fürchterlich«. In: Profil, 25. 10. 2004, S. 80.
105 Zitiert nach Mona Naggar: Die Türkei. Das »Trojanische Pferd« Europas? In: Katsikaris: Türkei Europa, S. 100.
106 Ebd. S. 101.
107 Ebd. S. 103.
108 Jan Keetman: Maulkorb für kritische Medien. In: Die Presse, 18. 5. 2005, S. 7.
109 Zitiert nach Michael Thumann: Chaos zwischen Kopftuch und Bikini. In: Die Zeit, 10. 5. 2007, S. 6.
110 Vgl. Özuguz: Religion – ein deutsch-türkisches Tabu?, S. 116.
111 Der Spiegel, 6/1987, S. 142.
112 Özuguz: Religion – ein deutsch-türkisches Tabu?, S. 116.

113 Bassam Tibi: Instrumente der Entwestlichung. Die fundamentalistische Unterwanderung der Türkei durch die Imam-Hatip-Schulen. In: FAZ, 20.12.1994, S. 8.
114 Mythisches Türkentum, islamische Sauce. Eine Rezension von Jan Keetmann. In: Die Presse, 14.2.2006, S. 27.
115 Ebd.
116 Jan Keetman: Bin Laden in der Türkei beliebter als Bush. In: Die Presse, 29.6.2007, S. 6.
117 Amalia van Gent: Streit um den türkischen Verfassungsentwurf. In: NZZ, 4.1.2008, S. 5.
118 Cahen: Islam, S. 18.
119 Christiane Schlötzer: Die verspätete Revolution. In: Süddeutsche Zeitung (SZ), 26.11.2001, S. 6.
120 Ebd.
121 Ferner: Kulturschock Türkei, S. 119.
122 Dilek Zapçıoğlu: Gewalt im Drei-Minuten-Takt. In: Der Spiegel, 10.7.2007.
123 Jan Keetman: Zur Ehe mit dem Vergewaltiger gezwungen. In: Die Presse, 30.9.2006, S. 10.
124 Zapçıoğlu in: Der Spiegel, 10.7.2001.
125 Ebd.
126 »Schläge gegen Frauen sind rechtens«. In: FAZ, 20.1.95, S. 7.
127 Ursula Spuler-Stegemann: Türkei. In: Ende/Steinbach: Der Islam in der Gegenwart, S. 876.
128 Ebd. S. 241.
129 Amalia van Gent: Streit um den türkischen Verfassungsentwurf. In: NZZ, 4.1.2008, S. 5.
130 Ebd.
131 Herbert Lackner: Das Kreuz mit dem Halbmond. In: Profil, 21.1.2008, S. 29.
132 Manu Smriti: Gesetzbuch des Manu, Kapitel IX, Vers 3.
133 Oskar Weggel: China zwischen Marx und Konfuzius. 2. Aufl. München 1987, S. 193.
134 Albert Schweitzer: Die Weltanschauung der indischen Denker. Mystik und Ethik. 2. Aufl. München 1965, S. 73.
135 Gerhard Schweizer: Indien und China. Asiatische Wege ins globale Zeitalter. Stuttgart 2002, S. 190–224.
136 Zitiert nach der Übersetzung in: Die Gute Nachricht. Das Neue Testament in heutigem Deutsch. Hrsg. von der Deutschen Bibelgesellschaft Stuttgart 1982.
137 Erdoğans Töchter studieren in den USA. In: Der Spiegel, 20.10.2004.
138 Jan Keetman: Die Islamisierung des Alltags. In: Die Presse, 15.12.2007, S. 8.
139 Jan Keetman: Protest gegen Gül. »Wir sind Soldaten Atatürks«, In: Die Presse, 30.4.2007, S. 5.

140 Günter Seufert: Gott oder Atatürk – und kein Weg dazwischen? In: NZZ, 16. 5. 2007, S. 25.
141 Günter Seufert: Die Glühbirne leuchtet heller als der Halbmond. Türkische Intellektuelle kommentieren den Wahlsieg der AKP. In: NZZ, 26. 7. 2007, S. 25.
142 Ursula Spuler-Stegemann: Türkei. In: Ende/Steinbach: Der Islam in der Gegenwart.
143 Vgl. hierzu den Abschnitt: Wie säkular und laizistisch ist die Türkei? Der sunnitische Islam als »Staatsreligion«.
144 Michael Thumann: Chaos zwischen Kopftuch und Bikini. In: Die Zeit, 10. 5. 2007, S. 6.
145 Wolfgang Böhm: Schleichende Islamisierung? In: Die Presse, 28. 8. 2007, S. 7.
146 Ebd.
147 Günter Seufert: Die Glühbirne leuchtet heller als der Halbmond. In: NZZ, 26. 7. 2007, S. 25.
148 Lale Akgün: Die Lehren des Lahmacun oder: Istanbul lernt Multikulti. In: Die Zeit, 16. 5. 2007.
149 Türkischer Politologe wegen Kritik an Atatürk verurteilt. In: NZZ, 29. 1. 2008, S. 3.
150 Doris Knauss u. Thomas Vieregge: Türkei machte 2006 kaum Fortschritte. In: Die Presse, 31. 10. 2007, S. 6.
151 Wieland Schneider: »Die Ideologie des Staates ist gleich geblieben«. In: Die Presse, 13. 12. 2007, S.9.
152 Jan Keetmann: Kopftuchchaos an den Hochschulen. In: Die Presse, 28. 2. 2008, S. 6.
153 Kirchen erhalten Land zurück. In: Die Presse, 22. 2. 2008, S. 5.
154 Putsch der Justiz. In: Der Spiegel 13/2008, S. 110.
155 Christian Ultsch: Der lautlose Putsch der türkischen Justiz. In: Die Presse, 23. 4. 2008, S. 9.
156 Petra Pinzler u. Michael Thumann: Das Ende einer Verlobung? In: Die Zeit, 5. 6. 2007, S. 10.
157 Wolfgang Böhm: Ankara treibt in die Isolation. In: Die Presse, 21. 9. 2007, S. 5.

Zeittafel

Um 1700 v. Chr.: Das indoeuropäische Volk der Hethiter errichtet im östlichen Anatolien ein Großreich, das mit seiner Hauptstadt Hattuscha (nahe dem heutigen Ankara) um 1450 seine höchste Blüte erreicht und um 1200 zerfällt.

Um 1000 v. Chr.: Die Griechen beginnen die Küsten Westanatoliens zu besiedeln.

Um 100 n. Chr.: Das Römische Reich erreicht seine größte Ausdehnung.

330: Die Reichshauptstadt wird von Rom nach Byzanz, dem späteren Konstantinopel, verlegt.

395: Das Römische Reich wird endgültig in das Weströmische Reich (mit der Hauptstadt Rom) und das Oströmische Reich (mit der Hauptstadt Konstantinopel) geteilt. Anatolien wird zum Kernland der östlichen Reichshälfte.

532: Bau der Hagia Sophia unter Justinian I. (527–565). Unter diesem Kaiser erreicht das Oströmische (Byzantinische) Reich seine höchste Blüte.

Um 550: Das erste nomadische Reich eines Turkvolkes wird in Innerasien gegründet.

610: Mohammed (um 570–632) tritt in seiner Heimatstadt Mekka als Prophet auf.

634–644: Die muslimischen Araber erobern Teile Vorderasiens und Nordafrikas sowie den Iran. Mit Ägypten, Syrien und Palästina verliert das Oströmische Reich wichtige Provinzen.

680: Die Religionsspaltung in Sunniten und Schiiten wird endgültig.

Um 950: Die ersten Turkstämme der Oghuzen nehmen den Islam an.

1037: Türkische Reiterscharen vom Stammesverband der Oghuzen fallen im Iran ein. Ihr Führer Seldschuk, der kurz zuvor zum Islam übergetreten ist, begründet die Dynastie der Seldschuken. Isfahan wird zur Residenz.

1071: Der Seldschuken-Sultan Alparslan besiegt in der Schlacht von Mantzikert den oströmischen Kaiser Romanos IV. Diogenes. In den folgenden Jahren verlieren die Byzantiner zwei Drittel ihrer Kernprovinz Anatolien an die Seldschuken.

1080: Die Seldschuken gründen das Sultanat von Rum mit der Hauptstadt Konya (Ikonion).

Um 1220: Unter Sultan Alaeddin Keykobad I. (1219–1236) erreicht das Seldschuken-Reich von Rum seine höchste Blüte.

1230–1273: Celaleddin Rumi wirkt in Konya.

Um 1240: Der Turkstamm, aus dem später die Osmanen-Dynastie hervorgeht, kommt von seinen Weidegründen nördlich des Aralsees nach Anatolien.

1281–1326: Der Stammesführer Osman begründet die Dynastie der Osmanen.

1326: Osmans Sohn Orhan (1326–1359) erobert die byzantinische Stadt Bursa und macht sie zur Residenz des aufstrebenden Osmanischen Reiches.

1365: Der Osmanen-Sultan Murat I. (1359–1389) erobert Thrakien mit seiner Hauptstadt Adrianopel und bringt damit die letzte den Byzantinern verbliebene Provinz unter seine Herrschaft. Das einstige Oströmische Reich besteht jetzt nur noch aus der Hauptstadt Konstantinopel und den umliegenden Gebieten. Adrianopel wird unter dem Namen Edirne zur neuen Hauptstadt des Osmanischen Reiches.

1389: Murat I. besiegt in der Schlacht auf dem Amselfeld (Kosovo) das vereinigte Heer der Serben, Kroaten und Bosnier.

1453: Mehmet II. (1451–1481) erobert Konstantinopel, die Stadt wird unter dem Namen Istanbul zur neuen Residenz des Osmanischen Reiches. Die Hagia Sophia wird in eine Moschee umgewandelt. Ende des Oströmischen Reiches.

1456–1479: Mehmet II. erobert endgültig Serbien, außerdem weite Teile Griechenlands, Bosnien und Albanien. Die Fürstentümer Moldau und Walachei kommen unter osmanische Oberhoheit.

1516–1517: Selim I. (1512–1520) erobert Syrien, Palästina und Ägypten. Nach 1520 kommen Libyen, Tunesien und Algerien in osmanische Abhängigkeit.

1526: Süleyman I., »der Prächtige« (1520–1566), erobert Ungarn. Den Habsburgern verbleibt nur noch ein kleiner Teil Westungarns. Die Republik Ragusa (Dubrovnik) gerät unter osmanische Oberhoheit (bis 1718).

1529: Süleyman I. belagert vergeblich Wien.

Um 1550: Das Osmanische Reich steht unter der Regierung Süleymans I. auf dem Höhepunkt seiner Macht. In den folgenden Jahrzehnten entstehen viele der bedeutendsten Moscheen. Hochblüte von Istanbul, Bursa und Edirne.

1570–1571: Die Osmanen erobern Zypern.

1683: Unter Großwesir Kara Mustafa belagern die Osmanen zum zweiten Mal ergebnislos Wien. Auf der Seite der türkischen Muslime kämpfen protestantische Ungarn, weil sie unter islamischer Oberhoheit mehr Toleranz genießen als unter den katholischen Habsburgern. Seit der Niederlage vor Wien befinden sich die Osmanen in Europa auf dem Rückzug.

1699: Im Frieden von Karlowitz tritt das Osmanische Reich Ungarn an die Habsburger ab. Österreich steigt zur Großmacht auf.

Um 1750: Istanbul zählt rund 400 000 Einwohner. Zur gleichen Zeit besitzt London als größte Stadt des christlichen Abendlandes 350 000 Einwohner, Paris 200 000, Danzig 70 000, Antwerpen 60 000, Genf 50 000 und Hamburg 40 000.

1793: Selim III. (1789–1807) versucht erste Reformen nach europäischem Vorbild. Aber er wird 1807 durch eine Revolte der Janitscharen getötet.

1804–1817: Nach zähen Unabhängigkeitskämpfen begründen die Serben ihren Nationalstaat. Ein Teil Serbiens wird selbständig, der Rest kann sich erst 1878 aus dem Osmanischen Reich lösen.

1821–1828: Die Griechen im südlichen Teil ihres Landes erkämpfen sich die Unabhängigkeit vom Osmanischen Reich.

1826: Mahmut II. reformiert das türkische Heer nach europäischem Vorbild und provoziert damit eine Rebellion der Janitscharen. Durch regierungstreue Truppen läßt er das gesamte Janitscharenkorps töten und leitet danach erste Verwaltungsreformen ein, die sich an westlichen Vorbildern orientieren.

1830: Der südliche Teil Griechenlands wird souveränes Königreich mit Nauplia (Peloponnes) als Hauptstadt, 1834 wird Athen Hauptstadt.

1839–1861: Abdul Meçid, der älteste Sohn Mahmuts II., baut die Reformen seines Vaters zu einem umfassenden Gesetzeswerk unter dem Namen *Tanzimat-i hayrihe*, »Wohlwollende Anordnung«, aus. Die Tanzimat-Reformen mit der Schaffung eines Rechtssystems teilweise nach europäischem Vorbild werden von seinen Nachfolgern weitergeführt. Seit 1843 schafft er ein säkulares Schulsystem, aber es gelingt ihm nicht, die Macht der Koranschulen und Medresen entsprechend einzuschränken.

1853: Abdul Meçid siedelt in den nach westlichen Vorbildern erbauten Dolmabahçe-Palast um. Damit hat das traditionelle Topkapı-Serail, wo seit Mehmet II. alle Osmanen-Sultane wohnten, als Residenz ausgedient.

Um 1860: Die osmanische Oberschicht übernimmt zunehmend westliche Lebensformen. Unzufriedene Studenten mit Lehrjahren im westlichen Ausland und Offiziere stehen in Opposition zur absoluten Sultansherrschaft.

1876: Im Osmanischen Reich wird die Folter abgeschafft. Die Nationen und Religionen innerhalb des Reiches werden gleichgestellt. Sultan Abdul Hamid II. (1876–1909) setzt aber kurz nach seinem Regierungsantritt die Verfassung außer Kraft und regiert despotisch.

1877–1878: Ein Bulgaren-Aufstand gegen die Türken veranlaßt Rußland zum Eingreifen, russische Truppen rücken bis Istanbul vor. Österreich und Großbritannien protestieren gegen den wachsenden Einfluß Rußlands in Südosteuropa. Bismarck schaltet sich als Vermittler ein. Auf dem Berliner Kongreß von 1878 verliert das Osmanische Reich mehrere Provinzen. Rumänien, Serbien und Montenegro werden unabhängige Staaten. Bulgarien bleibt als selbständiges Fürstentum den Osmanen tributpflichtig, verliert aber Makedonien wieder an die Türken. Rußland erhält Bessarabien und Teile Armeniens. Großbritannien bekommt Zypern. Österreich erlangt das Recht zur Verwaltung Bosniens und der Herzegowina.

1881: Griechenland erhält Teile des bis dahin osmanischen Thessalien und Epirus. Mustafa Kemal, der spätere Atatürk, wird in Saloniki geboren, das bis 1912 osmanisch bleibt.

1882: Die nominell noch osmanische Provinz Ägypten wird britisches Protektorat (und 1936 unabhängig).

1895: Armenier im Osten Anatoliens rebellieren erstmals offen gegen die immer drückender werdende Herrschaft der Osmanen. Sultan Abdul Hamid II. läßt im Unruhegebiet etwa 200 000 Armenier niedermetzeln.

1897: Griechisch-türkischer Krieg. Die Griechen erleiden in Thessalien eine Niederlage, aber auf Druck der Großmächte erhält Kreta eine autonome Verwaltung unter osmanischer Oberhoheit (1908 kommt Kreta zu Griechenland).

1905: Gründung der Jungtürkischen Partei unter Beteiligung von Mustafa Kemal. In der Bewegung der Jungtürken sammeln sich unzufriedene Offiziere und Studenten gegen das reaktionäre Sultanat.

1908–1909: Jungtürkische Revolution in Istanbul. 1909 wird der letzte absolut regierende Sultan Abdul Hamid II. abgesetzt. Bis 1922 existiert eine konstitutionelle Monarchie. Seit der jungtürkischen Revolution wird Istanbul in der Architektur stark europäisiert.

1911–1913: Die Osmanen verlieren im Tripolis-Krieg Libyen an Italien.

1912–1913: Balkankrise. Albanien, Serbien, Montenegro, Bulgarien und Griechenland führen Krieg gegen das Osmanische Reich, das fast alle

Gebiete auf europäischem Boden (Bulgarien, Albanien, Westthrakien mit Saloniki) verliert. Den Osmanen bleibt nur noch Ostthrakien, das Gebiet zwischen Edirne und Istanbul. 1912 wird das osmanische Rhodos von Italien besetzt, 1947 wird die Insel griechisch.

1914: Nach dem Attentat in Sarajevo auf den österreichischen Thronfolger Franz Ferdinand bricht der Erste Weltkrieg aus. Das Osmanische Reich kämpft auf seiten der Deutschen und Österreicher gegen die Russen, Briten und Franzosen.

1915: Die osmanische Regierung, von radikal-nationalistischen Jungtürken dominiert, ordnet am 27. Mai die Deportation von 2 Millionen Armeniern in die mesopotamische Wüste an. Nahezu die Hälfte der Deportierten geht unterwegs an Strapazen oder durch Massaker zugrunde. Durch diese brutalen Maßnahmen soll verhindert werden, daß die Armenier mit den verfeindeten Russen ein Bündnis eingehen und einen eigenen Staat im Osten Anatoliens gründen. Zur damaligen Zeit neigt aber nur eine Minderheit unter den Armeniern dazu, sich völlig aus dem osmanischen Staatsverband zu lösen; der Wunsch nach nur größerer Autonomie ist vorherrschend.

1919: Am 15. Mai landen griechische Truppen in Izmir und stoßen ins anatolische Hinterland vor, andere Verbände erobern Ostthrakien. Die Griechen versuchen die Schwäche der im Ersten Weltkrieg besiegten Osmanen auszunutzen und Gebiete, die vor vielen Jahrhunderten griechisch waren, zurückzugewinnen.

1920: Am 10. August schafft der Friedensvertrag von Sèvres nahe Paris, den Sultan Mehmet VI. unterschreibt, verheerende Bedingungen für das Osmanische Reich. Nicht nur die arabischen Gebiete mit Syrien, Palästina und dem Irak gehen verloren, sondern auch das türkische Kernland wird unter den Siegermächten aufgeteilt. Die Provinz Ostthrakien mit Edirne sowie die kleinasiatische Westküste mit Izmir und weiten Teilen des Hinterlands muß an Griechenland abgetreten werden. Im Osten Anatoliens, der Region um Erzurum und um den Van-See, soll ein unabhängiger Staat Armenien entstehen. Außerdem soll den Kurden im äußersten Südosten ein autonomer Staat zugestanden werden. Die Südküste und weite Gebiete Anatoliens werden zur französischen Einflußzone. Nur die Kernregion Anatoliens soll türkisch bleiben.

General Mustafa Kemal (Atatürk) weigert sich, den Vertrag von Sèvres anzuerkennen, und organisiert den militärischen Widerstand. Er wird zum Führer einer türkischen Nationalregierung, die das Sultanat ablehnt. Im Winter 1920 besiegt er die Armenier und nimmt ihnen damit die Chance, einen eigenen Staat zu gründen.

1922: Am 26. August besiegt Atatürk in der Schlacht von Dumlupinar bei Afyon die Griechen entscheidend. Von da an drängt die türkische Armee die griechische an die Küste zurück. Am 11. Oktober unterzeichnen die aus Anatolien und Ostthrakien vertriebenen Griechen einen Waffenstillstand. Am 1. November beschließt die Nationalversammlung in Ankara, dem Hauptquartier Atatürks, die Abschaffung des Sultanats. Mehmet VI. flieht ins Ausland. Damit endet die Dynastie der Osmanen nach nahezu 600 Jahren.

1923: Am 24. Juli wird der Friedensvertrag von Lausanne unterzeichnet, der die Beschlüsse des Friedensvertrags von Sèvres 1920 annulliert. Die Türkei in ihren heutigen Grenzen entsteht. Durch diesen Erfolg ist Atatürk endgültig der unbestrittene Führer der Revolutionsbewegung.

Im August gründet Atatürk die Republikanische Volkspartei (CHP), die bis 1946 die einzig zugelassene Partei ist. Am 13. Oktober wird die Hauptstadt von Istanbul nach Ankara verlegt. Die Nationalversammlung ruft am 29. Oktober die Republik Türkei aus und wählt Atatürk zu ihrem ersten Staatspräsidenten. Er wird 1927, 1931 und 1935 wiedergewählt. Im Gründungsjahr der Republik leben in der Türkei 13,5 Millionen Menschen (heute 70 Millionen), rund 90 Prozent sind Analphabeten (heute nur noch 17 Prozent), 80 Prozent wohnen in Dörfern (heute nur noch 35 Prozent).

1924: Durch Beschluß des Parlaments in Ankara werden das Kalifat und die geistlichen Gerichte abgeschafft. Die Koranschulen werden geschlossen; seitdem sind nur noch Schulen mit säkularen Lehrinhalten zugelassen (wie es sie in der Osmanen-Zeit ansatzweise schon gab).

1925: Im Februar bricht im kurdischen Ostanatolien ein Aufstand unter der Führung des Naqshbandi-Scheichs Said gegen die säkulare Republik Türkei aus. Nach Atatürks Sieg über die Aufständischen, zu denen sowohl Kurden als auch Türken zählten, werden sämtliche Derwischbruderschaften verboten, weil sie mit der rebellierenden Naqshbandiya sympathisierten.

Gründung der Universität Ankara. Die islamische Zeitrechnung wird durch die westliche, der Freitag als Feiertag durch den Sonntag ersetzt.

1926: Im August wendet sich Atatürk erstmals öffentlich gegen die Verschleierung der Frauen. Verbot des Gesichtsschleiers und des Fes.

Am 6. Oktober tritt das Türkische Bürgerliche Gesetzbuch in Kraft, bis 1930 folgen die Zivilprozeßordnung, die Strafprozeßordnung und das Handelsgesetzbuch. Vorbild ist vor allem der französische *Code civil.*

1928: Die neue Verfassung wird verabschiedet, in der es keine religiösen Formeln mehr gibt. Die Republik Türkei ist nun formell ein säkularer Staat nach westlichem Vorbild. Der Begriff »Laizismus« ist noch nicht eingeführt, er kommt seit 1931 im Parteiprogramm vor und wird erst 1937 in der Verfassung verankert.

Am 3. November wird das Gesetz zur Einführung des lateinischen Alphabets anstelle des arabischen verabschiedet.

In Kairo gründet Hassan al-Banna als Reaktion auf Atatürks »gottlose« Verfassung die ägyptische Muslimbruderschaft. Damit beginnt die Entwicklung der radikal-islamischen Bewegungen bzw. des sogenannten Islamismus.

Reza Pahlevi, von 1926 bis 1941 Schah des Iran, schließt geistliche Rechtsgelehrte von jeglichem Einfluß aus der Politik aus. Er ist der erste muslimische Machthaber, der sich von Atatürk inspirieren läßt.

1929: In der Türkei wird der Pflichtunterricht für arabische und persische Sprache abgeschafft und durch Unterricht in westlichen Sprachen ersetzt.

1930: Derwische der Naqshbandi-Bruderschaft entfachen noch einmal einen vergeblichen Aufstand gegen die säkulare Republik Atatürks. Es ist die letzte politische Aktion von Derwischen. Seither können Derwischbruderschaften nur noch unter dem Deckmantel von »Kulturvereinen« gesellschaftliche Entwicklungen beeinflussen. Der türkische Name Istanbul löst jetzt erst den Namen Konstantinopel offiziell im internationalen Gebrauch ab.

1932: Der Gebetsruf des Muezzins darf nicht mehr auf arabisch, sondern nur noch auf türkisch erschallen. Eine Übersetzung des Korans ins Türkische wird eingeleitet.

1934: Atatürk führt für die Frauen das aktive und passive Wahlrecht ein. In anderen islamischen Ländern erfolgen solche Umwälzungen frühesten seit den fünfziger und sechziger Jahren.

Atatürk erhält offiziell den Ehrennamen »Atatürk«, »Vater der Türken«. Bisher lautete sein offizieller Name nur Mustafa Kemal.

Schah Reza Pahlevi weist – in Anlehnung an Atatürk – die Universität Teheran an, jetzt auch Studentinnen aufzunehmen.

1938: Atatürk stirbt am 10. November in Istanbul im Alter von 57 Jahren. Nachfolger im Amt des Staatspräsidenten wird sein wichtigster politischer Weggefährte, der General Mustafa Ismet Inönü, der zwischen 1923 und 1938 mehrfach Ministerpräsident und Außenminister war.

1938–1950: Inönü setzt Atatürks strikt laizistische Politik fort. Aber 1945 läßt er in Abkehr vom bisherigen Einparteienstaat Oppositionsparteien zu. 1946 entsteht mit der Demokratischen Partei die erste regulär zugelassene Opposition zu Atatürks Republikanischer Volkspartei (CHP). Ihre Begründer sind Celâl Bayar und Adnan Menderes. In den nächsten Jahren werden 23 weitere Parteien gegründet. 7 Parteien treten für eine Islamisierung des öffentlichen Lebens ein, alle anderen sind strikt laizistisch.

1943: In Damaskus gründet der syrische Christ Michel Aflak die arabisch-nationalistische und säkulare Baath-Partei, die in Syrien und im Irak politisch bedeutsam wird. Bezüge zu Atatürk sind deutlich.

1950–1960: Bei den Wahlen am 24. März 1950, wo 24 Parteien miteinander konkurrieren, siegt die islamisch orientierte Demokratische Partei mit starker Mehrheit. Staatspräsident wird Celâl Bayar, Ministerpräsident Adnan Menderes. Dieser strebt eine Rückkehr des Islam ins öffentliche Leben an. Seit 1950 ist wieder der Gebetsruf des Muezzins in arabischer Sprache erlaubt, und Sendungen mit religiösen Themen dürfen über den Rundfunk verbreitet werden. Das System der religiösen Imam-Hatip-Schulen wird parallel zum staatlichen säkularen Schulsystem gefördert. Ein starker Wandel auch in der Wirtschaftspolitik: Abkehr von staatlicher Planwirtschaft. Mechanisierung der Landwirtschaft, was die Großgrundbesitzer begünstigt und die Kleinbauern verarmen läßt. Erste massive Landflucht und Entstehung von Slumsiedlungen in den Großstädten. Wachsende Wirtschaftskrise mit starker Inflation.

1952: Unter der Regierung Menderes tritt die Türkei der NATO bei.

In Ägypten kommt Gamal Abd an-Nasser durch einen Militärputsch an die Macht. Er regiert bis 1970. Sein arabischer säkularer Nationalismus hat einige Parallelen zur Ideologie Atatürks.

1955: Am 5. und 6. September inszeniert die Regierung Menderes, um von den Mißerfolgen in der Wirtschaftspolitik abzulenken, ein Pogrom gegen die griechische Minderheit in Istanbul. Damit kommt das griechisch-christliche Leben in Istanbul weitgehend zum Erliegen.

1957: Am 25. März Gründung der Europäischen Wirtschaftsgemeinschaft (EWG), seit 1965 Europäische Gemeinschaft (EG).

1960: Menderes entläßt wegen starker Meinungsverschiedenheiten Kemal Gürsel, den Oberbefehlshaber der Landstreitkräfte. Daraufhin organisiert General Gürsel einen Militärputsch, stürzt am 27. Mai die Regierung und läßt Menderes sowie zwei seiner Minister 1961 hinrichten. Celâl Bayar wird zu einer langjährigen Haftstrafe verurteilt.

1960–1965: Gürsel ist von 1960 bis 1961 Staatspräsident und Ministerpräsident zugleich. In dieser Zeit wird eine neue Verfassung ausgearbeitet, die die Macht der Regierung sowie des Parlaments einengt. Neben der Kontrollinstanz des Nationalen Sicherheitsrats wird ein Verfassungsgerichtshof geschaffen. Beide Instanzen, die vom Militär abhängig sind, arbeiten in Zukunft eng zusammen.

Im Sommer 1961 läßt das Militär wieder demokratische Wahlen zu. Die CHP gewinnt die Wahl, Ismet Inönü ist von 1961 bis 1965 Ministerpräsident, nach 1965 in der Opposition Führer seiner Partei (er stirbt 1973 in

Ankara). Gürsel bleibt Staatspräsident bis zu seinem Tod 1966. Nachfolger wird General Cevdet Sunay.

1961: Die Bundesrepublik Deutschland beginnt, türkische »Gastarbeiter« anzuwerben und schließt hierzu mit der Türkei ein Abkommen. Die Zuwanderung von Türken beginnt (nachdem schon 1955 ein entsprechendes Abkommen mit Italien und 1960 mit Spanien sowie mit Griechenland geschlossen wurde).

1963: Die EWG schließt mit der Türkei ein Assoziierungsabkommen – als Vorstufe für einen möglichen Beitritt zur späteren Europäischen Union (EU).

1965: Die Nationale Aktionspartei wird von Alparslan Türkeş gegründet. Sie ist radikal nationalistisch. In der Parlamentswahl von 1965 erringt sie 2,2 Prozent der Stimmen, 1977 bereits 6,4 Prozent, 1999 unter dem veränderten Namen Nationalistische Bewegung sogar 18 Prozent.

1965–1971: Süleyman Demirel, seit 1960 Führer der konservativen Gerechtigkeitspartei, ist Ministerpräsident. Er betreibt in mancher Hinsicht eine ähnliche Politik wie Menderes, begünstigt die Großgrundbesitzer sowie das Großbürgertum, was die Kleinbauern weiter verarmen läßt. Die Zahl der Großstadtslums wächst.

1970: Necmettin Erbakan gründet die erste islamistische Partei der Türkei unter dem Namen Nationale Ordnung. Die Partei wird wenig später wegen »verfassungsfeindlicher Tendenzen« verboten.

Die letzte theologische Ausbildungsstätte der armenischen Kirche wird auf Veranlassung der türkischen Behörden geschlossen. Armenische Priester können seither nur noch im Ausland ausgebildet werden.

1971: Nun muß auch die letzte Ausbildungsstätte der griechisch-orthodoxen Kirche schließen – mit denselben problematischen Folgen wie für die armenischen Christen. Das orthodoxe Patriarchat verbleibt jedoch in Istanbul.

Das Militär zwingt Demirel wegen wachsender innenpolitischer Probleme zum Rücktritt. Aber die demokratische Wahl einer neuen Zivilregierung ist noch im selben Jahr möglich.

1973: Bei vorgezogenen Parlamentswahlen gewinnt die von Erbakan 1972 gegründete Nationale Heilspartei 11,8 Prozent der Stimmen. Erstmals hat eine islamistische Partei der Türkei einen eindrucksvollen Wahlerfolg.

1974: Im Januar wird die neue Regierung von der CHP unter Ministerpräsident Bülent Ecevit gebildet. Koalitionspartner ist Erbakans Nationale Heilspartei. Erbakan gelingt es, dem Sozialdemokraten Ecevit das Zugeständnis abzutrotzen, daß die Imam-Hatip-Schulen weiter ausgebaut werden dürfen.

Am 15. Juli putschen auf Zypern griechische Offiziere in Absprache mit der seit 1967 bestehenden Militärdiktatur in Athen, um den Anschluß Zyperns an Griechenland zu erzwingen. Ecevit läßt daraufhin türkische Truppen auf Zypern landen, um die türkische Minderheit im Norden Zyperns zu schützen. Nach dem Eingreifen der Türkei wird die Insel in eine griechische und eine türkische (international nicht anerkannte) Republik geteilt. Mit der Teilung Zyperns ist die Beziehung zwischen der Türkei und Griechenland erneut schwer belastet. Die Zypern-Krise bedeutet aber auch das Ende der griechischen Militärdiktatur, Griechenland kehrt zur Demokratie zurück.

1975: Die Regierungskoalition unter Ecevit zerbricht wegen starker Differenzen mit Erbakan. Nachfolger wird Demirel, der eine Koalition mit dem Islamisten Erbakan wie auch mit dem radikalen Nationalisten Alparslan Türkeş bildet und beiden Koalitionspartnern viel Einfluß gewährt.

1977: Die rohstoffreiche Türkei ist nach wie vor unterentwickelt. 75 Prozent der Türken arbeiten noch in der Landwirtschaft. 65 Prozent sind Analphabeten. Das Pro-Kopf-Einkommen liegt bei umgerechnet 822 Dollar pro Jahr (der europäische Durchschnitt beläuft sich auf 5255 Dollar).

Ecevit kehrt nach gewonnener Parlamentswahl an die Macht zurück und übernimmt einen fast bankrotten Staat. Er hat mit starken konservativen Gegenkräften zu kämpfen.

In Deutschland entsteht die islamische Organisation *Milli Görüş*, die sich als Interessenvertretung aller türkischen Muslime ausgibt, tatsächlich aber für die islamistische Politik Erbakans Propaganda macht. In späteren Jahren fächert sich die Organisation in verschiedene religiös-politische Flügel auf.

1978: Abdullah Öcalan gründet die strikt marxistisch orientierte Arbeiterpartei Kurdistan (PKK), die 1984 den Guerillakrieg gegen die türkische Armee beginnt.

Ende Dezember verübt die Terror-Organisation »Graue Wölfe« in der südostanatolischen Stadt Kahramanmaraş ihr bisher grauenvollstes Massaker an der kurdischen Bevölkerung mit über 250 Mordopfern. Die Regierung Ecevit verhängt das Kriegsrecht.

1979: Ajatollah Khomeini stürzt im Februar das korrupte säkulare Regime des Schahs Mohammed Reza Pahlevi und errichtet einen streng islamischen Gottesstaat.

In der Türkei verschärft sich die Wirtschaftskrise derart, daß der schon seit Jahren drohende Staatsbankrott immer wahrscheinlicher wird. Die Regierung Ecevit bittet westliche Industriestaaten erneut um massive Finanzhilfe.

1980: In der Türkei setzt am 12. September zum dritten Mal ein Militärputsch das Mehrparteiensystem außer Kraft (nach 1960 und 1971). Generalstabschef Kenan Evren wird Staatspräsident; er löst damit den seit 1973 amtierenden ehemaligen Admiral Fahri Korutürk ab. Ministerpräsident wird Bülent Üleslü (bis 1983). Das Kriegsrecht wird verhängt, und nahezu 100 Politiker werden unter Hausarrest gestellt, unter ihnen Ecevit und Demirel. Erbakan und Türkeş werden inhaftiert. Anlaß zum Militärputsch ist diesmal der wachsende Einflluß der islamistischen Heilspartei von Erbakan und andererseits extrem nationalistischer Parteien wie die von Türkeş. Die bisherigen Regierungskoalitionen haben sich als unfähig erwiesen, die bedrohliche Wirtschaftskrise sowie den zunehmenden Terrorismus links- und rechtsextremer Gruppierungen zu bekämpfen.

1983: Die türkische Militärführung beendet nach Strukturreformen des Parteiensystems ihre Diktatur und läßt wieder demokratische Wahlen zu. Aber ein neues Wahlgesetzt wird verabschiedet: Eine Partei muß mindestens 10 Prozent der Wählerstimmen bekommen, um den Einzug ins Parlament zu schaffen. Mit dieser ungewöhnlich hohen Sperrklausel soll der Zersplitterung der türkischen Parteienlandschaft Einhalt geboten, vor allem jedoch ein Wahlerfolg kurdischer Parteien verhindert werden. Weiterhin behält das Militär in der »gelenkten Demokratie« die eigentliche Macht. Kenan Evren bleibt Staatspräsident bis 1989.

Erbakan begründet 1983 eine neue islamistische Partei unter dem Namen *Refah-Partisi,* Wohlfahrtspartei (RP).

Bei der Parlamentswahl im November 1983 siegt Turgut Özal, der Führer der (1983 gegründeten) konservativen Mutterlandspartei.

1983–1989: Unter Ministerpräsident Özal wird die Industrialisierung stark gefördert. Aber die neoliberale Wirtschaftspolitik begünstigt wiederum nur eine schmale Oberschicht und verfestigt die Kluft zwischen Reich und Arm. Der bekennende Sunnit Özal fördert zudem den Einfluß der eigenen Konfession, indem er – in Absprache mit der militärischen Führung – den sunnitischen Religionsunterricht an staatlichen Schulen als Pflichtfach für alle Türken einführt. Die Aleviten sind seither gezwungen, sich sunnitisch unterweisen zu lassen. Bis 1990 gilt dies sogar für türkische Christen.

1984: Die PKK unter der Führung von Öcalan beginnt im Südosten Anatoliens mit dem Guerilla-Krieg gegen das Militär.

1986: Özal und sein Tourismus-Minister Mesut Yılmaz forcieren die Entwicklung des Massentourismus. Eine großflächige Verbauung der türkischen Küste mit Hotelkomplexen beginnt.

Mikis Theodorakis und Zülfü Livaneli gründen in Athen und Istanbul die »Initiative Griechisch-Türkische Freundschaft«, um die Verhärtung politischer Fronten aufzubrechen.

1987: Özal erlaubt Frauen das Kopftuch an Universitäten, aber auf Druck des Verwaltungsgerichts und des Militärs wird die Erlaubnis wieder aufgehoben.

Der Reformtheologe Öztürk moderiert seine erste Fernsehsendung zu Glaubensfragen und wird bald zum bekanntesten Theologen der Türkei.

Am 14. April stellt die Regierung Özal ihren offiziellen Antrag zur Mitgliedschaft in der EG. Aber erst 1999 bekommt die Türkei offiziell den Status eines Beitrittskandidaten (nun zur EU).

Bülent Ecevit, von 1966 bis 1980 führend in der CHP tätig, wird Vorsitzender der nun gegründeten oppositionellen Demokratischen Linkspartei.

1989: Angesichts einer schweren Wirtschaftskrise verliert Özals Mutterlandspartei bei Kommunalwahlen im April dramatisch. Aber Özal verweigert den Rücktritt.

Im August demonstrieren in Istanbul Islamisten unter der Führung von Erbakan für die Umwandlung der Hagia Sophia in eine Moschee.

Im November wird Özal in das Amt des Staatspräsidenten gewählt und löst damit Kenan Evren ab.

Ende des Jahres wird das Kopftuchverbot an Universitäten aufgehoben, aber bald auf Druck des Verwaltungsgerichts und des Militärs erneuert.

1991: Bei den Parlamentswahlen wird die Partei des Richtigen Weges unter Demirel stärkste Partei. Und erstmals in der türkischen Parteiengeschichte gelingt es kurdischen Abgeordneten, mit Hilfe eines Wahlbündnisses ins Parlament zu kommen.

1992: Am 7. Februar wird die Europäische Union (EU) im Vertrag von Maastricht (Holland) begründet. Die EU löst die EG ab.

1993: Staatspräsident Özal stirbt am 17. April. Sein Nachfolger wird am 16. Mai Demirel. Dessen Nachfolge im Amt des Ministerpräsidenten tritt Tansu Çiller an, damit übt erstmals eine Frau in der Türkei dieses Amt aus (bis 1995). Auch unter Çiller bleiben die wirtschaftlichen Probleme ungelöst.

In der ostanatolischen Stadt Sivas töten sunnitische Extremisten bei einem Brandanschlag 37 Aleviten. Das Verbrechen löst landesweite Unruhen aus.

1994: Bei den Gemeinderatswahlen im April gewinnen Kandidaten der islamistischen Wohlfahrtspartei in strategisch wichtigen Städten wie Istanbul und Ankara den Posten des Oberbürgermeisters. Erstmals kann sich nun Recep Tayyip Erdoğan in Istanbul profilieren (1994–1998).

1995: Im März entfachen sunnitische Extremisten in Istanbul Unruhen gegen die »ketzerischen« Aleviten und versetzen die Türkei wochenlang in einen explosiven Spannungszustand.

Im September zerbricht die Regierungskoalition der Partei des Richtigen Weges mit der CHP wegen Konflikten in Menschenrechtsfragen und der Wirtschaftspolitik.

Bei den vorgezogenen Parlamentswahlen am 24. Dezember wird Erbakans Wohlfahrtspartei mit 21,8 Prozent der Stimmen die politisch stärkste Kraft. Aber unmittelbar folgen die Partei des Richtigen Weges mit Tansu Çiller (19,1 Prozent) und die Mutterlandspartei mit Mesut Yılmaz (19,6 Prozent).

1996: Seit 1. Januar besteht eine Zollunion zwischen der EU und der Türkei.

Çiller und Yılmaz schließen nach zähen Verhandlungen im März eine Koalition (mit Yılmaz als Ministerpräsident), aber die instabile Regierung hält nur bis Juni.

Im Juni entsteht eine neue Koalition zwischen Erbakan und Çiller mit der Vereinbarung, daß die ersten beiden Jahre Erbakan und die nächsten zwei Jahre Çiller das Amt des Ministerpräsidenten ausübt. Mit Erbakan wird erstmals in der Geschichte der säkularen Republik Türkei ein Islamist Chef der Regierung. Die fragile Koalition hat eine knappe Parlamentsmehrheit von nur 5 Stimmen.

Erbakan kündigt an, die Bindung an die EU schrittweise zu lösen und eine Wirtschaftsgemeinschaft mit islamischen Staaten anzustreben. Die Islamisten erreichen, daß das Kopftuch wieder an Universitäten getragen werden darf – was Mitte nächsten Jahres auf Druck des Militärs erneut verboten wird.

1997: Im Januar veröffentlicht der Verein türkischer Geschäftsleute und Industrieller, TÜSIAD, einen Bericht, in dem die Entwicklung zu mehr Demokratie, kulturelle Autonomie für die Kurden und eine Einschränkung der Kontrollfunktion des Militärs gefordert wird. Heftige Kritik von seiten der militärischen Führung.

Der Nationale Sicherheitsrat unter Führung des Militärs zwingt Erbakan am 18. Juni nach nur knapp einem Jahr Regierung zum Rücktritt wegen seiner »verfassungsfeindlichen« islamistischen Tendenzen. Die nachfolgende Koalitionsregierung unter Yılmaz bleibt instabil.

Am 13. Dezember lehnt der EU-Gipfel in Luxemburg die Türkei als Beitrittskandidaten ab.

1998: Im Januar verbietet das Verfassungsgericht die islamistische Wohlfahrtspartei. Erbakan gründet wenig später die *Fazilet Partisi* (Tugend-Partei) als Nachfolgepartei.

Im September muß Istanbuls erfolgreich regierender Oberbürgermeister Erdoğan sein Amt aufgeben. Ein Gericht hat ihn aus fadenscheinigen Gründen wegen »islamistischer Volksverhetzung« zu 10 Monaten Gefängnis und mehrjährigem Berufsverbot verurteilt.

Am 29. Oktober feiert die Türkei den 75. Jahrestag der Republik.

Die Koalitionsregierung unter Yılmaz wird im November durch ein Mißtrauensvotum der Opposition gestürzt.

1999: Im Februar wird der Kurdenführer Abdullah Öcalan in Kenia verhaftet und in die Türkei gebracht.

Nach den vorgezogenen Neuwahlen im April wird Ecevit Ministerpräsident, der viele Jahre Vorsitzender der CHP war und seit 1987 die Republikanische Linkspartei führt. Seine Partei erringt 22 Prozent der Stimmen. Ecevit bildet eine Koalition mit der Mutterlandspartei sowie mit der rechtsextremen Partei der Nationalistischen Bewegung (MHP). Die letztere Partei, deren Führer Alparslan Türkeş bis zu seinem Tod 1997 war, gewann 19 Prozent der Stimmen. Der sensationelle Aufstieg dieser Partei hängt mit den nationalistischen Emotionen zusammen, die sich seit der Verhaftung Öcalans aufgeschaukelt haben. Dagegen ist Erbakans islamistische Tugend-Partei hinter den Stimmenanteil der säkularen Parteien zurückgefallen.

Im August verwüstet ein verheerendes Erdbeben den westlichen Teil der Türkei. Die Tatsache, daß Griechenland den türkischen Erdbebenopfern hilft, leitet eine politische Annäherung zwischen beiden Staaten ein.

Der Türkei wird auf dem EU-Gipfel in Helsinki der offizielle Kandidatenstatus gewährt.

2000: In der Türkei hat die Landflucht viele Ballungsräume beträchtlich wachsen lassen. Rund 65 Prozent der Bevölkerung leben nun in Städten, vor 30 Jahren war es gerade ein Drittel, 1923 erst 20 Prozent. Die Türkei liegt, so die aktuellen Daten, an 5. Stelle der Länder weltweit mit einer ungleichen Einkommens- und Vermögensverteilung.

Die Amtszeit des Staatspräsidenten Demirel endet im April. Nachfolger wird der von Ecevit vorgeschlagene Kemalist Ahmet Nedget Sezer, der bisherige Vorsitzende des Verfassungsgerichtshofs.

Die Zahl der Muslime mit dauerhaftem Wohnsitz in Deutschland ist auf 3,3 Millionen gestiegen, davon sind 2,5 Millionen türkischer Herkunft. Zu Beginn des 21. Jahrhunderts studieren 23 000 Türken an deutschen

Universitäten. Rund 50 000 türkischstämmige Unternehmer haben über 200 000 Arbeitsplätze in Deutschland geschaffen.

Inzwischen leben rund 15 Millionen Muslime in Europa. 1950 waren es erst 900 000, diese überwiegend in Frankreich und Großbritannien.

2001: Im Februar entwickelt sich in der Türkei eine schwere Wirtschaftskrise, die zahlreiche kleine und mittlere Betriebe in den Bankrott stürzt. Die Regierung Ecevit reagiert hilflos.

Im Juni verbietet das Verfassungsgericht Erbakans Tugend-Partei. Einen Monat später gründet Erbakan die Glückseligkeits-Partei. Aber Erdoğan sagt sich von der islamistischen Ideologie seines politischen Ziehvaters Erbakan los und gründet im August die gemäßigt islamische Partei für Gerechtigkeit und Entwicklung (AKP).

Die Regierung Ecevit schafft im August – auf Druck der EU – die Todesstrafe ab.

11. September: Die Organisation *Al Qaida* verübt den Terroranschlag auf das World Trade Center in New York und das Pentagon nahe Washington, über 3000 Menschen sterben. Dieses für die Amerikaner traumatische Ereignis radikalisiert die Politik des seit Januar 2001 amtierenden Präsidenten George W. Bush.

Im November tritt unter Ecevit ein neues Zivilgesetzbuch in Kraft. Ein Kernpunkt ist, daß die bisher nur vage definierte Gleichberechtigung von Mann und Frau erheblich präzisiert wird und damit die Frau größere Unabhängigkeit vom Mann erlangt.

2002: Am 3. November finden vorgezogene Neuwahlen statt, nachdem die bisherige Koalitionsregierung unter Ecevit angesichts der schweren Wirtschaftskrise an inneren Streitigkeiten zerbrochen ist. Die AKP unter Führung von Erdoğan gewinnt mit 34 Prozent der Wählerstimmen die absolute Mehrheit. Dagegen rutscht Ecevits Demokratische Linkspartei, die bei den Wahlen von 1999 noch 22 Prozent der Stimmen errungen hat, auf 1 Prozent ab. Erbakans islamistische Glückseligkeits-Partei erreicht gerade noch 2,5 Prozent. Auch fast alle anderen Parteien scheitern an der Zehn-Prozent-Klausel. Nur die Republikanische Volkspartei (CHP) kann sich mit knapp 20 Prozent der Wählerstimmen behaupten. Der Reformtheologe Öztürk wird Abgeordneter der CHP.

2003: Der dritte Golfkrieg vom 3. März bis 9. April: Durch den Einmarsch amerikanischer und britischer Truppen in den Irak wird der Diktator Saddam Hussein gestürzt. Das türkische Parlament verweigert eine Stationierung amerikanischer Truppen im Osten Anatoliens für die militärische Offensive in den Irak. Die Spannungen zwischen der Türkei und den USA wachsen.

Am 15. Juni veröffentlichen in Graz (Österreich) Mitglieder der »Konferenz der Leiter islamischer Zentren und Imame in Europa« eine Erklärung, daß sich die in Europa lebenden Muslime zu Demokratie, Pluralismus und den Menschenrechten bekennen. Außerdem wird jede Form von Fanatismus und Extremismus abgelehnt.

Ende Juli beschließt das türkische Parlament mit den Stimmen der AKP sowie der Oppositionspartei CHP die Entmachtung des Nationalen Sicherheitsrats. Zukünftig ist der militärischen Führung die verfassungsrechtliche Möglichkeit entzogen, durch einen Putsch als »Hüter der Verfassung« eine Regierung abzusetzen. Die Wirksamkeit des Gesetzes bleibt fraglich.

2004: Im Juni darf das türkische Fernsehen erstmals Programme in kurdischer Sprache ausstrahlen (eine halbe Stunde pro Woche). Zu einem derartigen Zugeständnis an eine ethnische Minderheit hat sich erstmals eine islamisch orientierte Partei wie die AKP, nicht aber die kemalistische CHP durchringen können.

Die türkische Wirtschaft beginnt unter Erdoğans Regierung zu boomen. 2004 sowie in den folgenden Jahren betragen die jährlichen Wachstumsraten zwischen 6 und 8 Prozent. Der religiös konservative Mittelstand Anatoliens gewinnt an ökonomischer Bedeutung. Allerdings bleiben die Unterschiede zwischen Reich und Arm weiterhin schroff.

Am 21. November demonstrieren in Köln 25 000 Muslime überwiegend türkischer Herkunft für Toleranz und gegen religiösen Radikalismus sowie Terrorismus. Sie tragen deutsche, türkische und EU-Fahnen. Die Muslime sind aus ganz Deutschland angereist.

2005: Im Februar kritisiert der türkische Schriftsteller Orhan Pamuk in einem Interview mit dem *Zürcher Tagesanzeiger* die unzureichende Demokratie in der Türkei und spricht offen von den Massenmorden an den Armeniern sowie den Kurden. Pamuk erhält Morddrohungen extremer türkischer Nationalisten.

Im Mai erläßt die Regierung Erdoğan neue restriktive Gesetze gegen die Pressefreiheit. Kritische Berichterstattung kann jetzt mehr als bisher wegen »Gefährdung der Staatssicherheit« strafrechtlich verfolgt werden.

Im Oktober beginnen offiziell die Beitrittsverhandlungen der Türkei mit der EU.

Orhan Pamuk erhält im Herbst den Friedenspreis des deutschen Buchhandels. Im Dezember beginnt gegen ihn der Prozeß wegen seiner kritischen Äußerungen zur Politik gegenüber Armeniern und Kurden. Aufgrund internationaler Proteste wird der Prozeß aber bald eingestellt.

2006: Ende Januar, Anfang Februar: 12 Karikaturen über den Propheten Mohammed, in der dänischen Tageszeitung *Jyllands Posten* veröffentlicht, erreichen mit mehrmonatiger Verspätung islamische Länder und führen besonders in Afghanistan, Pakistan, im Iran und im Westjordanland, aber auch in der Türkei zu heftigen Protesten, ja teils zu blutigen Unruhen. In der türkischen Stadt Trabzon wird ein katholischer Priester ermordet.

Der türkische Spielfilm »*Das Tal der Wölfe* wird im Februar zu einem der größten Publikumserfolge in der Türkei. Er ist wegen seiner anti-amerikanischen und pro-islamischen Tendenzen heftig umstritten.

Seit Ende März können türkische Privat-Fernsehsender erstmals Programme in kurdischer Sprache vier Stunden pro Woche ausstrahlen.

Im August wird Yaşar Büyükanit neuer Generalstabschef der türkischen Armee, er ist ein besonders radikaler Verfechter des türkischen Nationalismus und unnachgiebiger Gegner aller kurdischen Autonomiebestrebungen.

Am 12. September hält Papst Benedikt XVI. in Regensburg eine heftig umstrittene Rede, in der er dem Christentum »Vernunft« zubilligt, dem Islam aber die Neigung zu Irrationalität, Intoleranz und Gewalt vorwirft. Die Rede löst in vielen Ländern der islamischen Welt heftige Proteste aus, auch in der Türkei.

Im Oktober wird bekanntgegeben, daß Orhan Pamuk als erster türkischer Autor den Nobelpreis für Literatur bekommt.

Bülent Ecevit stirbt am 5. November in Ankara.

Ende November besucht Papst Benedikt XVI. die Türkei und erlebt eine sehr gemischte Resonanz.

2007: Am 19. Januar wird Hrant Dink, der prominente Chefredakteur der armenischen Zeitschrift *Agos*, von einem radikalen Nationalisten in Istanbul erschossen. Der Mord erregt internationales Aufsehen.

Im Januar veröffentlicht der Verein türkischer Geschäftsleute und Industrieller TÜSIAD einen weiteren Bericht, in dem die Entwicklung zu mehr Demokratie, kulturelle Autonomie für die Kurden und eine Einschränkung militärischer Macht gefordert wird.

Am 29. März wird die zwei Jahre lang restaurierte Heiligkreuz-Kirche auf der Insel Achtamar im Van-See als »Museum« eingeweiht. Die für die Armenier zentrale Kirche war seit den Massakern von 1915 dem Verfall überlassen worden.

Im April ermorden radikal-nationalistische Sunniten in der ostanatolischen Stadt Malatya zwei türkische und einen deutschen Christen, denen sie »Missionierung« und »Zersetzung des Islam« vorwerfen.

Nach dem Ablauf der Amtszeit des Staatspräsidenten Ahmet Nedget Sezer im Mai will die AKP Außenminister Abdullah Gül als Kandidaten zur Wahl stellen, aber eine Internet-Botschaft des Militärs droht indirekt mit Putsch. Das Verfassungsgericht erklärt den ersten Wahlgang Anfang Mai aus juristisch fadenscheinigen Gründen für ungültig. Als Ausweg aus der Krise werden vorgezogene Neuwahlen fixiert.

Die vorgezogenen Parlamentswahlen am 22. Juli bringen einen Erdrutschsieg für die AKP, sie erringt fast 47 Prozent der Stimmen und damit noch um 12 Prozent mehr als bei dem ohnehin schon großen Wahlsieg von 2002. Erneut gewinnt sie so die absolute Mehrheit. Die CHP bleibt bei 20 Prozent. Der radikal-nationalistischen MHP gelingt mit 14 Prozent die Rückkehr ins Parlament. Ein Novum ist, daß 23 Kurden als unabhängig deklarierte Kandidaten den Einzug ins Parlament schaffen und – mit der kurdischen Partei der Demokratischen Gesellschaft im Hintergrund – den Status einer Fraktion erreichen.

28. August: Abdullah Gül wird nach dem dritten Wahlgang mit absoluter Mehrheit, den Stimmen der AKP, zum Staatspräsidenten gewählt. Die Fraktion der kurdischen Partei sowie die MHP ermöglichen durch ihre Anwesenheit und Stimmenthaltung die Wahl. Allein die CHP versucht vergeblich durch ihre Abwesenheit die Wahl zu blockieren. Das Militär bleibt passiv.

Nachfolger im Amt des Außenministers wird Ali Babacan, bisher Chefverhandler der Türkei bei der EU.

10. Oktober: Der amerikanische Kongreß verurteilt in einer Resolution den Völkermord der Türken an den Armeniern. Diese Resolution belastet die türkisch-amerikanischen Beziehungen aufs neue.

2008: Anfang Februar stimmt das türkische Parlament für die Aufhebung des Kopftuchverbots an den Universitäten. Die AKP erhält Unterstützung durch die radikal-nationalistische MHP, die ebenfalls ein Wahlversprechen für ihre konservativ-islamischen Wählergruppen einzulösen hat. Staatspräsident Gül unterschreibt. Aber Ende Februar lassen nur 18 von den 115 überwiegend kemalistisch orientierten Universitäten Frauen mit Kopftuch auf ihr Gelände.

Ende Februar stimmt das türkische Parlament mit großer Mehrheit für ein Gesetz, das den christlichen Minderheiten ihr vom Staat in den siebziger Jahren beschlagnahmtes Eigentum zurückgibt.

Am 31. März akzeptiert der Verfassungsgerichtshof einen Antrag des Generalstaatsanwalts vom 15. März, daß die AKP wegen »islamistischer Unterwanderung des laizistischen Staates« verboten werden soll. Anlaß ist die Zulassung des Kopftuchs an den Universitäten. Aber die Mehrheit der türkischen Bevölkerung lehnt das Verbotsverfahren ab.

Am 1. Mai kommt es bei einer Massendemonstration der drei großen türkischen Gewerkschaftsverbände in Istanbul zu schweren Unruhen, als die AKP-Regierung die Kundgebung gewaltsam verhindern will. Anlaß der Demonstration sind die neuen Gesetze, die zu starken sozialen Einschnitten bei den unteren Einkommensgruppen der Bevölkerung führen. Die tiefe Kluft zwischen Reich und Arm bleibt – trotz des jährlichen Wirtschaftswachstums von 6 bis 8 Prozent – bestehen.

Anfang Juni stimmt der Verfassungsgerichtshof dem Antrag des Generalstaatsanwalts zu, das Gesetz zur Freigabe des Kopftuchs an Universitäten als »verfassungswidrig« aufzuheben. Damit ist ein weiterer Verfahrensschritt zum Verbot der AKP getan. Aber am 30. Juli weisen die Verfassungsjuristen das Verbot zurück. Sieben der elf Richter hätten zustimmen müssen, nur sechs finden sich dazu bereit. Die Furcht vor einem politischen Vakuum, schweren Unruhen und einer Wirtschaftskrise bestimmen die Entscheidung. Allerdings wird der AKP als »ernste Verwarnung« die staatliche Finanzhilfe für ein Jahr halbiert, was ihre Regierungsarbeit erheblich erschwert.

Ende August scheidet Generalstabschef Yaşar Büyükanit, der kompromißloseste Gegner der AKP, nach zwei Jahren turnusgemäß aus dem Amt. Nachfolger wird General Ilker Başbuğ. Er vertritt zwar ebenfalls eine harte Linie gegen jede Form von »Islamisierung«, steht jedoch für jene Gruppe unter den Generälen, die einen Militärputsch gegen die AKP-Regierung abgelehnt haben. Der Wechsel an der Spitze des Militärs läßt zumindest auf mehr diplomatische Beweglichkeit im Konflikt zwischen kemalistisch und »islamisch« orientierten Gruppierungen hoffen.

Die wachsende politische Instabilität hat erste Auswirkungen auf die türkische Wirtschaft, ausländische Firmen zögern mit Investitionen.

Die Türkei zählt rund 70 Millionen Menschen (im Gründungsjahr der Republik waren es erst 13,5 Millionen). Die seit Mitte der fünfziger Jahre andauernde Landflucht hat bis heute die wichtigsten Ballungszentren drastisch vergrößert. Im Zeitraum von 1950 bis 2008 ist Istanbul von 1 auf 15 Millionen Einwohner gewachsen, Ankara von 800 000 auf 4,2 Millionen, Izmir von 250 000 auf 2 Millionen. Nahezu die Hälfte der Bewohner lebt in sanierungsbedürftigen Behausungen. Die Wirtschaftsleistung der Türkei liegt pro Kopf bei 30 Prozent des EU-Durchschnitts.

In Deutschland leben knapp über 3 Millionen Muslime türkischer Herkunft, in Österreich rund 230 000.

Ausgewählte Literatur

Abu Zaid, Nasr Hamid: Islam und Politik. Kritik des religiösen Diskurses. Frankfurt/M. 1966.

Bausinger, Hermann (Hrsg.): Ausländer – Inländer. Arbeitsmigration und kulturelle Identität. Tübingen 1986.

Belgin, Tayfun: Türkei. Ein Land auf der Suche nach der Gegenwart. Wien 2006.

Cahen, Claude: Der Islam I. Vom Ursprung bis zu den Anfängen des Osmanenreiches. (Fischer Weltgeschichte, Bd.14), Frankfurt/M. 1968.

Dietl, Wilhelm: Heiliger Krieg für Allah. Als Augenzeuge bei den geheimen Kommandos des Islam. München 1983.

Dorn, Wolfgang: Zentralanatolien. Von Ankara durch das anatolische Hochland. Kulturlandschaften zwischen Orient und Okzident. Köln 1997.

Eickhoff, Ekkehard: Venedig, Wien und die Osmanen. Umbruch in Südosteuropa 1645–1700. Stuttgart 2008.

Ende, Werner / Steinbach, Udo (Hrsg.): Der Islam in der Gegenwart. 5. akt. u. erw. Aufl. Bonn 2005.

Ferner, Manfred: Kulturschock Türkei. 2. akt. Aufl. Bielefeld 2004.

Gehl, Günter (Hrsg.): Die Türkei. Nur im Vorhof Europas? Weimar 2001.

Göle, Nilüfer: Republik und Schleier – Die muslimische Frau in der modernen Türkei. Berlin 1995.

Gronau, Dietrich: Türkei. Ein Landschafts- und Erlebnisführer. Badenweiler 1989.

Grunebaum, Gustave Edmund von (Hrsg.): Der Islam II. Die islamischen Reiche nach dem Fall von Konstantinopel. (Fischer Weltgeschichte, Bd.15). Frankfurt/M 1971.

Gürsel, Nedim: Sieben Derwische. Anatolische Legenden. Frankfurt/M 2008.

Haas, Abdulkadir W.: Türkische Volksfrömmigkeit. Frankfurt/M. 1986.

Heine, Peter: Allah und der Rest der Welt. Die politische Zukunft des Islam. Frankfurt/M. 2000.

Katsikaris, Apostolos (Hrsg.): Türkei Europa. Essen 2006.

König, Helmut / Sicking, Manfred (Hrsg.): Gehört die Türkei zu Europa? Wegweisungen für ein Europa am Scheideweg. Bielefeld 2005.

Latzke, Hans E.: Türkei. Köln 1998.

Lemmen, Thomas: Islamische Vereine und Verbände in Deutschland. Friedrich-Ebert-Stiftung. Bonn 2002.

Leggewie, Claus (Hrsg.): Die Türkei und Europa. Die Positionen. Frankfurt/M. 2004.

Livaneli, Zülfi: Glückseligkeit. Roman. Stuttgart 2008.

Mina, Naila: Schwestern unterm Halbmond. Muslimische Frauen zwischen Tradition und Anpassung. Stuttgart 1981.
Oestreich, Heide: Der Kopftuch-Streit. Das Abendland und ein Quadratmeter Islam. Frankfurt/M. 2004.
Özoguz, Aydan (Hrsg.): Perspektiven der Zivilgesellschaft. Argumente zum deutsch-türkischen Dialog. Körber-Stiftung. Hamburg 2001.
Özoguz, Aydan (Hrsg.): Religion – ein deutsch-türkisches Tabu? Körber-Stiftung. Hamburg 1997.
Öztürk, Yaşar Nuri: Rumi und die islamische Mystik. Über das Menschenbild im Islam. Düsseldorf 2000.
Öztürk, Yaşar Nuri: Der verfälschte Islam. Düsseldorf 2007.
Pamuk, Orhan: Istanbul. Erinnerungen an eine Stadt. Wiesbaden 2007.
Pamuk, Orhan: Schnee. Roman. Frankfurt/M. 2007.
Rill, Bernd: Kemal Atatürk. Reinbek b. Hamburg 1987.
Roth, Jürgen / Taylan, Kamil: Die Türkei – Republik unter Wölfen. Bornheim 1981.
Roy, Olivier: Der islamische Weg nach Westen. Globalisierung, Entwurzelung und Radikalisierung. München 2006.
Schöning-Kalender, Claudia: Mobilität und Mobiliar. Binnenmigranten in Istanbul. Tübingen 1985.
Schiffauer, Werner: Die Gewalt der Ehre. Frankfurt/M. 1983.
Schiffauer, Werner: Die Gottesmänner. Türkische Islamisten in Deutschland. Frankfurt/M. 2000.
Schmitt, Eberhard (Hrsg.): Türkei. Berlin. 1985.
Schweizer, Gerhard: Die Derwische. Heilige und Ketzer des Islam. 2. Aufl. Salzburg 1984.
Schweizer, Gerhard: Iran. Drehscheibe zwischen Ost und West. 5. akt. u. erw. Aufl. Stuttgart 2005.
Schweizer, Gerhard: Islam und Abendland. Geschichte eines Dauerkonflikts. 2. akt. u. erw. Aufl. Stuttgart 2003.
Schweizer, Gerhard: Die Janitscharen. Geheime Macht des Türkenreiches. 3. Aufl. Wien u. München 1993.
Schweizer, Gerhard: Syrien. Religion und Politik im Nahen Osten. Stuttgart 1998.
Schweizer, Gerhard: Der unbekannte Islam. Sufismus – die religiöse Herausforderung. Stuttgart 2007.
Schweizer, Gerhard: Ungläubig sind immer die anderen. Weltreligionen zwischen Toleranz und Fanatismus. 2. akt. u. erw. Aufl. Stuttgart 2003.
Seufert, Günter: Café Istanbul – Alltag, Religion und Politik in der modernen Türkei. München 1997.
Seufert, Günter / Christopher Kubaseck: Die Türkei. Politik, Geschichte, Kultur. 2. akt. Aufl. München 2006.
Shavak, Elif: Der Bastard von Istanbul. Roman. Frankfurt/M. 2007.
Spuler-Stegemann, Ursula: Feindbild Christentum im Islam. Eine Bestandsaufnahme. Freiburg 2004.

Steinbach, Udo: Geschichte der Türkei. 4. akt. Aufl. München 2007.
Weiss, Walter M. (Hrsg.): Islam. Dumonts Handbuch. Köln 2002.
Weiss, Walter M.: Islam. Ein Schnellkurs. Neuausgabe. Köln 2008.
Werle, Rainer / Kreile, Renate: Renaissance des Islam. Das Beispiel Türkei. Hamburg 1987.
Werner, Ernst: Die Geburt einer Großmacht. Die Osmanen (1300–1481). Berlin 1966.
Yücelen, Yüksel (Hrsg.): Was sagt der Koran dazu? München 1986.

Karten

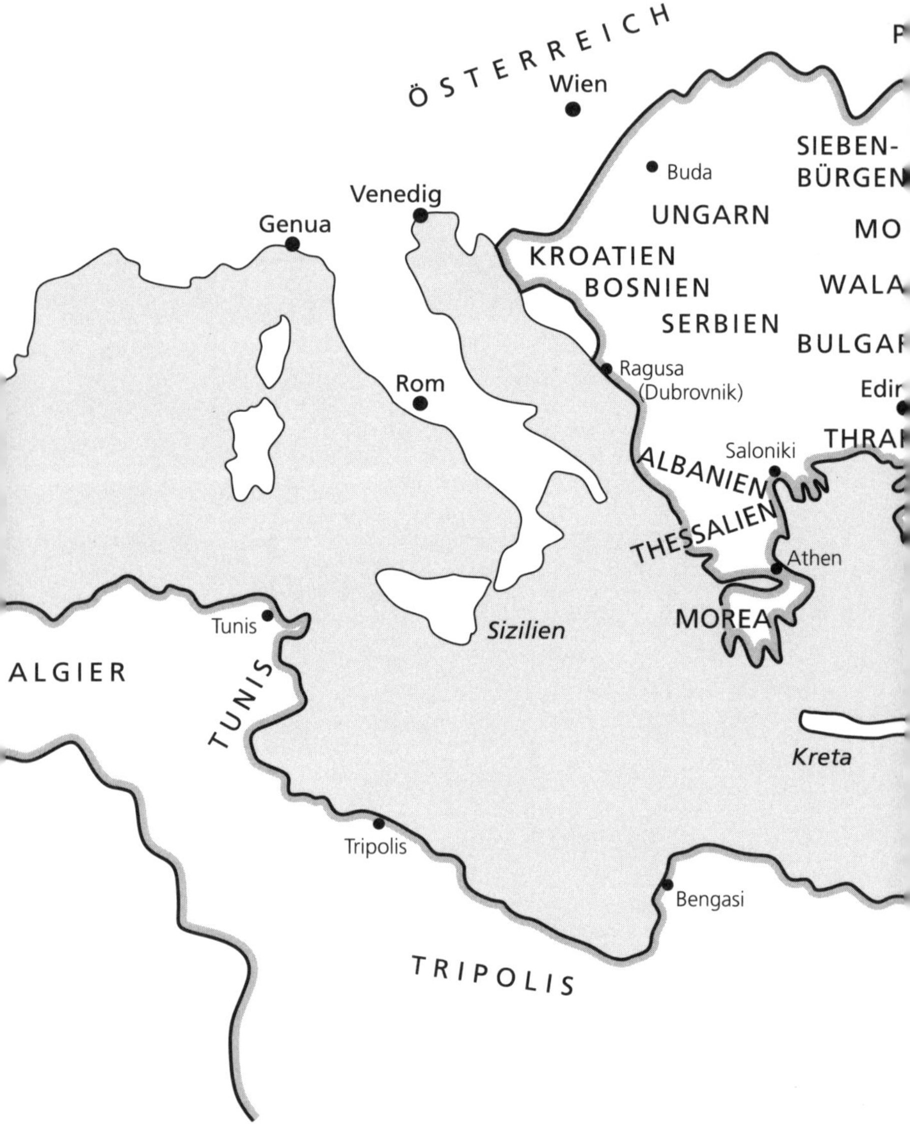

Das Osmanische Reich in
seiner größten Ausdehnung 1683

:N
RUSSLAND
KRIM
SCHWARZES MEER
KASPISCHES MEER
GEORGIEN
ARMENIEN
Trabzon
Istanbul
Mantzikert
Täbriz
Van-See
Bursa
Ankara
ANADOLU
IRAN
nyrna
mir)
Konya
MESOPOTAMIEN
(IRAK)
Antalya
Aleppo
SYRIEN
nodos
Zypern
Bagdad
Damaskus
Jerusalem
Alexandria
Kairo
ARABIEN
GYPTEN

Die Republik Türkei

RUSSLAND
KASPISCHES MEER
GEORGIEN
ASERBEIDSCHAN
ARMENIEN
Eriwan
Ararat
Trabzon
Bayburt
Erzurum
Amasya
Sivas
Büniyan
Kayseri
Malatya
Mantzikert
Van
Van-See
Täbriz
Diyarbakir
Kahramanmaraş
Gaziantep
Urfa
IRAN
Aleppo
IRAK
SYRIEN
LIBANON
Damaskus
Bagdad

Personenregister